Beate Rheindorf | Joachim Weiler
Martin Benner | Matthias Wiener

KOMMUNALES ABGABENRECHT RHEINLAND-PFALZ

MAYENER
SCHRIFTENREIHE

Band 6

Maximilian Verlag
Hamburg

Beate Rheindorf | Joachim Weiler
Martin Benner | Matthias Wiener

KOMMUNALES ABGABENRECHT RHEINLAND-PFALZ

FÜR STUDIUM, AUSBILDUNG, FORTBILDUNG UND PRAXIS

Bibliografische Information der Deutschen Nationalbibliothek
Die Deutsche Nationalbibliothek verzeichnet diese Publikation in der Deutschen Nationalbibliografie; detaillierte bibliografische Daten sind im Internet über https://portal.dnb.de abrufbar.

Redaktionsstand: Juli 2023

ISBN 978-3-7869-1441-9

Produktion: Reemers Publishing Services GmbH, Krefeld
Druck und Weiterverarbeitung: Plump Druck & Medien GmbH
Rolandsecker Weg 33, 53619 Rheinbreitbach

Printed in Germany

Inhaltsverzeichnis

Autoren

Beate Rheindorf war viele Jahre als hauptamtliche Dozentin an der Hochschule für öffentliche Verwaltung Rheinland-Pfalz/Zentrale Verwaltungsschule Rheinland-Pfalz im Bereich des Öffentlichen Finanzmanagements für das Kommunale Abgabenrecht und das Kommunale Haushaltsrecht tätig. Sie verfügt zudem über langjährige Praxiserfahrung aus der Tätigkeit in der Abgabenverwaltung einer Kommune im Land Rheinland-Pfalz. Zudem war sie viele Jahre für verschiedene Bildungsträger als Referentin tätig. Sie ist zudem Autorin einschlägiger Beiträge in Fachzeitschriften und Kommentierungen zum Kommunalen Abgabenrecht und Gemeindehaushaltsrecht.

Joachim Weiler war Leiter der Stabsstelle Finanzen/Organisation/Vergabestelle der Generaldirektion Kulturelles Erbe Rheinland-Pfalz. Derzeit ist er als hauptamtlicher Dozent an der Hochschule für öffentliche Verwaltung/Zentrale Verwaltungsschule Rheinland-Pfalz tätig. Im Bereich des Öffentlichen Finanzmanagements ist er Modulbeauftragter für die Studiengebiete Finanzrecht, kommunales sowie staatliches Haushaltsrecht, Vergaberecht und kommunales Abgabenrecht. Daneben ist er im Auftrag von Kommunen, Behörden und anderen Bildungsträgern als Referent für das Zuwendungs- und Abgabenrecht tätig.

Matthias Wiener, Verwaltungsfachwirt, ist Leiter der Abteilung Finanzbuchhaltung bei der Stadt Dessau-Roßlau sowie Hochschuldozent für Öffentliche Finanzwirtschaft und Kommunalverfassungsrecht am Fachbereich Verwaltungswissenschaften der Hochschule Harz. Daneben ist er Lehrbeauftragter und Fachkoordinator für Kommunales Haushalts- und Kassenrecht am Studieninstitut für kommunale Verwaltung Sachsen-Anhalt e.V., Autor für verschiedene Fachzeitschriften und Lehrbücher sowie Mitglied in Prüfungskommissionen und Prüfungserstellungsausschüssen.

Dipl.-Rpfl. (FH) **Martin Benner**, LL. M. (oec.), M. A., MPA, war Prüfer an einem Landesrechnungshof und Leiter eines Rechnungsprüfungsamtes. Derzeit leitet er die Abteilung Hoheitliche Jugendhilfe im Amt für Jugend und Familie der Stadt Leipzig mit den Sachgebieten Beistandschaft/Beurkundung, Amtsvormundschaft, Jugendgerichtshilfe, Unterhaltsvorschuss Rückgriff und Pflegekinderdienst/Adoptionsvermittlung. Er ist Lehrbeauftragter an der Hochschule Meißen und Prüfer für Verwaltungsfachwirte sowie Verwaltungsfachangestellte. Daneben ist er im Auftrag von Kommunen, Bildungsträgern und Unternehmen als Dozent für die Zwangsvollstreckung und Beitreibung tätig. Regelmäßig veröffentlicht er zu diesen Themen auch Beiträge in Fachzeitschriften und anderen Werken.

Vorwort

Die kommunalen Abgaben (Steuern, Gebühren und Beiträge) steuern in erheblichem Umfange die notwendigen Finanzmittel zur kommunalen Haushaltswirtschaft bei. Es liegt in der Gestaltungshoheit der Kommunen, die Gradwanderung zwischen vertretbarer wirtschaftlicher Belastung der Bürgerinnen und Bürger einerseits sowie der finanziellen Sicherung der Haushaltswirtschaft auszubalancieren. Die Vorgaben des Kommunalabgabenrechts Rheinland-Pfalz, der Abgabenordnung sowie des Kommunalverfassungsrechts setzen dabei notwendige Grenzen. Diese Vorgaben betreffen beispielsweise die Maßstäbe zur Bestimmung der zulässigen Abgabenhöhe, das Verfahren zum Erlass der erforderlichen Rechtsgrundlagen (Abgabensatzungen) sowie die Grundlagen zur Erhebung der Abgaben im konkreten Einzelfall. Es handelt sich um komplexe rechtliche Vorgaben, die in der Verwaltungspraxis hohe Anforderungen an die zuständigen Verwaltungsmitarbeitenden stellen.

Das Kommunale Abgabenrecht nimmt daher im Studium an der Hochschule für öffentliche Verwaltung Rheinland-Pfalz (HöV), an den Lehrgängen der Zentralen Verwaltungsschule Rheinland-Pfalz (ZVS) sowie der Kommunalen Studieninstitute einen gewichtigen Raum ein.

In diesem Buch werden zentrale Themen des Kommunalen Abgabenrechts systematisch vorgestellt. Es ist inhaltlich auf die Rechtslage im Land Rheinland-Pfalz zugeschnitten. Neben der fachlichen Ausbreitung der einzelnen Themenfelder helfen eine Vielzahl von Fallbeispielen dem Verständnis und der Sicherung des erworbenen Wissens. Vielfältige Übersichten und Schaubilder unterstützen, die komplexe Rechtsmaterie schnell zu erfassen.

Dieses Buch wendet sich vor allen Dingen an die Studierenden und Lehrgangsteilnehmenden der HöV, der ZVS sowie der kommunalen Studieninstitute im Lande. Es ist in besonderem Maße aber auch für die Verwaltungspraxis geeignet. Es ermöglicht einen systematischen Überblick über die Rechtsentwicklungen. Dabei helfen auch die Vielzahl der genannten gerichtlichen Entscheidungen und die vertiefenden Literaturhinweise.

Allen Nutzerinnen und Nutzern des Buches wünschen wir viel Erfolg bei der Erarbeitung eines neuen Themengebietes, der Lösung der aufgeworfenen Fragestellungen und der Bewältigung möglicher Prüfungsleistungen. Anregungen, Verbesserungsvorschläge und auch Lob sind jederzeit willkommen: jockel.weiler@outlook.com; b.rheindorf@t-online.de.

Mendig, Bendorf, Leipzig und Zörbig, im Jahr 2023

Die Verfasser

Kapitel 1

Finanzierung kommunaler Aufgaben

1.1 Kommunale Selbstverwaltung und Finanzhoheit

Das kommunale Abgabenrecht basiert auf verschiedenen Rechtsquellen. Zunächst ist hier das Grundgesetz zu nennen. Nach Art. 28 Abs. 2 S. 1 GG muss den Gemeinden das Recht gewährleistet sein, alle Angelegenheiten der örtlichen Gemeinschaft im Rahmen der Gesetze in eigener Verantwortung zu regeln. Dies wird als Kommunales Selbstverwaltungsrecht bezeichnet. Angelegenheiten der örtlichen Gemeinschaft „sind diejenigen Bedürfnisse und Interessen, die in der örtlichen Gemeinschaft wurzeln oder auf sie einen spezifischen Bezug haben, die also den Gemeindeeinwohnern gerade als solchen gemeinsam sind, indem sie das Zusammenleben und -wohnen der Menschen in der Gemeinde betreffen."[1] Dieses Recht steht auch den Gemeindeverbänden im Rahmen ihres gesetzlichen Aufgabenbereiches nach der Maßgabe der Gesetze zu (Art. 28 Abs. 2 S. 2 GG). Die Gewährleistung der Selbstverwaltung umfasst auch die Grundlagen der finanziellen Eigenverantwortung. Dazu gehört auch eine den Gemeinden mit Hebesatzrecht zustehende wirtschaftskraftbezogene Steuerquelle (Art. 28 Abs. 2 S. 3 GG).[2] Diese Voraussetzung erfüllt derzeit die Gewerbesteuer, deren Höhe die Gemeinden selbst durch die Festsetzung der Hebesätze in ihrem Gemeindegebiet beeinflussen können (Hebesatzrecht). Das Recht der kommunalen Selbstverwaltung wird auch durch die Verfassung für Rheinland-Pfalz (Art. 49 LV RLP) sowie einfachgesetzlich durch das Kommunalverfassungsgesetz (§ 2 GemO RLP) garantiert.

Um die Angelegenheiten der örtlichen Gemeinschaft eigenverantwortlich zu erledigen, stehen den Kommunen verschiedene Befugnisse und Rechte (Hoheiten) zu. Dazu zählen insbesondere die Organisations-, die Personal-, die Planungs-, die Satzungs- sowie die Finanzhoheit.[3] Die Finanzhoheit gewährleistet eine eigenverantwortliche Einnahmen- und Ausgabenwirtschaft.[4] Voraussetzung hierfür ist allerdings auch eine angemessene Ausstattung mit finanziellen Mitteln, die dann der kommunalen Einnahmen- und Ausgabenhoheit unterliegen.[5] Neben den verfassungsrechtlich verankerten Grundsätzen in Art. 28 Abs. 2 GG und Art. 49 Abs. 6 LV RLP und den bundesgesetzlich geregelten Vorgaben, z.B. im Gewerbesteuer- und im Grundsteuergesetz, ist dies einfachgesetzlich u.a. durch § 3 Abs. 1 GemO RLP gewährleistet, wonach das Land den Gemeinden die zur Aufgabenerfüllung erforderlichen Finanzmittel durch den Finanzausgleich aber auch durch das Recht zur Erhebung eigener Abgaben sichert. Die Abgabenhoheit ist somit ein Teilelement der Finanzhoheit.[6] Diese umfasst die einer öffentlich-rechtlichen Körperschaft zustehenden Kompetenzen,

1 BVerfG, Beschl. v. 23.11.1988 – 2 BvR 1619/83 u.a. NVwZ 1989, 347–352.
2 BVerfG, Beschl. v. 27.01.2010 – 2 BvR 2185/04 u.a. BVerfGE 125, 141.
3 Vgl. dazu näher Dietlein in Gabler et al., Erl. Nr. 3.1.2 zu § 1; Minor et al., Erl. Nr. 1.2.
4 Dietlein in Gabler et al., Erl. Nr. 3.1.2 zu § 1.
5 Siehe hierzu die näheren Ausführungen bei Dietlein in Gabler et al., Erl. Nr. 2.1 zu § 3.
6 So Pünder/Waldhoff in Henneke/Pünder/Waldhoff, Recht der Kommunalfinanzen, § 1 Rn. 10.

Abgabengesetze (-satzungen) zu erlassen, den Ertrag aus einer Abgabe zu vereinnahmen, zu verwenden, die Abgabengesetze zu vollziehen und die Abgaben zu verwalten.[7]

1.2 Grundsätze der Finanzmittelbeschaffung

Die zur Aufgabenerfüllung erforderlichen Finanzmittel sind nach der in § 94 GemO RLP normierten Rangfolge zu beschaffen. Dies ist auch bei der Abgabenerhebung zu beachten. Nach § 94 Abs. 1 GemO RLP erheben die Gemeinden Abgaben nach den gesetzlichen Vorschriften. Darüber hinaus gilt das in § 94 GemO RLP landesrechtlich normierte Subsidiaritätsprinzip bei der Finanzmittelbeschaffung. Es ist folgende Rangfolge vorgesehen:

- Die Kommunen haben ihren Mittelbedarf zunächst aus „sonstigen Finanzmitteln" zu beschaffen. Dazu zählen z.B. Mieten, Pachten, Zuweisungen nach dem LFAG RLP, Zuschüsse, Bußgelder, Verkaufserlöse sowie die Gemeindeanteile an der Einkommen- und Umsatzsteuer (§ 94 Abs. 2 S. 1 2. Hs. GemO RLP).

- Reichen die Erträge und Einzahlungen aus den „sonstigen Finanzmitteln" nicht aus, ist die Erhebung öffentlich- und privatrechtlicher Entgelte zulässig, z.B. Verwaltungs- und Benutzungsgebühren oder Beiträge. Diese müssen aber dem Grunde und ihrer Höhe nach „vertretbar und geboten" sein (§ 94 Abs. 2 S. 1 Nr. 1 GemO RLP). Mit dieser Einschränkung fließen beispielsweise auch Zumutbarkeitsaspekte für die Entgeltpflichtigen sowie sozialpolitische Gesichtspunkte in die finanzwirtschaftliche Entscheidung ein.[8] Daher werden beispielsweise bei Benutzungsgebühren soziale Aspekte berücksichtigt, z.B. mit Ermäßigungen für bestimmte Gruppen.

- Im Übrigen sind zur Deckung des Finanzbedarfs der Gemeinde nachrangig nach den „sonstigen Finanzmitteln" und den Entgelten die erforderlichen Erträge und Einzahlungen aus Steuern zu beschaffen (§ 94 Abs. 2 S. 1 Nr. 2 GemO RLP). Dazu gehören die Realsteuern (Grund- und Gewerbesteuer) und die örtlichen Verbrauch- und Aufwandsteuern.

- Die Aufnahme von Investitionskrediten ist nur zulässig, wenn eine Deckung des Finanzmittelbedarfs durch vorrangige Finanzmittel nach Maßgabe des § 94 Abs. 2 GemO RLP nicht möglich oder wirtschaftlich unzweckmäßig wäre (§ 94 Abs. 4 GemO RLP).[9]

Bei den Landkreisen ergibt sich aus § 58 Abs. 2 und 4 LKO RLP eine vergleichbare Rangfolge der Finanzmittelbeschaffung. Die Landkreise erheben neben den Kreissteuern (vgl. § 6 KAG RLP) von ihren kreisangehörigen Gemeinden eine Kreisumlage, um ihren verbleibenden Finanzmittelbedarf zu decken (§ 58 Abs. 4 LKO RLP i.V.m. § 31 LFAG RLP). Die Kreisumlage ist ebenfalls

7 Rheindorf in Kohlhaas et al., Rn. 17 zu § 1.

8 Vgl. Dietlein in Gabler et al., Erl. Nr. 3.4.2.2.1.2 zu § 94.

9 Vgl. zur Steuersubsidiarität Holtbrügge in Driehaus, Kommunalabgabenrecht, § 1 Rn. 47; Dietlein in Gabler et al., Erl. Nr. 4 zu § 94.

vorrangig vor der Aufnahme von Investitionskrediten, die der Landkreis nur aufnehmen darf, wenn eine andere Finanzierung nicht möglich ist oder wirtschaftlich unzweckmäßig wäre (§ 58 Abs. 5 LKO).

Durch die nachrangige Finanzmittelbeschaffung über Steuern sollen öffentliche Einrichtungen und Anlagen vorrangig durch diejenigen finanziert werden, die die Einrichtung nutzen bzw. denen die Einrichtung oder Anlage einen Vorteil verschafft, z.B. beim Besuch einer Veranstaltung des kommunalen Theaters. Dadurch soll vermieden werden, dass Leistungen, die von einzelnen Personen in Anspruch genommen werden, aus allgemeinen Deckungsmitteln querfinanziert werden.[10] Die Abgabenpflichtigen haben jedoch keinen rechtlichen Anspruch darauf, dass öffentlich- und privatrechtliche Entgelte erhöht bzw. kostendeckend erhoben werden, um im Gegenzug Steuern zu senken oder auf eine Steuererhöhung zu verzichten.[11] In welchem Umfang die einzelnen Abgabensätze vertretbar und geboten sind, ist anhand verschiedener Kriterien zu prüfen. Dabei richtet sich „vertretbar" an den Empfänger der Leistung – was ist zumutbar? – und „geboten" an die Gemeinde im Blick auf die Verpflichtung zum Haushaltsausgleich (§ 93 Abs. 4 GemO RLP) und das Verbot, sich zu überschulden (§ 93 Abs. 6 GemO RLP). Für die Einrichtungen der Abwasserbeseitigung und Wasserversorgung ist ein vertretbares Entgelt festgelegt (vgl. § 7 Abs. 3 KAG RLP i.V.m. § 3 KAVO RLP). Werden die festgelegten Grenzwerte überschritten, können die kommunalen Gebietskörperschaften insoweit auf die Erhebung von Benutzungsgebühren und Beiträgen verzichten und die Kosten aus allgemeinen Deckungsmitteln finanzieren.

Von der Rangfolge der Finanzmittelbeschaffung gibt es darüber hinaus folgende Ausnahmen:

- Die Gemeinde kann auf die Erhebung von Tourismus- und Gästebeiträgen (§ 12 KAG RLP) sowie von Beiträgen für selbstständige Immissionsschutzanlagen, Parkflächen und Grünanlagen (§ 10 KAG RLP) ganz oder teilweise verzichten (§ 94 Abs. 2 S. 2 GemO RLP).
- Die Gemeinde kann durch Satzung regeln, dass kommunale Abgaben nicht festgesetzt und erhoben werden, wenn die Kosten der Einziehung außer Verhältnis zum Aufkommen stehen (§ 94 Abs. 2 S. 3 GemO).
- Die kommunalen Gebietskörperschaften können allgemeine Deckungsmittel – mit Ausnahme von Steuern und Umlagen – zur Verringerung der sonst als Kosten zu berücksichtigenden Zinsen für Kredite ihren Einrichtungen mit Sonderrechnung oder Beteiligungen als Eigenkapitel zur Verfügung stellen oder zur Verminderung von Beiträgen für Verkehrsanlagen verwenden (§ 94 Abs. 5 GemO RLP).

---

10 Dietlein in Gabler et al., Erl. Nr. 3.3 zu § 94.

11 Vgl. zum Ermessen bei der Festsetzung der Realsteuerhebesätze unabhängig vom landesrechtlichen Subsidiaritätsprinzip im Rahmen der Finanzmittelbeschaffung BVerwG, Beschl. v. 11.06.1993 – 8 C 32/90, NVwZ 1994, 176 f.; VGH München, Beschl. v. 01.02.2007 – 4 ZB 06.2567, NVwZ-RR 2008, 53 f.; OVG Schleswig, Urt. v. 19.09.1990 – 13 C 4/87, NVwZ 1991, 907 f.

Unabhängig von der vorgeschriebenen Rangfolge lassen sich die kommunalen Finanzmittel wie folgt ordnen:

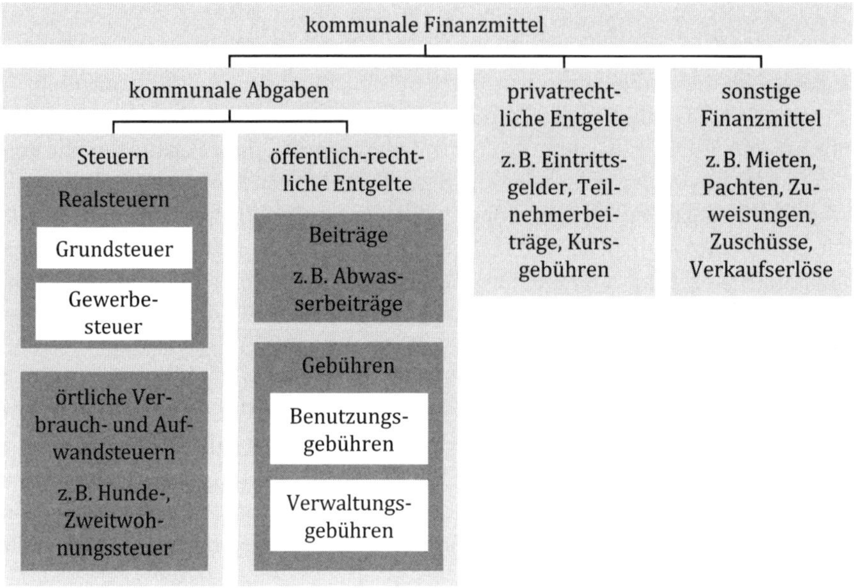

Abb. 1 – Kommunale Finanzmittel

Erst wenn die sonstigen Finanzmittel, die Entgelte für Leistungen sowie die Steuern zur Aufgabenfinanzierung nicht ausreichen, ist eine Deckung des Finanzmittelbedarfs durch Kreditaufnahmen zulässig (§ 94 Abs. 4 GemO RLP bzw. § 58 Abs. 5 LKO RLP). Zu beachten ist darüber hinaus, dass Kredite nur zur Finanzierung von Investitionen und Investitionsfördermaßnahmen sowie zur Umschuldung (Investitionskredite – § 103 Abs. 1 GemO RLP) und zur Sicherung der Kassenliquidität (Liquiditätskredite – § 105 GemO RLP) aufgenommen werden dürfen.

1.3 Abgabenrechtliche Grundlagen

1.3.1 Kommunale Abgaben

Abgaben sind „Geldleistungen, die den Abgabenpflichtigen von der erhebungsberechtigten Körperschaft auf der Grundlage einer öffentlichen-rechtlichen Ermächtigungsnorm einseitig hoheitlich zur Erzielung von Einnahmen auferlegt werden. Diese gliedern sich in Steuern, Gebühren, Beiträge und sonstige Abgaben."[12]

12 Rheindorf in Kohlhaas et al., Rn. 5 ff. zu § 1.

Kommunale Abgaben sind nach § 1 Abs. 1 KAG RLP Steuern, Gebühren und Beiträge, die von einer kommunalen Gebietskörperschaft (Gemeinden, Verbandsgemeinden und Landkreise) erhoben werden. In dieser Vorschrift werden die Grundsätze der kommunalen Abgabenhoheit als Bestandteil der Selbstverwaltungsgarantie herausstellt. Die Vorschrift selbst stellt aber nicht die gesetzliche Ermächtigung zum Erlass der Abgabensatzungen als Grundlage der Abgabenerhebung dar. Die gesetzlichen Ermächtigungsnormen zur Erhebung der speziellen kommunalen Abgaben enthalten die §§ 5 bis 12 KAG RLP. Darüber hinaus sind vorrangig die spezialgesetzlichen Regelungen zu beachten, da das KAG RLP für diese Bereiche nur subsidiär anzuwenden ist (vgl. § 1 Abs. 2 S. 1 KAG RLP). Spezielle abgabenrechtliche Regelungen enthalten beispielsweise die §§ 127 ff. BauGB für Erschließungsbeiträge, das Grundsteuergesetz und das Gewerbesteuergesetz.[13]

Bei den kommunalen Abgaben sind ausschließlich die kommunalen Gebietskörperschaften erhebungsberechtigt (§ 1 Abs. 1 KAG RLP). Gebühren und Beiträge können nach Maßgabe des Kommunalabgabengesetzes Rheinland-Pfalz auch von Zweckverbänden, Anstalten nach § 86 GemO RLP, gemeinsamen Anstalten nach § 14a KomZG RLP und den Bezirksverband Pfalz erhoben werden. Dies gilt allerdings nicht für Steuern (vgl. § 1 Abs. 3 KAG RLP).

Für die Abgrenzung der einzelnen Abgabearten ist der materielle Gehalt der Abgabe entscheidend, nicht die Klassifizierung in einem Abgabengesetz.[14] Die Definition der Abgaben im Sinne des Kommunalabgabenrechtes ist darüber hinaus nicht identisch mit dem Begriff der öffentlichen Abgaben im Sinne des § 80 Abs. 2 Nr. 1 VwGO.[15] Hiernach entfällt bei der Anforderung von öffentlichen Abgaben und Kosten die aufschiebende Wirkung des Widerspruchs und der Anfechtungsklage.[16]

1.3.2 Steuern

Steuern sind nach § 3 Abs. 1 AO:

- Geldleistungen,
- die nicht eine Gegenleistung für eine besondere Leistung darstellen,
- von einem öffentlich-rechtlichen Gemeinwesen,
- zur Erzielung von Einnahmen
- allen auferlegt werden,
- bei denen der Tatbestand zutrifft, an den das Gesetz die Leistungspflicht knüpft.

---

13 Nähere Ausführungen hierzu Rheindorf in Kohlhaas et al., Erl. 17 ff. zu § 1.

14 BVerfG, Beschl. v. 04.02.1958, BVerfGE 7 S. 244; BVerfG, Beschl. v. 12.10.1978 – 2 BvR 154/74, DVBl. 1979 S. 52.

15 Vgl. hierzu Rheindorf in Kohlhaas et al., Erl. 8 f.

16 Zum Suspensiveffekt von Widerspruch und Anfechtungsklage siehe nur Barthel/Weidemann, Der gesetzliche Ausschluss der aufschiebenden Wirkung von Widerspruch und Anfechtungsklage, DVP 2022, S. 489 ff.

Tatbestandsvoraussetzungen der Steuer gem. § 3 Abs. 1 AO	
Geldleistung	Geldleistungen (keine Sach- oder Dienstleistungen), die einmaliger (z.B. Grunderwerbsteuer, Erbschaftsteuer) oder laufender, wiederkehrender (z.B. Grundsteuer, Gewerbesteuer, Hundesteuer, Kfz-Steuer) Natur sein können.
keine unmittelbare Gegenleistung	Geldleistung ohne unmittelbare Gegenleistungen; es besteht kein Rechtsanspruch auf eine besondere individuelle Leistung für den Steuerzahler. Jedoch gibt es mittelbare Gegenleistungen, wie z.B. die Sicherung der inneren und äußeren Sicherheit, die Bildung, die Wissenschaft und die Sozialsysteme.
Erhebungsberechtigt sind öffentlich-rechtliche Gemeinwesen	Erhebungsberechtigt sind als öffentlich-rechtliche Gemeinwesen die Gebietskörperschaften des öffentlichen Rechts: Bund, Länder, Gemeinden und Gemeindeverbände sowie nach Maßgabe des Art. 140 GG die öffentlich-rechtlichen Religionsgemeinschaften.
Erzielung von Einnahmen	Die Einnahmenerzielung ist regelmäßig der Hauptzweck. Die Verwirklichung von Nebenzwecken ist ebenfalls möglich, wenn damit z.B. wirtschafts-, gesundheits-, umwelt- und sozialpolitische Lenkungsfunktionen verfolgt werden (z.B. die Eindämmung der Hundehaltung durch die Erhebung von Hundesteuer). Tritt der Einnahmezweck allerdings völlig in den Hintergrund, dann handelt es sich nicht um Steuern (z.B. Geldstrafen, Bußgelder).
allen „auferlegt" – hoheitliches Handeln	Nach dem Subordinationsprinzip kann aus dem Über- und Unterordnungsverhältnis das hoheitliche Handeln, der Zwang zur Zahlung, der allen auferlegt ist, abgeleitet werden. Die Steuerpflicht wird ohne Rücksicht auf die Zahlungsbereitschaft und das Zahlungsvermögen einseitig hoheitlich auferlegt.
Tatbestand der Leistungspflicht in einem Steuergesetz	Der Tatbestand zur Steuererhebung ist in einem Steuergesetz geregelt. Jedes Steuergesetz muss die Steuerpflicht durch eine inhaltlich bestimmte Tatbestandsbeschreibung begründen. Dies entspricht dem Gebot der gleichmäßigen Besteuerung und damit der Steuergerechtigkeit. Außerdem schafft der gesetzlich fixierte Tatbestand die konkrete Ermächtigungsgrundlage für den belastenden Steuerverwaltungsakt (Ausfluss aus der Gesetzmäßigkeit der Verwaltung, Art. 20 Abs. 3 GG).

Tab. 1 – Tatbestandsmerkmale des Steuerbegriffs

Die Steuern können nach unterschiedlichen Kriterien eingeteilt werden. Beispielsweise:

Wer trägt die Steuer?

- Teilweise belasten sie die Steuerschuldner direkt, d.h. diejenigen, die die Steuer zu zahlen haben, sind von ihr auch unmittelbar belastet (direkte Steuern). Das trifft beispielsweise auf die Einkommensteuer zu: Die Arbeitnehmer sind Steuerschuldner und das jeweilige Einkommen wird unmittelbar gemindert. Sie sind daher nicht nur Steuerschuldner, sondern auch Steuerträger.

- Teilweise kann die Steuer aber vom Steuerschuldner weitergegeben werden (indirekte Steuern). So gibt der Verkäufer die Umsatzsteuer über den Preis an den Verbraucher weiter. In diesem Fall ist der Verkäufer Steuerschuldner, aber der Verbraucher Steuerträger.

Was wird besteuert?

- Besteuert werden kann ein bestimmter „Besitz" im weiteren Sinne. Diese Besitzsteuern können an Objekte anknüpfen (Objekt- oder Realsteuern). Dazu gehören die Gewerbe- und die Grundsteuer. Andere Besitzsteuern wie die Einkommensteuer beziehen sich auf Subjekte (Subjekt- oder Personensteuern).
- Des Weiteren kommt ein Verbrauch oder Aufwand als Anknüpfungspunkt für Steuern in Betracht, z.B. Mineralöl-, Hunde- oder Zweitwohnungssteuer (Verbrauch- und Aufwandsteuern).
- Schließlich können Rechtsvorgänge mit Steuern belegt werden, wie dies etwa bei der Grunderwerb- oder der Kraftfahrzeugsteuer sowie der Schankerlaubnissteuer der Fall ist.

Wem steht der Ertrag aus der Steuer zu?

- Es gibt Steuern, die stehen allein dem Bund (z.B. Kraftfahrzeugsteuer, vgl. Art. 106 Abs. 1 Nr. 3 GG), dem Land (z.B. Grunderwerbsteuer, vgl. Art. 106 Abs. 2 Nr. 3 GG) oder den Gemeinden (z.B. Gewerbe- und Grundsteuer, vgl. Art. 106 Abs. 6 S. 1 GG) bzw. Gemeindeverbänden (z.B. Vergnügungssteuer, vgl. Art. 106 Abs. 6 S. 1 GG i.V.m. § 5 Abs. 4 KAG RLP) zu. Dementsprechend wird von Bundes-, Landes- oder Gemeindesteuern gesprochen. Letztere werden auch als örtliche oder kommunale Steuern bezeichnet.
- Darüber hinaus gibt es auch Gemeinschaftssteuern, deren Aufkommen zwischen mehreren Körperschaften aufgeteilt wird. Dies sind die Einkommensteuer, die Körperschaftsteuer und die Umsatzsteuer (vgl. Art. 106 Abs. 3 GG). Die Erträge aus der Umsatzsteuer stehen beispielsweise sowohl dem Bund als auch den Ländern und den Gemeinden zu (vgl. Art. 106 Abs. 3 GG i.V.m. Art. 106 Abs. 5a GG).

Nach § 5 KAG RLP gehören zu den Gemeindesteuern in Rheinland-Pfalz:

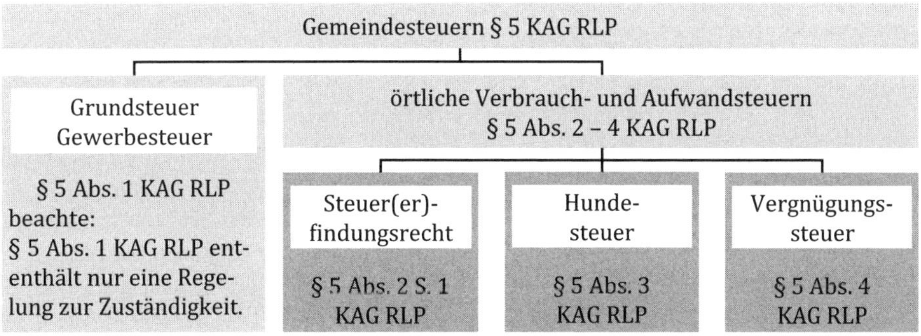

Abb. 2 – Gemeindesteuern

Eine Besonderheit bildet hierbei die Vergnügungssteuer. Hier hat der Landesgesetzgeber von der Ermächtigung in Art. 106 Abs. 6 S. 1 GG Gebrauch gemacht, wonach die örtlichen Verbrauch- und Aufwandsteuern den Gemeinden oder nach Maßgabe der Landesgesetzgebung den Gemeindeverbänden zustehen. Nach § 5 Abs. 4 KAG RLP können Verbandsgemeinden, verbandsfreie Gemeinden sowie kreisfreie und große kreisangehörige Gemeinden Vergnügungssteuer erheben. Die Ortsgemeinden sind somit nicht berechtigt zur Vergnügungssteuererhebung.

Darüber hinaus enthält das KAG RLP in § 6 eine Regelung zu den sogenannten Kreissteuern. Hierzu gehören die Jagdsteuer (§ 6 Abs. 1 KAG RLP) sowie die Schankerlaubnissteuer (§ 6 Abs. 2 KAG RLP), die Landkreise und kreisfreie Städte erheben können. Ein Steuer(er)findungsrecht steht den Landkreisen nicht zu.

Mangels einer unmittelbaren Gegenleistung stellen Steuern das allgemeine Finanzierungsmittel im kommunalen Haushalt dar und unterscheiden sich dadurch von den Gebühren und Beiträgen.

1.3.3 Gebühren

Eine allgemeine Definition des Begriffs der Gebühr enthält das KAG RLP im Gegensatz zu den Kommunalabgabengesetzen anderer Bundesländer (z.B. KAG Saarland, Brandenburg, Mecklenburg-Vorpommern) nicht. Nach der Rechtsprechung des Bundesverfassungsgerichts sind Gebühren „öffentlich-rechtliche Geldleistungen, die aus Anlass individuell zurechenbarer, öffentlicher Leistungen dem Gebührenschuldner durch eine öffentlich-rechtliche Norm oder sonstige hoheitliche Maßnahme als Gegenleistung auferlegt werden und dazu bestimmt sind, in Anknüpfung an diese Leistung deren Kosten ganz oder teilweise zu decken“[17]. Insofern werden diese auch als öffentlich-rechtliche Entgelte bezeichnet. Nach Art der Gegenleistung ist zu unterscheiden zwischen:

- Verwaltungsgebühren,
  die erhoben werden als Gegenleistung für eine kostenpflichtige Amtshandlung, z.B. die Gebühren für die Erteilung einer Baugenehmigung und

- Benutzungsgebühren,
  die erhoben werden als Gegenleistung für die Inanspruchnahme einer öffentlichen Einrichtung oder Anlage, z.B. für die Benutzung des Freibades. Dabei ist eine öffentliche Einrichtung jede Einrichtung, die von einer öffentlich-rechtlichen Körperschaft im öffentlichen Interesse unterhalten und der Öffentlichkeit zugänglich gemacht wird. Dazu ist eine Widmung (z.B. durch Satzung, Verwaltungsakt, Benutzungsordnung, öffentliche Bekanntmachung eines Ratsbeschlusses oder konkludentes Handeln) notwendig.[18]

17 BVerfG, Beschl. v. 06.02.1979 – 2 BvL 5/76, NJW 1979, 1345–1347.

18 Minor et al., Erl. Nr. 8.1.

Das KAG RLP bildet nur für die Benutzungsgebühren die Ermächtigungsgrundlage zur Gebührenerhebung, soweit die Gebührenerhebung sich nicht aus einer spezialgesetzlichen Regelung ableitet. Die kommunalen Gebietskörperschaften können auf der Grundlage einer Abgabensatzung (§ 2 Abs. 1 KAG RLP) Benutzungsgebühren erheben (vgl. § 7 Abs. 1 KAG RLP).

Für Verwaltungsgebühren enthält das KAG RLP keine Regelungen. Hierfür gilt, sofern eine spezialgesetzliche Ermächtigungsgrundlage nicht greift, das LGebG RLP. In Selbstverwaltungsangelegenheiten werden die Gemeinden und Gemeindeverbände ermächtigt, die kostenpflichtigen Amtshandlungen und Gebührensätze durch Satzung zu regeln (§ 2 Abs. 5 LGebG RLP).

Verwaltungsgebühren	**Benutzungsgebühren**
Gegenleistung für eine besondere öffentlich-rechtliche Verwaltungstätigkeit	Gegenleistung für die Inanspruchnahme (konkrete Benutzung) einer öffentlichen Einrichtung und Anlage einer kommunalen Gebietskörperschaft zur Deckung von Kosten
Rechtsgrundlagen: • Spezialgesetze, z.B. § 1 der Verordnung über Gebühren für Personalausweise und eID-Karten für Unionsbürger und Angehörige des Europäischen Wirtschaftsraums (Personalausweis- und eID-Karten-Gebührenverordnung – PAuswGebV) • § 1 Abs. 1 Nr. 1 LGebG RLP	Rechtsgrundlagen: • Spezialgesetze Straßenreinigungsgebühren § 17 Abs. 3 LStrG RLP, Sondernutzungsgebühren § 47 LStrG RLP • § 7 Abs. 1 KAG RLP i.V.m. § 2 Abs. 1 KAG RLP Beachte: § 1 Abs. 2 Nr. 2, Abs. 3 LGebG RLP

Tab. 2 – Differenzierung der Gebühren[19]

1.3.4 Beiträge

Die kommunalen Gebietskörperschaften können von Grundstückseigentümern, denen durch die Möglichkeit der Inanspruchnahme von öffentlichen Einrichtungen oder Anlagen ein Vorteil entsteht, Beiträge erheben (§ 7 Abs. 2 S. 1 KAG RLP). Dazu zählen beispielsweise die wiederkehrenden Beiträge für Verkehrsanlagen (§ 10a KAG RLP), die Beiträge für Einrichtungen im Außenbereich (§ 11 KAG RLP) und die Tourismus- und Gästebeiträge (§ 12 KAG RLP). Auch hierbei handelt es sich um öffentlich-rechtliche Entgelte, da der Beitrag als Gegenleistung für die Einräumung eines Vorteils durch die Möglichkeit der Inanspruchnahme der öffentlichen Einrichtung oder Anlage zu zahlen ist.

19 Rheindorf in Kohlhaas et al., Rn. 15 und 15a zu § 1.

Zu unterscheiden ist zwischen einmaligen und wiederkehrenden Beiträgen:

einmalige Beiträge	**wiederkehrende Beiträge**
Finanzierung von Investitionsaufwendungen • Vgl. § 7 Abs. 2 KAG RLP • Spezialgesetzliche Regelungen, z.B. für Erschließungsbeiträge in §§ 127 ff. BauGB	Grundsätzlich Finanzierung der laufenden Kosten einer Einrichtung • Vgl. § 7 Abs. 2 KAG RLP • Spezielle Regelungen im KAG RLP in §§ 10a, 11 und 12 Beachte: Durch Beiträge für Verkehrsanlagen (§ 10a KAG RLP) werden (nur) Investitionsaufwendungen finanziert und durch die Beiträge für Einrichtungen im Außenbereich (§ 11 KAG RLP) Investitionsaufwendungen und die laufenden Kosten der Einrichtungen.
• Aufwandsrechnung § 9 KAG RLP oder • Spezialgesetz z.B. § 128 BauGB für Erschließungsbeiträge	Kostenrechnung gem. § 8 KAG RLP, wenn die laufenden Kosten gedeckt werden sollen.

Tab. 3 – Einmalige und wiederkehrende Beiträge

Nachfolgend wird am Beispiel einer Straße (Verkehrsanlage) dargestellt, ob bzw. welche Beiträge bei Durchführung einer Maßnahme erhoben werden:

Beiträge am Beispiel von Straßen:

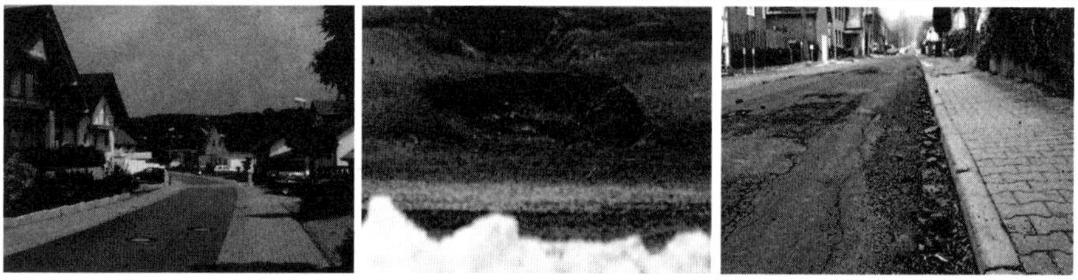

Erstmalige Herstellung einer Verkehrsanlage	Beseitigung von Frostschäden	Erneuerung, Umbau, Verbesserung von bereits vorhandenen Straßen
Es werden Erschließungsbeiträge erhoben nach §§ 127 ff. BauGB i.V.m. Satzung.	Unterhaltungs-(Instandhaltungs-)aufwand, der durch die Kommune allein aus den vorhandenen Finanzmitteln gezahlt werden muss.	Erhoben werden wiederkehrende Beiträge für Verkehrsanlagen nach § 10 a KAG RLP i.V.m. Satzung (wiederkehrende Ausbaubeiträge).

Abb. 3 – Beiträge für Straßen

Wie das Beispiel zeigt, ist zu differenzieren zwischen der erstmaligen Herstellung und dem Ausbau einer vorhandenen Straße, für die unterschiedliche Beiträge erhoben werden und der Instandhaltung und Unterhaltung einer vorhandenen Straße, für die eine Beitragserhebung nicht möglich ist.

1.3.5 Zusammenfassender Überblick

1.3.5.1 Abgrenzung Steuern, Gebühren und Beiträge

Abgrenzungskriterium zwischen Steuern, Gebühren und Beiträgen ist, ob der zu zahlenden Geldleistung eine unmittelbare Gegenleistung gegenübersteht, es sich somit um ein Entgelt handelt oder nicht.

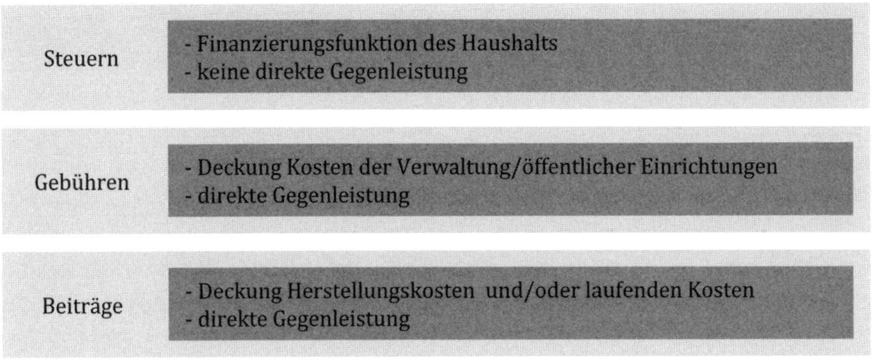

Abb. 4 – Abgrenzung Steuern/Gebühren/Beiträge

Anders als bei Gebühren und Beiträgen steht einer Steuerzahlung keine unmittelbare Gegenleistung gegenüber.

1.3.5.2 Abgrenzung Gebühren und Beiträge

Eine unmittelbare Gegenleistung erhält der Abgabenpflichtige nur bei Gebühren und Beiträgen, die somit auch öffentlich-rechtliche Entgelte sind. Bei der Unterscheidung zwischen Gebühren und Beiträgen ist konkret darauf abzustellen, welche Gegenleistung dem Entgelt gegenübersteht: Ist es die Inanspruchnahme einer kostenpflichtigen Amtshandlung, die konkrete Benutzung einer öffentlichen Einrichtung oder Anlage oder die Einräumung eines Vorteils durch die Möglichkeit der Inanspruchnahme einer öffentlichen Einrichtung oder Anlage. Hierzu folgendes Beispiel:

Sachverhalt 1:
Gehen Sie davon aus, dass es in der Gemeinde eine öffentliche Abwasserbeseitigungseinrichtung gibt und Anschluss- und Benutzungszwang besteht. Die Grundstücke 1 und 3 sind bebaut und an das Kanalnetz angeschlossen, die Grundstücke 2 und 4 sind derzeit unbebaut und noch nicht an das Kanalnetz angeschlossen.

Aufgabe:
Wer zahlt die Kosten der Einrichtung, wenn diese über
a) Gebühren finanziert wird?
b) Beiträge finanziert wird?

Lösung:
zu a) Grundstücke 1 und 3, da diese an das Kanalnetz angeschlossen sind und somit die Einrichtung benutzen. Die Grundstücke 2 und 4 sind derzeit unbebaut und noch nicht an das Kanalnetz angeschlossen, benutzen die Einrichtung nicht und sind daher auch nicht gebührenpflichtig.

zu b) Grundstücke 1, 2, 3 und 4, da alle vier Grundstücke die Möglichkeit haben, die öffentliche Einrichtung in Anspruch zu nehmen. Auf die tatsächliche Benutzung kommt es in diesem Fall nicht an. Insofern sind alle vier Grundstücke beitragspflichtig.

1.3.5.3 Entgelte
Nach § 7 Abs. 9 KAG RLP besteht für die kommunalen Gebietskörperschaften auch die Möglichkeit anstelle von Benutzungsgebühren und Beiträgen privat-rechtliche Entgelte zu erheben. Allerdings darf dies nicht als „Flucht ins Privatrecht“ genutzt werden, so dass § 7 Abs. 9 KAG RLP anordnet, dass hier elementare Grundsätze des öffentlichen Finanzgebarens, insbesondere die Kalkulationsgrundsätze des KAGs RLP (§§ 8 und 9 KAG RLP) zu beachten sind (siehe hierzu auch Erl. Nr. 9 zu § 7 KAG RLP).

Bei den Entgelten ist somit zu unterscheiden zwischen öffentlich-rechtlichen und privatrechtlichen Entgelten:

Entgelte

Privatrechtliche Entgelte

Privatrechtliche Entgelte beruhen auf einem **Koordinationsverhältnis**. Die Entgelterhebung erfolgt auf der Grundlage des privaten Rechts (Tarifregelung); vgl. § 7 Abs. 9 KAG RLP und Erl. Nr. 9 zu § 7 KAG RLP.

Ratsbeschluss nach § 32 Abs. 2 Nr. 10 GemO RLP erforderlich.

Öffentlich-rechtliche Entgelte

Öffentlich-rechtliche Entgelte beruhen auf einem **Subordinationsverhältnis**. Die Entgelterhebung erfolgt auf der Grundlage einer öffentlich-rechtlichen Ermächtigungsnorm (Bundes- oder Landesgesetz). Öffentlich-rechtliche Entgelte sind insbesondere Gebühren und Beiträge, Aufwendungs- und Auslagenersatz.

Grundsätzlich ist für die Erhebung von Abgaben eine Abgabensatzung erforderlich (§ 2 Abs. 1 KAG RLP).

Abb. 5 – Entgelte

1.3.6 Abgaben besonderer Art

Ist eine eindeutige Zuordnung zu einer der genannten Abgabenarten nicht möglich, handelt es sich um Abgaben besonderer Art. Hierzu gehört beispielsweise der Aufwendungsersatz für Grundstücksanschlüsse an leitungsgebundenen Einrichtungen, der in § 13 KAG RLP geregelt ist. Für Aufwendungs- und Auslagenersätze, die auf der Grundlage von speziellen Regelungen erhoben werden, ist das KAG RLP entsprechend anzuwenden, soweit das Spezialgesetz oder die Satzung keine Regelung trifft (§ 1 Abs. 2 S. 3 KAG RLP). Beispielhaft zu nennen sind der Kostenersatz für Feuerwehreinsätze (§ 36 LBKG RLP) und der Aufwendungsersatz für Abwasseruntersuchungen (geregelt in den Entgeltsatzungen Abwasserbeseitigung).

1.3.7 Abgabenrechtliche Nebenleistungen

Im Zusammenhang mit der Festsetzung und Erhebung von Steuern, Gebühren und Beiträgen entstehen in bestimmten Fällen auch abgabenrechtliche Nebenleistungen. § 3 Abs. 4 AO spricht von steuerlichen Nebenleistungen.[20] Für den kommunalen Bereich sind folgende steuerliche Nebenleistungen relevant:

Verspätungszuschläge § 3 Abs. 4 Nr. 2 AO § 152 AO	Gegen denjenigen, der seiner Verpflichtung zur Abgabe einer Steuer-erklärung nicht oder nicht fristgemäß nachkommt, wird ein Verspätungszuschlag festgesetzt (§ 152 Abs. 1 S. 1 AO).
Zinsen § 3 Abs. 4 Nr. 4 AO §§ 233 ff. AO	Ansprüche aus dem Abgabenschuldverhältnis werden nur verzinst, wenn dies gesetzlich vorgeschrieben ist (§ 233 S. 1 AO), z.B. Zinsen bei Steuernachforderungen und Steuererstattungen (§ 233a AO), Stundungszinsen (§ 234 AO), Aussetzungszinsen (§ 237 AO).
Säumniszuschläge § 3 Abs. 4 Nr. 5 AO § 240 AO	Wird eine Abgabenschuld nicht oder nicht bis zum Ablauf des Fälligkeitstages gezahlt, so hat der Abgabenpflichtige einen Säumniszuschlag zu entrichten (§ 240 Abs. 1 S. 1 AO).

Tab. 4 – Steuerliche Nebenleistungen

20 Diese Vorschrift ist entsprechend anwendbar für Grund- und Gewerbesteuer nach § 1 Abs. 2 Nr. 1 AO (soweit die Verwaltung den Gemeinden obliegt) und für die übrigen Steuern, Gebühren und Beiträge, die von einer kommunalen Gebietskörperschaft erhoben werden, nach § 1 Abs. 1 bzw. Abs. 2 S. 1 KAG RLP i.V.m. § 3 Abs. 1 Nr. 1 KAG RLP.

Kapitel 2

Realsteuern

2.1 Begriff und Rechtsgrundlagen

Realsteuern sind die Grund- und die Gewerbesteuer (§ 3 Abs. 2 AO). Die Grundsteuer ist eine Steuer auf das Eigentum an Grundstücken, bestimmten grundstücksgleichen Rechten (z.B. Wohnungs- und Teileigentum) sowie auf die Betriebe der Land- und Forstwirtschaft, d.h. eine sogenannte Substanzsteuer, da ein bestehendes Vermögen besteuert wird.[21] Die Gewerbesteuer wird hingegen auf den objektiven Ertrag eines Gewerbebetriebs erhoben.[22] Die Realsteuern werden daher auch als Objekt- oder Sachsteuern bezeichnet.[23]

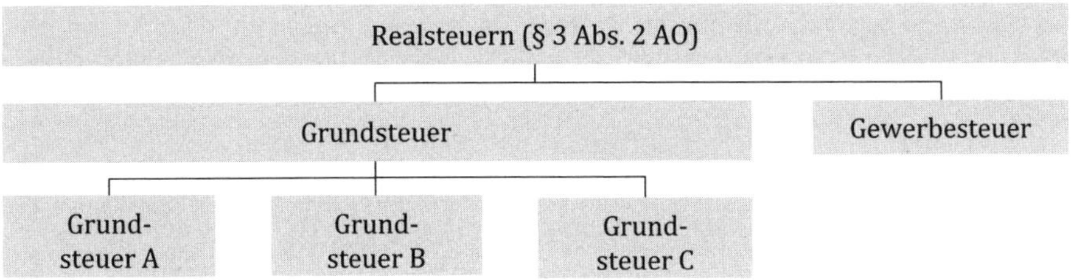

Abb. 6 – Realsteuern

Die Gesetzgebungskompetenz für die Gewerbesteuer liegt im Rahmen der konkurrierenden Gesetzgebung beim Bund (Art. 105 Abs. 2 S. 2 i.V.m. Art. 72 Abs. 2 GG). Dies gilt nach Art. 105 Abs. 2 S. 1 GG auch für die Grundsteuer. Der Bund hat von seiner Befugnis auch Gebrauch gemacht durch den Erlass des Gewerbesteuergesetzes[24] und des Grundsteuergesetzes.[25]

Bei der Grundsteuer war der Bundesgesetzgeber aufgrund der Entscheidung des BVerfG[26] zu einer umfassenden Reform der Grundsteuer bis zum 31. Dezember 2019 aufgefordert. Eine Neuregelung ist mit dem Grundsteuer-Reformgesetz[27] erfolgt. Zur Umsetzung der daraus resultierenden umfassenden Änderungen wurde den zuständigen Verwaltungen allerdings eine Übergangsfrist eingeräumt. Das geänderte GrStG wird insofern erstmals für die Grundsteuer des Kalenderjahres 2025 angewandt (§ 37 Abs. 1 GrStG). Aufgrund einer Öffnungsklausel haben die Länder die Möglichkeit, durch Landesgesetz eigene Regelungen zu treffen, die von den Regelungen des Bundes abweichen (Art. 72 Abs. 3 S. 1 Nr. 7 GG). Die Länder Baden-Württemberg, Bayern,

---

21 OLG Hamm, Urt. v. 02.12.2009 – 30 U 93/09, openJur 2011, 69081.

22 FG Köln, Urt. v. 10.11.2015 – 10 K 410/14, openJur 2015, 19712.

23 BFH, Urt. v. 24.10.1990 – X R 64/89, bit.ly/XR64-89.

24 Gewerbesteuergesetz in der Fassung der Bekanntmachung vom 15.10.2002 (BGBl. I S. 4167), zuletzt geändert durch Art. 10 des Gesetzes vom 16.12.2022 (BGBl. I S. 2294).

25 Grundsteuergesetz vom 07.08.1973 (BGBl. I S. 965), zuletzt geändert durch Art. 21 des Gesetzes vom 16.12.2022 (BGBl. I S. 2294).

26 BVerfG, Urt. v. 10.04.2018 – 1 BvL 11/14 u.a., bit.ly/1BvL11-14.

27 Grundsteuer-Reformgesetz vom 26.11.2019 (BGBl. I S. 1794).

Hamburg, Hessen und Niedersachsen haben von der Öffnungsklausel Gebrauch gemacht und die Bewertung des Grundvermögens für Zwecke der Grundsteuer landesgesetzlich geregelt. Das Saarland und Sachsen haben die Öffnungsklausel genutzt, um vom Bundesgesetz abweichende Steuermesszahlen einzuführen. Abweichendes Landesrecht zur Grundsteuer darf ebenfalls frühestens ab dem 1. Januar 2025 angewandt werden (Art. 125b Abs. 3 GG). Das Land Rheinland-Pfalz sowie die übrigen Bundesländer wenden die Regelungen des Grundsteuergesetzes des Bundes an.

Aufgrund der Übergangsregelung gilt für die Grundsteuer bis einschließlich des Kalenderjahres 2024 gem. § 37 Abs. 2 GrStG somit weiterhin das GrStG a.F.[28] vom 07.08.1973 (BGBl. I S. 965), zuletzt geändert durch Gesetz vom 19.12.2008 (BGBl. I. S. 2794). Ab dem Kalenderjahr 2025 sind in Rheinland-Pfalz die Vorschriften des Grundsteuergesetzes (des Bundes) in der geänderten neuen Fassung anzuwenden (GrStG n.F.).[29]

Die für die Grundsteuerfestsetzung ab dem 1. Januar 2025 erforderlichen Basisdaten (Grundsteuerwerte) sind nach den Vorschriften des Bewertungsgesetzes[30] zu ermitteln. Die maßgeblichen Bestimmungen (§§ 218 ff. BewG) zur Feststellung der Grundsteuerwerte sind ab dem 1. Januar 2022 anzuwenden.

Die nachfolgenden Ausführungen zur Grundsteuer basieren vorrangig auf der derzeit rechtswirksamen und ab 2025 anzuwendenden Fassung des GrStG. Innerhalb des BewG werden die Vorschriften der §§ 218 ff. BewG in der ab 1. Januar 2022 geltenden Fassung angesprochen. Auf abweichende Regelungen in den bis zum 31. Dezember 2024 anzuwendenden Bestimmungen wird im Folgenden ebenfalls hingewiesen. Die bis einschließlich zum Kalenderjahr 2024 geltenden Regelungen des GrStG sind dabei als „a.F." gekennzeichnet.

2.2 Verwaltungskompetenz

Die Verwaltungskompetenz bezeichnet das Recht zur Durchführung des Abgabenverfahrens. D.h., wem steht die Befugnis zu, die Abgabengesetze zu vollziehen und die Abgaben zu verwalten. Grundsätzlich ist die Gemeinde (Gemeindeverband) für den Vollzug und die Verwaltung der Abgaben zuständig, deren Ertrag ihr zusteht. Für die Steuern enthält Art. 108 GG allerdings eine spezielle Zuständigkeitsregelung. Insoweit ist bei den Realsteuern die Zuständigkeit ausgehend von Art. 108 GG zu prüfen. Diese stellt sich zusammengefasst wie folgt dar:

28 Im Volltext unter bit.ly/GrStG-aF.; Vorschriftensammlung Kommunales Finanzwesen Rheinland-Pfalz, Ordnungsnummer 85.000.

29 Grundsteuergesetz vom 07.08.1973 (BGBl. I S. 965), zuletzt geändert durch Art. 21 des Gesetzes vom 16.12.2022 (BGBl. I S. 2294); Vorschriftensammlung Kommunales Finanzwesen Rheinland-Pfalz, Ordnungsnummer 85.001.

30 Bewertungsgesetz in der Fassung der Bekanntmachung vom 01.02.1991 (BGBl. I S. 230), zuletzt geändert durch Art. 20 des Gesetzes vom 16.12.2022 (BGBl. I S. 2294).

2.2.1 Sachliche Zuständigkeit

Grundsätzlich verwalten die Finanzbehörden der Länder die übrigen Steuern, zu denen auch die Realsteuern gehören (Art. 108 Abs. 2 S. 1 GG, in Negativabgrenzung zu Art. 108 Abs. 1 GG). Gem. § 1 Abs. 1 AO i.V.m. § 16 AO i.V.m. § 2 Abs. 1 Nr. 4 FVG und § 17 Abs. 2 FVG sind die Finanzämter als Landesfinanzbehörden zuständig, soweit die Verwaltung nicht aufgrund des Art. 108 Abs. 4 S. 2 GG den Gemeinden übertragen worden ist. Nach dieser Vorschrift besteht für die Länder die Möglichkeit, die Verwaltung auf die Gemeinden zu übertragen, wenn es sich um Steuern handelt, deren Ertrag den Gemeinden allein zusteht. Dies ist bei den Realsteuern gegeben, da nach Art. 106 Abs. 6 S. 1 GG das Aufkommen der Grund- und der Gewerbesteuer den Gemeinden zusteht.

Von dieser Möglichkeit der Übertragung hat das Land Rheinland-Pfalz für die Realsteuern in § 5 Abs. 1 KAG RLP Gebrauch gemacht. Es wurden aber nicht alle Aufgaben übertragen, so dass in Rheinland-Pfalz die Zuständigkeit zwischen den Landesfinanzbehörden (Finanzämtern) und den Gemeinden (kommunale Finanzbehörden) zweigeteilt ist. Es ergeben sich somit folgende Zuständigkeiten:

Die Finanzämter (Landesfinanzbehörden)
sind zuständig für die Festsetzung und ggf. Zerlegung der Steuermessbeträge.
Die Gemeinden (kommunale Finanzbehörden)
sind zuständig für die Festsetzung und Erhebung der Grund-/Gewerbesteuer auf der Grundlage der Steuermessbeträge.

Tab. 5 – Sachliche Zuständigkeit für die Verwaltung der Realsteuern

2.2.1.1 Finanzämter

Die Grundlage für die Festsetzung und Erhebung der Realsteuern bilden Steuermessbeträge. Für deren Berechnung und Festsetzung sind die Finanzämter als örtliche Landesfinanzbehörden sachlich zuständig. Zu diesem Aufgabenbereich zählen u.a.

- die Feststellung der persönlichen und sachlichen Steuerpflicht,
- die Entscheidung über mögliche Steuerbefreiungen,
- die Ermittlung der Besteuerungsgrundlagen,
- die Feststellung der Grundsteuerwerte,
- die Festsetzung und ggf. Zerlegung der Steuermessbeträge und
- die Aussetzung der Vollziehung der Steuermessbescheide.

2.2.1.2 Gemeinden

In den sachlichen Zuständigkeitsbereich der Gemeinden fallen u.a.

- die Festsetzung und Erhebung der Realsteuern,
- ggf. die Stundung, die Niederschlagung und der Erlass sowie
- ggf. die Mahnung und zwangsweise Beitreibung, d.h. die Vollstreckung nicht bis zum Ablauf der Fälligkeitsfrist entrichteter Realsteuern.

2.2.2 Örtliche Zuständigkeit

Bei der Frage der örtlichen Zuständigkeit muss geklärt werden, welches Finanzamt bzw. welche Gemeinde örtlich zuständig ist.

2.2.2.1 Finanzamt

Für die Festsetzung und Zerlegung der Steuermessbeträge ist bei der Grundsteuer das Lagefinanzamt und bei der Gewerbesteuer das Betriebsfinanzamt örtlich zuständig.

Grundsteuer – Lagefinanzamt	**Gewerbesteuer – Betriebsfinanzamt**
§ 1 Abs. 1 AO i.V.m. § 17 AO i.V.m. § 22 Abs. 1 AO i.V.m. § 18 Abs. 1 Nr. 1 AO	§ 1 Abs. 1 AO i.V.m. § 17 AO i.V.m. § 22 Abs. 1 AO i.V.m. § 18 Abs. 1 Nr. 2 AO
Finanzamt, in dessen Bezirk das Grundstück bzw. der land- und forstwirtschaftliche Betrieb (oder der wertvollste Teil davon) liegt.	Finanzamt, in dessen Bezirk sich die Geschäftsleitung des Gewerbebetriebes oder die wirtschaftlich bedeutendste Betriebsstätte befindet, sofern die Geschäftsleitung im Ausland ist.

Tab. 6 – Örtliche Zuständigkeit des Finanzamtes bei den Realsteuern

2.2.2.2 Gemeinde

Die Gemeinden übernehmen innerhalb der zweigeteilten Zuständigkeit die Aufgaben der Abgabenfestsetzung und -erhebung.

<table>
<tr><th>Grundsteuer</th><th colspan="2">Gewerbesteuer</th></tr>
<tr><td>§ 1 Abs. 1 GrStG</td><td>stehendes Gewerbe § 1 GewStG, § 4 Abs. 1 GewStG, § 12 AO</td><td>Reisegewerbe § 35a Abs. 3 GewStG, § 35 GewStDV</td></tr>
<tr><td>Die örtliche Zuständigkeit ergibt sich aus dem Recht, Steuern erheben zu dürfen (Ertragskompetenz). Somit ist die Gemeinde, in deren Gebiet der Grundbesitz liegt, örtlich zuständig.</td><td>Örtlich zuständig ist die Gemeinde, in der eine Betriebsstätte unterhalten wird. Betriebsstätte ist jede feste Geschäftseinrichtung oder Anlage, die der Tätigkeit eines Unternehmens dient.</td><td>Örtlich zuständig für Reisegewerbebetriebe ist die Gemeinde, in der sich der Mittelpunkt der gewerblichen Tätigkeit befindet. Das ist regelmäßig der Wohnsitz des Reisegewerbetreibenden.</td></tr>
<tr><td colspan="3">Die Verbandsgemeindeverwaltung führt die Verwaltungsgeschäfte im Namen und im Auftrag der Ortsgemeinde. Hierzu gehört auch die Verwaltung der gemeindlichen Abgaben, so dass die Verbandsgemeindeverwaltung im Namen und Auftrag der Ortsgemeinde die Realsteuern festsetzt und erhebt.

Vgl. hierzu § 68 Abs. 1 S. 1 GemO RLP, § 68 Abs. 1 S. 2 Nr. 1 GemO RLP.</td></tr>
</table>

Tab. 7 – Örtliche Zuständigkeit der Gemeinden bei den Realsteuern

Sachverhalt 2:
J.-T. Kirk ist Eigentümer eines Mehrfamilienhauses in der Ortsgemeinde Nauort. Nauort gehört der Verbandsgemeinde Ransbach-Baumbach an. Diese liegt im Westerwaldkreis und ist dem Bezirk des Finanzamtes Montabaur-Diez zugeordnet.

Aufgabe:
Prüfen Sie,
a) wer für den Erlass des Grundsteuermessbescheides
b) wer für den Erlass des Grundsteuerbescheides
sachlich und örtlich zuständige Behörde ist.

Lösung:
zu a) Zu prüfen ist, welche Behörde für den Erlass des Grundsteuermessbescheides sachlich und örtlich zuständig ist. Nach Art. 108 Abs. 2 S. 1 GG werden die übrigen Steuern, zu denen auch die Grundsteuer gehört (Negativabgrenzung zu Art. 108 Abs. 1 GG), grundsätzlich von den Landesfinanzbehörden verwaltet. Sachlich zuständige Landesfinanzbehörden sind gem. § 1 Abs. 1 AO i.V.m. § 16 AO i.V.m. §§ 2 Abs. 1 Nr. 4 und 17 Abs. 2 FVG die Finanzämter als örtliche Landesfinanzbehörden. Nach Art. 108 Abs. 4 S. 2 GG haben die Länder jedoch die Möglichkeit, die Verwaltung ganz oder zum Teil auf die Gemeinden zu übertragen, soweit es sich um Steuern handelt, deren Aufkommen allein den Gemeinden zufließt. Dies ist bei der Grundsteuer der Fall, da das Aufkommen dieser Steuerart nach Art. 106 Abs. 6 S. 1 GG den Gemeinden allein zufließt. Die Länder haben insoweit die Möglichkeit, die Verwaltung ganz oder zum Teil auf die Gemeinden zu übertragen.
Das Land Rheinland-Pfalz hat in § 5 Abs. 1 KAG RLP von dieser Ermächtigung Gebrauch gemacht und die Verwaltung der Grundsteuer mit Ausnahme der Festsetzung und Zerlegung der Steuermessbeträge auf die Gemeinden übertragen. Die sachliche Zuständigkeit ist daher zweigeteilt. Da es sich bei dem Erlass des Grundsteuermessbescheides um die Festsetzung eines Steuermessbetrages handelt, ist die Verwaltung nicht den Gemeinden übertragen; es bleibt bei der Zuständigkeit der Finanzämter. Sachlich zuständig für den Erlass des Grundsteuermessbescheides sind somit die Finanzämter.

Welches Finanzamt zuständig ist, bestimmt sich nach der örtlichen Zuständigkeit. Nach § 1 Abs. 1 AO i.V.m. § 17 AO i.V.m. § 22 Abs. 1 AO i.V.m. § 18 Abs. 1 Nr. 1 AO ist bei der Grundsteuer das Lagefinanzamt örtlich zuständig. Dies ist das Finanzamt, in dessen Bezirk der Grundbesitz liegt. Das Grundstück liegt in Nauort und somit im Bezirk des Finanzamtes Montabaur-Diez, so dass das Finanzamt Montabaur-Diez örtlich zuständig ist. Sachlich und örtlich zuständige Behörde für den Erlass des Grundsteuermessbescheides ist somit das Finanzamt Montabaur-Diez.

zu b) Hinsichtlich der sachlichen Zuständigkeit für den Erlass des Grundsteuerbescheides wird zunächst – bis zu § 5 Abs. 1 KAG RLP – auf die Ausführungen zu a) verwiesen.
Da es sich bei dem Erlass des Grundsteuerbescheides nicht um die Festsetzung und Zerlegung von Steuermessbeträgen handelt, hat das Land Rheinland-Pfalz die Verwaltung gem. § 5 Abs. 1 KAG RLP insoweit den Gemeinden übertragen. Sachlich zuständig für den Erlass des Grundsteuerbescheides sind die Gemeinden.

Welche Gemeinde zuständig ist, bestimmt sich nach der örtlichen Zuständigkeit. Nach § 1 Abs. 1 GrStG ist die Gemeinde örtlich zuständig, in deren Gebiet der Grundbesitz liegt. Dies ist vorliegend die Ortsgemeinde Nauort. Da es sich um eine Ortsgemeinde handelt ist § 68 Abs. 1 S. 1 und S. 2 Nr. 1 GemO RLP zu beachten. Demnach obliegt der Verbandsgemeindeverwaltung die Verwaltung der gemeindlichen Abgaben im Namen und Auftrag der Ortsgemeinde.
Somit ist die Verbandsgemeindeverwaltung Ransbach-Baumbach im Namen und Auftrag der Ortsgemeinde Nauort sachlich und örtlich zuständig für den Erlass des Grundsteuerbescheides.

2.3 Hebesatzkompetenz

In Art. 28 Abs. 2 GG und Art. 49 LV RLP ist den Gemeinden die Selbstverwaltungsgarantie verfassungsrechtlich zugesichert. Ein unverzichtbarer Bestandteil dieser Selbstverwaltungsgarantie ist die Finanzhoheit (vgl. insb. Art. 49 Abs. 6 S. 1 LV RLP). Die Finanzhoheit bedeutet das Recht der Gemeinden auf eine eigenverantwortliche Einnahmen- und Ausgabenwirtschaft. Teil der Finanzhoheit ist die Abgabenhoheit. Diese beinhaltet das Recht der Gemeinden abgabenrechtliche Angelegenheiten eigenverantwortlich wahrzunehmen. Die Abgabenhoheit ist die Summe aller Rechte, Befugnisse und Kompetenzen, die einer Gebietskörperschaft auf dem Bereich des Abgabewesens zustehen. Hierzu gehört auch die Hebesatzkompetenz.

Den Gemeinden ist gem. Art. 106 Abs. 6 S. 2 GG das Recht einzuräumen, die Hebesätze der Grundsteuer und Gewerbesteuer im Rahmen der Gesetze festzusetzen. Hebesatz ist ein Prozentsatz, den die Gemeinde selbst festlegt und der dazu dient, die tatsächliche Höhe einer Steuerschuld zu bestimmen. Die Gemeinde hat somit unmittelbaren Einfluss auf die Höhe der Steuereinnahmen. Dabei gilt es, unter den Gemeinden einen Steuerwettbewerb zu vermeiden. So könnten sich Standortvorteile gerade im Bereich der Gewerbesteuer herausstellen.[31] Damit es zu keinen „Steueroasen" kommt, wird die Hebesatzkompetenz in § 25 GrStG bzw. § 16 GewStG konkretisiert.[32]

Beim Hebesatzrecht sind zu beachten,

- dass der Hebesatz nur für ein (ganzes) Kalenderjahr (01.01. bis 31.12.) oder für mehrere Kalenderjahre festgesetzt werden kann (§ 25 Abs. 2 GrStG, § 16 Abs. 2 GewStG),
- der Hebesatz innerhalb einer Gemeinde grundsätzlich einheitlich sein muss (§ 25 Abs. 4 GrStG, § 16 Abs. 4 S. 1 GewStG),
- der Hebesatz für die Gewerbesteuer mindestens 200 Prozent betragen muss (§ 16 Abs. 4 S. 2 GewStG). Einen Mindesthebesatz bei der Grundsteuer gibt es nicht.

31 BVerfG, Beschl. v. 27.01.2010, 2 BvR 2185/04 und 2 BvR 2189/04 in DVP 8/2010 S. 342 ff.
32 Saathoff in Wendt et al., § 16 Rz. 7.

Der Beschluss über die Festsetzung und Änderung der Hebesätze für das laufende Jahr ist vom Gemeinde-/Stadtrat bis zum 30. Juni des Kalenderjahres zu fassen (§ 25 Abs. 3 S. 1 GrStG, § 16 Abs. 3 S. 1 GewStG, VV Nr. 1.2 zu § 97 GemO RLP). Dies ist Ausfluss aus dem Rückwirkungsverbot und der Vorhersehbarkeit der Steuerlast. Nach dem 30. Juni kann der Beschluss über die Festsetzung der Hebesätze gefasst werden, wenn die Hebesätze die Höhe der letzten Festsetzung nicht überschreiten (§ 25 Abs. 3 S. 2 GrStG, § 16 Abs. 3 S. 2 GewStG). Ein Höchsthebesatz bzw. das Verhältnis der Hebesätze kann durch eine landesrechtliche Regelung festgelegt werden (§ 26 GrStG, § 16 Abs. 5 GewStG). Eine solche landesrechtliche Regelung gibt es in Rheinland-Pfalz derzeit nicht.

Die Hebesätze werden von den Gemeinden durch Satzung festgesetzt. Die Festsetzung der Hebesätze gehört zum Pflichtbestandteil der Haushaltssatzung (§ 95 Abs. 2 S. 1 Nr. 3 GemO RLP), welche die Gemeinde für jedes Haushaltsjahr zu erlassen hat (§ 95 Abs. 1 GemO RLP). Dabei kann die Haushaltssatzung auch Festsetzungen für zwei Haushaltsjahre, nach Jahren getrennt, enthalten (§ 95 Abs. 5 S. 2 GemO RLP). Wenn die Gemeinde die Hebesätze für mehr als zwei Jahre festsetzen möchte, kann dies in einer gesonderten Hebesatzsatzung erfolgen.

Der Hebesatz der Grundsteuer C muss für die im Gemeindegebiet liegenden baureifen Grundstücke einheitlich und höher als der Grundsteuerhebesatz B sein (§ 25 Abs. 5 S. 9 GrStG). Durch das sog. Abstandsgebot soll ein finanzieller Anreiz geschaffen werden um baureife Grundstücke einer sachgerechten und sinnvollen Nutzung durch Bebauung zuzuführen.

Gegen die Festsetzung der Hebesätze in der Haushaltssatzung bzw. der Hebesatzsatzung kann eine Normenkontrolle gem. § 47 Abs. 1 Nr. 2 VwGO beim Verwaltungsgericht eingereicht werden. Im vorläufigen Rechtschutz ist der Antrag auf Erlass einer einstweiligen Anordnung nach § 47 Abs. 6 VwGO möglich.

Sachverhalt 3:
Im Jahr 2023 wird die Haushaltssatzung 2023 erst im September 2023 beschlossen. Hierin ist vorgesehen,

a) den Hebesatz für die Gewerbesteuer für das Jahr 2023 gegenüber dem Vorjahr von 450 Prozent auf 480 Prozent und
b) die Hebesätze für die
   - Grundsteuer A gegenüber dem Vorjahr von 580 Prozent auf 550 Prozent und für
   - die Grundsteuer B gegenüber dem Vorjahr von 450 Prozent auf 420 Prozent

zu verändern.
Zudem möchte die Stadt die Gewerbesteuerhebesätze für 2024 wie folgt festsetzen:

c) Kernstadt 480 Prozent und in den Stadtteilen 175 Prozent.

Hierüber wird im Stadtrat hitzig diskutiert.

Aufgabe:
Sind die Maßnahmen a) bis c) rechtlich zulässig?

Lösung:
zu a) Gem. § 16 Abs. 3 S. 1 GewStG muss der Beschluss über die Festsetzung des Hebesatzes bis zum 30.06 des Kalenderjahres mit Wirkung zum Jahresbeginn gefasst werden. Nach diesem Zeitpunkt darf ein Beschluss nur erfolgen, wenn die bisherigen Hebesätze nicht überschritten werden (§ 16 Abs. 3 S. 2 GewStG). Die hier geplante Festsetzung des Gewerbesteuerhebesatzes mit einer Erhöhung des Hebesatzes gegenüber dem Vorjahr erfolgt nach dem vorgenannten Termin und ist deshalb in dieser Form unzulässig. Der Hebesatz darf die Höhe der Festsetzung des Vorjahres nicht überschreiten und daher darf dieser auf maximal 450 Prozent festgesetzt werden.

zu b) Hier werden die Hebesätze für die Grundsteuer A und B gesenkt. Nach § 25 Abs. 3 S. 2 GrStG kann der Beschluss über die Festsetzung der Hebesätze nach dem 30.06. gefasst werden, wenn die Hebesätze die Höhe der letzten Festsetzung nicht überschreiten. Das ist hier der Fall, die Hebesätze sollen gesenkt werden. Die Maßnahme ist rechtlich zulässig.

zu c) Die Maßnahme ist in zweierlei Hinsicht unzulässig: Gem. § 16 Abs. 4 S. 1 GewStG muss der Hebesatz für alle in der Gemeinde vorhandenen Unternehmen gleich sein. Dies wäre – wenn eine Unterteilung nach Kernstadtbereich und Stadteilen vorgenommen würde – nicht der Fall, so dass diese Festsetzung rechtswidrig wäre. Nach § 16 Abs. 4 S. 2 GewStG beträgt der Mindesthebesatz 200 Prozent. In den Stadtteilen soll der Hebesatz auf nur 175 Prozent festgesetzt werden. Auch dies ist unzulässig.

2.4 Grundsteuer

Nach § 1 Abs. 1 GrStG bestimmt die Gemeinde, ob von dem in ihrem Gebiet liegenden Grundbesitz Grundsteuer erhoben wird. Daraus wird deutlich, dass der Gemeinde hier ein Entschließungsermessen eingeräumt ist, ob Grundsteuer von der Gemeinde erhoben wird. Zu beachten sind allerdings die haushaltsrechtlichen Vorschriften zu den Grundsätzen der Finanzmittelbeschaffung des § 94 GemO.[33] Auch sind die Auswirkungen z.B. im Rahmen des kommunalen Finanzausgleichs bei Nichterhebung zu bedenken, worauf an dieser Stelle nicht weiter eingegangen wird.[34]

2.4.1 Sachliche Steuerpflicht

Bei der Frage der sachlichen Steuerpflicht gilt es zu klären, um welchen Steuergegenstand es sich handelt. Für was muss die Grundsteuer gezahlt werden?

Steuergegenstand ist der inländische, im Gemeindegebiet liegende Grundbesitz i.S.d. BewG, der in Betriebe der Land- und Forstwirtschaft und Grundstücke unterschieden wird (§ 2 GrStG).

33 Vgl. hierzu Erl. 1.2.

34 Siehe hierzu auch Grootens, § 1 Rz. 17.

Grundsteuer A	Grundsteuer B
Betriebe der Land- und Forstwirtschaft **§ 2 Nr. 1 GrStG, §§ 232 ff. BewG**	**sonstige Grundstücke** **§ 2 Nr. 2 GrStG, §§ 243 ff. BewG**
• Wirtschaftsgüter, die einem Betrieb der Land- und Forstwirtschaft dauernd zu dienen bestimmt sind (§ 232 Abs. 2, 3 BewG) • Negativabgrenzung in § 232 Abs. 4 BewG z.B. Gebäude(-teile), die zu Wohnzwecken bestimmt sind	• Grundvermögen wie z.B. Grund und Boden, Gebäude, Erbbaurecht, Wohnungs-eigentum und Teileigentum, soweit diese nicht einem Betrieb der Land- und Forstwirtschaft zuzurechnen sind (§ 243 BewG) • unbebaute Grundstücke §§ 246 f. BewG • bebaute Grundstücke §§ 248 ff. BewG

Tab. 8 – Steuergegenstand der Grundsteuer

Nach § 25 Abs. 5 S. 1 GrStG kann die Gemeinde aus städtebaulichen Gründen baureife, unbebaute Grundstücke als besondere Grundstücksgruppe i.S.d. § 246 BewG bestimmen und für diese einen gesonderten Hebesatz festsetzen – Grundsteuer C.

Das BewG stellt in § 2 BewG auf die „wirtschaftliche Einheit" ab. Mehrere Grundstücke gehören – trotz kataster- und grundbuchrechtlicher Selbstständigkeit – zu einer wirtschaftlichen Einheit in diesem Sinne, wenn sie zu einem einheitlichen Zweck zusammengefasst sind, der sich äußerlich in einer entsprechenden einheitlichen Ausgestaltung niederschlägt, durch welche die selbstständige Funktion des einzelnen Grundstücks nach der Verkehrsauffassung aufgehoben wird.[35] Beispiel:

Abb. 7 – Wirtschaftliche Einheit nach § 2 BewG

Auch mehrere Gewerbebetriebe können eine wirtschaftliche Einheit nach § 2 BewG bilden, z.B. wenn der Steuerschuldner drei gleichartige Geschäfte in räumlicher Nähe zueinander unterhält.[36]

2.4.2 Steuerentstehung

Der Grundsteueranspruch entsteht nach § 38 AO i.V.m. § 9 Abs. 2 GrStG mit Beginn des Kalenderjahres, für das die Steuer festzusetzen ist, somit zum 1. Januar eines Jahres (00.00 Uhr).

35 BFH, Urt. v. 25.01.2012 – II R 25/10, openJur 2013, 18485.

36 BFH, Urt. v. 09.08.1989 – X R 130/87, bit.ly/XR130-87.

2.4.3 Stichtagsprinzip

Nach dem Stichtagsprinzip sind die Verhältnisse zu Beginn des Kalenderjahres für das gesamte Jahr maßgebend (§ 9 Abs. 1 GrStG). Änderungen am Grundvermögen, die im laufenden Jahr eintreten, wirken sich deshalb erst zum 1. Januar des Folgejahres aus. Das gilt z.B. bei der Frage wer die Grundsteuer schuldet. Wird ein Grundstück z.B. am 19. Juni 2023 veräußert, bleibt der bisherige Eigentümer für das gesamte Jahr 2023 grundsteuerpflichtig, während der neue Grundstückseigentümer erst ab dem 1. Januar 2024 die Grundsteuer schuldet. Gleiches gilt für den Eintritt von Grundsteuerbefreiungen oder deren Wegfall sowie für die Änderung der Wertverhältnisse eines Grundstücks, z.B. wenn ein unbebautes Grundstück bebaut wird.

2.4.4 Steuerbefreiung

Die §§ 3 bis 8 GrStG enthalten eine Vielzahl von Steuerbefreiungstatbeständen. Dafür müssen sowohl subjektive als auch objektive Voraussetzungen erfüllt sein. Während die subjektiven Voraussetzungen an den jeweiligen Rechtsträger anknüpfen, wie z.B. eine Religionsgesellschaft (vgl. § 3 Abs. 1 S. 1 Nr. 4 GrStG), ist die Nutzung für einen steuerbegünstigten Zweck objektive Voraussetzung für eine Steuerbefreiung.[37] So ist z.B. Grundbesitz, der von einer inländischen juristischen Person des öffentlichen Rechts für einen öffentlichen Dienst oder Gebrauch benutzt wird (§ 3 Abs. 1 S. 1 Nr. 1 GrStG), von der Grundsteuer befreit. Dies ist gegeben bei Grundbesitz, der für hoheitliche Tätigkeiten in Anspruch genommen wird oder der Allgemeinheit dient (§ 3 Abs. 2 S. 1 GrStG). Dazu zählen z.B. das Rathaus der Verbandsgemeindeverwaltung, die Straßengrundstücke der Gemeinde oder die öffentlichen Einrichtungen wie Feuerwehr, Kindergärten, Bücherei und Museen.[38] Für Grundvermögen von Betrieben gewerblicher Art ist hingegen nicht von einem öffentlichen Dienst oder Gebrauch auszugehen, so dass der vorgenannte Befreiungstatbestand nicht zutrifft (§ 3 Abs. 3 GrStG).

Steuerbefreiungen nach §§ 3 bis 8 GrStG	
subjektive Gründe § 3 GrStG für bestimmte Rechtsträger	**objektive Gründe § 4 GrStG nach Nutzungsart**
z.B. Grundbesitz, der von einer inländischen juristischen Person des öffentlichen Rechts für einen öffentlichen Dienst oder Gebrauch genutzt wird.	z.B. Bestattungsplätze, öffentliche Verkehrsanlagen
Die §§ 5 bis 8 GrStG enthalten besondere Detailbestimmungen zu den §§ 3 und 4 GrStG.	

Tab. 9 – Steuerbefreiungen nach dem GrStG

37 Grootens, § 3 Rz. 32.

38 Grootens, § 3 Rz. 53–58.

2.4.5 Persönliche Steuerpflicht

Bei der Frage der persönlichen Steuerpflicht gilt es zu klären, wer die Grundsteuer schuldet. Wer muss für die Grundsteuer einstehen?

Die Grundsteuer schuldet derjenige, dem der Steuergegenstand bei der Feststellung des Grundsteuerwerts zugerechnet ist (§ 10 Abs. 1 GrStG). Handelt es sich dabei um mehrere Personen, sind sie Gesamtschuldner (§ 10 Abs. 2 GrStG).

> In der bis einschließlich zum Kalenderjahr 2024 geltenden Fassung spricht das GrStG nicht vom Grundsteuerwert, sondern vom Einheitswert (§ 10 Abs. 1 GrStG a.F.)

Der Steuergegenstand wird im Regelfall dem privatrechtlichen Eigentümer zugerechnet (§ 39 Abs. 1 AO). Auf die Nutzung durch den Eigentümer kommt es dabei nicht an, so dass z.B. der Eigentümer grundsteuerpflichtig bleibt, obwohl er den Steuergegenstand an einen Dritten vermietet hat.

Soweit ein anderer als der Eigentümer die tatsächliche Herrschaft über den Steuergegenstand in der Weise ausübt, dass er den Eigentümer im Regelfall für die gewöhnliche Nutzungsdauer von der Einwirkung auf den Steuergegenstand wirtschaftlich ausschließen kann, ist ihm das Wirtschaftsgut zuzurechnen (§ 39 Abs. 2 Nr. 1 S. 1 AO). In diesen Fällen wird vom sog. wirtschaftlichen Eigentum gesprochen.[39] Das ist z.B. denkbar, wenn im Zusammenhang mit einer Veräußerung Besitz, Gefahr, Nutzen und Lasten auf den Käufer übergehen, obwohl der Eigentumsübergang erst zu einem späteren Zeitpunkt mit der Eintragung des Erwerbers im Grundbuch erfolgt (vgl. § 929 BGB).[40]

Das Erbbaurecht ist das Recht, eine Immobilie auf fremdem Grundstück zu bauen. Bei Erbbaurechtsverhältnissen ist § 10 Abs. 1 GrStG i.V.m. § 261 S. 2 BewG anzuwenden. Demnach ist dem Erbbauberechtigten der Gesamtwert, d.h. Grund und Boden und der Gebäudewert, zuzurechnen. Davon abzugrenzen sind Gebäude auf fremdem Grund und Boden. Bei diesen wird nach § 10 Abs. 1 GrStG i.V.m. § 262 S. 2 BewG dem Eigentümer von Grund und Boden der gesamte Grundsteuerwert zugerechnet.

2.4.6 Persönliche und dingliche Haftung

Im Rahmen der Haftung muss eine Person (persönliche Haftung) oder eine Sache (Sachhaftung, dingliche Haftung) für eine fremde Steuerschuld einstehen.[41] Zu unterscheiden ist insofern zwischen der persönlichen und der dinglichen Haftung.

39 Ratschow in Klein, § 39 Rn. 15.

40 Vgl. Horn in Schwarz et al., § 39 Rn. 38.

41 Käsbohrer et al., S. 100.

2.4.6.1 Persönliche Haftung

Bei der persönlichen Haftung muss ein bestimmtes Rechtssubjekt, z.B. eine natürliche Person, mit ihrem gesamten Vermögen („persönlich") für die fremde Grundsteuerschuld einstehen. Das gilt bei der Grundsteuer für den Nießbraucher des Steuergegenstandes und denjenigen, dem ein dem Nießbrauch ähnliches Recht zusteht (§ 11 Abs. 1 GrStG i.V.m. §§ 1030 ff. BGB). Bei einem Nießbrauch handelt es sich um das Recht, die Nutzungen aus einer Sache zu ziehen. Der Nießbrauchberechtigte an einer Eigentumswohnung kann sie beispielsweise selbst bewohnen oder zu seinen Gunsten vermieten. Ein dem Nießbrauch ähnliches Recht ist beispielsweise das Wohnungsrecht (§ 1093 BGB) an der Eigentumswohnung[42], die der Berechtigte nur selbst bewohnen aber nicht vermieten dürfte.

Wird der Steuergegenstand ganz oder zum Teil einer anderen Person übereignet, so haftet der Erwerber neben dem Veräußerer – also dem früheren Eigentümer und Steuerschuldner – für die Grundsteuer. Eine Haftung besteht allerdings nur für die Zeit seit dem Beginn des letzten vor der Übereignung liegenden Kalenderjahres (§ 11 Abs. 2 S. 1 GrStG). Die persönliche Haftung ist folglich auf das aktuelle Jahr der Übereignung und das Vorjahr begrenzt. Die Erwerberhaftung tritt nicht ein, wenn der Erwerb aus einer Insolvenzmasse oder im Rahmen eines Zwangsversteigerungsverfahrens erfolgt ist (§ 11 Abs. 2 S. 2 GrStG).

Der Haftungsschuldner, also z.B. der Nießbraucher oder der Erwerber, ist durch einen Haftungsbescheid in Anspruch zu nehmen (§ 191 Abs. 1 S. 1 1. Alt. AO). Voraussetzung ist dafür, dass die Vollstreckung in das bewegliche Vermögen des Steuerschuldners ohne Erfolg geblieben oder anzunehmen ist, dass die Vollstreckung aussichtslos sein würde (§ 219 S. 1 AO). Auch wenn durch den Haftungsbescheid ein Dritter für die Steuerschuld in Anspruch genommen wird, bleibt unabhängig davon der eigentliche Steuerschuldner weiterhin zahlungspflichtig.[43]

2.4.6.2 Dingliche Haftung

Bei der dinglichen Haftung muss der jeweilige Eigentümer mit dem betroffenen Steuergegenstand („dinglich") für die Grundsteuerschuld einstehen, weil sie als öffentliche Last auf dem Grundbesitz ruht (§ 12 GrStG). Die dingliche Haftung erstreckt sich auf die gesamten rückständigen Grundsteuern, nicht jedoch auf die Nebenleistungen.[44] Der Grundbesitz wird dadurch in ähnlicher Weise mit der Grundsteuer belastet, wie dies bei einer Hypothek der Fall wäre.[45] Infolgedessen muss der Eigentümer des Grundstücks ggf. die Zwangsvollstreckung dulden (§ 77 Abs. 2 AO). Voraussetzung dafür ist der Erlass eines Duldungsbescheids (§ 191 Abs. 1 S. 1 2. Alt. AO).

Die persönliche und die dingliche Haftung für die Grundsteuer fallen in der Regel zusammen, d.h., der Grundstückeigentümer haftet persönlich mit seinem privaten Vermögen und außerdem dinglich mit dem belasteten Grundstück.[46]

---

42 Vgl. FG Köln, Urt. v. 08.08.2012 – 9 K 3615/11, openJur 2012, 87769.

43 Käsbohrer et al., S. 175.

44 Krumm/Paeßens, § 12 Rz. 4.

45 Käsbohrer et al., S. 176.

46 siehe beispielsweise hierzu Beate Rheindorf, Fallbearbeitung „Der fleißige Malermeister", DVP 1/2011, S. 23 ff.

2.4.7 Ermittlung der Grundsteuer

Das Verfahren zur Ermittlung und Festsetzung der Grundsteuer ist dreistufig und stellt sich wie folgt dar:

Rechtsgrundlagen	**Berechnungen**	
§§ 232 ff. BewG Rundung § 230 BewG § 180, § 182 AO	1. Bewertung des Grundstücks bzw. des landwirtschaftlichen Betriebes (Grundsteuerwert)	Stufe 1 Finanzamt
§§ 13 bis 15 GrStG § 184, § 182 AO	× Steuermesszahl	
§§ 22 bis 24 GrStG § 25 Abs. 1 GrStG Haushalts-/Hebesatzsatzung	2. = Steuermessbetrag (ggf. Zerlegungsanteil) × Hebesatz der Gemeinde	Stufe 2 Finanzamt
§ 155 Abs. 1 S. 1 AO	3. = Jahresgrundsteuer Steuerbescheid	Stufe 3 Gemeinde

Abb. 8 – Überblick zum dreistufigen Festsetzungsverfahren der Grundsteuer

Während für die ersten beiden Stufen – Ermittlung des Grundsteuerwertes und des Steuermessbetrages – das Finanzamt zuständig ist, erfolgt die abschließende Berechnung und Festsetzung der Grundsteuer durch die Gemeinde.

2.4.7.1 Grundsteuerwert

Ausgangspunkt für die Berechnung der Grundsteuer ist der Grundsteuerwert. Er wird

- nach den Vorgaben der §§ 218 ff. BewG (§ 13 S. 2 GrStG),
- auf volle 100 EUR abgerundet (§ 230 BewG) und
- durch einen gesonderten Bescheid festgestellt (§ 219 Abs. 1, 2 BewG i.V.m. § 179 AO, § 180 Abs. 1 S. 1 AO).

> Auf die Regelungen zur Einheitswertermittlung im Bewertungsgesetz vor dem aktuellen Hauptfeststellungszeitpunkt am 01.01.2022 wird hier nicht mehr eingegangen.

Neben dem Grundsteuerwert werden in diesem Feststellungsbescheid auch folgende Entscheidungen getroffen (§ 219 Abs. 2 BewG):

- die Zurechnung sowie
- die Vermögens- und Grundstücksart.

2.4.7.1.1 Feststellungsanlässe

Die Feststellung des Grundsteuerwertes erfolgt im Rahmen einer Bewertung, die zu verschiedenen Zeitpunkten vorgesehen ist. Dabei wird in Hauptfeststellung, Fortschreibung und Nachfeststellung unterschieden. Über das Ergebnis der Festsetzung des Grundsteuerwertes erhält der Steuerpflichtige einen Grundsteuerwertbescheid, der einen Grundlagenbescheid darstellt. Dieser entfaltet für den darauf aufbauenden Grundsteuermessbescheid Bindungswirkung (§ 182 Abs. 1 S. 1 AO).

Ausgangspunkt ist eine Hauptfeststellung der Grundsteuerwerte, die alle sieben Jahre erfolgt (§ 221 Abs. 1 BewG). Die Grundsteuerwerte werden erstmalig zum 1. Januar 2022 nach der Neuregelung durch das Grundsteuer-Reformgesetz festgestellt (§ 266 Abs. 1 BewG). Maßgeblich sind dabei die Verhältnisse zu Beginn des Kalenderjahres, des sog. Hauptfeststellungszeitpunktes (§ 221 Abs. 2 BewG). Grundsteuerrechtlich folgt hieraus die Hauptveranlagung (§ 16 GrStG).

In seiner alten Fassung sah das BewG eine Hauptfeststellung in Zeitabständen von je sechs Jahren vor (§ 21 Abs. 1 BewG). Auch dabei waren grundsätzlich die Verhältnisse zu Beginn des Kalenderjahres maßgeblich (§ 21 Abs. 2 S. 1 BewG). Tatsächlich fand die letzte Hauptfeststellung in der alten Bundesrepublik zum 01.01.1964 und für die neuen Bundesländer zum 01.01.1935 statt.[47]

Die Fortschreibung erfolgt bei steuerlich bedeutsamen Veränderungen nach den Wertverhältnissen des Hauptfeststellungszeitpunkts (§ 227 BewG) in folgenden Fällen:

- Artfortschreibung bei Änderungen der Nutzungsart des Grundstücks (§ 222 Abs. 2 1. Alt. BewG),
- Zurechnungsfortschreibung beim Eigentümerwechsel (§ 222 Abs. 2 2. Alt. BewG),
- Wertfortschreibung bei Änderung des Grundstückswerts von mehr als 15.000 EUR (§ 222 Abs. 1 BewG) z.B. durch Bebauung oder
- zur Fehlerkorrektur (§ 222 Abs. 3 S. 1 BewG).

Grundsteuerrechtlich folgt hieraus eine Neuveranlagung (§ 17 GrStG).

In seiner alten Fassung sah das BewG eine Wertfortschreibung vor, wenn der in Deutscher Mark ermittelte und auf volle 100 Deutsche Mark abgerundete Wert, der sich für den Beginn eines Kalenderjahrs ergab, von dem entsprechenden Wert des letzten Feststellungszeitpunkts nach oben um mehr als den zehnten Teil, mindestens aber um 5.000 Deutsche Mark, oder um mehr als 100.000 Deutsche Mark, nach unten um mehr als den zehnten Teil, mindestens aber um 500 Deutsche Mark, oder um mehr als 5.000 Deutsche Mark, abwich (§ 22 Abs. 1 BewG).

Im Übrigen kam es auch bei Änderungen der Nutzungsart oder Eigentumsverhältnisse des Grundstücks und bei Fehlerkorrekturen zu einer Fortschreibung (§ 22 Abs. 2, 3 BewG).

Eine Nachfeststellung ist vorzunehmen, wenn die wirtschaftliche Einheit eines Grundstücks neu entsteht (z.B. durch Neuparzellierung) oder eine bereits bestehende Einheit erstmals zu einer Steuer herangezogen wird (z.B. bisherige Grundsteuerbefreiung). Grundsteuerrechtlich folgt hieraus die Nachveranlagung § 18 GrStG.

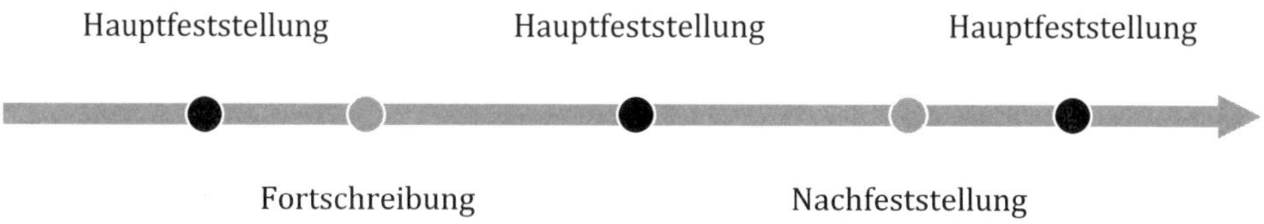

Abb. 9 – Hauptfeststellung, Fortschreibung und Nachfeststellung

47 BVerfG, Urt. v. 10.04.2018 – 1 BvL 11/14 u.a., bit.ly/1BvL11-14.

2.4.7.1.2 Mitwirkungspflichten

Die Steuerpflichtigen müssen bei der Feststellung der Grundsteuerwerte mitwirken. Zum einen sind sie verpflichtet, Erklärungen zur Feststellung der Grundsteuerwerte abzugeben, wenn das Finanzamt dazu auffordert (§ 149 Abs. 1 S. 2 AO i.V.m. § 228 Abs. 1 S. 1 BewG). Zum anderen müssen die Steuerpflichtigen Änderungen der tatsächlichen Verhältnisse anzeigen, die sich auf die Höhe des Grundsteuerwertes, die Vermögensart oder die Grundstücksart auswirken können bzw. ggf. eine erstmalige Feststellung zur Folge haben (§ 228 Abs. 2 S. 1 BewG). Die Erklärungen sind elektronisch abzugeben (§ 228 Abs. 6 S. 1 BewG).

Darüber hinaus bestehen verschiedene Auskunfts- und Mitteilungspflichten gegenüber dem Finanzamt, z.B. durch die Grundbuchämter bei Änderungen von Eigentumsverhältnissen (§ 229 Abs. 4 S. 1 Nr. 1 BewG) sowie die Befugnis des Finanzamtes zur örtlichen Erhebung von Bewertungsgrundlagen (§ 229 Abs. 2 BewG).

Eine weitere Mitwirkungspflicht ergibt sich aus § 19 Abs. 1 GrStG. Demnach ist jede Änderung in der Nutzung oder in den Eigentumsverhältnissen eines ganz oder teilweise von der Grundsteuer befreiten Steuergegenstandes innerhalb von 3 Monaten nach Eintritt der Änderung anzuzeigen.

2.4.7.1.3 Bewertungsverfahren

Das Bewertungsgesetz unterscheidet zwei Vermögensarten: das land- und forstwirtschaftliche Vermögen sowie das Grundvermögen (§ 218 S. 1 BewG). Für das inländische Vermögen gelten die Regelungen der §§ 232 bis 262 BewG (§ 231 Abs. 1 S. 1 BewG).

Der Grundsteuerwert für Betriebe der Land- und Forstwirtschaft (§§ 232 und 234 BewG) wird aus dem Ertragswert ermittelt (§§ 235 bis 240 BewG).

Das Bewertungsverfahren der Grundstücke (§§ 243 bis 245 BewG) ist abhängig davon, ob es sich um ein unbebautes oder bebautes Grundstück handelt. Auf unbebauten Grundstücken befinden sich keine benutzbaren Gebäude (vgl. § 246 Abs. 1 BewG). Der Grundsteuerwert dieser Grundstücke wird regelmäßig durch die Multiplikation ihrer Fläche mit dem jeweiligen Bodenrichtwert nach § 196 BauGB ermittelt (§ 247 Abs. 1 BewG). Um ein bebautes Grundstück handelt es sich folglich, wenn sich darauf benutzbare Gebäude befinden (§ 248 S. 1 BewG). Nach welchem Verfahren die Bewertung der bebauten Grundstücke erfolgt, ist von der Grundstücksart abhängig (§ 249 BewG). So wird der Grundsteuerwert für Ein- und Zweifamilienhäuser, Mietwohngrundstücke sowie Wohnungseigentum im Ertragswertverfahren ermittelt (§ 250 Abs. 1, 2 BewG, §§ 252 bis 257 BewG), während Geschäftsgrundstücke, gemischt genutzte Grundstücke, Teileigentum und sonstige bebaute Grundstücke nach dem Sachwertverfahren bewertet werden (§ 250 Abs. 1, 3 BewG, §§ 258 bis 260 BewG). Die Bewertungsverfahren stellen sich zusammengefasst wie folgt dar:

Betriebe der Land- und Forstwirtschaft	Grundstücke	
	unbebaut	**bebaut**
Ertragswertverfahren	Fläche × Bodenrichtwert	Ertrags- oder Sachwertverfahren in Abhängigkeit von der Grundstücksart

Tab. 10 – Bewertungsverfahren bei der Grundsteuer

> Nach § 32 BewG gelten für die Bewertung des inländischen land- und forstwirtschaftlichen sowie Grundvermögens die Vorschriften der §§ 33 bis 109 BewG.

2.4.7.2 Grundsteuermessbetrag

2.4.7.2.1 Ermittlung und Festsetzung

Bei der Berechnung der Grundsteuer ist von einem Steuermessbetrag auszugehen (§ 13 S. 1 GrStG). Zuständig für die Festsetzung des Grundsteuermessbetrages durch den Steuermessbescheid (§ 184 Abs. 1 AO) sind die Finanzämter. Rechnerisch wird der Steuermessbetrag durch Anwendung der Steuermesszahl auf den festgestellten Grundsteuerwert ermittelt (§ 13 S. 2 GrStG). Die Steuermesszahlen (Promillesätze) sind im GrStG festgelegt und betragen grundsätzlich:

Betriebe der Land- und Forstwirtschaft (§ 14 GrStG)	**0,55 ‰**
Grundstücke unbebaut (§ 15 Abs. 1 Nr. 1 GrStG)	**0,34 ‰**
Grundstücke bebaut (§ 15 Abs. 1 Nr. 2a GrStG, § 249 Abs. 1 Nrn. 1 bis 4, Abs. 2 bis 4 BewG) • mit Ein-/Zweifamilienhaus • mit Mietwohngrundstück oder Wohnungseigentum	0,31 ‰
Grundstücke bebaut (§ 15 Abs. 1 Nr. 2b GrStG, § 249 Abs. 1 Nrn. 5 bis 8, Abs. 5 bis 9 BewG) • mit Teileigentum, Geschäftsgrundstücke • gemischt genutzte Grundstücke, sonstige bebaute Grundstücke	0,34 ‰
Grundstücke bebaut (§ 15 Abs. 5 GrStG) – 10 % Ermäßigung – • mit Ein-/Zweifamilienhaus, Mietwohngrundstück oder Wohnungseigentum, • mit Teileigentum, Geschäftsgrundstück, gemischt genutztes Grundstück, sonstige bebaute Grundstücke, wenn sich auf dem Grundstück Gebäude befinden, die als Baudenkmal in der Denkmalliste Rheinland-Pfalz nach § 10 DSchG RLP eingetragen sind.	 0,279 ‰ 0,306 ‰
Grundstücke bebaut (§ 15 Abs. 2–4 GrStG) – 25 % Ermäßigung – • mit Ein-/Zweifamilienhaus, • mit Mietwohngrundstück oder Wohnungseigentum sofern a) eine Förderzusage nach § 13 WoFG / § 7 LWoFG RLP vorliegt oder das b) Grundstück im Eigentum einer der in § 15 Abs. 4 Nrn. 1 bis 3 GrStG genannten Gesellschaften, Genossenschaften und Vereinen steht.	0,2325 ‰

Tab. 11 – Steuermesszahlen zur Berechnung der Grundsteuer ab 2025

Eigentumswohnungen sind unter Wohneigentum gem. § 249 Abs. 1 Nr. 4, Abs. 4 BewG zu subsumieren.

Bis einschließlich zum Kalenderjahr 2024 gelten die Regelungen der §§ 14 und 15 GrStG a.F. fort; somit sind die folgenden Steuermesszahlen auf den Einheitswert zur Berechnung der Grundsteuermessbeträge anwendbar:	
Betriebe der Land- und Forstwirtschaft: § 14 GrStG a.F.	6,0 ‰
Grundstücke generell: § 15 Abs. 1 GrStG a.F. (auch Eigentumswohnungen)	3,5 ‰
• Einfamilienhäuser (§ 15 Abs. 2 Nr. 1 GrStG a.F., § 75 Abs. 5 BewG)	
a) für die ersten 38.346,89 EUR des Einheitswertes	2,6 ‰
b) für den übersteigenden Rest des Einheitswertes	3,5 ‰
• Zweifamilienhäuser (§ 15 Abs. 2 Nr. 2 GrStG a.F., § 75 Abs. 6 BewG)	3,1 ‰

Die Festsetzung der Grundsteuermessbeträge erfolgt durch eine Hauptveranlagung auf den Hauptfeststellungszeitpunkt der Grundsteuerwerte (§ 16 Abs. 1 S. 1 GrStG, § 266 Abs. 1 BewG). Die erste Hauptveranlagung nach den Neuregelungen durch die Grundsteuerreform erfolgt zum 1. Januar 2025 (§ 36 Abs. 1 GrStG). Soweit der Grundsteuerwert fortgeschrieben wird, ist eine Neufestsetzung/-veranlagung des Grundsteuermessbetrages notwendig (§ 17 Abs. 1 GrStG). Die Nachfeststellung des Grundsteuerwertes mündet in einer Nachveranlagung des Grundsteuermessbetrages (§ 18 GrStG).

Die Festsetzung der Steuermessbeträge schließt sich unmittelbar an den Erlass der Feststellungsbescheide über den Grundsteuerwert und den dabei getroffenen weiteren Entscheidungen an, so dass grundsätzlich von einem zeitgleichen Erlass des Feststellungsbescheides über den Grundsteuerwert und des Steuermessbescheides auszugehen ist.

Sachverhalt 4:
Die Eheleute Riker erwerben im Oktober 2025 ein Grundstück, das mit einem Einfamilienhaus bebaut ist. Der Grundsteuerwert wurde vom zuständigen Finanzamt durch Grundsteuerwertbescheid auf 458.000 EUR festgestellt.

Aufgabe:
Berechnen Sie mit entsprechender Begründung den Grundsteuermessbetrag. Bitte runden Sie bei Berechnungen kaufmännisch auf zwei Stellen hinter dem Komma.

Lösung:
Gem. § 13 S. 1 GrStG ist bei der Grundsteuer von einem Steuermessbetrag auszugehen. Nach § 13 S. 2 GrStG wird dieser errechnet mit Hilfe einer Steuermesszahl, die auf den Grundsteuerwert angewendet wird. Die Höhe der Steuermesszahl ist abhängig vom Steuergegenstand und von der Grundstücksart und ergibt sich für die Grundsteuer A aus § 14 GrStG und für die Grundsteuer B aus § 15 GrStG.

Bei dem mit einem Einfamilienhaus bebauten Grundstück handelt es sich um einen Steuergegenstand gemäß § 2 Nr. 2 GrStG; es dient nicht land- und forstwirtschaftlichen Zwecken. Es unterliegt damit der Grundsteuer B. Die Steuermesszahl für Einfamilienhäuser im Sinne des

§ 249 Abs. 1 Nr. 1, Abs. 2 BewG beträgt gemäß § 15 Abs. 1 Nr. 2a GrStG 0,31 von Tausend des Grundsteuerwerts. Anhaltspunkte für eine Ermäßigung nach § 15 Abs. 2 bis 5 GrStG ergeben sich nicht. Der Grundsteuermessbetrag errechnet sich somit wie folgt:

Grundsteuerwert 458.000 EUR × Steuermesszahl 0,31 ‰ = 141,98 EUR

Der Grundsteuermessbetrag für das Grundstück mit dem Einfamilienhaus beträgt 141,98 EUR.

Sachverhalt 5:
Die Grundstückwerte für
eine Imkerei 45.000 EUR und
ein Geschäftsgrundstück 1.450.000 EUR
wurden vom Finanzamt festgesetzt. Das Geschäftsgrundstück ist vollständig bebaut und steht unter Denkmalschutz.

Aufgabe:
Berechnen Sie mit entsprechender Begründung die Grundsteuermessbeträge. Bitte runden Sie bei Berechnungen kaufmännisch auf zwei Stellen hinter dem Komma.

Lösung:
Der Einstieg in die Lösung kann aus der vorhergehenden Aufgabe entnommen werden. Bei der Berechnung ergeben sich folgende Unterschiede:

zu a)	Steuergegenstand	§ 2 Nr. 1 GrStG i.V.m. § 242 Abs. 2 Nr. 4 BewG sonstige land- und forstwirtschaftliche Nutzung	
	Steuermessbetrag	§ 13 Abs. 1 S. 1, 2 GrStG	
	Steuermesszahl	§ 14 GrStG = 0,55 ‰	
	Grundsteuermessbetrag	Grundsteuerwert	45.000 EUR
		× Steuermesszahl	0,55 ‰
		= Grundsteuermessbetrag	24,75 EUR
zu b)	Steuergegenstand	§ 2 Nr. 2 GrStG i.V.m. § 249 Abs. 1 Nr. 5, Abs. 7 BewG Geschäftsgrundstück	
	Steuermessbetrag	§ 13 Abs. 1 S. 1, 2 GrStG	
	Steuermesszahl	§ 15 Abs. 1 Nr. 2b GrStG i.V.m. § 15 Abs. 5 GrStG hier: Ermäßigungstatbestand zu beachten 90 % von 0,34 ‰ = 0,306 ‰	
	Grundsteuermessbetrag	Grundsteuerwert	1.450.000 EUR
		× Steuermesszahl	0,306 ‰
		= Grundsteuermessbetrag	443,70 EUR

Der Grundsteuermessbetrag für die Imkerei beträgt 24,75 EUR und für das Geschäftsgrundstück 443,70 EUR.

Der Grundsteuermessbescheid als Folgebescheid des Grundsteuerwertbescheides ist ein dinglicher Verwaltungsakt, der gem. § 182 Abs. 2 AO auch gegenüber dem Rechtsnachfolger (z.B. Käufer eines Grundstücks) wirkt. Der Inhalt des Grundsteuermessbescheides ist der Gemeinde mitzuteilen (§ 184 Abs. 3 AO). Gleichzeitig stellt der Messbescheid einen Grundlagenbescheid i.S.d. § 171 Abs. 10 AO im Hinblick auf den Zerlegungsbescheid bzw. den Grundsteuerbescheid dar, der für diese Folgebescheide bindend ist.

2.4.7.2.2 Zerlegung

Soweit sich der Steuergegenstand über mehrere Gemeinden erstreckt, muss der Steuermessbetrag auf die einzelnen Gemeinden aufgeteilt, also zerlegt werden (§ 22 Abs. 1 GrStG).

Abb. 10 – Zerlegung des Grundsteuermessbetrages

Nur durch die Zerlegung kann jede Gemeinde den ihr zustehenden Anteil der Grundsteuer festsetzen.

Zerlegungsmaßstäbe nach § 22 GrStG	
Betriebe der Land- und Forstwirtschaft	**Grundstücke**
Aufteilung nach dem ermittelten Gemeindeanteil am Grundsteuerwert (nach Reinertragsverhältnissen je Gemeinde) § 239 Abs. 2 BewG, § 22 Abs. 2 GrStG	Aufteilung nach den Verhältnissen, in den auf die einzelnen Gemeinden entfallenden Flächengrößen zueinander § 22 Abs. 3 S. 1 GrStG

Tab. 12 – Zerlegungsmaßstäbe bei der Grundsteuer

Maßstab für die Zerlegung bei Betrieben der Land- und Forstwirtschaft ist der nach § 239 Abs. 2 BewG ermittelte Gemeindeanteil am Grundsteuerwert des jeweiligen Betriebes. Bei den Grundstücken ist das Verhältnis, in dem die auf die einzelnen Gemeinden entfallenden Flächengrößen zueinanderstehen, ausschlaggebend (§ 22 Abs. 3 S. 1 GrStG). Zerlegungsanteile von weniger als 25 EUR werden der Gemeinde mit dem größten Zerlegungsanteil zugewiesen (§ 22 Abs. 4 GrStG). Eine Billigkeitskorrektur auf Antrag der hebeberechtigten Gemeinde nach § 22 Abs. 3 S. 2 GrStG wird durchgeführt, wenn die Zerlegung bei Grundstücken nach Flächenanteilen zu einem offenbar unbilligen Ergebnis führt.

Die Zerlegung nach § 22 Abs. 1 GrStG a.F. sieht etwas andere Zerlegungsmaßstäbe vor. Neben der Vereinbarung der Beteiligten gem. § 22 Abs. 1 S. 3 GrStG a.F. erfolgt die Zerlegung grundsätzlich nach Flächengrößen. Dabei sind bei

- Betrieben der Land- und Fortwirtschaft der § 22 Abs. 1 S. 2 Nr. 1 GrStG a.F. und
- bei Grundstücken der § 22 Abs. 1 S. 2 Nr. 2 GrStG a.F. maßgebend.

Bei Betrieben der Land- und Forstwirtschaft wird der auf den Wohnwert entfallende Teil des Steuermessbetrags der Gemeinde zugewiesen, in der sich der Wohnteil oder dessen wertvollster Teil befindet. Im Übrigen ist der auf den Wirtschaftswert entfallende Teil des Steuermessbetrags nach dem Verhältnis der in den einzelnen Gemeinden gelegenen Flächen zueinander zu verteilen. Bei Grundstücken erfolgt die Zerlegung ebenfalls nach dem Verhältnis der in den einzelnen Gemeinden gelegenen Flächen.

Eine Kleinbetragsregelung i.H.v. 25 EUR ist in § 22 Abs. 2 GrStG a.F. geregelt.

Der Zerlegungsstichtag ist gem. § 23 Abs. 1 GrStG bei

- einer Hauptfeststellung der Hauptfeststellungszeitpunkt (§ 221 Abs. 1 BewG),
- einer Fortschreibung der Fortschreibungszeitpunkt (§ 222 Abs. 4 BewG) und
- einer Nachfeststellung der Nachfeststellungszeitpunkt (§ 223 Abs. 2 BewG).[48]

Über die Zerlegung ergeht durch das Finanzamt ein Zerlegungsbescheid, der dem Steuerpflichtigen sowie den betroffenen Gemeinden bekannt gegeben wird (§ 188 Abs. 1 AO, § 186 AO). Der Zerlegungsbescheid stellt einen Folgebescheid des Steuermessbescheides dar. Er ist für die Gemeinden ein Grundlagenbescheid i.S.d. § 171 Abs. 10 AO und für die weitere Festsetzung der Grundsteuer bindend (§ 185 AO i.V.m. § 184 Abs. 1 S. 4 AO i.V.m. § 182 Abs. 1 S. 1 AO). Gegen den Zerlegungsbescheid können auch die Gemeinden Einspruch erheben (§§ 347 ff. AO).

Sachverhalt 6:
G. La Forge hat ein Grundstück gekauft, auf dem sich ein Zweifamilienhaus befindet, das zu Wohnzwecken genutzt wird. Der Grundsteuermessbetrag beläuft sich auf 210,80 EUR. Flächenmäßig befindet sich das Grundstück zu 24 Prozent auf dem Gebiet der Stadt Koblenz, zu 75 Prozent auf dem Gebiet der Stadt Mülheim-Kärlich und zu 1 Prozent auf dem Gebiet der Ortsgemeinde Bassenheim. Die Hebesätze der Stadt Koblenz sind festgesetzt auf 440 Prozent für die Grundsteuer A und 520 v.H. für die Grundsteuer B, in der Stadt Mülheim-Kärlich auf 400 Prozent für die Grundsteuer A und 500 Prozent für die Grundsteuer B und in der Ortsgemeinde Bassenheim auf 350 Prozent für die Grundsteuer A und 480 Prozent für die Grundsteuer B.

Aufgabe:
Berechnen Sie mit entsprechender Begründung die Zerlegungsanteile.

Hinweis:
Runden Sie bei den Berechnungen kaufmännisch auf zwei Stellen hinter dem Komma.

48 Grootens, § 23 Rz. 19.

Lösung:
Das Grundstück (Steuergegenstand) erstreckt sich auf das Gebiet von drei Gemeinden, so dass der Steuermessbetrag in Höhe von 210,80 EUR gem. § 22 Abs. 1 GrStG zu zerlegen und die Zerlegungsanteile für die einzelnen Gemeinden zu ermitteln sind. Da es sich um ein Grundstück und nicht um einen Betrieb der Land- und Forstwirtschaft handelt, erfolgt die Zerlegung gem. § 22 Abs. 3 S. 1 GrStG nach dem Verhältnis, in dem die auf die einzelnen Gemeinden entfallenden Flächengrößen zueinanderstehen. Flächenmäßig befindet sich das Grundstück zu 24 Prozent auf dem Gebiet der Stadt Koblenz, zu 75 Prozent auf dem Gebiet der Stadt Mülheim-Kärlich und zu 1 Prozent auf dem Gebiet der Gemeinde Bassenheim, so dass der Steuermessbetrag in Höhe von 210,80 EUR wie folgt aufzuteilen ist:

Stadt/Gemeinde	Anteil	anteiliger Steuermessbetrag
Koblenz	24,00 %	50,59 EUR
Mülheim-Kärlich	75,00 %	158,10 EUR
Bassenheim	1,00 %	2,11 EUR
Gesamt	**100,00 %**	**210,80 EUR**

Wenn auf eine Gemeinde ein Zerlegungsanteil von weniger als 25 EUR entfällt, wird dieser Anteil der Gemeinde zugewiesen, der der größte Zerlegungsanteil zusteht (§ 22 Abs. 4 GrStG). Da der Zerlegungsanteil der Gemeinde Bassenheim von 2,11 EUR unter dem Mindestbetrag von 25 EUR liegt, erhöht sich der Zerlegungsanteil der Stadt Mülheim-Kärlich daher von 158,10 EUR auf 160,21 EUR.

Die Zerlegungsanteile des Steuermessbetrages in Höhe von 210,80 EUR betragen somit für die Stadt Koblenz 50,59 EUR und die Stadt Mülheim-Kärlich 160,21 EUR.

2.4.7.3 Höhe und Festsetzung der jährlichen Grundsteuer

Über die Grundsteuerfestsetzung erhält der Steuerschuldner von der Gemeinde (kommunale Finanzbehörde) einen Steuerbescheid (§ 155 Abs. 1 S. 1 AO). Dieser ist schriftlich oder elektronisch zu erteilen (§ 157 Abs. 1 S. 1 AO) und muss die folgenden Pflichtbestandteile enthalten (vgl. § 157 Abs. 1 S. 2 und 3 AO): Art und Betrag der Steuer, den Steuerschuldner sowie eine Rechtsbehelfsbelehrung.

Mit der Grundsteuerfestsetzung werden in der Regel verbunden:

- die Kirchengrundsteuer auf der Grundlage des Kirchensteuergesetzes vom 24. Februar 1971 in der jeweils geltenden Fassung und die
- Umlage der Landwirtschaftskammer gemäß § 18 Landesgesetz über die Landwirtschaftskammer Rheinland-Pfalz vom 28. Juli 1970 in der jeweils geltenden Fassung.

Auf der Grundlage des Steuermess- und ggf. des Zerlegungsbescheides des Finanzamtes wird die Grundsteuer durch die hebeberechtigte Gemeinde gegenüber dem Grundsteuerpflichtigen durch den Erlass eines Grundsteuerbescheides festgesetzt. Um die Grundsteuer zu ermitteln, wird der Steuermessbetrag mit einem Hebesatz multipliziert (§ 25 Abs. 1 GrStG).[49]

49 Zur Hebesatzkompetenz siehe Erl. 2.3.

Sachverhalt 7:
Paul Stamets ist Eigentümer eines unbebauten Grundstücks in Mayen. Der Grundsteuerwert beträgt 100.000 EUR. Die Hebesätze sind in der Haushaltssatzung wie folgt festgelegt: Grundsteuer A 350 Prozent und Grundsteuer B 400 Prozent.

Aufgabe:
Ermitteln Sie anhand der einschlägigen Rechtsnormen die Höhe der Grundsteuer. Wie würde es sich auf die Höhe der Grundsteuer auswirken, wenn es sich anstelle eines unbebauten Grundstücks um ein Grundstück mit einem Einfamilienhaus oder um einen Betrieb der Land- und Forstwirtschaft handelt?

Lösung:
Gemäß § 25 Abs. 1 GrStG wird die Grundsteuer durch Anwendung des gemeindlichen Hebesatzes auf den Steuermessbetrag ermittelt. Der Steuermessbetrag wird gemäß § 13 Abs. 1 S. 1 und 2 GrStG errechnet mit Hilfe einer Steuermesszahl, die auf den Grundsteuerwert angewendet wird. Die Höhe der Steuermesszahl ist abhängig vom Steuergegenstand und von der Grundstücksart und ergibt sich für die Grundsteuer A aus § 14 GrStG und für die Grundsteuer B aus § 15 GrStG.

a) unbebautes Grundstück

Steuergegenstand	§ 2 Nr. 2 GrStG – Grundsteuer B
Steuermessbetrag	§ 13 Abs. 1 S. 1, 2 GrStG
Steuermesszahl	§ 15 Abs. 1 Nr. 1 GrStG, § 246 Abs. 1 BewG 0,34 ‰
Berechnung Steuermessbetrag	Grundsteuerwert × Steuermesszahl 100.000 EUR × 0,34 ‰ = 34 EUR
Grundsteuer	§ 25 Abs. 1 GrStG
Berechnung Grundsteuer	Steuermesszahl × Hebesatz 34 EUR × 400 % = 136 EUR

b) Einfamilienhaus

Steuergegenstand	§ 2 Nr. 2 GrStG – Grundsteuer B
Steuermessbetrag	§ 13 Abs. 1 S. 1, 2 GrStG
Steuermesszahl	§ 15 Abs. 1 Nr. 2a GrStG, § 249 Abs. 1 Nr. 1, Abs. 2 BewG 0,31 ‰
Berechnung Steuermessbetrag	Grundsteuerwert × Steuermesszahl 100.000 EUR × 0,31 ‰ = 31 EUR
Grundsteuer	§ 25 Abs. 1 GrStG
Berechnung Grundsteuer	Steuermesszahl × Hebesatz 31 EUR × 400 % = 124 EUR

c) Betrieb der Land- und Forstwirtschaft	
Steuergegenstand	§ 2 Nr. 1 GrStG – Grundsteuer A
Steuermessbetrag	§ 13 Abs. 1 S. 1, 2 GrStG
Steuermesszahl	§ 14 Abs. 1 GrStG, §§ 232 ff. BewG 0,55 ‰
Berechnung Steuermessbetrag	Grundsteuerwert × Steuermesszahl 100.000 EUR × 0,55 ‰ = 55 EUR
Grundsteuer	§ 25 Abs. 1 GrStG
Berechnung Grundsteuer	Steuermesszahl × Hebesatz 55 EUR × 350 % = 192,50 EUR

Die Festsetzung der Grundsteuer erfolgt grundsätzlich jeweils für ein Kalenderjahr (§ 27 Abs. 1 S. 1 GrStG). Wurde der Hebesatz für mehr als ein Kalenderjahr bestimmt, kann auch die Grundsteuer für mehrere Jahre festgesetzt werden (§ 27 Abs. 1 S. 2 GrStG).

Soweit der Hebesatz allerdings verändert wird, muss die Festsetzung der Grundsteuer korrigiert werden (§ 27 Abs. 2 GrStG). Hat ein Steuerschuldner für das Kalenderjahr die gleiche Grundsteuer zu zahlen wie im Vorjahr, kann die Grundsteuer durch öffentliche Bekanntmachung festgesetzt werden (§ 27 Abs. 3 GrStG).

2.4.7.4 Fälligkeit

Die Grundsteuer wird zu je einem Viertel ihres Jahresbetrages am 15.02., 15.05., 15.08. und 15.11. fällig (§ 220 Abs. 1 AO i.V.m. § 28 Abs. 1 GrStG). Für Kleinbeträge können die Gemeinden auf die Vereinfachungsregelungen des § 28 Abs. 2 GrStG zurückgreifen. Danach können Grundsteuerjahresbeträge bis 15 EUR einmalig zum 15.08. und bis 30 EUR jeweils zur Hälfte des Jahresbetrages zum 15.02. und 15.08. fällig gestellt werden. Daneben kann der Steuerpflichtige beantragen, den Grundsteuerjahresbetrag einmal jährlich zum 01.07. zu entrichten (§ 28 Abs. 3 S. 1 GrStG). Jeder Fälligkeitstag ist zugleich das Ende des Zeitraums, innerhalb dessen der Schuldner sanktionslos zahlen kann. Aus diesem Grund findet ein Hinausschieben bei einem Fälligkeitstag auf einem Samstag, Sonntag oder Feiertag bis zum nächstfolgenden Werktag gemäß § 108 Abs. 3 AO statt.[50]

Wurde die Grundsteuer vor dem 15. Februar des jeweiligen Kalenderjahres nicht festgesetzt, sind Vorauszahlungen auf der Grundlage der letzten Grundsteuerfestsetzung zu zahlen (§ 29 GrStG). Der Erlass eines förmlichen Vorausleistungsbescheides ist hierfür nicht erforderlich. Die Vorauszahlungen werden nach Erlass des Grundsteuerbescheides nach Maßgabe des § 30 GrStG abgerechnet. Übersteigt die Steuerschuld die Vorauszahlungen, wird binnen eines Monats nach Bekanntgabe des Steuerbescheids der Unterschiedsbetrag fällig (§ 30 Abs. 1 S. 1 GrStG). Bleibt die Steuerschuld indes hinter den bereits geleisteten Vorauszahlungen zurück, wird der überzahlte Betrag nach § 30 Abs. 2 GrStG durch Aufrechnung oder Zurückzahlung nach der Bekanntgabe des Grundsteuerbescheides ausgeglichen (§ 37 Abs. 2 AO).

50 Zugmaier/Nöcker et al., § 220, Rz. 6.

Erfolgt die Steuerfestsetzung zu einem späteren Zeitpunkt und waren Vorauszahlungen nicht zu entrichten, so ist die Steuer nach den Vorgaben des § 31 GrStG innerhalb eines Monats nach der Bekanntgabe des Steuerbescheides nachzuentrichten.

Sachverhalt 8:
J.-L. Picard hat im Jahr 2025 in Montabaur eine Eigentumswohnung gekauft und wurde auch im Jahr 2025 ins Grundbuch als Eigentümer eingetragen. Auf mehrfache Rückfrage von ihm bei der Verbandsgemeindeverwaltung Montabaur wird der Grundsteuerbescheid für das Jahr 2026 für diese Eigentumswohnung erst im Jahr 2028 erlassen. Der Bescheid wird am 10.07.2028 bekanntgegeben. Die Grundsteuerforderung für das Jahr 2026 beträgt 580 EUR.

Aufgaben:
Wann ist die Grundsteuer für das Jahr 2026 fällig?

Lösung:
Nach § 1 Abs. 2 Nr. 5 AO i.V.m. § 220 Abs. 1 AO richtet sich die Fälligkeit nach den Vorschriften der Steuergesetze, hier dem Grundsteuergesetz. Der Grundsteuerbescheid für das Jahr 2026 wird erst im Juli 2028 erlassen, so dass sich die Fälligkeit der Grundsteuerforderung nicht nach § 28 GrStG bestimmt und von J.-L. Picard auch keine Vorauszahlungen nach § 29 GrStG zu entrichten waren. J.-L. Picard muss die Grundsteuer für das Jahr 2026 insofern nachentrichten.

Nach § 31 GrStG ist die Grundsteuerforderung innerhalb eines Monats nach Bekanntgabe des Steuerbescheids zu entrichten. Der Grundsteuerbescheid wurde 10.07.2028 bekanntgegeben. Nun ist die Fälligkeitsfrist zu berechnen[51]:

Fristbeginn	10.07.2028, 24.00 Uhr
Fristberechnungsbeginn	11.07.2028, 00.00 Uhr
Dauer	1 Monat nach Bekanntgabe gem. § 1 Abs. 2 Nr. 5 AO i.V.m. § 220 Abs. 1 AO i.V.m. § 31 GrStG
Fristende	Donnerstag, 10.08.2028, 24.00 Uhr
Fristvorschriften:	§ 1 Abs. 2 Nr. 3 AO i.V.m. § 108 Abs. 1 AO i.V.m. § 187 Abs. 1 BGB (Fristbeginn), § 188 Abs. 2 1. Alt. BGB (Fristende)

Die Grundsteuer für das Jahr 2026 ist mit Ablauf des 10.08.2028, 24.00 Uhr fällig.

2.4.8 Erlass der Grundsteuer

Im Gegensatz zu den Billigkeitsmaßnahmen nach den Vorschriften der Abgabenordnung im Rahmen des Abgabenfestsetzungs- und Abgabenerhebungsverfahren (§§ 163 und 227 AO), enthalten die §§ 32 bis 35 GrStG Erlassvorschriften, die bei Vorliegen der Tatbestandsvoraussetzungen einen Rechtsanspruch auf Erlass der Grundsteuer normieren. Damit stellen die

51 Zur Fristberechnung vgl. Erl. 4.4.1.2.4.

grundsteuerrechtlichen Erlassvorschriften eine spezialgesetzliche Regelung dar, die den generellen Erlassvorschriften der Abgabenordnung vorgehen. Bei der Auslegung der Erlassvorschriften ist zu berücksichtigen, dass es sich um Ausnahmevorschriften handelt, die mit Rücksicht auf die Eigenart der Grundsteuer als grundsätzlich ertragsunabhängige Objektsteuer eng auszulegen sind.

2.4.8.1 Erlass für Kulturgut und Grünanlagen

Nach § 32 Abs. 1 Nr. 1 GrStG ist auf einmaligen Antrag, der bis zum 31.03. des Folgejahres zu stellen ist (§ 35 Abs. 2, 3 GrStG) die Grundsteuer für Kulturgut und Grünanlagen zu erlassen, wenn

- in öffentliches Interesse an der Erhaltung des Grundbesitzes wegen der Bedeutung für Kunst, Geschichte, Wissenschaft oder Naturschutz besteht oder bei
- regelmäßiger Unwirtschaftlichkeit des Grundbesitzes (der Rohertrag ist geringer als die Kosten) oder bei
- Park- und Gartenanlagen von geschichtlichem Wert, soweit diese in hinreichendem Umfang der Öffentlichkeit zugänglich gemacht werden.

Für öffentliche Grünanlagen, Spiel- und Sportplätze besteht bei Nachweis der Unwirtschaftlichkeit ebenfalls ein Anspruch auf Erlass der Grundsteuer (§ 32 Abs. 1 Nr. 2 GrStG).

Anteilig (§ 35 Abs. 2 GrStG) wird die Grundsteuer gemäß § 32 Abs. 2 GrStG gemindert bei

- Museen, Bibliotheken und ähnlichen Gebäuden,
- in denen Sammlungen von wissenschaftlicher, künstlerischer oder geschichtlicher Bedeutung für Zwecke der Forschung oder Volksbildung nutzbar gemacht werden
- und die Bedeutung der Sammlung durch die Landesregierung oder eine von dieser beauftragten Stelle anerkannt wurde, soweit
- aufgrund der Nutzung des Gebäudes eine Minderung des Rohertrags erfolgt.

Der Erlass erfolgt anteilig in der Höhe der Minderung des Rohertrags.

Unter Rohertrag sind die Einnahmen (§ 8 Abs. 1 EStG) und sonstigen Vorteile (z.B. Nutzungswerte des Grundstückseigentümers) zu verstehen. Dabei muss eine dauerhafte Unrentabilität nachgewiesen werden (regelmäßig ein 3-Jahres-Zeitraum).[52]

2.4.8.2 Erlass bei Betrieben der Land- und Forstwirtschaft

Für Betriebe der Land- und Forstwirtschaft gibt es in § 33 GrStG eine gesonderte Erlassvorschrift. Auf Antrag (§ 35 Abs. 2 GrStG) ist

- bei einer Minderung des tatsächlichen Reinertrags,
- die der Steuerschuldner nicht zu vertreten hat (z.B. Naturkatastrophen oder ein nicht jährlich auftretendes außergewöhnliches von außen kommendes schadenstiftendes Ereignis) und
- die Erhebung aufgrund der wirtschaftlichen Verhältnisse des Betriebes unbillig wäre die Grundsteuer um 25 Prozent zu erlassen, wenn der Reinertrag um mehr als 50 Prozent gemindert wurde. Bei einer vollständigen Minderung des Reinertrags, wird die Grundsteuer zur Hälfte erlassen.

---

52 Grootens, § 32 Rz. 23, 27, 33.

2.4.8.3 Erlass bei bebauten Grundstücken

Bei bebauten Grundstücken gibt es eine vergleichbare Erlassvorschrift (§ 34 GrStG). Demnach wird auf Antrag (§ 35 Abs. 2 GrStG) bei

- Minderung des „normalen Rohertrags" (vgl. § 34 Abs. 1 S. 3 GrStG, bei eigengewerblich genutzten Grundstücken § 34 Abs. 2 GrStG),
- die der Steuerschuldner nicht zu vertreten hat und bei der
- keine Fortschreibung des Grundstückswerts gem. § 34 Abs. 4 GrStG im Erlasszeitraum möglich ist

die Grundsteuer mit 25 Prozent teilweise erlassen, wenn der Rohertrag um mehr als 50 Prozent gemindert wurde. Bei einer vollständigen Minderung des Rohertrags, wird die Grundsteuer zur Hälfte erlassen.

Ein Steuerpflichtiger hat die Ertragsminderung nicht zu vertreten, wenn diese auf Umständen beruht, die außerhalb seines Einflussbereichs liegen, d.h. wenn er die Ertragsminderung weder durch ein ihm zurechenbares Verhalten herbeigeführt hat noch ihren Eintritt durch geeignete und ihm zumutbare Maßnahmen hat verhindern können. Keinesfalls sind Naturereignisse wie z.B. Hochwasser und Überschwemmungen, Brand, Erdbeben, Erdrutsch, Stürme, Hagelschlag, Blitzeinschlag und Pandemien vom Steuerpflichtigen zu vertreten.

Ist die Ertragsminderung beispielsweise durch einen Leerstand bedingt, hat diese der Steuerpflichtige nicht zu vertreten, wenn er sich nachhaltig um eine marktgerechte Vermietung bemüht hat, z.B. durch Beauftragung eines Maklers, Zeitungsinserate, Angebot auf Internetportalen.[53]

Eigenes Verschulden liegt beispielsweise vor, wenn:

- das Mietobjekt aufgrund störender Faktoren (z.B. umfangreiche und langwierige Bauarbeiten, unterlassene notwendige Renovierungsmaßnahmen) dem Immobilienmarkt nicht wirklich zur Verfügung steht,[54]
- der Eigentümer horrende Preise für sein Mietobjekt verlangt, die niemand zu zahlen bereit ist,[55]
- ein „unsaniertes" Gebäude erworben wird, dessen umfassende Sanierung bereits bei der Kaufentscheidung einen absehbaren größeren Zeitaufwand erfordert, infolgedessen auch nicht vermietet werden kann,[56]
- es sich bei dem Mietobjekt von vornherein um ein Objekt handelt, das ohnehin nur zeitweise vermietet werden soll (z.B. Ferienwohnung)[57] oder
- sich der Eigentümer nicht dauerhaft und intensiv um eine Vermietung bemüht, z.B. durch Beauftragung eines Maklers oder Schaltung von Anzeigen, und damit auch keine angemessene Vermietung des Mietobjekts anstrebt.[58]

---

53 Grootens, § 34 Rz. 144–156. Krumm/Paeßens, § 34 Rz. 24, 25.

54 Grootens., § 34 Rz. 98, 99.

55 Krumm/Paeßens, § 34 Rz. 10–16.

56 Krumm/Paeßens, § 34 Rz. 28, 29, 34.

57 Grootens, § 34 Rz. 129.

58 Grootens, § 34 Rz. 112.

2.4.8.4 Antragserfordernis und Erstattungsanspruch beim Grundsteuererlass

Der § 35 GrStG enthält die formellen Verfahrensvorschriften zum Grundsteuererlass: Der Erlass wird jeweils nach Ablauf des Kalenderjahres ausgesprochen, für das die Grundsteuer festgesetzt wurde. Dabei sind die Verhältnisse des Erlasszeitraums maßgebend. Der Erlassantrag ist bis zum 31. März des Folgejahres zu stellen. In den Fällen des § 32 GrStG bedarf es keiner jährlichen Wiederholung des Antrags.

Wie bereits dargestellt ist die Grundsteuer zu je einem Viertel des Steuerbetrages am 15. Februar, 15. Mai, 15. August und 15. November im jeweiligen Jahr zu zahlen. Wenn in Folge eines bewilligten Erlasses ein vollständiger oder teilweise Erlass gewährt wird, erlischt damit (teilweise) der Steueranspruch gemäß § 47 AO. Regelmäßig ist damit die Zahlung ohne Rechtsgrund geleistet worden. Nach § 37 Abs. 2 AO hat derjenige, auf dessen Rechnung die Zahlung bewirkt wurde, einen Erstattungsanspruch.[59]

> Bis einschließlich zum Kalenderjahr 2024 gelten die Erlassvorschriften der §§ 32 bis 34 GrStG a.F. Diese sind überwiegend deckungsgleich mit v.g. Tatbeständen, so dass eine gesonderte Darstellung und Erläuterung entbehrlich ist.

Sachverhalt 9:

S. Montgomery ist Eigentümer eines Zweifamilienhauses in der Ortsgemeinde Hettenleidelheim, die zur Verbandsgemeinde Leinigerland gehört. Den Grundsteuerwert hat das Finanzamt Ludwigshafen zutreffend auf 555.000 EUR festgesetzt. Die beiden gleich großen Wohnungen in dem Gebäude sind vermietet und erbringen seit Jahren pro Wohnung einen Mieterttrag von 5.300 EUR/Jahr. Für das Zweifamilienwohnhaus liegt seit Jahren eine Förderzusage nach § 7 LWoFG RLP vor.

S. Montgomery selbst bewohnt in Hettenleidelheim ein kleines Einfamilienhaus, dessen Grundsteuerwert 233.000 EUR beträgt. Auch diese Festsetzung ist durch das Finanzamt Ludwigshafen erfolgt und ist bestandskräftig. Die Hebesätze in der Ortsgemeinde Hettenleidelheim betragen für die Grundsteuer A 410 Prozent, Grundsteuer B 510 Prozent und sind seit Jahren unverändert.

Im Jahr 2026 haben die beiden Mieter aufgrund familiärer Streitigkeiten die Wohnungen zum 31.05.2026 fristgerecht gekündigt. Trotz der von S. Montgomery verlangten – geringfügig unter dem ortsüblichen Niveau liegenden – Miete gelingt dem eingeschalteten Makler eine Neuvermietung beider Wohnungen erst zum 01.01.2027.

Er stellt aus diesem Grunde am 08.02.2027 den Antrag, die Grundsteuer 2026 für das Zweifamilienhaus in voller Höhe zu erlassen und die bereits gezahlten Beträge an ihn zu erstatten.

59 Zugmaier/Nöcker et al., § 37 Rz. 46,47.

Aufgaben:

1. Berechnen Sie mit entsprechender Begründung die Grundsteuer
   a) für das Grundstück mit dem Einfamilienhaus und
   b) für das Grundstück mit dem Zweifamilienhaus.

2. Prüfen Sie, ob und ggf. in welcher Höhe ein Anspruch auf Erlass der Grundsteuer nach den Vorschriften des Grundsteuergesetzes besteht. Eventuell erforderliche Berechnungen sind in die Lösung aufzunehmen.
   Hinweis: Auf die allgemeine Erlassvorschrift § 227 AO ist nicht einzugehen.

3. Hat S. Montgomery gegenüber der Ortsgemeinde Hettenleidelheim einen Anspruch auf Erstattung der Grundsteuer 2026?

Lösungen:

zu 1) Gem. § 25 Abs. 1 GrStG wird die Grundsteuer durch Anwendung des gemeindlichen Hebesatzes auf den Steuermessbetrag ermittelt. Der Steuermessbetrag wird gemäß § 13 GrStG errechnet mit Hilfe einer Steuermesszahl, die auf den Grundsteuerwert angewendet wird. Die Höhe der Steuermesszahl ist abhängig vom Steuergegenstand und von der Grundstücksart und ergibt sich für die Grundsteuer A aus § 14 GrStG und für die Grundsteuer B aus § 15 GrStG.

zu 1a) Das mit einem Einfamilienhaus bebaute Grundstück unterliegt gemäß § 2 Nr. 2 GrStG der Grundsteuer B; es dient nicht land- und forstwirtschaftlichen Zwecken. Die Steuermesszahl für Einfamilienhäuser im Sinne des § 249 Abs. 1 Nr. 1, Abs. 2 BewG beträgt gemäß § 15 Abs. 1 Nr. 2a GrStG für einen Grundsteuerwert von 233.000 EUR 0,31 von Tausend. Es ergibt sich folgende Berechnung:

Grundsteuerwert		233.000,00 EUR
×	Steuermesszahl	0,31 v.T.
=	Steuermessbetrag	72,23 EUR
×	Hebesatz	510 Prozent
=	Grundsteuer B	368,37 EUR

Die Grundsteuer für das Grundstück mit dem Einfamilienhaus beträgt 368,37 EUR.

zu 1b) Auch das mit einem Zweifamilienhaus bebaute Grundstück dient nicht land- und forstwirtschaftlichen Zwecken und unterliegt gemäß § 2 Nr. 2 GrStG der Grundsteuer B. Die Steuermesszahl für Zweifamilienhäuser im Sinne des § 249 Abs. 1 Nr. 2, Abs. 3 BewG beträgt gem. § 15 Abs. 1 Nr. 2a GrStG ebenfalls 0,31 von Tausend. Aufgrund der Förderung nach dem § 7 LWoFG wird die Steuermesszahl um 25 % gem. § 15 Abs. 2 GrStG auf 0,2325 von Tausend reduziert. Es ergibt sich folgende Berechnung:

Grundsteuerwert		555.000,00 EUR
×	Steuermesszahl	0,2325 v.T.
=	Steuermessbetrag	129,04 EUR
×	Hebesatz	510 Prozent
=	Grundsteuer B	658,10 EUR

Die Grundsteuer für das Grundstück mit dem Zweifamilienhaus beträgt 658,10 EUR.

zu 2) Zu prüfen ist, ob und ggf. in welcher Höhe ein Anspruch auf Erlass der Grundsteuer für das Jahr 2026 nach den Vorschriften des Grundsteuergesetzes besteht. Das Grundsteuergesetz enthält spezialgesetzliche Erlassvorschriften, so dass zu prüfen ist, ob sich ein Erlassanspruch aus den §§ 32 bis 35 GrStG ergibt.

Die Erlassvoraussetzungen des § 32 GrStG sind nicht erfüllt, da nach dieser Vorschrift die Grundsteuer nur erlassen werden kann für Kulturgüter und Grünanlagen.

Ebenfalls scheidet ein Erlass nach § 33 GrStG aus, dass es sich nicht um einen Betrieb der Land- und Forstwirtschaft handelt.

Zu prüfen ist, ob ein Erlass wegen wesentlicher Ertragsminderung bei bebauten Grundstücken nach § 34 GrStG zu gewähren ist. Nach § 34 Abs. 1 S. 1 GrStG ist die Grundsteuer in Höhe von 25 Prozent zu erlassen, wenn es sich um ein bebautes Grundstück handelt, der normale Rohertrag um mehr als 50 Prozent gemindert ist und der Steuerschuldner die Minderung nicht zu vertreten hat. Gemäß § 35 Abs. 2 GrStG ist der Erlass bis zum 31. März des Folgejahres zu beantragen.

Das Grundstück von S. Montgomery ist mit einem Zweifamilienhaus bebaut und somit ein bebautes Grundstück. Der normale Rohertrag durch die Vermietung beträgt pro Jahr 10.600,00 EUR. Da beide Wohnungen vom 1. Juni bis 31. Dezember 2026 leer standen, beträgt die Minderung 6.183,33 EUR. Dies entspricht mehr als 50 Prozent des Rohertrages. Auch hat S. Montgomery die Minderung nicht zu vertreten, da er eine angemessene Miete verlangt und sogar einen Makler mit der Vermietung beauftragt hat. Er hat den Antrag auf Erlass am 8. Februar 2027 gestellt und damit vor Ablauf der Ausschlussfrist nach § 35 Abs. 2 GrStG (Frist bis zum 31. März 2027).

S. Montgomery hat somit gemäß § 34 Abs. 1 S. 1 GrStG einen Anspruch auf Erlass in Höhe von 25 Prozent der Grundsteuer; dies entspricht einem Betrag von 164,53 EUR (658,10 EUR Grundsteuer × 25 %). Die Grundsteuer für das Jahr 2026 ist somit in Höhe von 164,53 EUR gemäß § 34 Abs. 1 S. 1 GrStG zu erlassen.

Ein Erlass der Grundsteuer für das Jahr 2026 kommt insofern nur in Höhe eines Betrages von 164,53 EUR in Betracht. Ein darüberhinausgehender Erlass der Grundsteuer in voller Höhe kann nach den Vorschriften des Grundsteuergesetzes nicht gewährt werden.

zu 3): Gemäß § 1 Abs. 2 Nr. 2 AO i.V.m. § 37 Abs. 2 AO besteht ein Erstattungsanspruch dann, wenn eine Zahlung ohne rechtlichen Grund erfolgt oder der Rechtsgrund später wegfällt. Zahlungsgrund für die Grundsteuer war der Grundsteuerbescheid für das Jahr 2026. Insoweit erfolgte die Zahlung nicht ohne Rechtsgrund. Durch den Erlass gem. § 34 Abs. 1 S. 1 GrStG erlischt jedoch der Anspruch gemäß § 1 Abs. 2 Nr. 2 AO i.V.m. § 47 AO in Höhe des zu erlassenen Betrages von 164,53 EUR. Durch den Wegfall des Rechtsgrundes (Anspruchs) entsteht mit Wirksamkeit des Bescheides über die Gewährung des Erlasses in dieser Höhe ein Erstattungsanspruch.

2.5 Gewerbesteuer

Die Gemeinde ist zur Erhebung der Gewerbesteuer verpflichtet (§ 1 GewStG).

2.5.1 Sachliche Steuerpflicht

Bei der Frage der sachlichen Steuerpflicht gilt es zu klären, um welchen Steuergegenstand es sich handelt. Für was muss die Gewerbesteuer gezahlt werden?

Steuergegenstand der Gewerbesteuer sind
- die stehenden Gewerbebetriebe (§ 2 Abs. 1 S. 1 GewStG, § 1 GewStDV) und
- die Reisegewerbebetriebe (§ 35a Abs. 1 GewStG, § 35 GewStDV),
- soweit sie im Inland betrieben werden.[60]

Im Inland (§ 2 Abs. 7 GewStG) betrieben wird ein Gewerbebetrieb, soweit für ihn im Inland eine Betriebsstätte unterhalten wird (§ 2 Abs. 1 S. 3 GewStG). Gemäß § 12 S. 1 AO ist Betriebsstätte jede feste Geschäftseinrichtung oder Anlage, die der Tätigkeit eines Unternehmens dient. Maßgeblich für die gewerbesteuerrechtliche Beurteilung ist der Ort der Fabrikations- oder Werkstätte.

Steuerberechtigt ist beim stehenden Gewerbebetrieb nach § 4 Abs. 1 GewStG die Gemeinde, in der eine Betriebsstätte zur Ausübung des stehenden Gewerbes unterhalten wird. Befinden sich die Betriebsstätten eines Gewerbebetriebes in unterschiedlichen Gemeinden, muss die Gewerbesteuer aufgeteilt/zerlegt werden (§ 4 Abs. 1 S. 2 GewStG).

2.5.1.1 Formen des stehenden Gewerbebetriebs

Ein stehender Gewerbetrieb ist ein Betrieb, der eine stationäre Niederlassung aufweist (§ 4 Abs. 3 GewO, §§ 14 ff. GewO). Eine Niederlassung besteht, wenn eine selbstständige gewerbsmäßige Tätigkeit auf unbestimmte Zeit und mittels einer festen Einrichtung von dieser aus tatsächlich ausgeübt wird. Negativ abgegrenzt liegt ein stehender Gewerbebetrieb vor, wenn es sich nicht um einen Reisegewerbebetrieb handelt (§ 1 GewStDV).

---

60 Vgl. zur Gewerbesteuer bei Betriebsstätten im Ausland Blankenhorn, S. 9.

Nach § 2 GewStG sind die stehenden Gewerbebetriebe wie folgt einzuteilen:

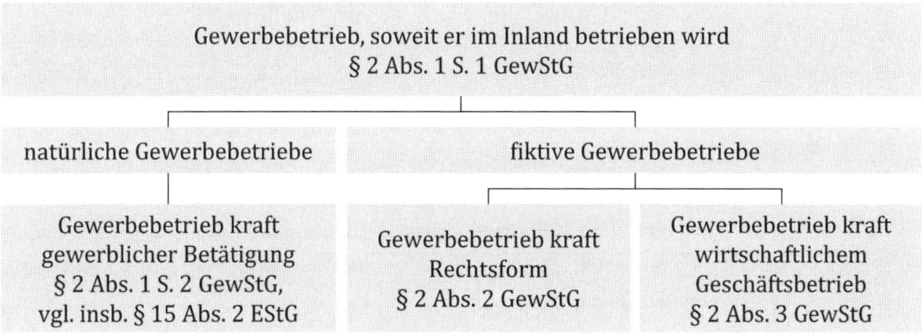

Abb. 11 – Formen des stehenden Gewerbebetriebs

2.5.1.1.1 Natürliche Gewerbebetriebe

Die häufigste Form eines natürlichen Gewerbebetriebes liegt vor, wenn ein Einzelunternehmen als natürliche Person einen Gewerbebetrieb führt. Sie können aber auch in Personalgesellschaften wie z.B.

- die Offene Handelsgesellschaft (OHG),
- die Gesellschaft des bürgerlichen Rechts (GbR, BGB-Gesellschaft, Erben-/Grundstücksgemeinschaft),
- die Kommanditgesellschaft (KG, GmbH & Co. KG) oder die
- Europäische Interessenvereinigung (EWIV) geführt werden.

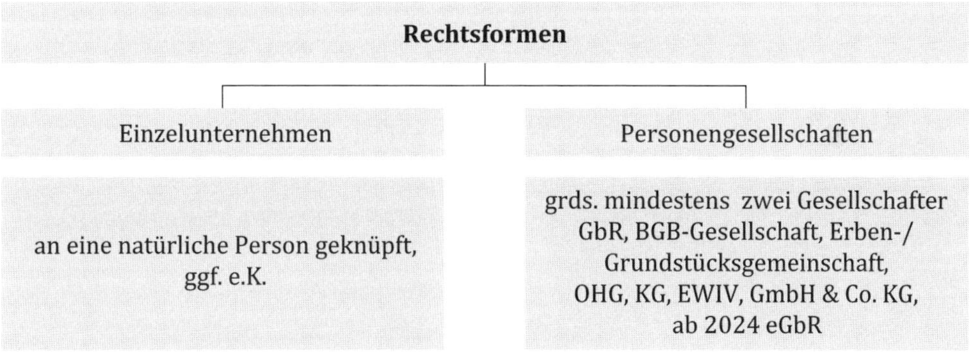

Abb. 12 – Überblick über die Unternehmensrechtsformen

Ein steuerpflichtiger Gewerbebetrieb liegt jedoch nur einer bestimmten Art von Tätigkeiten vor. Es muss eine gewerbliche Betätigung vorliegen. Die Merkmale der gewerblichen Betätigung werden insbesondere aus § 15 Abs. 2 EStG abgeleitet[61]:

61 Siehe auch § 15 Abs. 3 EStG.

Selbstständigkeit	Die Betätigung erfolgt selbstständig, wenn die Betriebsleitung die wesentlichen unternehmerischen Entscheidungen selbst treffen kann. Der Steuerpflichtige handelt in eigener Verantwortung (Unternehmerinitiative) und trägt das Erfolgswagnis (Unternehmerrisiko).
Gewinnerzielungsabsicht	Die Tätigkeit ist darauf gerichtet, Gewinn zu erzielen (Abgrenzung zum Hobby bzw. zur Liebhaberei).
Nachhaltigkeit	Eine nachhaltige Betätigung ist gegeben, wenn der Betrieb nicht nur punktuell, sondern für einen längeren Zeitraum geführt wird; die Tätigkeit ist auf Wiederholung angelegt.
Beteiligung am allg. wirtschaftlichen Verkehr	Eine Beteiligung am allgemeinen wirtschaftlichen Verkehr ist gegeben, wenn das Unternehmen – nach außen hin in Erscheinung tritt und – sich an die Allgemeinheit wendet, in dem es Leistungen gegen Entgelt anbietet.
keine Tätigkeit der Land- und Forstwirtschaft	Der Begriff Land- und Forstwirtschaft (Urproduktion) wird in § 13 EStG definiert und liegt bei einer – planmäßigen Nutzung der Naturkräfte des Bodens – zur Erzeugung und Verwertung von lebenden Pflanzen und Tieren vor.
keine Tätigkeit aus dem Bereich der freien Berufe oder einer anderen selbstständigen Arbeit	Zu den freien Berufen gehören die Katalogberufe des § 18 Abs. 1 Nr. 1 S. 2 EStG. Die Eigenschaft eines Gewerbebetriebes fehlt daher bei freiberuflichen Tätigkeiten, z.B. von Journalisten, Architekten, Ärzte, Dolmetschern. Sie sind deshalb nicht gewerbesteuerpflichtig. Eine andere selbstständige Arbeit liegt etwa als Aufsichtsratsmitglied oder Testamentsvollstrecker vor (§ 18 Abs. 1 Nrn. 2 bis 4 EStG).
keine Vermögensverwaltung	Die Nutzung und Verwaltung eigenen Vermögens, insbesondere die Vermietung und Verpachtung von Grundbesitz, selbst wenn es sich um eine sehr umfangreiche arbeitsaufwendige Tätigkeit handelt, ist i.d.R. kein Gewerbebetrieb, sondern gilt als allgemein übliche Nutzung des Eigentums.[62]

Tab. 13 – Merkmale eine natürlichen Gewerbebetriebs nach § 15 Abs. 2 EStG

2.5.1.1.2 Fiktive Gewerbebetriebe

Bei den fiktiven Gewerbebetrieben ist zu unterscheiden zwischen einem solchen

- kraft Rechtsform (§ 2 Abs. 2 GewStG) und einem
- wirtschaftlichen Geschäftsbetrieb (§ 2 Abs. 3 GewStG).

62 BFH, Beschl. v. 03.07.1995, GrS 3/93, BStBl. 1995 II S. 730.

Fiktiver Gewerbebetrieb kraft Rechtsform: Bei einem fiktiven Gewerbebetrieb kraft Rechtsform gilt die ausgeübte Tätigkeit stets und in vollem Umfang als Gewerbebetrieb. Zu den fiktiven Gewerbebetrieben kraft Rechtsform gehören u.a. die

- Kapitalgesellschaften (Europäische Gesellschaften, AG, KGaA, GmbH),
- Genossenschaften einschließlich Europäischer Genossenschaften und
- Versicherungs- und Pensionsfondsvereine auf Gegenseitigkeit.[63]

Fiktiver Gewerbebetrieb kraft wirtschaftlichen Geschäftsbetrieb: § 2 Abs. 3 GewStG fingiert einen Gewerbebetrieb i.S.d. § 2 Abs. 1 GewStG. In den Anwendungsbereich fallen sonstige juristische Personen des privaten Rechts (z.B. rechtsfähige Vereine und Stiftungen) sowie nicht rechtsfähige Vereine.[64] Ein Gewerbebetrieb liegt vor, wenn und soweit ein wirtschaftlicher Geschäftsbetrieb (vgl. § 14 AO) gegeben ist. Dies bezieht sich jedoch nur auf diese konkrete wirtschaftliche Tätigkeit. Die Tatbestandsmerkmale des wirtschaftlichen Geschäftsbetriebs nach § 14 AO sind:

- Selbstständigkeit
- Nachhaltigkeit
- Erzielung von Einnahmen (keine Gewinnerzielungsabsicht erforderlich)
- keine Vermögensverwaltung
- keine Teilnahme am allg. wirtschaftlichen Verkehr erforderlich
- keine Land- und Forstwirtschaft

Zur Erläuterung der Tatbestandsmerkmale wird auf die Tabelle 13 verwiesen.

2.5.1.2 Reisegewerbebetrieb

Neben den stehenden Gewerbebetrieben unterliegen auch Reisegewerbebetriebe der Gewerbesteuer, soweit sie im Inland betrieben werden und ihre Inhaber einer Reisegewerbekarte nach der Gewerbeordnung bedürfen (§ 35a Abs. 1, 2 GewStG). Eine Reisegewerbekarte bedarf nach § 55 Abs. 1 GewO, wer gewerbsmäßig ohne vorhergehende Bestellung außerhalb seiner gewerblichen Niederlassung oder ohne eine solche zu haben

- Waren feilbietet oder Bestellungen aufsucht (vertreibt) oder ankauft, Leistungen anbietet oder Bestellungen auf Leistungen aufsucht oder
- unterhaltende Tätigkeiten als Schausteller oder nach Schaustellerart ausübt.

Regelungen zur Steuerberechtigung für die Reisegewerbebetriebe finden sich in § 35a Abs. 3 GewStG. Hiernach ist die Gemeinde hebeberechtigt, in der sich der Mittelpunkt der gewerblichen Tätigkeit befindet (vgl. hier § 35 Abs. 1 GewStDV). Wird im Rahmen eines einheitlichen Gewerbebetriebs sowohl ein stehendes Gewerbe als auch ein Reisegewerbe betrieben, so ist der Betrieb in vollem Umfang als stehendes Gewerbe zu behandeln (§ 35a Abs. 2 S. 2 GewStG).

63 Franke in Wendt et al., § 2 Rz. 111.

64 Franke in Wendt et al., § 2 Rz. 163 ff.

Sachverhalt 10:
K. Janeway ist gelernter Kraftfahrzeugmechaniker und gilt in Fachkreisen als sorgfältiger Handwerker. Die Gesellenprüfung hat er mit „sehr gut" abgelegt. Nach längerer Arbeitslosigkeit beginnt er Anfang 2023 – ohne Gewerbeanmeldung – in seiner Garage in der Ortsgemeinde Dohr mit der Reparatur von Kraftfahrzeugen. Da er gut und aufgrund der geringen Fixkosten preiswert arbeitet, ergibt sich bald ein florierendes Geschäft. Der Kundenkreis erstreckt sich über die Gemeindegrenzen hinaus. Durch ein anonymes Schreiben wird das zuständige Finanzamt in Simmern-Zell auf die Tätigkeit von K. Janeway aufmerksam. Der mehrfachen Aufforderung zur Abgabe einer Steuererklärung kommt K. Janeway wegen Arbeitsüberlastung nicht nach.

Aufgabe:
Prüfen Sie, ob K. Janeway eine gewerbliche Tätigkeit ausübt, die der Gewerbesteuerpflicht unterliegt.

Lösung:
Der Gewerbesteuer unterliegen nach § 2 Abs. 1 S. 1 GewStG die stehenden Gewerbebetriebe sowie nach § 35a Abs. 1 GewStG die Reisegewerbebetriebe, soweit sie im Inland betrieben werden. Da K. Janeway unstreitig kein Reisegewerbe i.S.d. § 35a Abs. 2 GewStG betreibt, ist zu prüfen, ob K. Janeway einen stehenden Gewerbebetrieb nach § 2 GewStG unterhält (vgl. auch § 1 GewStDV). K. Janeway repariert in seiner Garage Kraftfahrzeuge. Ein stehender Gewerbebetrieb nach § 2 Abs. 2 GewStG kraft Rechtsform und ein Gewerbebetrieb kraft wirtschaftlichem Geschäftsbetrieb nach § 2 Abs. 3 GewStG kommen somit nicht Betracht. K. Janeway könnte jedoch einen (natürlichen) Gewerbebetrieb kraft gewerblicher Tätigkeit nach § 2 Abs. 1 S. 2 GewStG i.V.m. § 15 Abs. 2 EStG betreiben. Hiernach ist gewerblich tätig, wer eine Tätigkeit

- selbstständig,
- mit Gewinnerzielungsabsicht,
- nachhaltig,
- unter Beteiligung am allgemeinen wirtschaftlichen Verkehr ausübt,
- die nicht dem Betrieb der Land- und Forstwirtschaft dient,
- nicht zu den freien Berufen und anderer selbstständiger Arbeit nach § 18 EStG gehört
- und es sich nicht um Vermögensverwaltung handelt.

K. Janeway übt seine Tätigkeit in eigenem Namen und auf eigene Rechnung aus. Er arbeitet somit selbstständig. Auch an der Nachhaltigkeit bestehen keine Zweifel, da er die Tätigkeit bereits seit längerer Zeit tatsächlich ausübt. Er übt sie aus in der Absicht, von den Erträgen zu leben, was ihm laut Sachverhalt auch gelingt, da sein Betrieb floriert. Da er seine Leistungen allgemein am Markt anbietet, ist auch die Beteiligung am allgemeinen wirtschaftlichen Verkehr gegeben. Ob diese Tätigkeit rechtmäßig ausgeübt wird, ist kein steuerrechtliches Kriterium. Die von K. Janeway ausgeübten Arbeiten dienen auch nicht einem Betrieb der Land- und Forstwirtschaft und gehören unstreitig nicht zu den freien Berufen und selbstständiger Arbeit nach § 18 EStG und dienen nicht der Vermögensverwaltung. K. Janeway betreibt somit ein stehendes Gewerbe kraft gewerblicher Betätigung nach § 2 Abs. 1 S. 2 GewStG i.V.m. § 15 Abs. 2 EStG und unterliegt somit der Gewerbesteuerpflicht.

2.5.2 Steuerentstehung

Der Gewerbesteueranspruch entsteht nach § 38 AO i.V.m. § 18 GewStG mit Ablauf des Erhebungszeitraums, für den die Steuer festzusetzen ist. Erhebungszeitraum ist das Kalenderjahr (§ 14 S. 2 GewStG). Somit entsteht der Gewerbesteueranspruch regelmäßig zum 31. Dezember eines Jahres (24.00 Uhr). Besteht die Gewerbesteuerpflicht nicht während des gesamten Kalenderjahres, tritt an die Stelle des Kalenderjahres der Zeitraum der Steuerpflicht (§ 14 S. 3 GewStG).

2.5.3 Steuerbefreiung

Nicht jeder Gewerbebetrieb i.S.d. § 2 und § 35a GewStG ist gewerbesteuerpflichtig. § 3 GewStG enthält eine Vielzahl von Befreiungstatbeständen. Hiernach sind bestimmte Institutionen oder förderwürdige Zwecke von der Gewerbesteuerpflicht befreit. Die Steuerbefreiungstatbestände können subjektiv und/oder objektiv begründet sein.

Steuerbefreiung gem. § 3 GewStG	
subjektive Gründe	**objektive Gründe**
Die subjektive Steuerbefreiung bezieht sich auf das Unternehmen als solches; maßgeblich ist die jeweilige Rechtsform.	Die objektive Steuerbefreiung betrifft nur bestimmte Teile des Ertrages eines Unternehmens; es kommt hier folglich auf die jeweilige Tätigkeit an.
Befreiung ohne Beachtung der Tätigkeit z.B. § 3 Nrn. 1, 2, 3, 11 GewStG	Befreiung im Hinblick auf die Tätigkeit z.B. § 3 Nrn. 6, 13, 20 GewStG
Beispiele: • Lotterieunternehmen • öffentliche Spielbanken • öffentlich-rechtliche Versicherungs- und Versorgungseinrichtungen von Berufsgruppen • Deutsche Bundesbank • ISB Investitions- und Strukturbank Rheinland-Pfalz • MBG Mittelständische Beteiligungsgesellschaft Rheinland-Pfalz mbH • WFT Wagnisfinanzierungsgesellschaft für Technologieförderung Rheinland-Pfalz mbH	Beispiele: • Körperschaften und Personenvereinigungen, die nach Satzung und der tatsächlichen Geschäftsführung ausschließlich und unmittelbar gemeinnützen, mildtätigen oder kirchlichen Zwecken dienen • private Schulen, soweit sie unmittelbar dem Schul- und Bildungszweck dienen, • Krankenhäuser, Altenheime, Pflegeheime, wenn diese z.B. von juristischen Personen des öffentlichen Rechts betrieben werden

Tab. 14 – Steuerbefreiung bei der Gewerbesteuer

2.5.4 Persönliche Steuerpflicht

Bei der Frage der persönlichen Steuerpflicht gilt es zu klären, wer die Gewerbesteuer schuldet. Wer muss für die Gewerbesteuer einstehen?

Steuerschuldner ist gemäß § 43 AO i.V.m. § 5 Abs. 1 S. 1 GewStG der Unternehmer. Das ist nach § 5 Abs. 1 S. 2 GewStG derjenige, für dessen Rechnung das Gewerbe geführt wird. Ist die Tätigkeit einer Personengesellschaft Gewerbebetrieb, so ist Steuerschuldner die Gesellschaft (§ 5 Abs. 1 S. 3 GewStG).

Steuerschuldner bei

- einem Einzelunternehmen ist der → Inhaber, die natürliche Person,
- einer Personengesellschaft (z.B. OHG) ist die → Personengesellschaft (OHG) oder
- einer Kapitalgesellschaft (z.B. GmbH) ist die → Kapitalgesellschaft (GmbH).

Auch eine juristische Person des öffentlichen Rechts (z.B. eine Gemeinde) kann gewerbesteuerpflichtig sein. Gewerbesteuerpflichtig sind die von den juristischen Personen des öffentlichen Rechts unterhaltenen Betriebe gewerblicher Art (vgl. hierzu § 2 GewStDV i.V.m. § 4 KStG).

Eine vorübergehende Einstellung des Betriebs (z.B. bei Saisonbetrieben) stellt lediglich eine Betriebsunterbrechung nach § 2 Abs. 4 GewStG dar. Es besteht weiterhin eine Gewerbesteuerpflicht.

Wenn ein Gewerbebetrieb im Ganzen auf einen anderen Unternehmer – z.B. durch Verkauf – übergeht, gilt nach § 2 Abs. 5 i.V.m. § 5 Abs. 2 GewStG, dass dieser Betrieb durch den bisherigen Unternehmer eingestellt ist und der Erwerber ihn im gewerbesteuerlichen Sinne neu gründet.

2.5.5 Steuererklärungspflicht und Verspätungszuschlag

Der Steuerpflichtige ist verpflichtet, eine Steuererklärung und ggf. eine Zerlegungserklärung abzugeben (§ 149 Abs. 1 S. 1 AO i.V.m. § 14a GewStG i.V.m. § 25 GewStDV). Dabei muss der Steuerpflichtige verschiedene Fristen beachten.

Beispiel:
Für den Erhebungszeitraum 2019 musste die Gewerbesteuererklärung bis zum 30.09.2022 abgeben werden (§ 149 Abs. 2 S. 1 AO), bei Fertigung der Erklärung durch einen Steuerberater bis zum 28.02.2023 (§ 149 Abs. 3 Nr. 3 AO).[65]

65 Aufgrund des Vierten Corona-Steuerhilfegesetzes wurden in Art. 97 § 36 Abs. 3 Nr. 1 EGAO (BGBl. I 2022 S. 913) die Steuererklärungsfristen für die Gewerbesteuer für Steuerzahler und für die Steuerpflichtigen, die einen Steuerberater hinzuziehen für die Besteuerungszeiträume 2020 bis 2023 verlängert.

Bei verspäteter Abgabe bzw. Nichtabgabe erfolgt die Festsetzung eines Verspätungszuschlages nach § 152 AO durch das Finanzamt. Der Verspätungszuschlag fließt der Gemeinde zu (§ 14b GewStG).[66]

2.5.6 Ermittlung der Gewerbesteuer

Auch bei der Gewerbesteuer handelt es sich um ein mehrstufiges Steuerverfahren.

Rechtsgrundlagen	Berechnungen	
§§ 6 - 11 GewStG	1. steuerpflichtiger Gewerbeertrag × Steuermesszahl (3,5 %)	Stufe 1 Finanzamt
§ 16, §§ 28 - 34 GewStG § 185, § 184, § 182 AO § 16 Abs. 1 GewStG Haushalts-/Hebesatzsatzung	2. = Gewerbesteuermessbetrag (ggf. Zerlegungsanteil) × Hebesatz der Gemeinde	Stufe 2 Gemeinde
§§ 19 - 21 GewStG § 155 Abs. 1 S. 1 AO	3. = Jahresgewerbesteuer Steuerbescheid	

Abb. 13 – Überblick zum zweistufigen Festsetzungsverfahren der Gewerbesteuer

Nachdem der Steuerpflichtige eine Gewerbesteuererklärung beim zuständigen Finanzamt abgegeben hat, setzt das Betriebsfinanzamt (§ 22 Abs. 1 AO i.V.m. § 18 Abs. 1 Nr. 2 AO) auf dieser Grundlage den

- Steuermessbetrag im Gewerbesteuermessbescheid fest und,
- sofern mehrere Betriebsstätten vorhanden sind, zerlegt das Finanzamt den Steuermessbetrag, ermittelt die auf die Gemeinden entfallenden Zerlegungsanteile und erlässt die Zerlegungsbescheide.

Der Gewerbesteuermessbescheid ist als Grundlagenbescheid für den Gewerbesteuerbescheid der Gemeinde bindend (§ 184 Abs. 1 S. 4 AO i.V.m. § 182 Abs. 1 AO). Das gleiche gilt für den Zerlegungsbescheid (§ 185 AO).

Die hebeberechtigte Gemeinde erlässt auf dieser Grundlage den Gewerbesteuerbescheid und die Vorauszahlungsbescheide, erhebt die Gewerbesteuern, entscheidet über Billigkeitsmaßnahmen und ist bei Nichtleistung für die Betreibung der Forderung zuständig.

2.5.6.1 Gewerbesteuermessbetrag

Bei der Berechnung der Gewerbesteuer ist von einem Steuermessbetrag auszugehen (§ 11 Abs. 1 S. 1 GewStG). Berechnungsgrundlage ist gem. § 6 GewStG der nach den Vorschriften des Einkommen- und Körperschaftsteuergesetzes ermittelte Gewerbeertrag, der durch

66 Vgl. nähere Erl. 4.6.1.

Hinzurechnungen (§ 8 GewStG) und Kürzungen (§ 9 GewStG) modifiziert (§ 7 GewStG) wird. Auch die Möglichkeit des Verlustvortrags (§ 10a GewStG) ist zu beachten. Nach der Rundung und ggf. Abzug eines Freibetrags wird der errechnete Betrag durch Anwendung eines Prozentsatzes (Steuermesszahl) auf den zu versteuernden Gewerbeertrag ermittelt (§ 11 Abs. 1 S. 2 GewStG). Die Steuermesszahl beträgt 3,5 % (§ 11 Abs. 2 GewStG).

Der Gewerbesteuermessbetrag wird durch Steuermessbescheid festgesetzt (§ 14 S. 1 GewStG). Dieser wird dem Steuerpflichtigen bekannt gegeben und ist als Grundlagenbescheid vom Steuerpflichtigen selbstständig anfechtbar (vgl. §§ 347 ff. AO). Die steuerberechtigte Gemeinde erhält lediglich eine Mitteilung des Inhalts des Steuermessbescheides (§ 184 Abs. 3 S. 1 AO), so dass die Gemeinde – anders als der Steuerpflichtige – nicht berechtigt ist, einen Rechtsbehelf gegen den Steuermessbescheid einzulegen.[67]

Der Steuermessbescheid ist von Amts wegen zu ändern, wenn

- der Einkommensteuerbescheid,
- der Körperschaftssteuerbescheid oder
- ein Feststellungsbescheid (z.B. Verlustfeststellungsbescheid) geändert wird,

sofern dadurch die Besteuerungsgrundlagen des Gewerbebetriebs berührt werden (§ 35b GewStG). Die Änderung eines Steuermessbescheides bewirkt, dass auch der auf dieser Basis von der Gemeinde erlassene Steuerbescheid geändert werden muss (§ 175 Abs. 1 Nr. 1 AO).

Rechtsgrundlagen:
§ 11 Abs. 1 S. 1 GewStG
§ 7 GewStG
+ § 8 GewStG
- § 9 GewStG
= § 10 GewStG
- § 10a GewStG

= § 11 Abs. 1 S. 3 1. Hs. GewStG

= § 11 Abs. 1 S. 3 2. Hs. GewStG

= § 11 Abs. 2, Abs. 1 S. 2 GewStG

Berechnung:
1. Gewinn aus dem Gewerbebetrieb nach dem EStG bzw. KStG
   + Hinzurechnungen
   – Kürzungen
2. = maßgebender Gewerbeertrag
   – Gewerbeverluste
3. = bereinigter Gewerbeertrag
   – abrunden auf volle 100 €
4. = gerundeter Gewerbeertrag
   – evtl. Freibetrag
5. = zu versteuernder Gewerbeertrag
   × Steuermesszahl
6. = Gewerbesteuermessbetrag

Abb. 14 – Ermittlung des Gewerbesteuermessbetrages

2.5.6.1.1 Hinzurechnungen

Um eine einheitliche Besteuerung zu gewährleisten und die objektive Ertragskraft des Gewerbebetriebes zu bestimmen, wird der Gewinn um verschiedene, den einzelnen Gewerbebetrieb betreffende Faktoren bereinigt. Werden z.B. für die Benutzung fremden Anlagevermögens Miet-/Pachtzinsen bzw. Leasingraten gezahlt, so mindern sie den Gewinn. Zur Gleichbehandlung mit

67 Nach § 184 Abs. 3 S. 2 AO erfolgen die Mitteilungen an die Gemeinden durch Bereitstellung zum Abruf. Dies findet erstmals auf Steuermessbeträge Anwendung, die für Realsteuern des Jahres 2025 maßgeblich sind (§ 35 EGAO).

einem Betrieb, dessen Gewinn höher ausfällt, weil er nur eigene Wirtschaftsgüter nutzt und daher keine Miet-/Pachtkosten bzw. Leasingraten zahlt, werden sie teilweise hinzugerechnet. Der Gewinn wird deshalb durch Hinzurechnungen nach § 8 GewStG vermehrt.

Bei den Hinzurechnungen[68] nach § 8 Nr. 1a–f GewStG ist zunächst ein Freibetrag von 200.000 EUR zu berücksichtigten. Von dem verbleibenden Betrag der ermittelten Hinzurechnungen wird lediglich ein Viertel der Summe dem Gewinn hinzugerechnet. Die in § 8 Nrn. 4 bis 12 GewStG genannten Minderungen sind dem Gewinn in voller Höhe hinzuzurechnen.

Zur Berechnung der Hinzurechnungen nach § 8 GewStG, ist wie folgt vorzugehen:

Gewinn aus dem Gewerbebetrieb			**EUR**
Hinzurechnungen			
nach § 8 Nr. 1 a bis f GewStG			
+ 100 %Entgelte für Schulden		EUR	
+ 20 %Miet-/Pachtzinsen für bew. Wirtschaftsgüter		EUR	
+ 50 %Miet-/Pachtzinsen für unbew. Wirtschaftsgüter		EUR	
+ 25 %Entgelt für zeitl. befr. Überlassung von Rechten		EUR	
= Summe der Finanzierungsentgelte	Σ	EUR	
– Freibetrag von 200.000 EUR	–	200.000 EUR	
= davon positiv übersteigender Betrag		EUR	
davon ist ein Viertel hinzuzurechnen (× 25 %)		**EUR**	
+ **sonstige Hinzurechnungen** § 8 Nrn. 4 bis 12 GewStG		**EUR**	

Abb. 15 – Hinzurechnungen

2.5.6.1.2 Kürzungen

Im Gegensatz zu den Hinzurechnungen wird der Gewinn durch Kürzungen für die Gewerbebesteuerung vermindert. § 9 GewStG enthält dazu eine Vielzahl von Tatbeständen.[69] Durch diese sollen Doppel- und Mehrfachbelastungen mit Objektsteuern vermieden werden. So unterliegt der zum Betriebsvermögen gehörende Grundbesitz der Grundsteuer. Um hier eine Doppelbelastung zu vermeiden, wird eine Kürzung in Höhe von 1,2 % des maßgebenden Einheitswerts vorgenommen.[70] Eine Kürzung entfällt, sofern der Grundbesitz von der Grundsteuer befreit ist (§ 9 Nr. 1 GewStG).

Damit betrieblicher Grundbesitz zur Kürzung i.S.d. § 9 Nr. 1 GewStG führt, muss dieser zum Beginn des Kalenderjahrs bereits zum Betriebsvermögen hinzuzählen (vgl. § 20 Abs. 1 S. 2 GewStDV). Wenn der Grundbesitz nur teilweise zum Betriebsvermögen gehört, ist dieser entsprechend aufzuteilen (§ 20 Abs. 2 GewStDV).

68 Vgl. dazu im Einzelnen Blankenhorn, S. 40–63.

69 Vgl. dazu im Einzelnen Blankenhorn, S. 63–87.

70 Gem. § 121a BewG sind während der Geltungsdauer der auf den Wertverhältnissen am 01.01.1964 beruhenden Einheitswerte die Grundstücke und die Betriebsgrundstücke für die Gewerbesteuer mit 140 Prozent des Einheitswerts anzusetzen. Mit Wirkung vom 1. Januar 2025 beträgt die Kürzung 0,11 Prozent des Grundsteuerwerts (Art. 10 des Gesetzes vom 26. November 2019, BGBl. I S. 1794).

Gewinn aus dem Gewerbebetrieb		_____ EUR
+ Hinzurechnungen	+	_____ EUR
- Kürzungen (§ 9 Nr. 1 S. 1 GewStG)		
1,2 % vom Einheitswert des zum Betriebsvermögen gehörenden Grundbesitzes	–	_____ **EUR**
= **maßgebender Gewerbeertrag** (§ 10 GewStG)	=	_____ **EUR**

Abb. 16 – Kürzungen

2.5.6.1.3 Verluste aus Vorjahren

Da die Substanz eines Gewerbebetriebes nicht besteuert werden soll, sind Gewerbeverluste aus den Vorjahren nach § 10a GewStG vom maßgebenden Gewerbeertrag abzusetzen. Gewerbeverluste sind nicht der Bilanzverlust, sondern der negative maßgebende Gewerbeertrag nach Berücksichtigung von Hinzurechnungen und Kürzungen. Dabei ist ein Verlust von bis zu 1 Mio. EUR uneingeschränkt abzugsfähig (§ 10a S. 1 GewStG). Ein überschreitender (Rest-) Verlust kann mit bis zu 60 Prozent des 1 Mio. EUR übersteigenden maßgebenden Gewerbeertrags angerechnet werden (§ 10a S. 2 GewStG). Ein evtl. verbleibender Verlustüberhang wird gesondert vom Finanzamt festgestellt und für die folgenden Erhebungszeiträume vorgetragen (§ 10a S. 6 GewStG).

Gewinn aus dem Gewerbebetrieb		_____ EUR
+ Hinzurechnungen (§ 8 GewStG)	+	_____ EUR
- Kürzungen (§ 9 GewStG)	–	_____ EUR
= maßgebender Gewerbeertrag (§ 10 GewStG)	=	_____ EUR
- Gewerbeverluste (§ 10a GewStG)	–	_____ **EUR**
= bereinigter Gewerbeertrag	=	_____ **EUR**

Abb. 17 – bereinigter Gewerbeertrag

2.5.6.1.4 Rundung, Freibetrag und Steuermesszahl

Der bereinigte Gewerbeertrag ist auf volle 100 EUR abzurunden (§ 11 Abs. 1 S. 3 1. Hs. GewStG).

Der gerundete Gewerbeertrag ist ggf. um einen Freibetrag (§ 11 Abs. 3 S. 3 2. Hs. GewStG), höchstens jedoch in Höhe des gerundeten Gewerbeertrags zu kürzen. Der Freibetrag beträgt für

- natürliche Personen und Personengesellschaften 24.500 EUR,
- die in § 11 Abs. 1 S. 3 2. Hs. Nr. 2 GewStG genannten Unternehmen 5.000 EUR und
- Kapitalgesellschaften 0 EUR.[71]

Der gerundete Gewerbeertrag abzüglich eines eventuell zu gewährenden Freibetrags ergibt den zu versteuernden Gewerbeertrag.

Der Gewerbesteuermessbetrag errechnet sich sodann durch Multiplikation des zu versteuernden Gewerbeertrags mit der Steuermesszahl von 3,5 Prozent (§ 11 Abs. 2 GewStG).

71 Vgl. nähere Erl. 2.5.1.1.

2.5.6.1.5 Berechnung Gewerbesteuermessbetrag

Der Gewerbesteuermessbetrag (§ 11 Abs. 1 S. 1 und 2 GewStG) errechnet sich somit wie folgt:

Gewinn aus dem Gewerbebetrieb (§ 7 GewStG)			________ EUR
+ Hinzurechnungen (§ 8 GewStG)		+	________ EUR
– Kürzungen (§ 9 GewStG)		–	________ EUR
= maßgebender Gewerbeertrag (§ 10 GewStG)		=	________ EUR
– Gewerbeverluste (§ 10a GewStG)		–	________ EUR
= bereinigter Gewerbeertrag		=	________ EUR
≈ abrunden auf volle 100 EUR (§ 11 Abs. 1 S. 3 1. Hs. GewStG)		–	________ EUR
= **gerundeter Gewerbeertrag**		≈	________ **EUR**
– Freibetrag (§ 11 Abs. 3 S. 3 2. Hs. Nrn. 1, 2 GewStG)			
• natürliche Personen und Personengesellschaften	24.500 EUR		
• die in § 11 Abs. 3 S. 3 2. Hs. Nr. 2 GewStG genannten Unternehmen	5.000 EUR		
• Kapitalgesellschaften	0 EUR	–	________ EUR
= **zu versteuernder Gewerbeertrag**		=	________ **EUR**
× Steuermesszahl von 3,5 % (§ 11 Abs. 2, Abs. 1 S. 2 GewStG)		×	3,5 %
= **Gewerbesteuermessbetrag**		=	________ **EUR**

Abb. 18 – Berechnung Gewerbesteuermessbetrag

Sachverhalt 11:

B. Chrusher betreibt in der Ortsgemeinde Dernau ein Tiefbauunternehmen. Im Jahre 2023 erzielte sie einen Gewinn aus diesem Gewerbebetrieb in Höhe von 483.900 EUR. Bei der Gewinnermittlung wurden Zinsen für langfristige und kurzfristige Kredite in Höhe von 240.000 EUR berücksichtigt. Für Kredittilgungen in 2023 wurden 85.000 EUR gezahlt. Für eine angemietete Lagerhalle zahlte B. Chrusher 2023 insgesamt 184.000 EUR, an Leasingraten für Lastkraftwagen und Bagger (keine Elektro- bzw. Hybridfahrzeuge) 150.000 EUR. Auch diese Beträge wurden bei der Gewinnermittlung entsprechend berücksichtigt. Der Einheitswert des Betriebsvermögens zu Beginn des Jahres 2023 betrug 940.000 EUR; darin enthalten war auch ein Betriebsgrundstück mit einem Einheitswert von 260.000 EUR. Aus Vorjahren wurde ein Verlust festgestellt in Höhe von 169.300 EUR.

Aufgabe:

Ermitteln Sie mit entsprechender Begründung den Gewerbesteuermessbetrag für das Jahr 2023.

Hinweis:

Bei den angegebenen Einheitswerten sind die bereits erhöhten Werte nach § 121a BewG berücksichtigt.

Lösung:
Bei der Berechnung der Gewerbesteuer ist von einem Steuermessbetrag auszugehen (§ 11 Abs. 1 S. 1 GewStG). Gem. § 11 Abs. 1 S. 2 GewStG ist der Gewerbesteuermessbetrag durch Anwendung einer Steuermesszahl auf den Gewerbeertrag zu ermitteln. Gewerbeertrag ist nach § 7 S. 1 GewStG der nach den Vorschriften des EStG/KStG zu ermittelnde Gewinn aus dem Gewerbebetrieb. Dieser beträgt für das Jahr 2023 483.900 EUR. Der ermittelte Gewinn ist um Hinzurechnungen und Kürzungen nach den § 8 und § 9 GewStG zu vermehren und zu vermindern.

Als Hinzurechnung kommen zunächst nach § 8 Nr. 1 a) GewStG die Entgelte für Schulden in Betracht. Hierzu gehören die gezahlten Zinsen in Höhe von 240.000 EUR, die bei der Gewinnermittlung abgezogen wurden. Die Tilgungsbeträge sind nicht zu berücksichtigen, da es sich hierbei nicht um Entgelte für Schulden handelt. Die Tilgungsbeträge reduzieren nicht den Gewinn, sondern die Verbindlichkeiten des Unternehmens. Eine weitere Hinzurechnung ergibt sich aus § 8 Nr. 1 d) S. 1 GewStG in Höhe von einem Fünftel der Leasingraten für die LKWs und Bagger in Höhe von 30.000 EUR (1/5 von 150.000 EUR) sowie aus § 8 Nr. 1 e) GewStG in Höhe der Hälfte der Mietzahlungen für die Lagerhalle von 92.000 EUR (1/2 von 184.000 EUR). Eine Hinzurechnung erfolgt nach § 8 Nr. 1 GewStG allerdings nur in Höhe eines Viertels der Summe aus den in § 8 Nr. 1 a bis f GewStG genannten Beträgen soweit die Summe den Betrag von 200.000 EUR übersteigt. Die nach § 8 Nr. 1 a, d, e GewStG anzusetzenden Beträge in Höhe von 362.000 EUR (240.000 EUR + 30.000 EUR + 92.000 EUR) übersteigen den Betrag von 200.000 EUR um insgesamt 162.000 EUR. Die Hinzurechnung beträgt somit 40.500 EUR (1/4 von 162.000 EUR).

Die Summe des Gewinns und der Hinzurechnungen ist gemäß § 9 Nr. 1 GewStG um 1,2 % des Einheitswertes des zum Betriebsvermögen gehörenden Grundbesitzes zu kürzen. Der Einheitswert des Betriebsgrundstücks beträgt 260.000 EUR, so dass eine Kürzung in Höhe von 3.120 EUR (1,2 % von 260.000 EUR) vorzunehmen ist.

Der maßgebende Gewerbeertrag im Sinne des § 10 GewStG beträgt somit

Gewinn	483.900 EUR
+ Hinzurechnung	40.500 EUR
– Kürzung	3.120 EUR
= maßgebender Gewerbeertrag	521.280 EUR

Der Verlust aus Vorjahren, der nach § 10a GewStG mindernd zu berücksichtigen ist, wurde auf 169.300 EUR festgestellt, so dass ein bereinigter Gewerbeertrag in Höhe von 351.980 EUR verbleibt (521.280 EUR – 169.300 EUR).

Der so ermittelte Gewerbeertrag in Höhe von 351.980 EUR ist gemäß § 11 Abs. 1 S. 3 GewStG zunächst auf volle 100 EUR abzurunden auf 351.900 EUR.

Da B. Chrusher ihr Unternehmen als natürliche Person betreibt, ist der abgerundete Gewerbeertrag gem. § 11 Abs. 1 S. 3 Nr. 1 GewStG um einen Freibetrag von 24.500 EUR zu vermindern.

Der zu versteuernde Gewerbeertrag beträgt somit 327.400 EUR (351.900 EUR – 24.500 EUR). Dieser ist gem. § 11 Abs. 1 S. 2 GewStG i.V.m. § 11 Abs. 2 GewStG mit der Steuermesszahl in Höhe von 3,5 Prozent zu multiplizieren, so dass sich ein Steuermessbetrag ergibt von:

zu versteuernder Gewerbeertrag	327.400 EUR
× Steuermesszahl	3,5 %
= Gewerbesteuermessbetrag	**11.459 EUR**

Der Gewerbesteuermessbetrag für 2023 beträgt 11.459 EUR.

2.5.6.2 Zerlegung

Nach § 4 Abs. 1 GewStG unterliegen die stehenden Gewerbebetriebe der Gewerbesteuer in der Gemeinde, in der eine Betriebsstätte zur Ausübung des stehenden Gewerbes unterhalten wird. Befinden sich Betriebsstätten desselben Gewerbebetriebs in mehreren Gemeinden, oder erstreckt sich eine Betriebsstätte über mehrere Gemeinden, so wird die Gewerbesteuer in jeder Gemeinde nach dem Teil des Steuermessbetrags erhoben, der auf sie entfällt. Da bei Reisegewerbebetrieben die Gemeinde hebeberechtigt ist, in der sich der Mittelpunkt der gewerblichen Tätigkeit befindet (§ 35a Abs. 3 GewStG) und keine Betriebsstätten bestehen, erfolgt insoweit keine Zerlegung des Steuermessbetrages.

Damit jede Gemeinde den ihr zustehenden Anteil der Gewerbesteuer erheben kann, ist eine Zerlegung des Gewerbesteuermessbetrages nach § 28 Abs. 1 GewStG erforderlich, wenn

- mehrere Betriebsstätten in verschiedenen Gemeinden unterhalten werden (s. Abb. 19, Betriebsstätten 1 und 3),
- die Betriebsstätte gemeindeübergreifend verlegt wurde (s. Abb. 19, Betriebsstätte 1) oder
- eine Betriebsstätte sich über mehrere Gemeinden erstreckt (s. Abb. 19, Betriebsstätte 2).

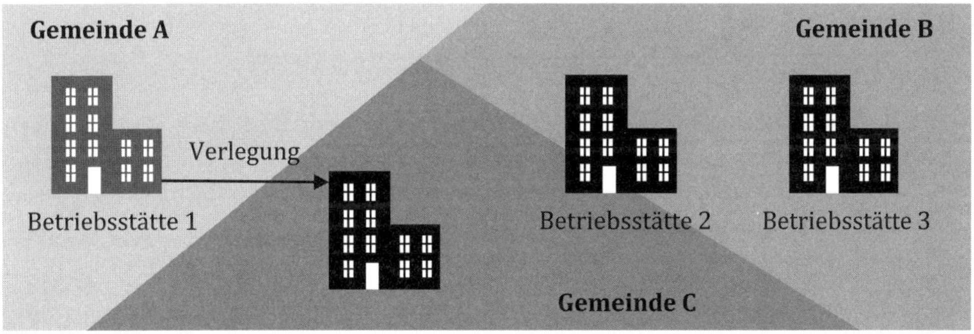

Abb. 19 – Zerlegung des Gewerbesteuermessbetrages

Eine Betriebsstätte ist jede feste Geschäftseinrichtung oder Anlage, die der Tätigkeit eines Unternehmens dient (§ 12 S. 1 AO). Auf die exemplarische Aufzählung einzelner Betriebstätten in § 12 S. 2 Nrn. 1 bis 8 AO wird verwiesen.

Das GewStG sieht folgende Zerlegungsmaßstäbe zur Durchführung der Zerlegung vor:

Zerlegungsmaßstäbe			
Hauptzerlegungsmaßstab: **Zerlegung nach dem Verhältnis der Arbeitslöhne**	Einigung zwischen den Beteiligten Vereinbarung der Beteiligten	Besonderheit bei Betrieben, die Anlagen zur Erzeugung von Strom, anderen Energieträgern, Wärme aus Windenergie und solarer Strahlungsenergie betreiben	Bei mehrgemeindlichen Betriebsstätten Zerlegung nach den örtlichen Verhältnissen
§ 29 Abs. 1 Nr. 1 GewStG	§ 33 Abs. 2 GewStG	§ 29 Abs. 1 Nr. 2 GewStG	§ 30 GewStG

Tab. 15 – Zerlegungsmaßstäbe

Sofern ein Zerlegungsfall vorliegt, erfolgt die Aufteilung überwiegend nach dem Hauptzerlegungsmaßstab. Dabei ist das Verhältnis der in den Betriebsstätten anfallenden Arbeitslöhne entscheidend (§ 29 Abs. 1 Nr. 1 GewStG, § 31 GewStG). Arbeitslöhne sind in diesem Zusammenhang grundsätzlich die lohnsteuerpflichtigen Vergütungen i.S.d. § 19 Abs. 1 Nr. 1 EStG (vgl. § 31 Abs. 1 S. 1 GewStG). Löhne der Arbeitnehmer einer Betriebsstätte, die auch in anderen Betriebsstätten eingesetzt sind, werden aufgeteilt. Dies gilt auch für den fiktiven Unternehmerlohn, der bei Einzelgewerbetreibenden und Personengesellschaften anzusetzen ist (§ 31 Abs. 5 GewStG).

Bei der Berechnung der Arbeitslöhne ist nach § 31 GewStG insbesondere zu beachten:

- Zuschläge für Sonntags-, Feiertags- oder Nachtarbeit sowie für Mehrarbeit gehören zum gewerbesteuerlichen Arbeitslohn (§ 31 Abs. 1 S. 2 GewStG).
- Nicht zu den Arbeitslöhnen gehören
  - einmalige Vergütungen berechnet nach dem Gewinn, z.B. Boni, Gratifikationen, Tantiemen (§ 31 Abs. 4 S. 1 GewStG),
  - Vergütungen, soweit sie beim einzelnen Arbeitnehmer 50.000 EUR übersteigen – Kappungsgrenze (§ 31 Abs. 4 S. 2 GewStG) und
  - Vergütungen von Auszubildenden/Praktikanten (§ 31 Abs. 2 GewStG).
- Bei Einzelgewerbetreibenden und Personengesellschaften[72] sind nach § 31 Abs. 5 GewStG für die im Betrieb tätigen (Mit-)Unternehmer insgesamt jährlich fiktiv 25.000 EUR anzusetzen (fiktiver Unternehmerlohn).

Die berechnete Summe der Arbeitslöhne je Betriebsstätte in der Gemeinde ist auf volle 1.000 EUR gem. § 29 Abs. 3 GewStG abzurunden. Nachdem die Summe der Arbeitslöhne je Betriebsstätte ermittelt wurde, kann eine Verhältniszahl gebildet werden, die in der Folge auf den Gewerbesteuermessbetrag angewandt wird. Das Ergebnis ist der Zerlegungsanteil der jeweiligen Gemeinde.

72 Vgl. nähere Erl. 2.5.1.1.

Führt die Zerlegung nach den §§ 28 bis 31 GewStG zu einem offenbar unbilligen Ergebnis, so ist gem. § 33 Abs. 1 GewStG nach einem Maßstab zu zerlegen, der die tatsächlichen Verhältnisse besser berücksichtigt (z.B. nach erzielten Umsätzen).

§ 34 GewStG sieht eine Kleinbetragsregelung vor. Hier sind folgende Fallkonstellationen zu unterscheiden:

- Es wird keine Zerlegung durchgeführt, wenn der Gewerbesteuermessbetrag 10 EUR nicht übersteigt. Der Steuermessbetrag wird in diesem Fall der Gemeinde zugewiesen, in der sich die Geschäftsleitung befindet (§ 34 Abs. 1 S. 1 GewStG). Ist die Geschäftsleitung im Ausland ist der Steuermessbetrag der Gemeinde zuzuweisen, in der sich die wirtschaftlich bedeutendste Betriebsstätte befindet, die im Zerlegungsverfahren beteiligt ist (§ 34 Abs. 1 S. 2 GewStG).
- Ist der Steuermessbetrag zwar höher als 10 EUR, nicht aber der Zerlegungsanteil, so ist dieser Anteil auch der Gemeinde zuzuweisen, in der sich die Geschäftsleitung oder bei Geschäftsleitung im Ausland die wirtschaftlich bedeutendste Betriebsstätte befindet (§ 34 Abs. 2 GewStG).
- Eine Änderung oder Berichtigung des Zerlegungsbescheides erfolgt erst ab einer Korrektur von mehr als 10 EUR (§ 34 Abs. 3 GewStG).

Sachverhalt 12:
Die Unternehmer C. und M. Pike leiten zu je 50 Prozent ein Tiefbauunternehmen, das neben dem Sitz der Geschäftsleitung in der Ortsgemeinde Ochtendung (O) auch Betriebsstätten in Kollig (K) und Lonnig (L) unterhält.

Darüber hinaus hat das Unternehmen im Jahr 2024 für die Dauer von 5 Monaten eine Großbaustelle in Pirmasens (P) betrieben, wobei dort ausschließlich Arbeitskräfte der Betriebsstätte aus L. eingesetzt waren. C. Pike arbeitet ausschließlich in der Geschäftsleitung; M. Pike je zur Hälfte in den Betriebsstätten K und L. Der Gewerbesteuermessbetrag für den Erhebungszeitraum 2024 wurde von der zuständigen Behörde auf 26.850 EUR festgesetzt. Aus der im Juli 2025 eingereichten Zerlegungserklärung ergeben sich folgende Lohnsummen:

O:	1.060.000 EUR	darin enthalten sind 25.000 EUR Vergütungen an Auszubildende sowie 145.000 EUR Nachtarbeitszuschläge
K:	520.000 EUR	darin enthalten sind Gewinngratifikationen für M. Pike i.H.v. 12.000 EUR
L:	375.000 EUR	
P:	67.000 EUR	

Aufgabe:
Berechnen Sie mit entsprechender Begründung die Zerlegungsanteile für den Erhebungszeitraum 2024 der einzelnen Gemeinden. Bei den Berechnungen ist kaufmännisch auf zwei Stellen hinter dem Komma zu runden.

Lösung:
Da das Tiefbauunternehmen Betriebsstätten in mehreren Gemeinden unterhält, ist der Steuermessbetrag für den Erhebungszeitraum 2024 gem. § 28 Abs. 1 S. 1 GewStG in die auf die einzelnen Gemeinden entfallenden Anteile (Zerlegungsanteile) zu zerlegen. Zu prüfen ist zunächst, in welchen Gemeinden das Unternehmen Betriebsstätten im Erhebungszeitraum 2024 unterhalten hat.

Das Unternehmen unterhält neben dem Sitz der Geschäftsleitung in O., Betriebsstätten in K. und L. und hat im Jahr 2024 eine Großbaustelle für die Dauer von 5 Monaten in P. betrieben. Gemäß § 1 Abs. 1 AO i.V.m. § 12 S. 2 Nrn. 1 und 2 AO hat das Unternehmen Betriebsstätten in O. (Sitz der Geschäftsleitung) und den Ortsgemeinden K. und L. unterhalten. In P. wurde keine Betriebsstätte unterhalten, da nach § 1 Abs. 1 AO i.V.m. § 12 S. 2 Nr. 8 a) AO Bauausführungen nur dann als Betriebsstätten anzusehen sind, wenn diese länger als sechs Monate dauern. Und in P. war das Unternehmen nur für die Dauer von 5 Monaten tätig. Der Steuermessbetrag ist nach § 28 Abs. 1 S. 1 GewStG somit auf die Ortsgemeinde O., K. und L. zu zerlegen.

Da es keine Anhaltspunkte für besondere Maßstäbe gibt, richtet sich die Zerlegung nach § 29 Abs. 1 Nr. 1 GewStG. Zerlegungsmaßstab ist hiernach das Verhältnis der Summen der Arbeitslöhne der Betriebsstätten in den einzelnen Gemeinden zur Gesamtlohnsumme. Hierbei ist die Rundungsvorschrift nach § 29 Abs. 3 GewStG zu beachten, wonach bei der Ermittlung der Verhältniszahlen die Arbeitslöhne auf volle 1.000 EUR abzurunden sind. Die Arbeitslöhne sind für Zwecke der Zerlegung entsprechend § 31 GewStG zu ermitteln. Danach ergeben sich folgende Berechnungen der Arbeitslöhne in den Betriebsstätten der einzelnen Gemeinden:

Ortsgemeinde O. (Ochtendung):

Summe der Arbeitslöhne gem. § 31 Abs. 1 S. 1 GewStG	1.060.000 EUR
abzüglich Auszubildendenvergütungen gem. § 31 Abs. 2 GewStG	-25.000 EUR
Die Nachtarbeitszuschläge gehören nach § 31 Abs. 1 S. 2 GewStG zu den anzusetzenden Arbeitslöhnen und werden insofern nicht in Abzug gebracht.	
Zuzüglich anteiliger Unternehmerlohn gem. § 31 Abs. 5 GewStG (Unternehmerlohn insgesamt 25.000 EUR; Anteil C. Pike ½ = 12.500 EUR)	+12.500 EUR
Insgesamt:	1.047.500 EUR
Abrundung gem. § 29 Abs. 3 GewStG	-500 EUR
Lohnsumme Ortsgemeinde Ochtendung:	1.047.000 EUR

Ortsgemeinde K. (Kollig)

Summe der Arbeitslöhne gem. § 31 Abs. 1 S. 1 GewStG	520.000 EUR
abzüglich Gewinngratifikation M. Pike gem. § 31 Abs. 4 S. 1 GewStG	-12.000 EUR
zuzüglich anteiliger Unternehmerlohn gem. § 31 Abs. 5 GewStG (Unternehmerlohn insgesamt 25.000 EUR; Anteil M. Pike ½ = 12.500 EUR; M. Pike ist zu ½ tätig in K. und L.; Anteil für K. = 6.250 EUR)	+6.250 EUR
Insgesamt:	514.250 EUR
Abrundung gem. § 29 Abs. 3 GewStG	-250 EUR
Lohnsumme Ortsgemeinde Kollig:	514.000 EUR

Ortsgemeinde L. (Lonnig):

Summe der Arbeitslöhne gem. § 31 Abs. 1 S. 1 GewStG	375.000 EUR
zuzüglich Arbeitslöhne der Arbeitskräfte aus L., die in der Großbaustelle in P. eingesetzt waren (Anteil ist gesondert ausgewiesen; in P. wird aber keine Betriebsstätte unterhalten)	67.000 EUR
zuzüglich anteiliger Unternehmerlohn gem. § 31 Abs. 5 GewStG (Unternehmerlohn insgesamt 25.000 EUR; Anteil M. Pike ½ = 12.500 EUR; M. Pike ist je zu ½ tätig in K. und L.; Anteil für L. = 6.250 EUR)	+6.250 EUR
Insgesamt:	448.250 EUR
Abrundung gem. § 29 Abs. 3 GewStG	-250 EUR
Lohnsumme Ortsgemeinde Lonnig:	448.000 EUR

Die Zerlegungsanteile werden gem. § 29 Abs. 1 Nr. 1 GewStG nach dem Verhältnis ermittelt, in dem die Summe der Arbeitslöhne, die an die bei allen Betriebsstätten beschäftigten Arbeitsnehmer gezahlt worden sind, zu den Arbeitslöhnen steht, die an die bei den einzelnen Gemeinden beschäftigten Arbeitnehmer gezahlt worden sind. Es ergibt sich folgende Berechnung, wobei die Zerlegungsanteile der einzelnen Gemeinden am Steuermessbetrag für den Erhebungszeitraum 2024 von 26.850 EUR ausgerichtet sind:

Betriebsstätte	Arbeitslöhne	Anteil	anteiliger Steuermessbetrag
Ochtendung	1.047.000 EUR	52,12 %	13.994,22 EUR
Kollig	514.000 EUR	25,58 %	6.868,23 EUR
Lonnig	448.000 EUR	22,30 %	5.987,55 EUR
Gesamt	**2.009.000 EUR**	**100,00 %**	**26.850,00 EUR**

Die Zerlegungsanteil für 2024 vom Steuermessbetrag für das Tiefbauunternehmen beträgt 13.994,22 EUR für O., 6.868,23 EUR für K. und 5.987,55 EUR für L.

2.5.6.3 Höhe der Gewerbesteuer

Auf der Grundlage des Steuermess- und ggf. Zerlegungsbescheides setzt die hebeberechtigte Gemeinde die Gewerbesteuer gegenüber dem Gewerbetreibenden durch den Erlass eines Gewerbesteuerbescheides (§ 155 Abs. 1 AO) fest. Zur Ermittlung der Höhe des Gewerbesteueranspruchs wird der vom Finanzamt festgesetzte Steuermessbetrag bzw. der Zerlegungsanteil, wenn mehrere Gemeinden steuerberechtigt sind, mit dem Hebesatz multipliziert (§ 16 Abs. 1 GewStG).

Beispiel:

Gewerbesteuermessbetrag 2023	2.8900 EUR
× Hebesatz für das Jahr 2023	× 500 v.H.
= Gewerbesteueranspruch 2023	= 14.450 EUR

2.5.7 Vorauszahlungen

Die Gewerbesteuer kann erst nach Ablauf des Erhebungszeitraums, d.h. in der Regel nach Ablauf des Kalenderjahres, berechnet und festgesetzt werden (§§ 14 S. 2, 18 GewStG) und wird somit auch erst nach Ablauf des Erhebungszeitraums fällig. Damit den Gemeinden bereits vorher Mittel aus der Gewerbesteuer zur Verfügung stehen, müssen die Gewerbesteuerpflichtigen Vorauszahlungen entrichten (§ 19 Abs. 1 S. 1 GewStG).

Die Vorauszahlungen auf die Gewerbesteuer entstehen mit Beginn des Kalendervierteljahrs, in dem die Vorauszahlungen zu entrichten sind (§ 21 GewStG). Die Festsetzung von Vorauszahlungen erfolgt durch Vorauszahlungsbescheid. Nach § 164 Abs. 1 S. 2 AO ist eine Vorauszahlungsfestsetzung stets eine Steuerfestsetzung unter dem Vorbehalt der Nachprüfung. Insofern kann der Vorauszahlungsbescheid nach Maßgabe des § 19 Abs. 3 GewStG geändert werden.

2.5.7.1 Fälligkeit

Die Steuerschuldner haben am 15. Februar, 15. Mai, 15. August und 15. November Vorauszahlungen für den laufenden Erhebungszeitraum zu entrichten (§ 19 Abs. 1 S. 1 GewStG). Weicht das Wirtschaftsjahr des Gewerbetreibenden ab, sind die Vorauszahlungen während des Wirtschaftsjahres zu entrichten (§ 19 Abs. 1 S. 2 GewStG). Der Fälligkeitstag ist zugleich das Ende des Zeitraums, innerhalb dessen der Schuldner sanktionslos zahlen kann. Aus diesem Grund findet ein Hinausschieben bei einem Fälligkeitstag auf einem Samstag, Sonntag oder Feiertag bis zum nächstfolgenden Werktag gem. § 108 Abs. 3 AO statt.[73]

2.5.7.2 Höhe

Jede der vier zu leistenden Vorauszahlungen beträgt grundsätzlich ein Viertel der Steuer, die sich bei der letzten Veranlagung ergeben hat (§ 19 Abs. 2 GewStG). Dabei ist die Rundungsvorschrift in § 19 Abs. 5 S. 1 GewStG zu beachten, wonach die einzelne Vorauszahlung(-srate) auf den nächsten vollen Betrag in EUR abzurunden ist. Diese wird nur dann festgesetzt, wenn sie mindestens 50 EUR beträgt (§ 19 Abs. 5 S. 2 GewStG).

Beispiel:

Gewerbesteuermessbetrag aus der letzten Veranlagung 2022	2.890,00 EUR
× Hebesatz für das Jahr 2024	× 520 v.H.
= Höhe der Vorauszahlung für 2024 insgesamt	= 15.028,00 EUR
÷ Verteilung auf die 4 Vorauszahlungsraten	= **3.757,00 EUR je Quartal**
≈ Eine Rundung nach § 19 Abs. 5 S. 1 GewSt ist nicht notwendig.	

2.5.7.3 Anpassung

Liegen Erkenntnisse darüber vor, dass die voraussichtliche Steuer für einen Erhebungszeitraum von dem Ergebnis der letzten Veranlagung abweichen wird, dann können die Vorauszahlungen angepasst werden (§ 19 Abs. 3 S. 1 GewStG). Dies gilt auch dann, wenn die Vorauszahlungen bereits festgesetzt waren. In diesem Fall ist ein geänderter Vorauszahlungsbescheid zu erlassen, in dem die Vorauszahlungen erhöht bzw. ermäßigt werden.

73 Zugmaier/Nöcker et al., § 220, Rz. 6.

Die Vorschrift des § 19 Abs. 3 GewStG ist als Ermessensentscheidung ausgestaltet („Die Gemeinde kann ..."). Das Ermessen ist nach § 5 AO pflichtgemäß auszuüben. Das bedeutet jedoch, dass nach Berücksichtigung der allgemeinen Besteuerungsgrundsätze in § 85 AO, nach denen eine Steuer nicht zu hoch, aber auch nicht zu niedrig festgesetzt werden darf, die Gemeinde letztlich verpflichtet ist, die nach den gegebenen Tatsachen zutreffende Steuer, hier die Vorauszahlungen, festzusetzen. Das Ermessen nach § 19 Abs. 3 GewStG wird – auch unter Berücksichtigung der Grundsätze der Finanzmittelbeschaffung des § 94 GemO RLP – im Ergebnis auf Null reduziert, wenn die voraussichtliche Steuerschuld hinreichend genau beziffert werden kann.

2.5.7.3.1 Anpassungsfälle

Eine Anpassung der Vorauszahlung erfolgt regelmäßig z.B. bei

- Durchführung einer neuen Veranlagung (neuer Gewerbesteuermessbetrag bzw. Zerlegungsanteil wird festgesetzt),
- Änderung des Hebesatzes,
- Verlegung der Betriebsstätte,
- Auflösung eines Gewerbebetriebs,
- Änderung der Ertragssituation,
- Rechtsformänderung eines Gewerbebetriebs,
- Änderung der Verteilung der Arbeitslöhne durch Eröffnung weiterer oder Schließung von Betriebsstätten.

2.5.7.3.2 Zuständigkeit

Wenn die Gemeinde die Vorauszahlung anpasst, erfolgt dies gem. § 19 Abs. 3 S. 1, 2 GewStG durch Erlass eines geänderten Vorauszahlungsbescheides. Aber auch das Finanzamt hat gem. § 19 Abs. 3 S. 3, 4 GewStG die Möglichkeit, die Höhe der Vorauszahlungen zu beeinflussen. Hierfür erlässt das Finanzamt einen Steuermessbescheid für Zwecke der Vorauszahlungen. An diese Festsetzung ist die Gemeinde gebunden und muss in der Folge den Vorauszahlungsbescheid anpassen.

2.5.7.3.3 Zeitliche Begrenzung

Eine Anpassung der Vorauszahlung ist zeitlich nicht unbegrenzt möglich, § 19 Abs. 3 GewStG enthält hierzu eine Einschränkung. So können Anpassungen der Vorauszahlungen nur bis zum Ende des 15. auf den Erhebungszeitraum folgenden Kalendermonats erfolgen.

Beispiel:
Für den Erhebungszeitraum 2021 ist nach § 19 Abs. 3 S. 2 GewStG grundsätzlich eine Anpassung der Vorauszahlungen bis zum 31.03.2023 möglich.[74]

Erhebungszeitraum 2021 endet am	31.12.2021, 24.00 Uhr
+ 15monatiger Anpassungszeitraum	31.03.2023, 24.00 Uhr

74 Aufgrund des Vierten Corona-Steuerhilfegesetzes wurden durch § 36 Abs. 5b GewStG (BGBl. I 2022 S. 913) die Fristen zur möglichen Anpassung der Vorauszahlung verlängert: für die Erhebungszeiträume 2019 bis 2021 auf 21 Kalendermonate, für 2022 auf 20 Monate, für 2023 auf 18 Monate und für 2024 auf 17 Monate. Die Fristverlängerung wird nur auf Antrag des Steuerpflichtigen gewährt. Im Beispiel wäre somit auf Antrag eine Anpassung der Vorauszahlungen für den Erhebungszeitraum 2021 möglich bis zum 30.09.2023 (24.00 Uhr); der mögliche Anpassungszeitraum beträgt hiernach 21 Kalendermonate.

Daraus abgeleitet sind Anpassungen der Vorauszahlungen im laufenden Jahr und dem Vorjahr immer möglich. Für das Vor-Vorjahr kann die Anpassung bis zum 31.03. erfolgen.

2.5.7.3.4 Höhe und Fälligkeit

Bei Anpassung der Vorauszahlungen werden der neu berechneten jährlichen Vorauszahlung die bisher festgesetzten und fälligen Vorauszahlungen für den maßgeblichen Erhebungszeitraum gegenübergestellt. Die Differenz stellt die Höhe der anzupassenden Vorauszahlungen dar. Nicht maßgeblich ist, dass der Steuerpflichtige die Vorauszahlungen tatsächlich geleistet hat. In diesem Fall werden für die nicht oder verspätet gezahlten Vorauszahlungen Säumniszuschläge nach § 240 AO erhoben.[75]

Bei einer Anpassung der Vorauszahlungen nach dem 15.11. liegen keine offenen Fälligkeiten für den anzupassenden Erhebungszeitraum mehr vor. Werden die Vorauszahlungen erhöht, handelt es sich insofern um eine nachträgliche Erhöhung der Vorauszahlungen. Diese ist innerhalb eines Monats nach Bekanntgabe des geänderten Vorauszahlungsbescheides fällig (§ 19 Abs. 3 S. 2 2. Hs. GewStG).

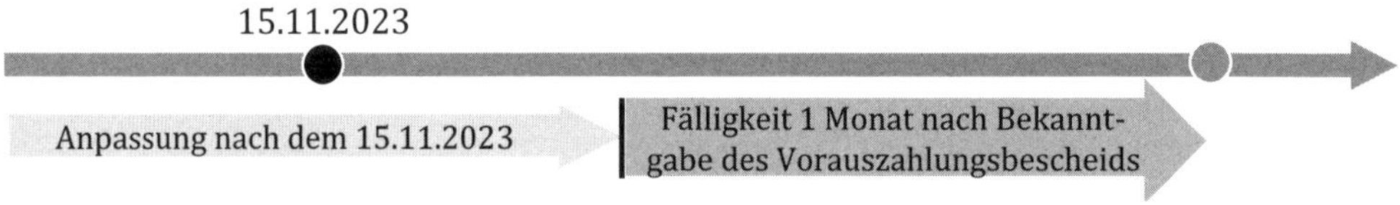

Abb. 20 – Beispiele zur VZ Anpassung nach Ablauf des Erhebungszeitraums

Beispiel:
Anpassung der Vorauszahlung im März 2024 für den Erhebungszeitraum 2023:

neu berechnete Vorauszahlung für 2023 insgesamt	30.001,00 EUR
– bisher festgesetzte Vorauszahlungen für 2023 (4 × 5.557 EUR)	- 22.228,00 EUR
= Differenz, fällig 1 Monat nach Bekanntgabe des Bescheids	7.773,00 EUR

Bei einer Anpassung der Vorauszahlung vor dem 15.11., gibt es noch offene Vorauszahlungsfälligkeiten für den anzupassenden Erhebungszeitraum. Folglich wird der Erhöhungsbetrag auf die noch offenen Fälligkeiten gem. § 19 Abs. 1 GewStG verteilt. Der einzelne Erhöhungsbetrag wird gem. § 19 Abs. 5 GewStG auf volle Euro nach unten abgerundet.

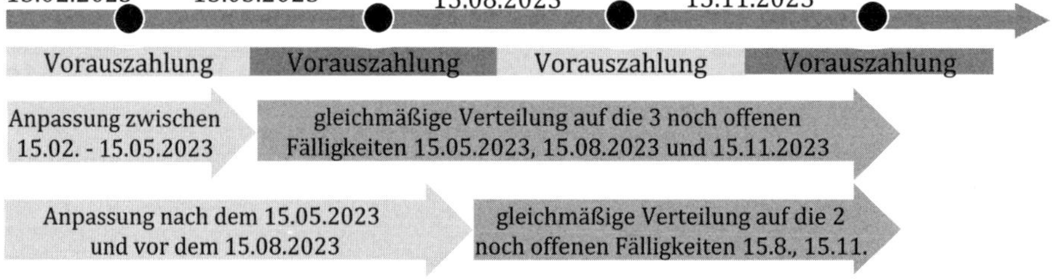

Abb. 21 – Beispiele zur Vorauszahlungsanpassung im laufenden Erhebungszeitraum

75 Vgl. nähere Erl. 4.8.1.

Beispiel:
Anpassung der Vorauszahlung Ende Mai 2023 für den Erhebungszeitraum 2023:

neu berechnete Vorauszahlung für 2023 insgesamt	30.001,00 EUR
– bisher festgesetzte und fällige Vorauszahlung 15.02.2023 und 15.05.2023 jeweils 5.557 EUR	- 11.114,00 EUR
= Differenz	= 18.887,00 EUR
÷ Verteilung auf die zwei noch offenen Fälligkeiten 15.08.2023 und 15.11.2023 mit jeweils	9.443,50 EUR
≈ Rundung gem. § 19 Abs. 5 S. 1 GewStG	**9.443,00 EUR**

2.5.8 Abrechnung der Vorauszahlungen

Nach Ablauf des Erhebungszeitraums werden die geleisteten (tatsächlich entrichteten) Vorauszahlungen der Steuerschuld gegenübergestellt (§ 20 Abs. 1 GewStG). Das Prinzip lässt sich wie folgt darstellen:

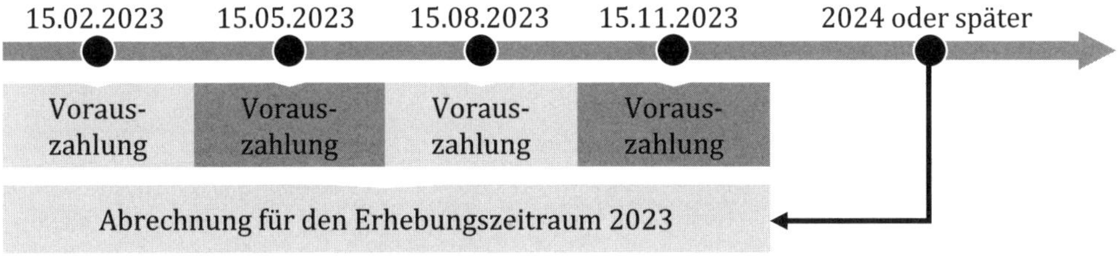

Abb. 22 – Abrechnung über die Vorauszahlungen

Aus der Gegenüberstellung können sich drei Fallkonstellationen ergeben:

- die Steuerschuld ist größer als die geleisteten Vorauszahlungen; der Steuerpflichtige muss eine Abschlusszahlung leisten (§ 20 Abs. 2 GewStG),
- die Steuerschuld ist geringer als die geleisteten Vorauszahlungen (§ 20 Abs. 3 GewStG); dem Steuerpflichtigen wird die Überzahlung mit Bekanntgabe des Bescheides erstattet (§ 37 Abs. 2 AO). Es kann aber auch mit Forderungen der Gemeinde gegenüber dem Steuerpflichtigen aufgerechnet werden oder
- die Steuerschuld entspricht den Vorauszahlungen.

Bei der Fälligkeit der Gewerbesteuerabschlusszahlung nach § 220 Abs. 1 AO i.V.m. § 20 Abs. 2 GewStG sind wiederum zwei Fallkonstellationen zu unterscheiden:

- Grundsätzlich ist die Gewerbesteuerabschlusszahlung innerhalb eines Monats nach Bekanntgabe des Bescheids fällig.
- Jedoch sind nicht entrichtete Vorauszahlungen sofort fällig. Das heißt, die ursprüngliche, im Vorauszahlungsbescheid festgesetzte Fälligkeit, bleibt bestehen. In diesem Fall sind Säumniszuschläge entstanden (§ 240 Abs. 1 AO). [76]

76 Vgl. nähere Erl. 4.8.1.

Beispiel:

Gewerbesteueranspruch 2023	35.000,00 EUR
– bisher geleistete Vorauszahlungen für 2023 (festgesetzt waren jeweils 5.557 EUR, die letzte Vorauszahlung am 15.11.2023 wurde nicht geleistet)	- 16.671,00 EUR
= Gewerbesteuerabschlusszahlung	= 18.329,00 EUR

Fälligkeiten:

a) nicht entrichtete Vorauszahlung zum 15.11.2023 sofort **5.557,00 EUR**

b) innerhalb eines Monats nach Bekanntgabe **12.772,00 EUR**

Sachverhalt 13:[77]
L. Worf betreibt in der Ortsgemeinde Thür, Verbandsgemeinde Mendig, einen Gartenmarkt. Vom zuständigen Finanzamt Mayen wurde der Gewerbesteuermessbetrag für das Jahr 2021 korrekt auf 8.572,50 EUR festgesetzt. Weitere Festsetzungen vom Finanzamt für Zwecke der Vorauszahlungen für die Folgejahre gibt es nicht. Im letzten Vorauszahlungsbescheid wurden Vorauszahlungen ab 2021 von jeweils 7.045 EUR pro Quartal festgesetzt. L. Worf hat diese stets pünktlich bezahlt. Die Hebesätze der Gewerbesteuer der Ortsgemeinde Thür wurden wie folgt in der Haushaltssatzung festgesetzt: Jahr 2021 auf 365 Prozent, 2022 auf 380 Prozent und 2023 auf 405 Prozent. Der Gewerbesteuerbescheid für den Erhebungszeitraum 2021 wurde von der Verbandsgemeindeverwaltung Mendig im Namen und Auftrag der Ortsgemeinde Thür am 07.03.2023 bekanntgegeben. Gleichzeitig erfolgten die zulässigen Anpassungen der Gewerbesteuervorauszahlungen.

Aufgaben:

1. Ermitteln Sie mit entsprechender Begründung für den Erhebungszeitraum 2021
   a) den Gewerbesteueranspruch und
   b) die Gewerbesteuerabschlusszahlung.

2. Wann ist die Gewerbesteuerabschlusszahlung für den Erhebungszeitraum 2021 fällig?

3. Welche Auswirkung hat die Festsetzung der Gewerbesteuer für den Erhebungszeitraum 2021 auf die bereits festgesetzten Vorauszahlungen der Jahre 2022 und 2023? Berechnen Sie die zulässigen Vorauszahlungsanpassungen und prüfen Sie, wann die evtl. zu errechnenden Erhöhungsbeträge fällig sind.

Lösung:
zu 1a: Gem. § 16 Abs. 1 GewStG ergibt sich der Gewerbesteueranspruch durch Anwendung des gemeindlichen Hebesatzes auf den Gewerbesteuermessbetrag. Bei einem Gewerbesteuermessbetrag für 2021 von 8.572,50 EUR und einem Hebesatz von 365 Prozent beträgt der Gewerbesteueranspruch 2021 31.289,63 EUR. Die Gewerbesteuer für das Jahr 2021 ist somit in Höhe von 31.289,63 EUR festzusetzen.

77 Fall in Anlehnung an Beate Rheindorf „Gewerbesteuer und Gewerbesteuervorauszahlung – Fallbearbeitung im Abgabenrecht", DVP 11/2010, S. 470 ff.

Zu 1b: Zur Berechnung der Gewerbesteuerabschlusszahlung sind gem. § 20 Abs. 1 GewStG die für den Erhebungszeitraum entrichteten Vorauszahlungen auf die Gewerbesteuerschuld anzurechnen. Ist die Steuerschuld größer als die Summe der anzurechnenden Vorauszahlungen, ergibt sich gem. § 20 Abs. 2 GewStG als Unterschiedsbetrag eine Gewerbesteuerabschlusszahlung. Für den Gartenmarkt sind bereits alle Vorauszahlungen gem. § 19 Abs. 1 GewStG in Höhe 4 × 7.045 EUR, insgesamt 28.180,00 EUR, gezahlt worden. Es ergibt sich somit im vorliegenden Fall eine Gewerbesteuerabschlusszahlung in Höhe von 3.109,63 EUR (31.28 9,63 EUR – 28.180,00 EUR).

Zu 2: Die Fälligkeit der Gewerbesteuerabschlusszahlung ergibt sich aus § 1 Abs. 2 Nr. 5 AO i.V.m. § 220 Abs. 1 AO i.V.m. § 20 Abs. 2 GewStG. Danach ist die Gewerbesteuerabschlusszahlung – soweit die Vorauszahlungen entrichtet wurden – innerhalb eines Monats nach Bekanntgabe des Gewerbesteuerbescheides fällig. Soweit Vorauszahlungen nicht entrichtet wurden, sind diese sofort fällig. Da alle Vorauszahlungen pünktlich bezahlt wurden, muss hier keine differenzierte Betrachtung der Fälligkeit erfolgen.

Der Gewerbesteuerbescheid wurde am 07.03.2023 bekannt gegeben. Folglich ist eine Monatsfrist[78] für die Fälligkeit zu berechnen:

Fristbeginn:	07.03.2023, 24.00 Uhr
Fristberechnungsbeginn:	08.03.2023, 00.00 Uhr
Dauer:	1 Monat
Fristende:	Karfreitag, 07.04.2023, 24.00 Uhr
Hinausschieben	Dienstag, 11.04.2023, 24.00 Uhr
Fristvorschriften:	§ 1 Abs. 2 Nr. 3 AO i.V.m. § 108 Abs. 1 AO i.V.m. § 187 Abs. 1 BGB (Fristbeginn), § 188 Abs. 2 1. Alt. BGB (Fristende), § 108 Abs. 3 AO (Hinausschieben)

Die Gewerbesteuerabschlusszahlung für 2021 ist somit mit Ablauf von Dienstag, den 19.04.2022, 24.00 Uhr fällig.

Zu 3: Die Gemeinde kann gemäß § 19 Abs. 3 S. 1 GewStG die Vorauszahlungen der Gewerbesteuer anpassen, die sich für den Erhebungszeitraum voraussichtlich ergeben wird. Aufgrund der Gewerbesteuerfestsetzung für den Erhebungszeitraum 2021 könnte eine Anpassung der Vorauszahlungen für die Erhebungszeiträume 2022 und 2023 zulässig sein.

<u>Zum Erhebungszeitraum 2022:</u>
Die Anpassung kann nach § 19 Abs. 3 S. 2 GewStG bis zum Ende des 15ten auf den Erhebungszeitraum folgenden Kalendermonats vorgenommen werden. Eine Anpassung der Vorauszahlungen für den Erhebungszeitraum 2022 wäre daher bis zum 31.03.2024 möglich. Da das Finanzamt keinen Steuermessbetrag für Zwecke der Vorauszahlungen festgesetzt hat und auch keine konkreten Daten von L. Worf für den Erhebungszeitraum 2022 vorliegen, orientiert sich die Berechnung der voraussichtlichen Steuer für 2022 an der Veranlagung für 2021.

78 Zur Fristberechnung vgl. Erl. 4.4.1.2.4.

Es ergibt sich somit folgende Berechnung:

Steuermessbetrag 2021	8.572,50 EUR
Hebesatz für 2022	× 380 v.H.
= voraussichtliche Steuer/neue VZ-Summe	= 32.575,50 EUR
– abzüglich bereits fälliger Vorauszahlungen für 2022	
4 × 7.045,00 EUR (§ 19 Abs. 1 GewStG)	- 28.180,00 EUR
= Erhöhung der VZ für den EZ 2021 somit um	4.395,50 EUR

Hierbei handelt es sich um eine nachträgliche Erhöhung der Vorauszahlungen. Der Erhöhungsbetrag von 4.395,50 EUR ist gem. § 19 Abs. 3 S. 2 2. Hs. GewStG innerhalb eines Monats nach Bekanntgabe des Vorauszahlungsbescheides fällig. Die Fälligkeitsfrist endet somit – wie bereits bei Aufgabe 2 geprüft – mit Ablauf des 11.04.2023, 24.00 Uhr.

Zum Erhebungszeitraum 2023:
Für den laufenden Erhebungszeitraum ist ebenfalls eine Anpassung möglich. Grundlage dafür ist § 19 Abs. 3 S. 1 GewStG. Die voraussichtliche Gewerbesteuer für diesen Erhebungszeitraum beträgt – orientiert an der letzten Veranlagung –:

Steuermessbetrag 2021	8.572,50 EUR
× Hebesatz für 2023	× 405 v.H.
= voraussichtliche Steuer/neue Vorauszahlungssumme	= 34.718,63 EUR
– abzüglich bereits fälliger Vorauszahlungen für 2023	
(15.02.2023 gem. § 19 Abs. 1 GewStG)	- 7.045,00 EUR
= Erhöhung der VZ für den EZ 2023 somit um	27.673,63 EUR

Der Differenzbetrag ist gleichmäßig auf die noch verbleibenden Fälligkeiten nach § 19 Abs. 1 GewStG zu verteilen. Da nur noch drei Fälligkeitsraten offenstehen (15.05., 15.08. und 15.11.2023), ist der Differenzbetrag auf diese drei Fälligkeiten gleichmäßig zu verteilen, so dass jeweils 9.224,54 EUR zu zahlen wären. Die einzelne Vorauszahlung ist allerdings gem. § 19 Abs. 5 S. 1 GewStG auf den nächsten vollen Betrag in EUR nach unten abzurunden, konkret auf 9.224,00 EUR. Es sind Vorauszahlungen für das Jahr 2023 in den noch 3 offenen Quartalen von jeweils 9.224,00 EUR zu zahlen.

2.5.9 Nachzahlungs- und Erstattungszinsen

Waren die Vorauszahlungen zu gering und muss der Gewerbesteuerpflichtige deshalb eine Nachzahlung leisten, hatte er für einen bestimmten Zeitraum einen Liquiditätsvorteil bzw. die Gemeinde einen -nachteil. Hat der Steuerpflichtige hingegen zu hohe Vorauszahlungen erbracht, die durch die Gemeinde erstattet werden müssen, war die Gemeinde bevorteilt und der Steuerpflichtige benachteiligt.[79] Im Interesse einer gleichmäßigen Besteuerung und um Wettbewerbsverzerrungen zu vermeiden, muss dafür ein Ausgleich geschaffen werden (Nr. 1 AEAO zu § 233a). Deshalb ist der Unterschiedsbetrag, der sich aus der Gegenüberstellung der festgesetzten Vorauszahlungen und der abschließenden Höhe der Gewerbesteuer ergibt, zu verzinsen (§ 233a Abs. 1, 3 AO).[80]

79 Vgl. dazu Ratjen et al., S. 322 f.

80 Vgl. nähere Ausführungen bei Erl. 4.6.3.

Nachträgliche Erhöhungen oder Ermäßigungen der Vorauszahlungen nach Maßgabe des § 19 Abs. 3 GewStG werden nicht verzinst (§ 233a Abs. 1 S. 2 AO).

2.5.10 Gewerbesteuerumlage

Die Gemeinden sind verpflichtet, einen Teil der Gewerbesteuereinnahmen an den Bund und die Länder abzuführen (Art. 106 Abs. 6 S. 4 GG i.V.m. § 6 Abs. 1 GFRG).

Zur Ermittlung der Gewerbesteuerumlage wird das Ist-Aufkommen der Gewerbesteuer im Erhebungsjahr durch den von der Gemeinde für dieses Jahr festgesetzten Hebesatz geteilt und mit einem Vervielfältiger multipliziert (§ 6 Abs. 2 S. 1 GFRG). Der Vervielfältiger setzt sich aus einem Bundes- und Landesvervielfältiger zusammen (§ 6 Abs. 3 S. 1 GFRG). Der Bundesvervielfältiger beträgt 14,5 Prozent und der Landesvervielfältiger 20,5 Prozent, also insgesamt 35 Prozent (§ 6 Abs. 3 S. 2, 3 GFRG).

Beispiel:

Gewerbesteuer-Ist-Aufkommen 2023	4.200.000 EUR
÷ Hebesatz der Gemeinde 2023	500 Prozent
= „Summe der Gewerbesteuermessbeträge“	840.000 EUR
× Vervielfältiger Bund und Land	35 Prozent
= Gewerbesteuerumlage	294.000 EUR

Kapitel 3

Kommunalabgaben

3.1 Rechtsgrundlagen

Kommunalabgaben, d.h.

- die örtlichen Verbrauch- und Aufwandsteuern,
- die örtlichen Gebühren sowie
- die Beiträge,

werden aufgrund von Satzungen erhoben (§ 2 Abs. 1 S. 1 KAG RLP), bei denen es sich um materielles Steuerrecht in Form von Ortsgesetzen handelt.[81] Systematisch sind sie daher mit dem GrStG und dem GewStG vergleichbar. Die dafür erforderliche Kompetenz ergibt sich aus dem kommunalen Selbstverwaltungsrecht (Art. 28 Abs. 2 S. 1 GG, Art. 49 Abs. 1, Abs. 3, Abs. 6 S. 2 LV RLP). Hieraus resultiert auch die Abgabenhoheit, also die Befugnis, Abgaben erheben zu dürfen.[82] Zum anderen besitzen die Kommunen eine Satzungs- bzw. Rechtssetzungshoheit und sind deshalb berechtigt, eigene Angelegenheiten durch Satzungen zu regeln (§ 24 Abs. 1 S. 1 GemO RLP).[83] Allerdings ist die Erhebung von Abgaben eine Maßnahme, die den Pflichtigen besonders belastet. Über die Generalermächtigung des § 24 Abs. 1 S. 1 GemO RLP hinaus bedurfte es daher für diesen Zweck einer speziellen gesetzlichen Grundlage.[84] Deshalb hat der Landtag von Rheinland-Pfalz (Legislative) das KAG RLP beschlossen und damit die erforderliche Eingriffsnorm geschaffen (siehe § 1 Abs. 1 KAG RLP).

3.2 Örtliche Verbrauch- und Aufwandsteuern

3.2.1 Begriff der örtlichen Verbrauch- und Aufwandsteuer

Die Kommunen sind berechtigt – neben der bundesrechtlich geregelten Grund- und Gewerbesteuer –[85], kommunale Steuern auf der Grundlage einer Abgabensatzung zu erheben (Art. 49 LV RLP, §§ 2, 5 und 6 KAG RLP). Der Steuerbegriff ist definiert in § 3 Abs. 1 AO[86] und umfasst eine Vielzahl unterschiedlicher Steuerarten.[87] Bei den kommunalen Steuern, die auf der Grundlage einer Abgabensatzung erhoben werden, handelt es sich um die örtlichen Verbrauch- und Aufwandsteuern.

---

81 Holtbrügge in Driehaus, Kommunalabgabenrecht, § 2 Rn. 2.

82 Siehe Erl. 1.1.

83 Siehe Erl. Kapitel 5.

84 BVerfG, Beschl. v. 21.12.1966 – 1 BvR 33/64, NJW 1967, 545–548.

85 Siehe Erl. Kapitel 2.

86 BVerfG, Beschl. v. 25.06.2014 – 1 BvR 668/10, 1 BvR 2104/10, openJur 2014, 15390, zur Abgrenzung von Steuern und nichtsteuerliche Abgaben; vgl. Henke in Driehaus, Kommunalabgabenrecht, § 3 Rn. 102.

87 Zur Einteilung der Steuerarten insgesamt Drüen in Tipke et al., § 3 Rn. 56–92.

3.2.1.1 Verbrauchsteuer

Verbrauchsteuern sind Warensteuern, durch die der Verbrauch vertretbarer (§§ 91, 92 BGB), in der Regel zur kurzfristigen Verwendung bestimmter Güter besteuert wird. Regelmäßig sind sie dadurch gekennzeichnet, dass sie nicht direkt beim Verbraucher, sondern bei dem Vertreiber der Waren ansetzen, aber auf den Steuerschuldner über den Preis auf den Verbrauch abgewälzt werden. Es handelt sich häufig um indirekte Steuern. Dabei ist der Steuerschuldner Vertreiber der Waren. Dieser hat die Möglichkeit, die Steuer über den Preis auf den Verbraucher abzuwälzen. Besteuert wird damit regelmäßig der persönliche Lebensbedarf. Verbrauchsteuern werden überwiegend auf Bundesebene erhoben, z.B. Kaffee-, Sekt-, Energie- und Tabaksteuer. Für die Kommunen haben sie nur eine geringe Bedeutung.[88] Als Beispiel sei hier die Getränkesteuer[89] und die Speiseeissteuer genannt. In Rheinland-Pfalz werden von den Kommunen (derzeit) keine örtlichen Verbrauchsteuern erhoben.

3.2.1.2 Aufwandsteuer

Aufwandsteuern stellen auf den Gebrauch von – i.d.R. nicht verbrauchsfähigen – Gütern und Dienstleistungen ab und besteuern die durch den Gebrauch oder die Innehabung dieser Gegenstände zum Ausdruck kommende wirtschaftliche Leistungsfähigkeit. Besteuert wird somit die in der Einkommensverwendung für den persönlichen Lebensbedarf zum Ausdruck kommende wirtschaftliche Leistungsfähigkeit. Aufwandsteuern besteuern den über den regulären Lebensunterhalt hinausgehenden finanziellen Aufwand (früher auch als Luxussteuer bezeichnet).[90] Aufwandsteuern können als direkte Steuern oder indirekte Steuern mit der Möglichkeit der Abwälzung ausgestaltet sein.

Aufwandsteuern nehmen auf kommunaler Ebene, z.B. mit der Hunde-, Vergnügungs-, Pferde-, Zweitwohnungs- oder Übernachtungssteuer[91] einen deutlich größeren Raum ein.

---

88 Henke, Kommunale Steuern, § 2 Rn. 11.

89 BVerwG, Urt. v. 28.06.1974 – VII C 97.72, NJW 1974, 2298–2301.

90 Zu den einzelnen örtlichen Verbrauch- und Aufwandsteuern umfassend Henke in Driehaus, Kommunalabgabenrecht, § 3 Rn. 110 bis 218. Zur Hundesteuer im Besonderen BVerwG, Beschl. v. 28.11.1997 – 8 B 224.97, bit.ly/8B224-97, Beschl. v. 31.10.1990 – 8 B 72/90, bit.ly/8B72-90; Henke in Driehaus, Kommunalabgabenrecht, § 3 Rn. 112, 113.

91 Zur Übernachtungs- oder auch Bettensteuer vgl. Beschl. BVerfG v. 22.03.2022 – 1 BvR 2868/15, 1 BvR 2886/15 und 1 BvR 354/16, NJW 2022, 3210.

Die (örtlichen) Verbrauch- und Aufwandsteuern werden von folgenden Kriterien gekennzeichnet:

Verbrauchsteuern[92]	**Aufwandsteuern**[93]
Besteuert wird der Verbrauch von Gütern des ständigen Bedarfs.	Besteuert werden der Gebrauch oder das Halten von Gütern bzw. die Inanspruchnahme von Dienstleistungen und die dadurch vorhandene besondere wirtschaftliche Leistungsfähigkeit. Die damit zusammenhängende Befriedigung geht über den allgemeinen Lebensbedarf hinaus, ohne dass es sich um Luxusgüter handeln muss.
Steuerpflichtig ist der Vertreiber der Güter, der die Steuer über den Preis an den Verbraucher weitergeben kann.	Steuerpflichtig ist der Verbraucher oder Veranstalter/Betreiber.
Die Verbraucher werden nicht direkt, sondern nur indirekt belastet, wenn der Vertreiber die Steuer über den Preis weitergibt.	Die Verbraucher werden direkt (z.B. Hundesteuer) oder indirekt belastet (z.B. Vergnügungssteuer).

Tab. 16 – Abgrenzung Verbrauch-/Aufwandsteuern

Das Halten eines Hundes ist beispielsweise nicht dem üblichen Lebensbedarf zuzuordnen und bringt mit Blick auf die Anschaffungs-, Ausstattungs- und Futterkosten außerdem eine besondere wirtschaftliche Leistungsfähigkeit des Steuerpflichtigen zum Ausdruck.[94] Das gilt unabhängig davon, ob die steuerpflichtige Person tatsächlich leistungsfähig ist und die Steuer entrichten kann.[95] Daher handelt es sich um eine Aufwandsteuer.

Sowohl die Verbrauch- als auch Aufwandsteuern sollen vorrangig die private Verwendung von Einkommen oder Vermögen der steuerpflichtigen Personen belasten. Das wird insbesondere bei der Aufwandsteuer deutlich. So ist z.B. die Erhebung der Hundesteuer für Diensthunde[96] unzulässig.

92 BVerfG, Urt. v. 07.05.1998 – 2 BvR 1991/95 u.a., bit.ly/2BvR1991-95; BVerwG, Urt. v. 19.08.1994 – 8 N 1/93, bit.ly/8N1-93.

93 BVerfG, Beschl. v. 07.05.1963 – 2 BvL 8/61 u.a., bit.ly/2BvL8-61, Beschl. v. 06.12.1983 – 2 BvR 1275/79, openJur 2011, 118339; BVerwG, Urt. v. 10.10.1995 – 8 C 40/93, bit.ly/8C40-93, Urt. v. 19.08.1994 – 8 N 1/93, bit.ly/2LQktpz, Urt. v. 06.12.1996 – 8 C 49.95, bit.ly/8C49-95; Urt. v. 29.11.1991 – 8 C 107/89, bit.ly/8C107-89; Henke, Kommunale Steuern, § 2 Rn. 12, und zur Abgrenzung von direkten und indirekten Steuern § 4 Rn. 21–23.

94 BVerwG, Beschl. v. 28.11.1997 – 8 B 224.97, bit.ly/8B224-97, Beschl. v. 31.10.1990 – 8 B 72/90, bit.ly/8B72-90; Henke in Driehaus, Kommunalabgabenrecht, § 3 Rn. 112, 113.

95 BVerfG, Beschl. v. 06.12.1983 – 2 BvR 1275/79, openJur 2011, 118339; BVerwG, Beschl. v. 31.10.1990 – 8 B 72/90, bit.ly/8B72-90.

96 BVerwG, Urt. v. 16.05.2007 – 10 C 1.07, bit.ly/10C1-07.

3.2.2 Gesetzgebungskompetenz und Ertragshoheit

Für die örtlichen Verbrauch- und Aufwandsteuern besitzen die Bundesländer die ausschließliche Befugnis zur Gesetzgebung (Art. 105 Abs. 2a S. 1 GG)[97], solange und soweit sie nicht bundesrechtlich geregelten Steuern gleichartig sind. Das Aufkommen und damit die Ertragshoheit obliegt den Gemeinden (Art. 106 Abs. 6 S. 1 GG). Infolgedessen sind die Länder auch berechtigt, die Verwaltung dieser Steuern auf die Kommunen zu übertragen (Art. 108 Abs. 4 S. 2 GG).[98] Das Land Rheinland-Pfalz hat von dieser Befugnis Gebrauch gemacht und die Kompetenz zur Erhebung und die Verwaltung von örtlichen Verbrauch- und Aufwandsteuern auf die Gemeinden bzw. Gemeindeverbände übertragen und dadurch mit der Ertragshoheit verknüpft (§ 5 Abs. 2 bis 4 und § 6 KAG RLP). Im Gegensatz zu den Realsteuern sind sie aufgrund der mit ihnen verbundenen Erträge und Einzahlungen für den kommunalen Haushalt allerdings von vergleichsweise geringer Bedeutung und werden deshalb in der Literatur und Rechtsprechung vielfach als „kleine Gemeindesteuern“[99] oder „Bagatellsteuern“[100] bezeichnet.

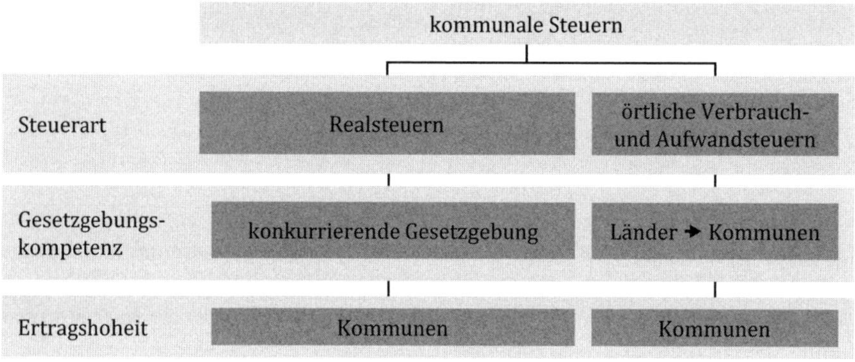

Abb. 23 – Kommunale Steuern

3.2.3 Steuerfindungsrecht

Indem die Zuständigkeit zur Erhebung der örtlichen Verbrauch- und Aufwandsteuern auf die Gemeinden übertragen wurde, ging auch das originär dem Land Rheinland-Pfalz zustehende Steuerfindungsrecht auf die Gemeinden über (Art. 105 Abs. 2a GG § 5 Abs. 2 S. 1 KAG RLP).[101] Dadurch sind sie berechtigt, eigenständig mögliche Steuerquellen zu ermitteln und

97 Umfassend: Holtbrügge in Driehaus, Kommunalabgabenrecht, § 1 Rn. 12–15; Drysch in Kohlhaas et al. § 5 Rn. 248 ff.

98 Vgl. BVerfG, Beschl. v. 06.12.1983 – 2 BvR 1275/79, openJur 2011, 118339, Urt. v. 16.12.1997 – 2 BvR 1991/95 u.a., bit.ly/2BvR1991-95; Christ in Christ et al., Kap. C Rn. 233.

99 Henke in Driehaus, Kommunalabgabenrecht, § 3 Rn. 1.

100 OVG Münster, Beschl. v. 09.10.2015 – 14 A 1851/15, openJur 2015, 19947.

101 BVerwG, Beschl. v. 28.04.2010 – 9 B 95.09, bit.ly/9B95-09, Beschl. v. 20.05.2010 – 9 B 96.09, bit.ly/9B96-09, Urt. v. 19.08.1994 – 8 N 1/93, bit.ly/8N1-93, mit der Feststellung, dass sich ein originäres Steuerfindungsrecht aus der kommunalen Selbstverwaltungsgarantie des Art. 28 Abs. 2 GG nicht ableiten lässt; Henke, Kommunale Steuern, § 1 Rn. 2 f.

sie auszuschöpfen.[102] Das Steuerfindungsrecht wird daher in der Literatur auch als „Steuer(er)findungsrecht" bezeichnet.[103] Überwiegend erheben die Gemeinden die Hundesteuer, die Vergnügungssteuer und die Zweitwohnungssteuer. Einzelne Gemeinden haben z.B. die Einführung einer Pferdesteuer, einer Bräunungssteuer für Solarien, einer Mobilfunkmastensteuer, Poolsteuer oder einer Windradsteuer geprüft. In den überwiegenden Fällen stellte sich heraus, dass die Kommunen dafür entweder keine Gesetzgebungskompetenz besitzen oder das Aufkommen im Vergleich zu dem entstehenden Verwaltungsaufwand zu gering ausfällt.

Das Steuerfindungsrecht der Gemeinden kann durch den Landesgesetzgeber im Rahmen seiner Gesetzgebungskompetenz eingeschränkt werden, z.B. weil das Land selbst einen Sachverhalt besteuert oder es die Erhebung einer bestimmten Steuerart ausgeschlossen hat.[104] Weitere Einschränkungen des Steuerfindungsrechts ergeben sich aus dem nachfolgend beschriebenen notwendigen örtlichen Charakter und dem Gleichartigkeitsverbot sowie der nachrangigen Finanzmittelbeschaffung durch Steuern. Darüber hinaus bedarf es einer Satzung, um örtliche Verbrauch- und Aufwandsteuern zu erheben (§ 2 Abs. 1 KAG RLP).

Ein Steuer(er)findungsrecht wird den Landkreisen durch das Kommunalabgabengesetz Rheinland-Pfalz nicht eingeräumt.[105]

3.2.4 Örtlicher Charakter

Die Verbrauch- und Aufwandsteuern müssen einen örtlichen Charakter aufweisen. Als „örtlich" im Sinne von § 105 Abs. 2a S. 1 GG gelten Verbrauch- und Aufwandsteuern, wenn der Abgabentatbestand innerhalb des Gemeindegebietes verwirklicht wird (sog. örtlich bedingter Wirkungskreis).[106] Das Gemeindegebiet bilden die Grundstücke, die zur Gemeinde gehören (§ 9 Abs. 1 GemO RLP). Einen örtlichen Anknüpfungspunkt weisen daher z.B. das Innehaben einer weiteren Wohnung neben der Hauptwohnung bei der Zweitwohnungssteuer[107] oder das Halten eines Hundes[108] im Gebiet der Gemeinde auf.

3.2.5 Gleichartigkeitsverbot

Die Länder haben die originäre und auf die Kommunen übertragbare Befugnis zur Gesetzgebung über die örtlichen Verbrauch- und Aufwandsteuern jedoch nur, solange und soweit

102 Henke in Driehaus, Kommunalabgabenrecht, § 3 Rn. 1; Henke, Kommunale Steuern, § 1 Rn. 3.

103 Zum Beispiel: Henke, Kommunale Steuern, § 1 Rn. 2.

104 Henke in Driehaus, Kommunalabgabenrecht, § 3 Rn. 4 mit einer Aufzählung der Möglichkeiten.

105 Rheindorf in Kohlhaas et al., § 6 Rn. 2.

106 BVerfG, Beschl. v. 23.07.1963 – 2 BvL 11/61, NJW 1964, 147–149, Beschl. v. 04.06.1975 – 2 BvR 824/74, openJur 2011, 118233, Beschl. v. 06.12.1983 – 2 BvR 1275/79, openJur 2011, 118339.

107 BVerfG, Beschl. v. 06.12.1983 – 2 BvR 1275/79, openJur 2011, 118339.

108 BVerwG, Beschl. v. 25.04.2013 – 9 B 41.12, bit.ly/9B41-12, mit der Feststellung, dass der örtliche Charakter der Hundesteuer auch dann gegeben ist, wenn sich der Hund vielfach außerhalb des Gemeindegebietes aufhält. Maßgeblich für die Steuerpflicht ist die Anknüpfung der Satzungsregelung an den Haushalt oder den Wirtschaftsbetrieb im Gemeindegebiet, in dem der Hund gehalten wird.

sie nicht bundesgesetzlich geregelten Steuern gleichartig sind (Art. 105 Abs. 2a S. 1 GG, sog. Gleichartigkeitsverbot).[109] Dadurch wird eine mehrfache Belastung der Steuerpflichtigen für den gleichen Tatbestand ausgeschlossen.[110] Die Gleichartigkeit neuer örtlicher Steuern ist regelmäßig durch einen Vergleich der steuerbegründenden Tatbestände – Steuergegenstand, Steuermaßstab, Art der Erhebungstechnik – sowie aufgrund des Vergleichs der jeweils ausgeschöpften Quellen wirtschaftlicher Leistungsfähigkeit zu beurteilen. Den Gemeinden ist es somit untersagt, z.B. eine Steuer auf Tabakwaren zu erheben, weil sie bereits durch den Bund mit dem TabStG besteuert werden. Das Gleichartigkeitsverbot schränkt damit das Steuerfindungsrecht der Länder und Gemeinden ein.[111]

So ist beispielsweise auch eine Wettbürosteuer nach der Rechtsprechung des Bundesverwaltungsgerichts unzulässig, da eine solche Steuer nach Art. 105 Abs. 2a GG den bundesrechtlich geregelten Rennwett- und Sportwetten gleichartig ist.[112]

Sachverhalt 14:
Dem Oberbürgermeister der kreisfreien Stadt Worms liegt eine Beschlussvorlage für die kommende Sitzung des Stadtrates zur Unterzeichnung vor. Sie enthält den erstmaligen Erlass einer Vergnügungssteuersatzung. Als Bemessungsgrundlage soll der Gewerbeertrag der Betriebsstätte herangezogen werden.

Aufgabe:
Prüfen Sie anhand der einschlägigen Rechtsnormen, ob die Stadt Worms zum Erlass einer Vergnügungssteuersatzung befugt ist.

Lösung:
Die Länder haben die Befugnis zur Gesetzgebung über die örtlichen Verbrauch- und Aufwandsteuern (Art. 105 Abs. 2a S. 1 GG). Das Land Rheinland-Pfalz hat für die Vergnügungssteuer von seiner Gesetzgebungskompetenz in § 5 Abs. 4 KAG RLP Gebrauch gemacht. Damit steht das Recht zur Erhebung der Vergnügungssteuer den Verbandsgemeinden, den verbandsfreien Gemeinden sowie den kreisfreien und großen kreisangehörigen Städten zu. Mithin ist die kreisfreie Stadt Worms berechtigt, auf der Grundlage einer entsprechenden Satzung (§ 2 Abs. 1 S. 1 KAG RLP) die Vergnügungssteuer zu erheben. Das gilt jedoch nur, solange und soweit die örtlichen Verbrauch- und Aufwandsteuern nicht bundesgesetzlich geregelten Steuern gleichartig sind (Art. 105 Abs. 2a S. 1 GG). Die Besteuerung des Gewerbeertrages der Betriebsstätte erfolgt durch die Gewerbesteuer (§§ 2, 6 bis 11 GewStG). Die vorgesehene Besteuerung des Gewerbeertrages in Rahmen einer Vergnügungssteuersatzung würde damit gegen das Gleichartigkeitsverbot verstoßen. Die Stadt Worms ist daher nicht zum Erlass einer Vergnügungssteuersatzung befugt, die den Gewerbeertrag als Bemessungsgrundlage vorsieht.

109 Henke, Kommunale Steuern, § 2 Rn. 16–18 m.w.N.

110 BVerfG, Urt. v. 07.05.1998 – 2 BvR 1991/95 u.a., bit.ly/2BvR1991-95.

111 Vgl. Henke in Driehaus, Kommunalabgabenrecht, § 3 Rn. 107, Drysch in Kohlhaas et al., § 5 Rn. 269 ff.

112 BVerwG, Urt. v. 20.09.2022 – 9 C 2.22 – 9 C 3.22 – 9 C 4.22, openJur 2022, 22703.

3.2.6 Lenkungswirkung

Steuern dienen der Erzielung von Erträgen/Einzahlungen. Neben der damit verbundenen Finanzierung des kommunalen Haushalts dürfen sie auch Lenkungswirkungen entfalten (§ 3 Abs. 1 Hs. 2 AO).[113] Dadurch soll das Verhalten der Steuerpflichtigen beeinflusst bzw. gesteuert werden. Neben der Erzielung von Einnahmen hat z.B. die Tabaksteuer zum Ziel, den gesundheitsgefährdenden Konsum von Tabakwaren einzuschränken. Auch mit der Erhebung örtlicher Verbrauch- und Aufwandsteuern können Lenkungsabsichten verbunden werden. Beispielsweise soll eine höhere Hundesteuer für gefährliche Hunde im Vergleich zu nicht gefährlichen Hunden die Haltung der betroffenen Hunderassen zum Schutz der Einwohner im Gemeindegebiet eindämmen.[114] Auch Befreiungstatbestände in der jeweiligen Abgabensatzung sind geeignet, das Verhalten der Steuerpflichtigen zu beeinflussen, z.B. die befristete Befreiung von der Hundesteuer, wenn der Hund aus einem Tierheim aufgenommen wurde.[115]

Werden die Steuerpflichtigen durch die Lenkungswirkung erfolgreich beeinflusst, indem sie z.B. nicht gefährliche Hunde halten, kann dies allerdings auch zu geringeren Erträgen/Einzahlungen aus der jeweiligen Steuerart für den kommunalen Haushalt führen.[116]

Das Lenkungsziel einer Steuer, z.B. die Reduzierung der Haltung gefährlicher Hunde, darf keinem Verbot gleichkommen. Das wäre etwa der Fall, wenn der Steuersatz für Kampfhunde so hoch angesetzt wird, dass dadurch die Haltung dieser Hunde praktisch ausgeschlossen würde. In diesen Fällen spricht man von einer „erdrosselnden Wirkung". Für die Beurteilung dieser Frage ist die wirtschaftliche Leistungsfähigkeit des durchschnittlichen Steuerpflichtigen maßgebend.[117]

---

113 BVerfG, Beschl. v. 15.01.2014 – 1 BvR 1656/09, bit.ly/1BvR1656-09, Urt. v. 10.12.1980 – 2 BvF 3/77, openJur 2011, 118301, Urt. v. 07.05.1998 – 2 BvR 1991/95 u.a., bit.ly/2BvR1991-95; Drüen in Tipke et al., § 3 Rn. 12–12a.

114 BVerwG, Urt. v. 19.01.2000 – 11 C 8.99, bit.ly/11C8-99; vgl. umfassend zur Lenkungswirkung der Hundesteuer für „Kampfhunde": Henke in Driehaus, Kommunalabgabenrecht, § 3 Rn. 128–137, Drysch in Kohlhaas et al., § 5 Rn. 368 ff.

115 BVerfG, Urt. v. 17.12.2014 – 1 BvL 21/12, openJur 2013, 46014; Henke, Kommunale Steuern, § 4 Rn. 19.

116 Deutscher Bundestag, Wissenschaftlicher Dienst, Das Aufkommen und die Wirkungsweise von Lenkungssteuern und Steuervergünstigungen in Deutschland – WD 4 – 048/07, bit.ly/WD4-048-07, Nr. 2.

117 BVerwG, Urt. v. 15.10.2014 – 9 C 8.13, bit.ly/9C8-13 m.w.N. zur erdrosselnden Wirkung der Kampfhundesteuer bei einem jährlichen Steuersatz von 2.000 EUR; Henke in Driehaus, Kommunalabgabenrecht, § 3 Rn. 136, mit einer umfassenden Auswertung der Rechtsprechung zur Lenkungsfunktion und erdrosselnden Wirkung der Steuerhöhe für gefährliche Hunde.

3.2.7 Übersicht der Regelungen im KAG RLP

Das KAG RLP differenziert bei den örtlichen Verbrauch- und Aufwandsteuern zwischen Gemeindesteuern (§ 5 Abs. 2 bis 4 KAG RLP) und den Kreissteuern (§ 6 KAG).

3.2.7.1 Gemeindesteuern

Nach § 5 Abs. 2 bis 4 KAG RLP können in Rheinland-Pfalz von den Gemeinden auf der Grundlage einer Abgabensatzung (§ 2 Abs. 1 KAG RLP) erhoben werden:

- örtliche Verbrauch- und Aufwandsteuern auf der Grundlage des Steuer(er)findungsrechts, wie beispielsweise die Übernachtungssteuer und die Zweitwohnungssteuer (§ 5 Abs. 2 KAG RLP),
- die Hundesteuer (§ 5 Abs. 3 KAG RLP) und
- die Vergnügungssteuer (§ 5 Abs. 4 KAG RLP).

Bei der Vergnügungssteuer ist zu beachten, dass diese von Ortsgemeinden nicht erhoben werden darf. Erhebungsberechtigt sind die Verbandsgemeinden, verbandsfreie Gemeinden, kreisfreie und große kreisangehörige Städte (§ 5 Abs. 4 KAG RLP).

3.2.7.2 Kreissteuern

Nach § 6 KAG RLP können von den Landkreisen und kreisfreien Städten auf der Grundlage einer Abgabensatzung (§ 2 KAG RLP) erhoben werden:

- die Jagdsteuer (§ 6 Abs. 1 KAG RLP, § 1 KAVO RLP) und
- die Schankerlaubnissteuer (§ 6 Abs. 2 KAG RLP, § 2 KAVO RLP).

Die Schankerlaubnissteuer ist nach der Rechtsprechung des Bundesverwaltungsgerichts eine (örtliche) Verkehrssteuer und nicht den örtlichen Verbrauch- und Aufwandsteuern zuzurechnen.[118] Die Schankerlaubnissteuer erfüllt die Merkmale einer Verkehrssteuer, deren Steuertatbestände abhängig von der jeweiligen Steuerart einen „Akt oder Vorgang des Rechtsverkehrs, einen rechtlichen oder wirtschaftlichen Akt, die Vornahme eines Rechtsgeschäftes oder einen wirtschaftlichen Vorgang oder einen Verkehrsvorgang" zum Inhalt haben.[119]

3.3 Gebühren

Gebühren sind Geldleistungen, die als Gegenleistung für eine besondere Leistung erhoben werden. Im Gegensatz zur Steuer ist für diese Abgabenart kennzeichnend, dass diese als Entgelt für eine besondere individuell zurechenbare Leistung erhoben wird. Nach Art der Gegenleistung ist zu differenzieren in Verwaltungsgebühren und Benutzungsgebühren.[120]

---

118 BVerwG, Urt. v. 08.12.1995 – 8 C 36/93 –, NVwZ-RR 1996 S. 525.

119 BVerfG, Beschl. v. 07.05.1963 – 2 BvL 8, 10/61 –, BVerfGE 16, 64; Rheindorf in Kohlhaas et al., § 6 Rdn. 10 ff.

120 Vgl. Erl. 1.3.3.

3.3.1 Verwaltungsgebühren

3.3.1.1 Begriff und Rechtsgrundlagen

Verwaltungsgebühren werden als Gegenleistung für eine besondere öffentlich-rechtliche Verwaltungstätigkeit (kostenpflichtige Amtshandlungen) erhoben, z.B. für die Erteilung einer Genehmigung oder die Vornahme einer Beglaubigung. Diese öffentlich-rechtlichen Tätigkeiten sind von den privatwirtschaftlichen Aktivitäten der Kommune abzugrenzen, die ebenfalls Gegenleistungen beinhalten können, z.B. der Verkauf von Holz aus dem Gemeindewald. Handlungen privatrechtlichen Charakters sind keine kostenpflichtigen Amtshandlungen, so dass hierfür auch keine Verwaltungsgebühren erhoben werden können.

Das Kommunalabgabengesetz Rheinland-Pfalz enthält keine Bestimmungen zu den Verwaltungsgebühren. Für Verwaltungsgebühren gilt, soweit sich die Gebührenerhebung nicht aus einer speziellen bundes- oder landesrechtlichen Regelung ergibt[121], das Landesgebührengesetz[122] in Verbindung mit den zu diesem Gesetz ergangenen Rechtsverordnungen in Form des Allgemeinen Gebührenverzeichnisses und der Besonderen Gebührenverzeichnisse.

Das Allgemeine Gebührenverzeichnis, das auf der Grundlage des § 2 Abs. 3 LGebG RLP erlassen wurde, regelt ressortübergreifend allgemeine gebührenrechtliche Tatbestände, wie beispielsweise Gebühren für Aktenversendungen und Beglaubigungen.[123] Die Besonderen Gebührenverzeichnisse, die auf der Grundlage des § 2 Abs. 4 LGebG erlassen wurden, umfassen gebührenrechtliche Tatbestände, die nur einem bestimmten Aufgabenbereich zuzuordnen sind. Beispielhaft zu nennen ist die Landesverordnung über die Gebühren der allgemeinen und inneren Verwaltung einschließlich der Polizeiverwaltung.[124]

Um den Grundsätzen kommunaler Selbstverwaltung Rechnung zu tragen, bestimmt § 2 Abs. 5 LGebG, dass in Selbstverwaltungsangelegenheiten die kostenpflichtigen Amtshandlungen und die Gebührensätze von den Gemeinden und Gemeindeverbänden durch Satzung unter Beachtung der besonderen Bestimmungen des Landesgebührengesetzes Rheinland-Pfalz (§§ 2 bis 7) geregelt werden. Eine Pflicht zum Erlass einer solchen Satzung besteht allerdings nicht. Wird keine Satzung erlassen, gilt das Allgemeine Gebührenverzeichnis (§ 2 Abs. 5 S. 2 LGebG). Beim Erlass der Satzung sind neben den besonderen Bestimmungen des LGebG RLP die allgemeinen Bestimmungen über Satzungen der §§ 24 ff. GemO RLP zu beachten.

---

121 Z.B. für die Ausstellung eines Personalausweises § 1 der Personalausweis- und eID-Kosten-Gebührenverordnung.

122 Landesgebührengesetz vom 03.06.2017 (GVBl. S. 578), zuletzt geändert durch Gesetz vom 13.06.2017 (GVBl. S. 106).

123 Landesverordnung über die Gebühren für Amtshandlungen allgemeiner Art (Allgemeines Gebührenverzeichnis vom 08.11.2007 (GVBl. S. 277), zuletzt geändert durch Verordnung vom 15.03.2023 (GVBl. S. 75).

124 Besonderes Gebührenverzeichnis vom 25.10.2022 (GVBl. S. 376).

In der Praxis wird vielfach auch von den sog. Verwaltungskosten gesprochen. Dabei handelt es sich um einen Oberbegriff für Verwaltungsgebühren und Auslagen (vgl. § 1 Abs. 1 LGebG RLP).

Auslagen sind Kosten, die im Zusammenhang mit einer kostenpflichtigen Amtshandlung entstehen und nicht bereits durch die Gebühr abgegolten sind, z.B. das Entgelt eines Postdienstleisters für die förmliche Zustellung eines Bescheids. Das Landesgebührengesetz Rheinland-Pfalz enthält eine abschließende Aufzählung der Kosten, die neben den Verwaltungsgebühren als Auslagen zu erstatten sind (§ 10 LGebG RLP).

3.3.1.2 Kostenpflichtige Amtshandlungen

Der Begriff der kostenpflichtigen Amtshandlung umfasst jede mit Außenwirkung in Ausübung hoheitlicher Befugnisse vorgenommene Tätigkeit einer Behörde, die dem Gebührenschuldner konkret zurechenbar ist.[125] Sie lässt sich anhand von vier Merkmalen charakterisieren:

Abb. 24 – Merkmale der Amtshandlung

Mangels Regelungscharakter muss es sich bei der Amtshandlung nicht zwingend um einen Verwaltungsakt i.S.d. § 1 Abs. 1 LVwVfG RLP i.V.m. § 35 VwVfG handeln.[126] Vielmehr zählen hierzu auch amtliche Beglaubigungen oder die Erteilung von Auskünften. Die Amtshandlungen müssen einem konkreten Adressaten zurechenbar sein und sich dadurch von den Tätigkeiten für die Allgemeinheit unterscheiden.[127] Damit wird eine vorrangige Finanzierung der Verwaltungstätigkeiten durch Gebühren und Auslagen anstelle einer allgemeinen Deckung aus Steuern gerechtfertigt:[128]

125 VGH Kassel, Beschl. v. 12.12.2005 – 5 N 3851/04, DÖV 2006, 615; Preisner in Driehaus, Kommunalabgabenrecht, § 4 Rn. 35.

126 OVG Münster, Urt. v. 14.02.2017 – 9 A 2655/13, openJur 2017, 724; Preisner in Driehaus, Kommunalabgabenrecht, § 4 Rn. 35.

127 BVerwG, Beschl. v. 01.10.2009 – 7 B 24.09, bit.ly/7B24-09; OVG Münster, Urt. v. 23.08.2001 – 9 A 201/99, openJur 2011, 17011.

128 BVerwG, Urt. v. 25.08.1999 – 8 C 12.98, BVerwGE 109, 272, 275 f.; Preisner in Driehaus, Kommunalabgabenrecht, § 4 Rn. 32; Lichtenfeld in Driehaus, Kommunalabgabenrecht, § 5 Rn. 13.

Abb. 25 – Begriff der Amtshandlung im Verwaltungskostenrecht

Verwaltungsgebühren (vgl. § 2 Abs. 1 LGebG RLP) werden erhoben für Amtshandlungen

- die zum Vorteil Einzelner vorgenommen werden (= überwiegendes Interesse des Einzelnen) oder
- wegen des Verhaltens Einzelner erforderlich werden.

Dabei ist nicht relevant, ob der Einzelne eine Amtshandlung willentlich in Anspruch nimmt oder lediglich objektiv einen gebührenpflichtigen Tatbestand auslöst. Es reicht aus, dass zwischen der kostenverursachenden Leistung und dem Gebührenschuldner eine besondere Beziehung besteht, die es gestattet, dem Gebührenschuldner die Amtshandlung individuell zuzurechnen.[129] Dabei ist es unerheblich, wenn die gebührenpflichtige Tätigkeit überwiegend im öffentlichen Interesse erfolgt. Das Überwiegen des Individualinteresses ist nicht Voraussetzung für eine gebührenpflichtige Amtshandlung. Auch muss die Amtshandlung den Einzelnen nicht begünstigen. Insofern ist auch die Ablehnung einer Amtshandlung gebührenpflichtig. Die Gebühr ist kein Erfolgsentgelt; allerdings ist sie bei Ablehnung der Amtshandlung ermäßigt (vgl. § 15 Abs. 2 Nr. 2 LGebG).

Für den Erlass der kommunalen Satzung (§ 2 Abs. 5 LGebG RLP) ist zu beachten, dass diese nur Gebührentatbestände enthalten darf, die Amtshandlungen in Selbstverwaltungsangelegenheiten tangieren. Beispiele für Gebührentatbestände in Selbstverwaltungsangelegenheiten sind:

- die Erteilung von Ausnahmegenehmigungen vom Anschluss- und Benutzungszwang,
- die Prüfung, Genehmigung und Aufsicht über die Ausführung und für die Abnahme von Grundstücksentwässerungsanlagen,
- den nachträglichen Einbau von Abscheideanlagen zwecks Einleitung von nichthäuslichem Abwasser,
- Bestattungsgenehmigungen, Erlaubnisse, Zulassungen nach den Friedhofs- und Bestattungsordnungen,

129 BVerwG, U. vom 02.08.1999, NVwZ 2000 S. 73; OVG RLP, U. v. 15.01.2004, 12 A 11556/03, NVwZ-RR 2004, 656 f.

- Einsichtnahme in Akten, Pläne, Karteien und Bücher sowie deren Versendung,
- Bescheinigungen aller Art, z.B. über die Zahlung von Abgaben, kassenrechtliche Angelegenheiten, zu erwartende Beitragsforderungen (Anliegerbescheinigungen) und
- die Ausgabe von Ersatzhundemarken, falls Hundemarken zum Nachweis der Besteuerung an Hundehalter ausgegeben werden.

Der Gebührentatbestand in der kommunalen Gebührensatzung (in Selbstverwaltungsangelegenheiten) bzw. in einem besonderen Gebührenverzeichnis ist die rechtliche Grundlage für die Erhebung der Verwaltungsgebühr und der damit in Zusammenhang stehenden Auslagen.

3.3.1.3 Gebührengrundsätze und Gebührenbemessung

Die Gebührensätze in den Gebührenverzeichnissen (Landesverordnungen) und in den kommunalen Satzungen (Gebühren in Selbstverwaltungsangelegenheiten) sind so zu bemessen, dass zwischen der den Verwaltungsaufwand berücksichtigenden Höhe der Gebühr einerseits und der Bedeutung, dem wirtschaftlichen Wert oder dem sonstigen Nutzen der Amtshandlung für den Kostenschuldner andererseits ein angemessenes Verhältnis besteht (§ 3 LGebG). Anknüpfungspunkte für die Gebührenhöhe sind somit zum einen der Ausgleich für die der Verwaltung entstehenden Kosten und der Nutzen, den die Amtshandlung dem Gebührenschuldner erbringt. Dies gilt zum einen für die Festlegung der Gebühren im Allgemeinen und in den Besonderen Gebührenverzeichnissen und der Gebührensatzung der Kommune als auch für die Bemessung der Gebühren im Einzelfall, wenn in den Gebührenverzeichnissen oder der kommunalen Satzung bei einzelnen Tatbeständen Rahmensätze (Gebühr von ...bis...) festgelegt werden (vgl. hierzu auch § 9 LGebG).

Nach der Rechtsprechung des Bundesverfassungsgerichts bestehen in zweierlei Richtung Zulässigkeitsanforderungen an die Gebühren:

- Rechtfertigung der Gebühr dem Grunde nach und
- Rechtfertigung hinsichtlich der Bemessung, insbesondere der Höhe des Gebührensatzes.

Die Höhe der Gebühr ist verfassungsrechtlich gerechtfertigt, wenn ihre Höhe durch zulässige Gebührenzwecke, die der Gesetzgeber bei der tatbestandlichen Ausgestaltung erkennbar verfolgt, legitimiert ist. Diese Gebührenzwecke sind:

- Kostendeckung,
- Vorteilsausgleich,
- Verhaltenslenkung und
- soziale Zwecke.

Die Gebührenbemessung setzt somit komplexe Kalkulationen, Bewertungen, Einschätzungen und Prognosen voraus.[130]

---

130 BVerfG, Urt. v. 19.03.2003, 2 BvL 9/98 – 12/98, NVwZ 2003 S. 715.

Bei der Bemessung der Gebühr im Einzelfall sind neben der Beachtung des Gleichheitssatzes, der verbietet, wesentlich Gleiches willkürlich (d.h. ohne sachlichen Grund) und Ungleiches oder wesentlich Ungleiches willkürlich gleich zu behandeln, die Kostendeckungs- und Äquivalenzprinzipien zu beachten.

Gebührenbemessung		
Kostendeckungsprinzip		Äquivalenzprinzip
Kostenüberschreitungsverbot	Kostendeckungsgebot	
Das Gebührenaufkommen darf die Gesamtkosten des jeweiligen Verwaltungszweiges nicht übersteigen.	Die Gebühren sollen kostendeckend sein, um das finanzielle Defizit einzelner Verwaltungszweige zu reduzieren.	Das Verhältnis von Gebührenhöhe und Leistung muss angemessen sein.
Gebührenobergrenze	Gebührenuntergrenze	angemessene Gebührenhöhe

Tab. 17 – Gebührenbemessung

3.3.1.3.1 Kostendeckungsprinzip

Das Kostendeckungsprinzip gliedert sich in das Kostenüberschreitungsverbot und das Kostendeckungsgebot.[131] Anders als die Kommunalabgabengesetze bzw. die Verwaltungskostengesetze anderer Bundesländer regelt das LGebG RLP das Kostendeckungsgebot und das Kostenüberschreitungsverbot nicht explizit. Nach ständiger Rechtsprechung ist dem Grundsatz, dass die Gebührensätze so zu bemessen sind, dass zwischen der den Verwaltungsaufwand berücksichtigenden Höhe der Gebühr einerseits und der Bedeutung, dem wirtschaftlichen Wert oder dem sonstigen Nutzen der Amtshandlung für den Kostenschuldner andererseits, ein angemessenes Verhältnis besteht und dem Gegenleistungscharakter der Gebühr das Verbot einer wesentlichen Überschreitung der zu deckenden Kosten immanent.[132] Es ist nicht erforderlich, dass der zugrunde gelegte Verwaltungsaufwand genau berechnet wird, vielmehr genügt es, wenn dieser sachgerecht geschätzt wird. Die Ermittlung muss darauf gerichtet sein, eine wesentliche Kostenüberdeckung zu vermeiden. Das Kostendeckungsprinzip ist verletzt, wenn das Gebührenaufkommen die Gesamtkosten des betreffenden Verwaltungszweigs überschreitet (Gesamtkosten-Überdeckungsverbot).[133]

Die Kalkulation der Erträge und Aufwendungen des jeweiligen Verwaltungszweiges[134] für einen zukünftigen Zeitraum ist jedoch in der Regel mit verschiedenen Unsicherheiten behaftet (z.B. Personalkostensteigerungen) und muss daher – wie auch das Gebührenaufkommen – sachgerecht geschätzt werden. Übersteigt das Gebührenaufkommen die Kosten des Verwaltungszweiges nur geringfügig, ist dies unschädlich und verstößt nicht gegen das Kostendeckungsprinzip.[135] Das gilt auch, wenn der Verwaltungsaufwand für eine einzelne konkrete Amtshandlung durch die

131 Preisner in Driehaus, Kommunalabgabenrecht, § 4 Rn. 19; Schönenbroicher in Christ et al., Kap. D Rn. 591.

132 BVerwG, Urt. v. 08.12.1961 – VII C 2.61, bit.ly/VIIC2-61; OVG RLP, Urt. v. 07.05.2009 – 7 A 11398/08, openJur 2013, 46536 Rn. 25 m.w.N.

133 Vgl. dazu auch Lichtenfeld in Driehaus, Kommunalabgabenrecht, § 5 Rn. 49.

134 Vgl. zur Abgrenzung des Aufwandes eines Verwaltungszweiges Lichtenfeld in Driehaus, Kommunalabgabenrecht, § 5 Rn. 51; Schönenbroicher in Christ et al., Kap. D Rn. 595.

135 BVerwG, Urt. v. 08.12.1961 – VII C 2.61, bit.ly/VIIC2-61.

jeweilige Gebühr überschritten wird.[136] Hingegen verstoßen schwerwiegende und beabsichtigte Überschreitungen des gesamten Verwaltungsaufwandes durch das Gebührenaufkommen (z.B. zur Konsolidierung des städtischen Haushaltes) gegen das Kostendeckungsprinzip.[137]

Mit dem Kostendeckungsprinzip ist auch ein Kostendeckungsgebot verbunden. Eine ausdrückliche Regelung enthält das LGebG RLP nicht. Das Kostendeckungsgebot wird vielmehr aus dem Grundsatz der Wirtschaftlichkeit und Sparsamkeit nach § 93 Abs. 3 GemO RLP sowie den Grundsätzen der Finanzmittelbeschaffung gem. § 94 Abs. 2 GemO RLP abgeleitet.[138]

3.3.1.3.2 Äquivalenzprinzip

Das Äquivalenzprinzip ist eine Ausprägung des Grundsatzes der Verhältnismäßigkeit und bedeutet, dass zwischen Leistung und Gegenleistung ein angemessenes Verhältnis gegeben sein muss. Abzuwägen ist somit – wie auch § 3 LGebG RLP normiert – zwischen der Gebührenhöhe und dem durch die kostenpflichtige Amtshandlung entstandenen Verwaltungsaufwand aber auch der Bedeutung, dem wirtschaftlichen Wert oder dem sonstigen Nutzen der Amtshandlung für den Kostenschuldner. Ein exaktes Verhältnis kann aber kaum hergestellt werden. Der dem Einzelnen durch die kostenpflichtige Amtshandlung entstehende Vorteil ist häufig individuell verschieden und kaum messbar. Es genügt daher, wenn bei der Verwirklichung des Äquivalenzprinzips ein Wahrscheinlichkeitsmaßstab angelegt wird und die Gebühr an dem typischen Nutzen, den die Amtshandlung mit sich bringt, ausgerichtet wird.

Als Gegenleistung für Amtshandlungen bzw. den Ausgleich konkreter Vorteile für den Gebührenpflichtigen darf die Höhe der Verwaltungsgebühren daher in keinem groben Missverhältnis zu der abzugeltenden Leistung der Kommune stehen.[139] Konkrete Vorteile bzw. Nutzen, die sich für den Gebührenpflichtigen aus den Amtshandlungen ergeben können, sind z.B. erweiterte Berufschancen oder eine gesteigerte Rechtssicherheit.[140] Häufig lässt sich ein im Einzelfall erlangter Vorteil bzw. Nutzen nicht wertmäßig bestimmen, z.B. bei der Ausstellung einer Beglaubigung. In diesen Fällen ist es der Kommune gestattet, sich bei der Festlegung des Gebührensatzes generalisierender, typisierender und pauschalierender Erwägungen zu bedienen.[141] Die Orientierung am Vorteil bzw. Nutzen schließt auch nicht aus, dass Gebühren auch für belastende Verwaltungsakte erhoben werden können,[142] beispielsweise bei der Ablehnung einer Baugenehmigung. Die Gebühr wird in diesem Fall aber ermäßigt (vgl. § 15 Abs. 2 S. 1 Nr. 2 LGebG RLP).

---

136 Lichtenfeld in Driehaus, Kommunalabgabenrecht, § 5 Rn. 50.

137 BVerwG, Urt. v. 24.03.1961 – VII C 109.60, NJW 1961, 2128–2130; Lichtenfeld in Driehaus, Kommunalabgabenrecht, § 5 Rn. 50.

138 Brüning, § 14 Rn. 7; vgl. auch Schönenbroicher in Christ et al., Kap. D Rn. 592.

139 BVerfG, Beschl. v. 11.10.1966, BVerfGE 20, 257; BVerwG, Urt. v. 25.07.2001 – 6 C 8.00, bit.ly/6C8-00; Urt. v. 25.08.1999 – 8 C 12.98, bit.ly/8C12-98; Preisner in Driehaus, Kommunalabgabenrecht, § 4 Rn. 6 f.

140 Brüning, § 15 Rn. 13.

141 Vgl. BVerwG, Beschl. v. 30.05.2007 – 10 B 56.06, bit.ly/10B56-06; Preisner in Driehaus, Kommunalabgabenrecht, § 4 Rn. 6a.

142 BVerwG, Urt. v. 08.12.1961 – VII C 2.61, bit.ly/2zG740x; Lichtenfeld in Driehaus, Kommunalabgabenrecht, § 5 Rn. 14; vgl. zum Vorteilsausgleich bzw. zur -abschöpfung insgesamt Schönenbroicher in Christ et al., Kap. D Rn. 599 f.

Sachverhalt 15:[143]
Um den Stellenabbau zu forcieren, möchte die Beigeordnete für Finanzen der Stadt Koblenz den Verwaltungsaufwand erheblich reduzieren. Dazu schlägt sie u.a. vor, die Gebührensätze in der Verwaltungskostensatzung für Beglaubigungen, Akteneinsichten und allgemeine Auskünfte deutlich anzuheben. Dadurch sollen sich „die Bürger zweimal überlegen, ob sie die entsprechenden Amtshandlungen noch begehren".

Aufgabe:
Prüfen und begründen Sie anhand der einschlägigen Rechtsnormen, ob die Gebührenerhöhung unter dem Gesichtspunkt des Äquivalenzprinzips zulässig ist.

Lösung:
Nach dem Äquivalenzprinzip sind die Verwaltungsgebühren nach der Höhe des Verwaltungsaufwandes, der Bedeutung, dem wirtschaftlichen Wert und dem Nutzen der Amtshandlung für den Gebührenschuldner zu bemessen (§ 3 LGebG RLP). Die Gebühr stellt damit ein Äquivalent für die erbrachten Amtshandlungen dar. Die im Sachverhalt vorgesehene Gebührenanhebung soll von den begehrten Amtshandlungen gänzlich abschrecken. Dies ist mit dem Äquivalenzprinzip nicht vereinbar. Die Gebühren dürfen keine abschreckende und „erdrosselnde Wirkung" haben. Die vorgesehene Gebührenerhöhung ist somit unter dem Gesichtspunkt des Äquivalenzprinzips unzulässig.

Kostendeckungsprinzip und Äquivalenzprinzip schließen sich nicht gegenseitig aus. Sie können aber auch nicht isoliert betrachtet werden. Vielmehr muss im Einzelfall bei der Gebührenbemessung auch innerhalb des Kostendeckungsprinzips das Äquivalenzprinzip beachtet werden und umgekehrt. Sowohl das Bundesverfassungsgericht als auch das Bundesverwaltungsgericht führen in ihren Entscheidungen aus, dass die Kosten der Amtshandlung auch dann nicht völlig vernachlässigt werden dürfen, wenn bei der Bemessung der Gebühr der wirtschaftliche Wert der Amtshandlung in Rechnung gestellt wird. Auch in diesem Fall muss der Entgeltcharakter der Gebühr dadurch gewahrt bleiben, dass diese sich hinsichtlich ihrer Höhe nicht völlig von den Kosten der Amtshandlung lösen darf.

Die Konstellationen in den entschiedenen Fällen waren:

- BVerfG, Urt. vom 19.03.2003, NVwZ 2003 S. 715, Gebühr 100 DM/Verwaltungsaufwand 8,33 DM
- BVerwG, Urt. vom 30.04.2003, DVBl. 2004 S. 194, Gebühr 4.444fach höher als die Kosten der Amtshandlung.

In beiden Fällen hat das Gericht festgestellt, dass ein grobes Missverhältnis zwischen Leistung und Gegenleistung vorliegt. Hierbei wird in den Verfahren aber immer darauf hingewiesen, dass Gebühren pauschaliert berechnet werden können, da sich die maßgeblichen Bestimmungsgrößen, wie die speziellen Kosten der gebührenpflichtigen Leistung, die Vorteile der Leistungen für den Gebührenschuldner oder die verhaltenslenkende Wirkung einer finanziellen Belastung häufig nicht exakt und im Voraus ermitteln lassen. Es ist daher zulässig, eine Vielzahl von

143 In Anlehnung an BVerwG, Urt. v. 24.03.1961 – VII C 109/60, NJW 1961, 2128–2130; vgl. zur begrenzten Verhaltungslenkung durch Verwaltungsgebühren auch Schönenbroicher in Christ et al., Kap. D Rn. 604–606.

Einzelfällen in einem Gesamtbild zu erfassen und generalisierende, typisierende und pauschalierende Regelungen zu treffen, die verlässlich und effizient vollzogen werden können. Richterliche Kontrolle ist darauf beschränkt, grobe Missverhältnisse von Leistung und Gegenleistung auszuschließen.

Das Äquivalenzprinzip gilt allerdings nicht im Anwendungsbereich der Dienstleistungsrichtlinie (DLRL).[144] Auch im Gebührenrecht ist Europäisches Gemeinschaftsrecht zu beachten (vgl. hierzu auch § 1a LGebG RLP). Enthält ein Rechtsakt der Europäischen Gemeinschaften Gebührengrundsätze, so sind diese in den Gebührenverzeichnissen und bei der Festsetzung der Gebühr im Einzelfall zu beachten, wenn der Gegenstand der Gebühr in den Anwendungsbereich des Rechtsaktes fällt; inländische Kostenschuldner dürfen hierdurch nicht benachteiligt werden (§ 1a Abs. 2 LGebG RLP). Hier ist insbesondere die Dienstleistungsrichtlinie zu beachten. Nach Art. 13 Abs. 2 DLRL dürfen die Genehmigungsverfahren und -formalitäten weder abschreckend sein noch die Erbringung der Dienstleistung in unangemessener Weise erschweren oder verzögern. Sie müssen leicht zugänglich sein und eventuelle dem Antragsteller mit dem Antrag entstehende Kosten müssen vertretbar und zu den Kosten der Genehmigungsverfahren verhältnismäßig sein. Darüber hinaus dürfen sie die Kosten der Verfahren nicht übersteigen. Beispielhaft zu nennen ist das Besondere Gebührenverzeichnis über die Gebühren der Behörden der Wirtschaftsverwaltung in Rheinland-Pfalz[145], in dem die Amtshandlungen, die unter die Dienstleistungsrichtlinie fallen, enthalten sind. Im Gebührenverzeichnis wurden diese besonders gekennzeichnet und der Hinweis aufgenommen, dass bei diesen Amtshandlungen die Kosten des Verfahrens nicht überschritten werden dürfen und Bedeutung, wirtschaftlicher Wert und sonstiger Nutzen der Amtshandlung bei der Gebührenfestsetzung unberücksichtigt bleiben.

3.3.1.4 Gebührenarten

Um die Verwaltungsgebühren sachgerecht bemessen zu können, stehen verschiedene Gebührenarten zur Verfügung (§ 4 LGebG RLP):

Gebührenart	Beschreibung
Festgebühren	feste Gebührensätze, kein Spielraum bei der Festsetzung
Wertgebühren	Ermittlung anhand einer Bezugsgröße, z.B. Prozentsatz
Zeitgebühren	Ermittlung anhand der Bearbeitungsdauer
Rahmengebühren	definierter Gebührenrahmen mit Ober- und Untergrenze, Ermessensspielraum bei der Festsetzung
Pauschgebühren	bei gleichartigen Amtshandlungen für denselben Gebührenschuldner in einem bestimmten Zeitraum

Tab. 18 – Zusammenfassung der Gebührenarten

144 Richtlinie 2006/123/EG des Europäischen Parlaments und des Rates vom 12.12.2006 über Dienstleistungen im Binnenmarkt, ABl. L 376/36 vom 27.12.2006.

145 Landesverordnung über die Gebühren der Behörden der Wirtschaftsverwaltung vom 25.02.2002 (GVBl. S. 93), zuletzt geändert durch Verordnung vom 19.08.2021 (GVBl. S. 499).

3.3.1.4.1 Gebühren nach festen Sätzen

Bei Festgebühren enthält das Gebührenverzeichnis bzw. die kommunale Kostensatzung einen absoluten Gebührensatz.[146]

3.3.1.4.2 Wertgebühren

Bei Wertgebühren werden die Gebühren nach dem Wert des Gegenstandes der Amtshandlung bemessen.[147] Maßgebend ist der „gemeine" Wert des Gegenstandes zum Zeitpunkt der Beendigung der Amtshandlung (§ 9 Abs. 2 LGebG RLP). Der „gemeine" Wert ist im Allgemeinen der Preis, der im gewöhnlichen Geschäftsverkehr nach der Beschaffenheit des Wirtschaftsgutes bei einer Veräußerung zu erzielen wäre (§ 9 Abs. 2 BewG).

3.3.1.4.3 Gebühren nach der Dauer der Amtshandlung

Maßgebend ist der Zeitaufwand; dies bedeutet, dass die Gebühr im Einzelfall nach der Dauer der Tätigkeit zu ermitteln ist. Für die Ermittlung der Gebühr nach Zeitaufwand sind in den Gebührenverzeichnissen Pauschsätze für den Personalaufwand festgelegt, in der Regel je angefangene Viertelstunde der tätigen Beschäftigten (siehe z.B. § 2 Allgemeines Gebührenverzeichnis). Werden in der Satzung Gebühren nach der Dauer der Amtshandlung für einzelne Tatbestände festgelegt, so ist auch zu normieren, wie die Gebühr dann zu ermitteln ist.

Hierzu gibt es mehrere Möglichkeiten: Es könnte auf die entsprechende Bestimmung des Allgemeinen Gebührenverzeichnis verwiesen werden oder es könnten die Richtwerte des Ministeriums für Finanzen für die Berücksichtigung des Verwaltungsaufwands bei der Festsetzung der nach dem Landesgebührengesetz zu erhebenden Gebühren in der jeweils geltenden Fassung[148] für anwendbar erklärt oder eigene Kostenansätze ermittelt und in der Satzung festgelegt werden.

3.3.1.4.4 Gebühren nach Rahmensätzen

Für die Festsetzung der Gebühr ist im Gebührenverzeichnis oder der Satzung ein Rahmen festgelegt. Bei der Gebührenfestsetzung im Einzelfall ist der mit der Amtshandlung verbundene Verwaltungsaufwand sowie die Bedeutung, der wirtschaftliche Wert oder der sonstige Nutzen der Amtshandlung für den Gebührenschuldner zu berücksichtigen.

Es besteht insoweit ein Ermessensspielraum, der unter Berücksichtigung der Grundsätze des Äquivalenzprinzips und des Kostendeckungsprinzips im Einzelfall sachgerecht auszufüllen ist.[149] Unterliegt ein Tatbestand der Dienstleistungsrichtlinie, gilt das Äquivalenzprinzip nicht; hier gilt nur das Kostendeckungsprinzip.

146 Vgl. dazu umfassend Schönenbroicher in Christ et al., Kap. D Rn. 679–682.

147 Vgl. dazu umfassend Schönenbroicher in Christ et al., Kap. D Rn. 685–703.

148 Richtwerte für die Berücksichtigung des Verwaltungsaufwands bei der Festsetzung der nach dem Landesgebührengesetz zu erhebenden Verwaltungs- und Benutzungsgebühren, Rundschreiben des Ministeriums der Finanzen vom 28.10.2021 (MinBl. S. 190).

149 BVerwG, Urt. v. 26.04.2012 – 3 C 20.11, bit.ly/3C20-11, zur Zulässigkeit von Rahmengebühren und der Festlegung konkreter Gebühren im Rahmen des Vollzuges.

3.3.1.4.5 Pauschgebühren

Bei mehrfachen gleichartigen Amtshandlungen für denselben Schuldner in einem Zeitraum von bis zu einem Jahr können in der Satzung Pauschgebühren vorgesehen werden (§ 5 LGebG RLP). Bei diesen wird berücksichtigt, dass der Verwaltungsaufwand geringer ist. Pauschgebühren sind nur auf Antrag und im Voraus festzusetzen (§ 9 Abs. 3 LGebG RLP).

3.3.1.5 Gebührenfreiheit

Das LGebG RLP sieht sowohl eine sachliche als auch eine persönliche Gebührenfreiheit vor.

3.3.1.5.1 Sachliche Gebührenfreiheit

Die sachliche Gebührenfreiheit knüpft an die Natur der Amtshandlung an. Hierunter fallen zum einen die in § 7 Abs. 1 LGebG RLP genannten Tatbestände, insbesondere die mündliche Auskunft (§ 7 Abs. 1 Nr. 1 LGebG RLP), die insofern nicht gebührenpflichtig ist. Darüber hinaus besteht sachliche Gebührenfreiheit bei den in der Landesverordnung über die sachliche Gebührenfreiheit genannten Fällen (§ 7 Abs. 2 LGebG RLP),[150] z.B. für Amtshandlungen, die vorgenommen werden aufgrund des Mutterschutzgesetzes oder des Asylbewerberleistungsgesetzes (§ 3 LVO über die sachliche Gebührenfreiheit).

3.3.1.5.2 Persönliche Gebührenfreiheit

Die persönliche Gebührenfreiheit gilt in engen Grenzen für bestimmte Rechtsträger (§ 8 Abs. 1 LGebG RLP). So sind beispielsweise Gemeinden und Gemeindeverbände grundsätzlich von Verwaltungsgebühren befreit. Dies gilt allerdings nicht sofern die Amtshandlung ihre wirtschaftlichen Unternehmen betrifft (§ 8 Abs. 1 Nr. 4 LGebG RLP) oder sie berechtigt sind, die Gebühren unmittelbar oder später einem Dritten aufzuerlegen (§ 8 Abs. 2 LGebG RLP). Eine persönliche Gebührenpflicht ist ebenfalls ausgeschlossen für die Amtshandlungen bestimmter Behörden, z.B. für Amtshandlungen des Landesamtes für Geologie und Bergbau Rheinland-Pfalz oder das Landesuntersuchungsamt (§ 8 Abs. 4 Nr. 3 und 6 LGebG RLP).

3.3.1.6 Auslagen

Die Kommunen sind berechtigt, Auslagen, die im Zusammenhang mit einer Amtshandlung entstehen, zu erheben, soweit diese nicht bereits mit der Verwaltungsgebühr abgegolten oder in diese einbezogen sind (§ 10 LGebG RLP). Das Landesgebührengesetz enthält hierzu eine abschließende Aufzählung (§ 10 Abs. 1 S. 3 LGebG RLP). Dazu zählen beispielsweise Entgelte für Postdienstleistungen (§ 10 Abs. 1 S. 3 Nr. 9 LGebG RLP) und die bei Dienstgeschäften entstehenden Reisekosten (§ 10 Abs. 1 S. 3 Nr. 6 LGebG RLP).

Die Erstattung kann auch dann verlangt werden, wenn keine Gebühr entrichtet werden muss (§ 10 Abs. 2 LGebG RLP).

150 Landesverordnung über die sachliche Gebührenfreiheit vom 16.11.2019 (GVBl. S. 381).

3.3.2 Benutzungsgebühren

3.3.2.1 Begriff und Rechtsgrundlagen

Benutzungsgebühren werden als Gegenleistung für die Inanspruchnahme einer öffentlichen Einrichtung und Anlage zur Deckung von Kosten erhoben (§ 7 Abs. 1 S. 1 KAG RLP). Sie sind von den bereits dargestellten Verwaltungsgebühren zu unterscheiden:

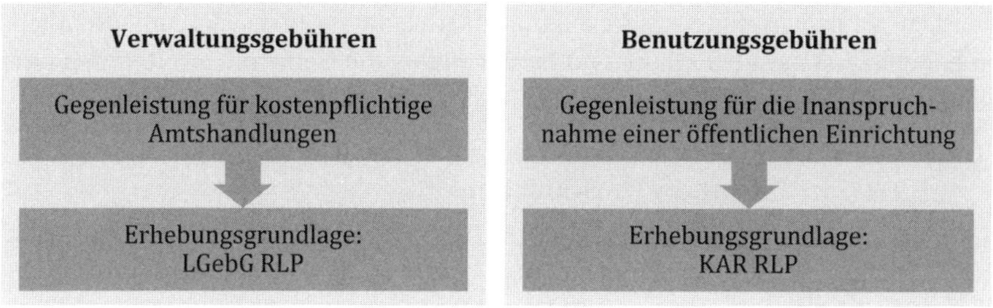

Abb. 26 – Abgrenzung Verwaltungs-/Benutzungsgebühren

Für Benutzungsgebühren kommunaler Einrichtungen gilt das Landesgebührengesetz Rheinland-Pfalz nicht (§ 1 Abs. 3 LGebG RLP). Die dort enthaltenen Regelungen über Benutzungsgebühren gelten nur für die Inanspruchnahme öffentlicher Einrichtungen des Landes und der unter der Aufsicht des Landes stehenden nicht kommunalen juristischen Personen des öffentlichen Rechts (§ 1 Abs. 1 Nr. 2 LGebG RLP).

Rechtsgrundlage für die Erhebung von Benutzungsgebühren kommunaler öffentlicher Einrichtungen und Anlagen ist § 7 Abs. 1 KAG RLP in Verbindung mit der Abgabensatzung der kommunalen Gebietskörperschaft (§ 2 Abs. 1 KAG RLP). Darüber hinaus sind auch bei den Benutzungsgebühren vorrangig die spezialgesetzlichen Vorschriften zu beachten, z.B. die Bestimmungen des Landesstraßengesetzes Rheinland-Pfalz zur Straßenreinigungsgebühr (§ 17 Abs. 3 LStrG RLP) oder zur Sondernutzungsgebühr (§ 47 LStrG RLP).

3.3.2.2 Öffentliche Einrichtung und Anlage

Der Begriff der öffentlichen Einrichtung und Anlage ist weder im Kommunalabgabengesetz Rheinland-Pfalz noch in der Gemeindeordnung Rheinland-Pfalz definiert. Es handelt sich um Einrichtungen, die von der Gemeinde im Rahmen ihrer Aufgabenerfüllung (§ 2 GemO RLP) und ihrer Leistungsfähigkeit im öffentlichen Interesse unterhalten und der Öffentlichkeit zugänglich gemacht werden. Im Vordergrund steht die allgemeine Daseinsvorsorge.[151] Dazu zählen soziale, kulturelle und wirtschaftliche öffentliche Einrichtungen, die von den Kommunen im Rahmen der allgemeinen Daseinsvorsorge bereitgestellt werden. Öffentlich ist eine Einrichtung dann, wenn eine Widmung vorliegt. Diese kann ausdrücklich erfolgen durch Satzung oder Verwaltungsakt aber auch durch konkludentes Handeln.

151 Minor et al., S. 106; vgl. dazu umfassend Haurand, Kommunale Einrichtungen – Begriff, Entstehung und Organisation, DVP 2016, S. 381 ff., Haurand, Kommunale Einrichtungen – Inhalt und Grenzen der Nutzungsrechte, DVP 2022, S. 357 ff.

Die Leistungsangebote der öffentlichen Einrichtungen können grundstückbezogen sein, wie z.B. bei der Wasserversorgung, der Abwasser- und Abfallbeseitigung und der Straßenreinigung oder personenbezogen, beispielsweise bei der Benutzung von Schwimmbädern, Museen, Theater oder Bibliotheken.

Dabei ist auch zu unterscheiden, ob den Gemeinden durch spezialgesetzliche Regelungen Aufgaben als Pflichtaufgaben der Selbstverwaltung übertragen wurden, so dass sie verpflichtet ist, die öffentlichen Einrichtungen zur Verfügung zu stellen oder ob es sich um öffentliche Einrichtungen handelt, zu deren Schaffung und Bereitstellung die Gemeinde im Rahmen ihrer Aufgabenerfüllung und Leistungsfähigkeit zwar berechtigt, aber nicht verpflichtet ist.[152]

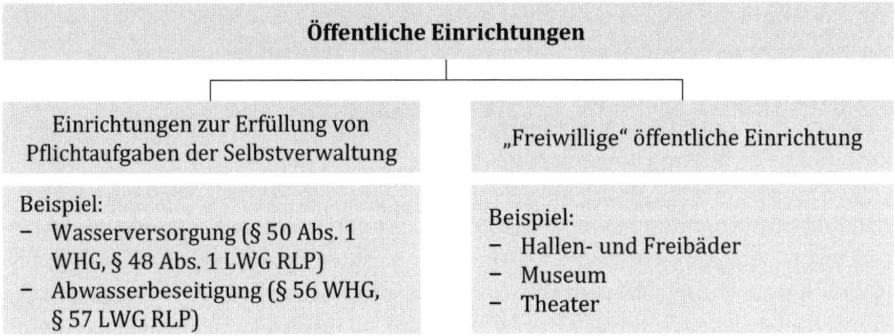

Abb. 27 – Öffentliche Einrichtungen

Öffentliche Sachen, die der Allgemeinheit zur Verfügung stehen, z.B. Straßen, Plätze oder Verwaltungseinrichtungen, sind keine öffentlichen Einrichtungen in diesem Sinne.[153]

3.3.2.3 Zwei-Stufen-Theorie

3.3.2.3.1 Zulassungsanspruch

Die Einwohner der Gemeinde sind berechtigt, die öffentlichen Einrichtungen der Gemeinde zu benutzen aber auch verpflichtet, die Gemeindelasten zu tragen (§ 14 Abs. 2 GemO RLP). Dies gilt auch für die Personen, die nicht in der Gemeinde wohnen, aber im Gemeindegebiet Grundstücke besitzen oder ein Gewerbe betreiben (§ 14 Abs. 3 GemO RLP).

Dieser sogenannte Zulassungsanspruch, also der Anspruch zur Nutzung zugelassen zu werden[154], besteht entsprechend auch für juristische Personen und Personenvereinigungen, z.B. Vereine, die ihren Sitz in der Kommune haben (§ 14 Abs. 4 GemO RLP).

3.3.2.3.2 Anschluss- und Benutzungszwang

Während der Zulassungsanspruch den Betroffenen das Recht einräumt, die öffentliche Einrichtung zu benutzen, geht mit dem Anschluss- bzw. Benutzungszwang eine entsprechende Pflicht einher. Er kommt allerdings nur für grundstücksbezogene Leistungen in Betracht und kann

152 Vgl. zur Vertiefung mit weiteren Beispielen Schaaf in Gabler et al., Erl. Nr. 5.2.4.1 und 5.4.2.2 zu § 26.

153 Haurand, Kommunale Einrichtungen – Begriff, Entstehung und Organisation, DVP 2016, II 2. S. 382 f.

154 Vgl. zum Zulassungsanspruch insgesamt Manns in Gabler et al., § 14 Erl. Nr. 3 und 4.

von der Kommune für bestimmte öffentliche Einrichtungen durch Satzung vorgesehen werden, wenn das Grundstück im Gemeindegebiet liegt (§ 26 Abs. 1 GemO RLP):

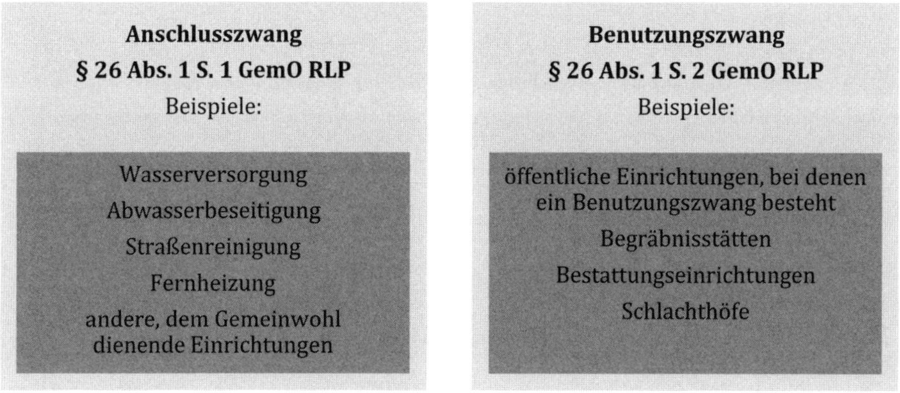

Abb. 28 – Anschluss- und Benutzungszwang

Voraussetzung für einen Anschluss- und Benutzungszwang ist ein dringendes öffentliches Bedürfnis (§ 26 Abs. 1 GemO RLP). Es liegt vor, wenn es sich um Einrichtungen handelt, die dem Gemeinwohl dienen, z.B. bei Einrichtungen zum Schutz der Gesundheit, des Umwelt- und des Klimaschutzes, aber auch um zu gewährleisten, dass öffentliche Leistungen zu vertretbaren Entgelten angeboten werden können.[155]

Der Anschluss- und Benutzungszwang kann in der Satzung aufgehoben oder beschränkt werden (§ 26 Abs. 2 GemO RLP, siehe auch VV zu § 26 GemO RLP). Das ist z.B. der Fall, wenn der Anschluss eines Grundstücks an die Abwasserbeseitigung aufgrund der Entfernung zur öffentlichen Abwasserbeseitigungsanlage wirtschaftlich unzumutbar wäre.[156]

3.3.2.3.3 Nutzungsverhältnis

Der Zulassungsanspruch bzw. der Anschluss- und Benutzungszwang sind von dem Nutzungsverhältnis zu unterscheiden (sog. Zwei-Stufen-Theorie). Die Frage, ob die öffentliche Einrichtung aufgrund eines Zulassungsanspruches bzw. eines Anschluss- und Benutzungszwanges benutzt werden kann oder muss, ist immer öffentlich-rechtlicher Natur. Maßgeblich dafür, ob eine Benutzungsgebühr oder ein privatrechtliches Entgelt entrichtet werden muss, ist jedoch die Ausgestaltung des Nutzungsverhältnisses (vgl. § 7 Abs. 1 S. 1 KAG RLP).

Wird die öffentliche Einrichtung in einer privatrechtlichen Organisationsform geführt, z.B. einer GmbH oder AG, liegt immer ein privatrechtliches Nutzungsverhältnis auf der Grundlage eines privatrechtlichen Vertrages vor. Das KAG RLP ist dann auf das Nutzungsverhältnis nicht anwendbar.

Bei einer öffentlich-rechtlichen Organisationsform, z.B. einem Eigenbetrieb, einem Regiebetrieb oder im Rahmen der Kernverwaltung, besitzen die Kommunen hingegen ein Wahlrecht. Sie

---

155 Schaaf in Gabler et al., Erl. Nr. 5.3 zu § 26.

156 Vgl. dazu nähere Ausführungen und Beispiele von Schaaf in Gabler et al., Erl. Nr. 10 und 11 zu § 26.

können entscheiden, ob sie das Nutzungsverhältnis öffentlich-rechtlich oder privatrechtlich ausgestalten. Bei einer privatrechtlichen Ausgestaltung des Nutzungsverhältnisses ist das KAG RLP wiederum nicht anwendbar.[157]

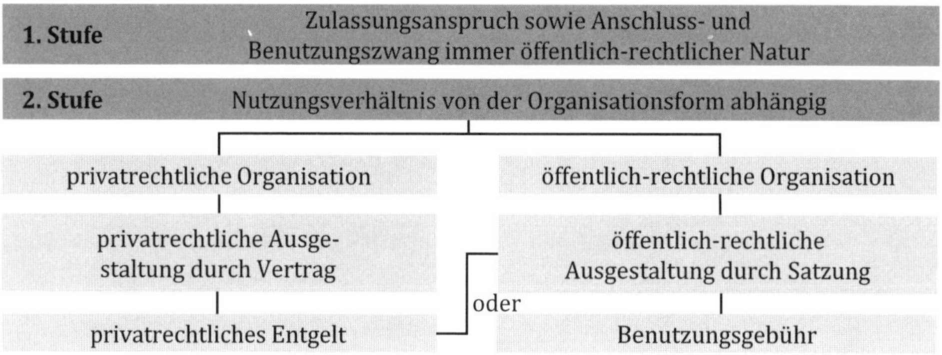

Abb. 29 – Zwei-Stufen-Theorie

3.3.2.4 Gebührenberechnung und Gebührenbemessung

3.3.2.4.1 Kostendeckungsprinzip

Die Benutzungsgebühren werden von den kommunalen Gebietskörperschaften als Gegenleistung für die Inanspruchnahme öffentlicher Einrichtungen und Anlagen zur Deckung der Kosten erhoben (§ 7 Abs. 1 S. 1 KAG RLP). Das Kostendeckungsprinzip gliedert sich in ein Kostendeckungsgebot und ein Kostenüberschreitungsverbot. Die zugrunde liegenden Kosten sind zunächst nach betriebswirtschaftlichen Grundsätzen für Kostenrechnungen zu ermitteln (§ 8 Abs. 1 S. 1 KAG RLP). Hierbei sind die in § 8 KAG normierten rechtlichen Vorgaben zu beachten. Hierzu gehört zunächst, dass das Gebührenaufkommen die voraussichtlichen Kosten[158] der jeweiligen Einrichtung nicht überschreiten darf (Kostenüberschreitungsverbot; § 8 Abs. 1 S. 3 KAG RLP). Nach dem Kostendeckungsprinzip sind die Benutzungsgebühren so zu kalkulieren, dass die Kosten der öffentlichen Einrichtung gedeckt werden (Kostendeckungsgebot; § 7 Abs. 1 S. 1 KAG RLP).[159] Das Kostenüberschreitungsverbot schreibt hingegen vor, dass kein Gewinn durch die öffentliche Einrichtung erzielt werden darf.[160] Dies gilt nach Maßgabe des Kommunalabgabengesetzes Rheinland-Pfalz allerdings nicht für wirtschaftliche Unternehmen (§§ 85 ff. GemO RLP) der Gemeinde. Diese dürfen einen Überschuss für den Haushalt der kommunalen Gebietskörperschaft erwirtschaften, soweit sie keine Pflichtaufgaben der Selbstverwaltung erfüllen oder Anschluss- oder Benutzungszwang (wie z.B. die Wasserversorgung und die Abwasserbeseitigung) besteht (§ 8 Abs. 1 S. 6 KAG RLP). Öffentliche Einrichtungen, die keine Pflichtaufgaben der Selbstverwaltung erfüllen und für die kein Anschluss- oder Benutzungszwang besteht, können insofern Überschüsse erwirtschaften.

157 Die nachfolgenden Ausführungen beschränken sich auf eine öffentlich-rechtliche Ausgestaltung und die Erhebung von Benutzungsgebühren.

158 Vgl. zum Kostenbegriff insgesamt Brüning, § 5 Rn. 16–26; zu den Grundprinzipen der Kostenansätze: Brüning, § 6; zum Ansatz gebührenfähiger Kosten: Brüning, § 7.

159 Mutschler, S. 221.

160 OVG Magdeburg, Urt. v. 10.11.2011 – 4 L 69/09, bit.ly/4L69-09; Mutschler, S. 221.

Darüber hinaus muss die Gebührenbelastung nach den Grundsätzen der Finanzmittelbeschaffung vertretbar und geboten sein (§ 94 Abs. 2 S. 1 Nr. 1 GemO RLP). Daraus folgt wiederum, dass nicht für jede öffentliche Einrichtung kostendeckende Benutzungsgebühren erhoben werden müssen. Vielmehr haben die Kommunen einen Gestaltungsspielraum. Allerdings darf bei dieser (in der Regel) politischen Abwägungsentscheidung das Subsidiaritätsprinzip bei der Finanzmittelbeschaffung nach § 94 Abs. 2 und 4 GemO RLP nicht außer Acht gelassen werden. Danach sind die Gebührenpflichtigen, d.h. hier die Nutzer der jeweiligen Einrichtung, vorrangig vor den Steuerpflichtigen in Anspruch zu nehmen.[161]

Das Merkmal der Gebotenheit orientiert sich im Wesentlichen an den haushaltsrechtlichen Grundsätzen, insbesondere dem Gebot den Haushalt auszugleichen und dem Verbot der Überschuldung (§ 93 Abs. 4 und Abs. 6 GemO RLP) und bildet die Untergrenze bei der Gebührenbemessung.[162]

Als Obergrenze bei der Gebührenfestlegung ist die Vertretbarkeit des Entgeltes zu beachten. Hier können insbesondere soziale Gesichtspunkte eine Rolle spielen, so dass beispielsweise Gebührenermäßigungen für Kinder, Studierende oder Senioren vorgesehen werden können.[163] Für die Einrichtungen der Wasserversorgung und Abwasserbeseitigung wurden in Rheinland-Pfalz Grenzwerte festgesetzt, um eine vertretbare Gebührenbelastung sicherzustellen (§ 7 Abs. 3 KAG RLP i.V.m. § 3 KAVO RLP). Werden die Grenzwerte überschritten, kann die kommunale Gebietskörperschaft insoweit auf die Erhebung von Benutzungsgebühren (und Beiträgen) verzichten und die Kosten aus allgemeinen Deckungsmitteln finanzieren (§ 7 Abs. 3 S. 2 KAG RLP).

3.3.2.4.2 Gebührenrelevante Kosten der Einrichtung

Die Kosten der öffentlichen Einrichtung sind nach betriebswirtschaftlichen Grundsätzen für Kostenrechnungen zu ermitteln (§ 8 Abs. 1 S. 1 KAG RLP).[164] Diese werden aber modifiziert durch weitere konkrete rechtliche Vorgaben in § 8 KAG RLP.[165]

Zwar ist das kommunale Haushaltswesen grundsätzlich an das Kalenderjahr gebunden (vgl. nur § 95 Abs. 1 GemO RLP). Die Kalkulation von Benutzungsgebühren (und wiederkehrenden Beiträgen) ist allerdings zum einen sehr aufwendig und zum anderen ist eine gleichmäßige Belastung der Gebührenpflichtigen über mehrere Jahre wünschenswert. Bei der Kostenermittlung darf daher die Kostenentwicklung der letzten drei Jahre und die für die kommenden drei Jahre zu erwartende Kostenentwicklung berücksichtigt werden. Abweichungen von den tatsächlichen Kosten sind dann aber innerhalb angemessener Zeit auszugleichen (§ 8 Abs. 1 S. 3 und 4 KAG RLP).

---

161 Nähere Ausführungen hierzu siehe Dietlein in Oster/Rheindorf, Gemeindehaushaltsrecht Rheinland-Pfalz, Erl. Nr. 3.4.2 zu § 94 GemO RLP.

162 Vgl. Dietlein a.a.O., Erl. Nr. 3.4.2.2.1.1.

163 Siehe auch Dietlein a.a.O., Erl. Nr. 3.4.2.2.1.2.

164 Zur Kosten- und Leistungsrechnung siehe Gähn in Oster/Rheindorf, Gemeindehaushaltsrecht Rheinland-Pfalz, Erl. zu § 12 GemHVO (Kosten- und Leistungsrechnung). Im Übrigen wird auf die betriebswirtschaftliche Literatur verwiesen.

165 Zu den Vorgaben des § 8 KAG RLP im Einzelnen: Mildner in Driehaus, Kommunalabgabenrecht, Rn. 807–807f zu § 6.

3.3.2.4.3 Wirklichkeits- oder Wahrscheinlichkeitsmaßstab

Nachdem die gebührenrelevanten Kosten ermittelt sind, müssen sie nach einem festzulegenden Maßstab auf die Benutzer der öffentlichen Einrichtung umgelegt werden.[166] Es stellt sich insofern die Frage, nach welcher Berechnungs- oder Bemessungsgrundlage kann das Entgelt im Einzelfall berechnet werden.

Dies erfolgt unter Berücksichtigung des Umfangs der Leistung und der Inanspruchnahme (§ 7 Abs. 1 S. 2 KAG RLP). Zu unterscheiden ist zwischen Wirklichkeits- und Wahrscheinlichkeitsmaßstäben.

Beim Wirklichkeitsmaßstab ist der Umfang der Leistung exakt messbar. So ist es beispielsweise bei der Wasser- und der Stromversorgung möglich die Inanspruchnahme durch eine Wasseruhr bzw. den Stromzähler zu ermitteln. Damit ein Wirklichkeitsmaßstab angewandt werden kann, muss die Erhebung der erforderlichen Daten zumutbar und mit einem vertretbaren Aufwand möglich sein. Dies ist möglich, wenn die Inanspruchnahme durch eine Messeinrichtung ermittelt werden kann.

Die Anwendung eines Wirklichkeitsmaßstabes ist aber oftmals nicht möglich, nicht zumutbar oder besonders schwierig, so dass in diesem Fall ein Rückgriff auf einen sog. Wahrscheinlichkeitsmaßstab zulässig ist, wenn dieser nicht zu einem offensichtlichen Missverhältnis zwischen der Leistung der Einrichtung oder Anlage und der Benutzungsgebühr führt (§ 7 Abs. 1 S. 2 und 3 KAG RLP). Beim Wahrscheinlichkeitsmaßstab wird eine Berechnungsgrundlage gewählt, von der auszugehen ist, dass durch sie der Umfang der Leistung angemessen berücksichtigt werden kann. Es handelt sich insofern um einen Hilfsmaßstab.

Der Satzungsgeber kalkuliert dabei pauschalierte bzw. typisierte Gebühren und lässt die tatsächliche Inanspruchnahme teilweise außer Betracht. Beispiel für einen solch zulässigen Wahrscheinlichkeitsmaßstab ist die bezogene Wassermenge (evtl. unter Berücksichtigung eines Pauschalabzuges) als Berechnungsgrundlage für die Abwassergebühr.

Der Abgabenmaßstab muss in der Satzung festgelegt werden, dies gehört zum Pflichtinhalt der Abgabensatzung (§ 2 Abs. 1 S. 2 KAG RLP).

3.3.2.4.4 Äquivalenzprinzip und Gleichheitsgrundsatz

Bei der Gebührenbemessung sind neben dem Kostendeckungsgrundsatz das Äquivalenzprinzip sowie der Gleichheitsgrundsatz zu berücksichtigen.

Das Äquivalenzprinzip leitet sich aus dem Grundsatz der Verhältnismäßigkeit ab.[167] Es bedeutet, dass bei der Bemessung der Benutzungsgebühr ein angemessenes Verhältnis zwischen Leistung und Gegenleistung gegeben sein muss. Es geht insoweit um die Frage, wie kann die Leistung gemessen werden, welcher Maßstab, welche Bemessungs- oder Berechnungsgrundlage kann der Entgeltberechnung im Einzelfall zugrunde gelegt werden. Dieses Prinzip erfasst

166 Desens in Christ et al., Kap. D Rn. 362.

167 BVerfG, Beschl. v. 11.10.1966 – 2 BvR 179/64 u.a., bit.ly/2BvR179-64.

insofern das Leistungsverhältnis zwischen dem Benutzer der öffentlichen Einrichtung (als Abgabenschuldner) und der Kommune (als Abgabengläubiger).[168]

Das Äquivalenzprinzip ist insbesondere bei der Wahl eines Wahrscheinlichkeitsmaßstabes relevant, dessen Anwendung nur dann zulässig ist, wenn ein Wirklichkeitsmaßstab nicht möglich, nicht zumutbar oder besonders schwierig ist und kein offensichtliches Missverhältnis entsteht zwischen der Leistung der Einrichtung oder Anlage und der Gebühr (§ 7 Abs. 1 S. 2 und 3 KAG RLP).[169]

Im Zusammenhang mit dem Äquivalenzprinzip ist allerdings auch der Gleichheitsgrundsatz zu beachten (vgl. Art. 3 Abs. 1 GG).[170] Danach dürfen bei einer gleichen Inanspruchnahme der öffentlichen Einrichtungen durch die einzelnen Benutzer keine unterschiedlichen Gebühren erhoben werden, während eine differenzierte Nutzung im Rahmen der Gebührenbemessung zum Ausdruck kommen muss. Allerdings darf der Satzungsgeber aus Vereinfachungs- und Praktikabilitätsgründen verschiedene Leistungen zusammenfassen und typisieren.[171] Die Grenzen des Gleichheitsgrundsatzes sind erst überschritten, „wenn die Gebührenregelung nicht mehr durch sachliche Gründe gerechtfertigt ist."[172]

Äquivalenzprinzip	**Gleichheitsgrundsatz**
Verhältnis: Benutzer ⇔ Kommune	Verhältnis: Benutzer ⇔ Benutzer
Bedeutung: angemessenes Verhältnis zwischen Leistung und Gegenleistung	Bedeutung: Gleichbehandlung von gleichen bzw. Ungleichbehandlung von ungleichen Abgabensachverhalten

Tab. 19 – Äquivalenzprinzip und Gleichheitsgrundsatz

3.3.2.4.5 Ökoklausel

Bei Einrichtungen und Anlagen, die auch dem Schutz der natürlichen Lebensgrundlagen des Menschen dienen oder bei deren Inanspruchnahme die natürlichen Lebensgrundlagen des Menschen gefährdet werden können, kann die Benutzungsgebühr für die Leistung so bemessen werden, dass sie Anreize zu einem umweltschonenden Verhalten bietet (§ 7 Abs. 1 S. 4 KAG RLP). Die sogenannte Ökoklausel ist Ausfluss der Staatszielbestimmung des Umweltschutzes (Art. 20a GG, Art. 69 Verfassung für Rheinland-Pfalz). Ihre Anwendung steht im Ermessen der Gemeinde und kann für die Einrichtungen in Betracht kommen, bei der durch eine geringere Inanspruchnahme Ressourcen geschont werden. Hierzu gehören insbesondere die umweltrelevanten Einrichtungen der Wasserversorgung sowie der Abwasser- und Abfallbeseitigung (siehe

168 Brüning, Rn. 6 zu § 8.
169 Vgl. auch BVerwG, Urt. v. 15.03.1968 – VII C 189.66, bit.ly/VIIC189-66.
170 Vgl. nur BVerwG, Urt. v. 08.11.1968 – VII C 99.67, bit.ly/VIIC99-67.
171 Brüning, Rn. 6–10 zu § 8.
172 BVerwG, Urt. v. 20.12.2000 – 11 C 7.00, bit.ly/11C7-00.

auch Erl. Nr. 1.2.2 zu § 7 KAG RLP[173]). So regelt das Landeskreislaufwirtschaftsgesetz (LKrWG) Rheinland-Pfalz ergänzend hierzu, dass bei der Erhebung von Benutzungsgebühren (und Beiträgen) durch die öffentlich-rechtlichen Entsorgungsträger das Kommunalabgabengesetz mit der Maßgabe anzuwenden ist, dass im Rahmen des Äquivalenz- und des Kostendeckungsprinzips nach Art und Menge der Abfälle progressiv gestaffelte Gebühren erhoben werden können, um Anreize zur Vermeidung, zu der Vorbereitung zur Wiederverwendung, zum Recycling und zu der sonstigen Verwertung von Abfällen zu schaffen (§ 5 Abs. 2 S. 1 Nr. 3 LKrWG)[174].

3.3.2.4.6 Beschlussfassung über den Gebührensatz

Bei den kommunalen Entgeltabgaben, wozu auch die Benutzungsgebühren gehören, muss die Berechnung des Abgabensatzes grundsätzlich auf einer Kalkulation beruhen.[175] Der aufgrund der Kalkulation ermittelte Benutzungsgebührensatz muss aber nicht zwingend in der Abgabensatzung festgelegt werden. Der Abgabensatz gehört nicht zum Pflichtinhalt der Abgabensatzung. Hierzu gehören nur die Bestimmung des Abgabenschuldners, den Abgabentatbestand, den Abgabenmaßstab und der Zeitpunkt der Fälligkeit (vgl. § 2 Abs. 1 S. 2 KAG RLP).[176] Es genügt die Festlegung des Gebührensatzes durch einen Beschluss des Gemeinderates (§ 32 Abs. 2 Nr. 10 GemO RLP) bzw. des Kreistages (§ 25 Abs. 2 Nr. 10 LKO RLP).

3.4 Beiträge

3.4.1 Begriff und Rechtsgrundlagen

Beiträge sind Geldleistungen, die als Gegenleistung von demjenigen erhoben werden, dem durch die Möglichkeit der Inanspruchnahme einer öffentlichen Einrichtung oder Anlage ein Vorteil entsteht. Beiträge können einmalig oder wiederkehrend erhoben werden.

Im Gegensatz zur Gebühr setzt der Beitrag somit keine konkrete Benutzung einer öffentlichen Einrichtung voraus; es genügt die Einräumung eines Vorteils durch die Möglichkeit der Inanspruchnahme.

Das KAG RLP enthält spezielle Regelungen über Beiträge in

- § 10 für den Ausbau öffentlicher Parkflächen und Immissionsschutzanlagen,
- § 10a für Verkehrsanlagen,
- § 11 für Einrichtungen im Außenbereich und
- § 12 für Tourismus- und Gästebeiträge.

---

173 Rundschreiben zum Vollzug des Kommunalabgabengesetzes vom 06.03.1996 (MinBl. S. 197), abgedruckt in der Vorschriftensammlung Kommunales Finanzwesen Rheinland-Pfalz unter Ordnungsnummer 90.000.

174 Vgl. auch Mildner in Driehaus, Kommunalabgabenrecht, Rn. 811 zu § 6.

175 Elmenhorst/Kohlhaas in Kohlhaas et al., § 2 Rn. 45.

176 Siehe hierzu Erl. zu 5.5.2.

Im Übrigen bildet § 7 Abs. 2 KAG die abgabenrechtliche Ermächtigungsnorm zur Beitragserhebung für öffentliche Einrichtungen oder Anlagen, die insbesondere für leitungsgebundene Einrichtungen erhoben werden.

Darüber hinaus sind auch hier die speziellen Abgabengesetze vorrangig zu beachten, da das KAG RLP für die spezialgesetzlich geregelten Beiträge nur subsidiär gilt. Zu nennen sind hier insbesondere die Erschließungsbeiträge, die auf der Grundlage der §§ 127 ff. BauGB erhoben werden.

Nach § 7 Abs. 2 KAG ist zu unterscheiden zwischen einmaligen und wiederkehrenden Beiträgen.

Einmalige Beiträge	Wiederkehrende Beiträge
Finanzierung von Investitionsaufwendungen	Grundsätzlich Finanzierung der laufenden Kosten einer Einrichtung Ausnahmen möglich, z.B. § 10a, § 11 KAG RLP
• allg. Ermächtigung § 7 Abs. 2 KAG RLP • Aufwandsrechnung § 9 KAG RLP oder • Spezialgesetz z.B. § 128 BauGB (Erschließungsbeiträge)	Kostenrechnung gem. § 8 KAG RLP, wenn die laufenden Kosten gedeckt werden sollen

Tab. 20 – Unterscheidung einmalige und wiederkehrende Beiträge

Einmalige Beiträge werden erhoben zur Finanzierung von Investitionsaufwendungen. Diese sind in einer Aufwandsrechnung zu ermitteln (vgl. § 9 KAG RLP – Ermittlungsgrundsätze für einmalige Beiträge bzw. § 128 BauGB für Erschließungsbeiträge). Wiederkehrende Beiträge dienen grundsätzlich – wie auch die Benutzungsgebühren – der Finanzierung der laufenden Kosten einer Einrichtung. Diese sind in einer Kostenrechnung nach betriebswirtschaftlichen Grundsätzen unter Berücksichtigung rechtlicher Vorgaben zu ermitteln (§ 8 KAG RLP). Ausnahmsweise können bei bestimmten gesetzlich normierten Anlagen auch Investitionsaufwendungen mit wiederkehrenden Beiträgen finanziert werden, so beispielsweise bei Beiträgen für Verkehrsanlagen nach § 10a KAG RLP und Einrichtungen im Außenbereich nach § 11 KAG RLP.[177]

Einmalige Beiträge, wiederkehrende Beiträge und Benutzungsgebühren können auch nebeneinander erhoben werden (§ 7 Abs. 2 S. 3 KAG RLP). In diesem Fall ist in den Abgabensatzungen genau festzulegen, mit welchen Entgelten welche Aufwendungen oder Kosten gedeckt werden sollen.

3.4.2 Ausgewählte Beitragsarten

Neben den Anschlussbeiträgen, die für die Herstellung und den Ausbau von leitungsgebundenen Einrichtungen und Anlagen, wie z.B. die Wasserversorgung und die Abwasserbeseitigung auf der Grundlage des § 7 Abs. 2 KAG RLP i.V.m. einer Abgabensatzung (§ 2 Abs. 1 KAG RLP) von den

177 Siehe auch Erl. 1.3.4.

kommunalen Gebietskörperschaften erhoben werden können bzw. unter Berücksichtigung der Grundsätze der Finanzmittelbeschaffung (§ 94 GemO RLP)[178] erhoben werden müssen, sind folgende kommunale Beitragsarten relevant:

3.4.2.1 Beiträge für den Ausbau von Parkflächen, Grün- und Immissionsschutzanlagen

Die Gemeinden können für den Ausbau von selbstständigen öffentlichen Parkflächen und Grünanlagen, die in der Baulast der Gemeinde stehen und innerhalb der im Zusammenhang bebauten Ortsteile, im Geltungsbereich eines Bebauungsplanes oder in Gebieten liegen, für die die Gemeinde beschlossen hat, einen Bebauungsplan aufzustellen, einmalige Beiträge erheben (§ 10 Abs. 1 KAG RLP). Das Gleiche gilt für den Ausbau öffentlicher Immissionsschutzanlagen (§ 10 Abs. 7 KAG RLP). Zum Ausbau zählen alle Maßnahmen an erstmals hergestellten Anlagen, die der Erneuerung, der Erweiterung, dem Umbau oder der Verbesserung dienen (§ 9 Abs. 1 S. 2 KAG RLP).

Für den Ausbau von Kinderspielplätzen dürfen, wie auch für deren erstmalige Herstellung (§ 127 Abs. 2 Nr. 4 BauGB) keine Beiträge erhoben werden (§ 10 Abs. 1 KAG RLP).

Voraussetzung für die Erhebung der einmaligen Beiträge für die genannten beitragsfähigen Anlagen ist der Erlass einer Abgabensatzung (§ 2 Abs. 1 KAG RLP).

Dabei wird das Ermessen der Gemeinde („können ...erheben...“) eingeschränkt durch die Grundsätze der Finanzmittelbeschaffung (§ 94 Abs. 2 GemO RLP), die eine Rangfolge der Finanzmittelbeschaffung vorsehen.[179] Die Gemeinde ist grundsätzlich verpflichtet, vorrangig vor den Erträgen/Einzahlungen aus Steuern, soweit vertretbar und geboten, Entgelte für ihre Leistungen zu erheben. Für die Beiträge für selbstständige Immissionsschutzanlagen, Parkflächen und Grünanlagen gilt dies allerdings nicht. Hier sieht § 94 GemO RLP in Absatz 2 Satz 2 eine Ausnahme von der Rangfolge der Finanzmittelbeschaffung vor, so dass die Gemeinde nicht verpflichtet ist für den Ausbau dieser Anlagen Beiträge zu erheben.

3.4.2.2 Wiederkehrende Beiträge für Verkehrsanlagen

Nach § 10a KAG RLP erheben die Gemeinden für den Ausbau öffentlicher und zum Anbau bestimmter Straßen, Wege und Plätze wiederkehrende Beiträge (§ 10a Abs. 1 S. 1 KAG RLP).[180] Anders als in den übrigen Bestimmungen über Beiträge im KAG RLP (§§ 7 Abs. 2, 10, 11 und 12 KAG RLP) werden die Gemeinden zur Erhebung verpflichtet, ohne dass es zur Begründung der Verpflichtung eines Rückgriffes auf die Grundsätze der Finanzmittelbeschaffung (§ 94 GemO RLP) bedarf.

Wird ein einmaliger Beitrag erhoben, sind nur die Grundstücke beitragspflichtig, die durch die ausgebaute Verkehrsanlage erschlossen werden, da der beitragsrelevante Vorteil in der Möglichkeit der Inanspruchnahme der ausgebauten Straße liegt. Demgegenüber werden beim wiederkehrenden Beitrag einheitliche öffentliche Einrichtungen aus Verkehrsanlagen, die in einem

178 Nähere Ausführungen hierzu in Erl. 1.2.

179 Siehe hierzu Erl. 1.2.

180 Es handelt sich um eine komplexe Rechtsmaterie, die an dieser Stelle nicht vertiefend behandelt werden kann. Zur Vertiefung wird auf die Rechtsprechung und Fachliteratur verwiesen, siehe nur: Thielmann, Der wiederkehrende Straßenausbaubeitrag in Rheinland-Pfalz; Beuscher, Wiederkehrende Beiträge.

abgrenzbaren und räumlich zusammenhängenden Gebietsteil liegen, durch Satzung gebildet, sog. Abrechnungseinheiten (§ 10a Abs. 1 S. 3 KAG RLP). Wird eine Verkehrsanlage innerhalb der festgelegten einheitlichen öffentlichen Einrichtung ausgebaut, sind alle Grundstücke beitragspflichtig, die die rechtliche und tatsächliche Möglichkeit einer Zufahrt oder eines Zuganges zu einer der Verkehrsanlagen haben, die innerhalb der einheitlichen öffentlichen Einrichtung liegt (§ 10a Abs. 2 KAG RLP). Der beitragsrelevante Vorteil liegt dann in der Möglichkeit der Inanspruchnahme einer Straße innerhalb des Verkehrsnetzes der einheitlichen öffentlichen Einrichtung. Insofern wird dieser Beitrag regelmäßig wiederkehrend erhoben, wenn eine Verkehrsanlage innerhalb der öffentlichen Einrichtung ausgebaut wird. Die Beitragsschuld entsteht jeweils mit Ablauf des 31. Dezember für das abgelaufene Jahr (§ 10a Abs. 5 KAG RLP).

Der wiederkehrende Straßenausbaubeitrag wurde in Rheinland-Pfalz (als erstem Bundesland) bereits durch das KAG RLP 1986[181] eingeführt. Bis zur Änderung des KAGs RLP durch Gesetz vom 5. Mai 2020[182] wurde den Gemeinden eine Wahlmöglichkeit eingeräumt, ob sie für den Ausbau öffentlicher zum Anbau bestimmter Straßen, Wege und Plätze einmalige oder wiederkehrende Beiträge erheben. Mit dem Landesgesetz zur Änderung des Kommunalabgabengesetzes und des Landesfinanzausgleichsgesetzes vom 5. Mai 2020 wurde die Beitragserhebung in Gestalt von einmaligen Straßenausbaubeiträgen grundsätzlich abgeschafft und das System des wiederkehrenden Beitrags für den Ausbau öffentlicher und zum Anbau bestimmter Verkehrsanlagen flächendeckend eingeführt. Durch die Streichung der Möglichkeit der Erhebung von einmaligen Beiträgen wurde das Ziel verfolgt, die Belastungen einzelner Grundstückseigentümer, die sich aus der Festsetzung eines hohen Beitrages für Straßenausbaumaßnahmen ergeben können, zu vermeiden.[183] Damit wurde gleichzeitig auch die Diskussion über die Abschaffung von Straßenausbaubeiträgen in Rheinland-Pfalz beendet.[184]

Das Gesetz vom 5. Mai 2020 enthält eine Übergangsbestimmung, nach der einmalige Beiträge für den Ausbau von Verkehrsanlagen nach der bis zum 8. Mai 2020 geltenden Rechtslage erhoben werden können, sofern mit dem Ausbau bis zum 31. Dezember 2023 begonnen wurde (Art. 3).

Darüber hinaus ist ein finanzieller Ausgleich für den Umstellungsaufwand zugunsten der betroffenen Kommunalverwaltungen vorgesehen. Die Gemeinden erhalten zur Finanzierung des Verwaltungsaufwandes beim erstmaligen Erlass einer Satzung über die Erhebung wiederkehrender Beiträge, sofern der Beschluss über die Satzung nach dem 1. Februar 2020 gefasst wurde und die Satzung zum 1. Januar 2024 in Kraft tritt, eine Ausgleichszahlung von 5 EUR je Einwohner im Abrechnungsgebiet (§ 21 Abs. 1 Nr. 4 LFAG RLP).

3.4.2.3 Beiträge für Einrichtungen im Außenbereich

Nach § 7 Abs. 2 S. 2 KAG RLP können zur Finanzierung von Investitionsaufwendungen für die Herstellung oder den Ausbau einer öffentlichen Einrichtung einmalige Beiträge und zur Abgeltung der Kosten der Einrichtung oder Anlage wiederkehrende Beiträge erhoben werden. Für

181 KAG 1986 vom 05.05.1986 (GVBl. S. 103).

182 GVBl. S. 158.

183 So die Begründung zum Gesetzentwurf im Jahr 2020, LT-Drs. 17/11094 v. 22.01.2020 (A), abgedruckt in Kohlhaas et al., Teil II, 3.

184 Engel/Klaeser/Schaaf, DVP 2021, S. 165–174.

Einrichtungen im Außenbereich sieht das KAG RLP – abweichend von § 7 Abs. 2 S. 2 – die Erhebung von wiederkehrenden Beiträgen sowohl zur Finanzierung der Investitionsaufwendungen als auch der Unterhaltungskosten vor (§ 11 Abs. 1 S. 1 KAG RLP). Einrichtungen im Außenbereich sind Feld-, Weinbergs- und Waldwege sowie Dränagen.

Beitragspflichtig sind alle im Außenbereich der Gemeinde gelegenen Grundstücke, die durch Feld-, Weinbergs- und Waldwege erschlossen sind (§ 11 Abs. 2 KAG RLP). Voraussetzung der Beitragserhebung ist der Erlass einer Abgabensatzung (§ 2 Abs. 1 KAG RLP).

Das in § 11 Abs. 1 KAG RLP eingeräumte Ermessen („können …erheben") wird eingeschränkt durch die Grundsätze der Finanzmittelbeschaffung des § 94 GemO RLP, der eine Rangfolge bei der Finanzmittelbeschaffung vorsieht, so dass vorrangig vor den Steuern von den Gemeinden Entgelte für ihre Leistungen zu erheben sind.[185] Die Beiträge für Einrichtungen im Außenbereich sind Leistungsentgelte, für die § 94 Abs. 2 GemO RLP keine Ausnahmen von der Subsidiarität der Steuererträge und -einzahlungen vorsieht.

3.4.2.4 Tourismus- und Gästebeiträge

Die Gemeinden können für die Tourismuswerbung und für die Herstellung, den Betrieb und die Unterhaltung der zu touristischen Zwecken dienenden Einrichtungen und Veranstaltungen auf der Grundlage einer Satzung einen Tourismusbeitrag erheben (§ 12 Abs. 1 S. 1 KAG RLP, § 2 Abs. 1 KAG RLP). Beitragspflichtig sind alle selbstständig tätigen Personen und Unternehmen, die einen unmittelbaren oder mittelbaren besonderen wirtschaftlichen Vorteil durch den Tourismus haben (§ 12 Abs. 1 S. 2 KAG RLP).[186]

Für die Herstellung, den Betrieb und die Unterhaltung der touristischen Zwecken dienenden Einrichtungen und Veranstaltungen können die Gemeinden auch von den Personen, die die Gemeinde besuchen und dort übernachten (Übernachtungstouristen) und insofern die Möglichkeit haben, diese Einrichtungen zu benutzen und an den Veranstaltungen teilzunehmen, auf der Grundlage einer Abgabensatzung einen Gästebeitrag erheben (§ 12 Abs. 2 KAG RLP, § 2 Abs. 1 KAG RLP).[187]

Die Tourismus- und Gästebeiträge unterliegen nicht der Hierarchie der Finanzmittelbeschaffung des § 94 Abs. 2 GemO RLP.[188]Die Gemeinde kann auf die Erhebung dieser Beiträge ganz oder zum Teil verzichten und ist nicht an die in § 94 Abs. 2 GemO RLP vorgegebene Rangfolge der Finanzmittelbeschaffung und die sich daraus ergebende Einschränkung bei der Ausübung des Ermessens, ob die Beiträge in der Gemeinde erhoben werden oder nicht, gebunden (§ 94 Abs. 2 S. 2 GemO RLP).[189]

---

185 Siehe hierzu Erl. 1.2.

186 Zum Tourismusbeitrag im Einzelnen: Elmenhorst in Kohlhaas et al., Erl. Nr. 2 zu § 12.

187 Zum Gästebeitrag im Einzelnen: Elmenhorst in Kohlhaas et al., Erl. Nr. 3 zu § 12.

188 Siehe hierzu auch Erl. 1.2.

189 Dietlein in Oster/Rheindorf, Erl. 3.8.1 zu § 94.

Die Fremdenverkehrs- und Gästebeiträge können auch von den Verbandsgemeinden auf der Grundlage einer Satzung erhoben werden, wenn diese die Aufgabe von den Ortsgemeinden übernommen haben (§ 67 Abs. 3 GemO RLP; § 12 Abs. 5 KAG RLP).

3.4.2.5 Erschließungsbeiträge

Die spezialgesetzlichen Vorschriften über die Erschließungsbeiträge enthalten (noch) die §§ 127–135 BauGB. Hieraus ergibt sich die rechtliche Verpflichtung zur Erhebung von Erschließungsbeiträgen (§ 127 Abs. 1 BauGB) und den Erlass einer Erschließungsbeitragssatzung (§ 132 BauGB). Die Erschließungsbeiträge werden erhoben für die erstmalige Herstellung der in § 127 Abs. 2 BauGB abschließend genannten Erschließungsanlagen, soweit der Aufwand nicht anderweitig gedeckt ist.

Die Gesetzgebungskompetenz des Bundes wurde zunächst begründet durch den Katalog der konkurrierenden Gesetzgebung in Art. 74 Nr. 18 GG – Bodenrecht –. Durch Änderung des Grundgesetzes durch Gesetz zur Änderung des Grundgesetzes vom 27.10.1994 (BGBl. I S. 3146) wurde Art. 74 Nr. 18 GG dergestalt modifiziert, dass das Recht der Erschließungsbeiträge ausdrücklich aus dem Katalog der konkurrierenden Gesetzgebung herausgenommen wurde. Die Nr. 18 wurde ergänzt um die Formulierung „*..., das Bodenrecht (ohne das Recht der Erschließungsbeiträge)*". Insofern ist das Erschließungsbeitragsrecht in die Gesetzgebungskompetenz der Länder übergegangen. Es wurde allerdings durch Art. 125a GG eine Bestandsklausel in das Grundgesetz eingefügt, die bestimmt, dass Recht, welches als Bundesrecht erlassen worden ist, aber wegen der Änderung des Art. 74 GG nicht mehr als Bundesrecht erlassen werden könnte, als Bundesrecht fort gilt. Es kann allerdings durch Landesrecht ersetzt werden.[190]

Von dieser Gesetzgebungskompetenz haben bisher nur die Länder Baden-Württemberg, Bayern und Berlin Gebrauch gemacht. Das Land Rheinland-Pfalz hat diese Kompetenz bisher nicht wahrgenommen, so dass für die Erhebung von Erschließungsbeiträgen in Rheinland-Pfalz weiterhin die Bestimmungen der §§ 127–135 BauGB als Bundesrecht vorrangig anzuwenden sind.[191]

3.5 Aufwendungsersatz für Grundstücksanschlüsse

Die kommunalen Gebietskörperschaften können – neben den Beiträgen für die Herstellung leitungsgebundener öffentlicher Einrichtungen – einen Aufwendungsersatz erheben für die Herstellung und Erneuerung von Grundstücksanschlüssen an leitungsgebundenen Anlagen innerhalb und außerhalb des öffentlichen Verkehrsraums sowie für Änderungs- und Unterhaltsmaßnahmen, die von den Erstattungspflichtigen verursacht wurden (§ 13 KAG RLP). Ein Grundstücksanschluss ist erforderlich um die leitungsgebundenen öffentlichen Einrichtungen, z.B. der Wasserversorgung oder der Abwasserbeseitigung, in Anspruch nehmen zu können. Der

190 Rheindorf in Kohlhaas et al., Rn. 26 zu § 1.

191 Zum Vorrang des Erschließungsbeitragsrechts Arndt, Rn. 4–7 zu § 1. Im Übrigen wird für das Erschließungsbeitragsrecht auf die Rechtsprechung und Fachliteratur verwiesen.

Anschluss verbindet die öffentliche Anlage, z.B. die Versorgungsleitung oder den Abwasserkanal, mit dem Grundstück.

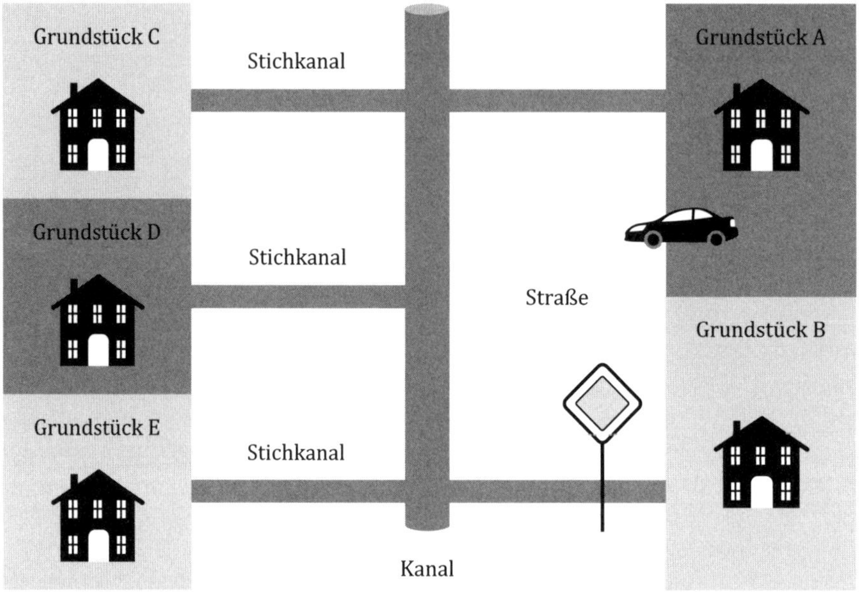

Abb. 30 – Kostenerstattungen für Grundstücksanschlüsse nach § 13 KAG RLP

Die Kommunen können gem. § 13 Abs. 1 S. 1 KAG RLP bestimmen, dass die Aufwendungen für die Herstellung, Erneuerung sowie Änderungs- und Unterhaltungsmaßnahmen dieser Grundstücksanschlüsse an Versorgungsleitungen und Abwasseranlagen

- in der tatsächlich entstandenen Höhe,
- als Pauschbetrag oder
- als Pauschalsatz je laufendem Meter erstattet werden.

Soweit die Aufwendungen im öffentlichen Verkehrsraum entstehen, können sie alternativ in die Gebühren und Beiträge mit einbezogen werden (§ 13 Abs. 1 S. 2 KAG RLP).

Der Aufwendungsersatz ist zwar ein öffentlich-rechtliches Entgelt, jedoch keine kommunale Abgabe im Sinne des § 1 Abs. 1 KAG RLP. Daher findet das KAG RLP für den Aufwendungsersatz keine unmittelbare Anwendung, sondern gilt nach § 1 Abs. 2 S. 2 KAG RLP entsprechend. Voraussetzung für die Erhebung des Aufwendungsersatzes ist in entsprechender Anwendung des § 2 Abs. 1 KAG RLP der Erlass einer Satzung.

Erstattungspflichtig ist, wer bei Fertigstellung des Anschlusses oder der erstattungspflichtigen Maßnahme Eigentümer oder dinglich Nutzungsberechtigter des Grundstückes ist (§ 13 Abs. 2 S. 1 KAG RLP). Der Aufwendungsersatz ruht als grundstücksbezogenes Entgelt als öffentliche Last auf dem Grundstück (§ 13 Abs. 2 S. 3 KAG RLP i.V.m. § 7 Abs. 7 KAG RLP).

Kapitel 4

Abgabenverfahrensrecht

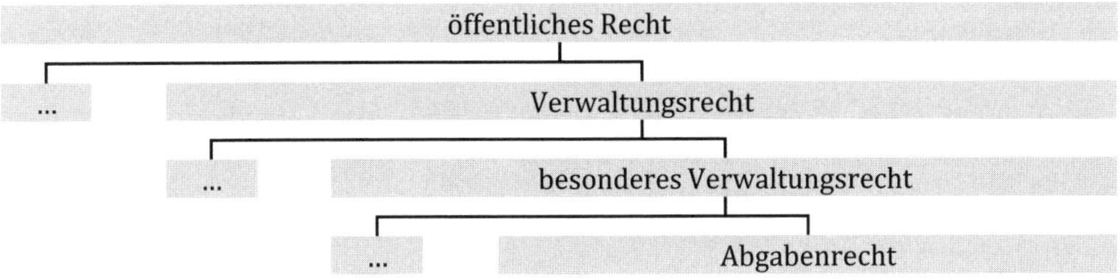

Abb. 31 – Einordnung des Kommunalabgabenrechts

4.1 Rechtsgrundlagen

4.1.1 Bedeutung und Anwendbarkeit der Abgabenordnung

4.1.1.1 Bedeutung der Abgabenordnung

Die Abgabenordnung ist ein Bundesgesetz, das vom Bundesgesetzgeber aufgrund der Ermächtigung in Art. 108 Abs. 5 GG erlassen wurde. Die AO gilt als das „Steuergrundgesetz“ oder „Mantelgesetz“[192] und enthält die grundlegenden Bestimmungen für das von den Bundesfinanzbehörden, Landesfinanzbehörden und den Gemeinden (Gemeindeverbänden) anzuwendende Verfahren im Abgabenrecht. Für das Abgabenverfahrensrecht gelten insofern die allgemeinen Vorschriften für die öffentlich-rechtliche Verwaltungstätigkeit des Verwaltungsverfahrensgesetzes nicht (vgl. hierzu § 1 Abs. 3 Nr. 1 LVwVfG RLP).

Die verfahrensrechtlichen Regelungen, die der Bundesgesetzgeber für alle Steuern gleichartig geregelt haben wollte, hat er aus den Einzelsteuergesetzen ausgeklammert und in der AO zusammengefasst.[193] Dies führt zu einer Entfrachtung der Steuergesetze, in denen die für die jeweilige Steuerart anzuwendenden speziellen Vorschriften (z.B. zur Ermittlung von Besteuerungsgrundlagen) enthalten sind (siehe z.B. das GewStG und das GrStG). Darüber hinaus enthält die AO auch grundlegende Bestimmungen des materiellen Steuerrechts, beispielsweise zum Entstehen und Erlöschen von Ansprüchen.

Die AO gehört zum sog. allgemeinen Abgabenrecht. Enthalten die speziellen Abgabengesetze verfahrensrechtliche Regelungen, so sind diese nach dem Grundsatz „lex specialis vor lex generalis“ stets vorrangig vor den Vorschriften der AO zu prüfen.

192 Scheel/Brehm/Holzner, S. 25.

193 Hey/Lehnert, S. 2.

4.1.1.2 Anwendbarkeit der Abgabenordnung

Der unmittelbare Anwendungsbereich der AO ergibt sich aus § 1 Abs. 1 AO. Hiernach gilt die AO für alle Steuern, die durch Bundesrecht (und EU-Recht) geregelt sind und von Bundes- oder Landesfinanzbehörden verwaltet werden. D.h. im Umkehrschluss, dass die AO für das kommunale Abgabenrecht zumindest unmittelbar nicht gilt für Gebühren, Beiträge und für Steuern, die nicht durch Bundesrecht geregelt sind und nicht durch eine Bundes- oder Landesbehörde verwaltet werden.

Soweit die Gemeinden die Realsteuern verwalten[194] und für die übrigen kommunalen Abgaben, die von Gemeinden und Gemeindeverbänden erhoben werden, wird eine entsprechende Anwendbarkeit wesentlicher Vorschriften der AO in § 1 Abs. 2 AO (für die Realsteuern) bzw. durch die Kommunalabgabengesetze der Länder (für die übrigen kommunalen Abgaben) bestimmt.

Ob eine Bestimmung der AO unmittelbar oder entsprechend anwendbar ist, ist daher abhängig von der Abgabenart und von der Zuständigkeit.

4.1.1.2.1 Anwendbarkeit der AO für Realsteuern

Bei den bundesgesetzlich geregelten Realsteuern (GrStG und GewStG = Bundesgesetze) gilt die Abgabenordnung für die Festsetzung und Zerlegung der Steuermessbeträge durch die Finanzämter (= Landesfinanzbehörden) unmittelbar und uneingeschränkt (§ 1 Abs. 1 AO). Für die anschließende Festsetzung und Erhebung der Grund- und Gewerbesteuer durch die Gemeinden bestimmt § 1 Abs. 2 AO welche Vorschriften der Abgabenordnung entsprechend anzuwenden sind.

Fraglich ist, welche Normen für die Festsetzung und Erhebung von Realsteuern gelten, soweit das Gewerbesteuer- und das Grundsteuergesetz keine speziellen Regelungen enthalten und auch § 1 Abs. 2 AO keine Verweisungen vorsieht.

So fehlt ein entsprechender Verweis beispielsweise für die Niederschlagung (§ 261 AO). Da auch das Landesverwaltungsvollstreckungsgesetz Rheinland-Pfalz keine Regelungen zur Niederschlagung enthält, gilt ergänzend § 3 Abs. 1 KAG RLP und die dort in Bezug genommenen Bestimmungen der Abgabenordnung (§ 1 Abs. 2 S. 1 KAG RLP).[195] Die Niederschlagung bestimmt sich daher auch bei den Realsteuern nach § 261 AO (entsprechend anwendbar gemäß § 1 Abs. 2 S. 1 KAG RLP i.V.m. § 3 Abs. 1 Nr. 6 KAG RLP).

Ohne Bedeutung ist insoweit die Regelung zur Stundung, Niederschlagung und zum Erlass in § 23 GemHVO RLP. Sie gilt lediglich für andere Forderungen als Abgaben, insbesondere privatrechtliche Forderungen und Bußgelder (vgl. auch § 23 Abs. 4 GemHVO RLP).

4.1.1.2.2 Übrige kommunale Abgaben

Das Verfahrensrecht für die Kommunalabgaben hätte der Landesgesetzgeber unmittelbar im KAG RLP regeln können. Dies hat er jedoch nur für bestimmte Billigkeitsmaßnahmen (vgl. § 14

194 Zur zweigeteilten Zuständigkeit bei den Realsteuern siehe Erl. 2.2.

195 Vgl. VGH München, Beschl. v. 04.07.2008 – 4 ZB 07.2233, openJur 2012, 93143.

KAG RLP) und Informationspflichten (vgl. § 7 Abs. 6 KAG RLP) im Rahmen der Beitragserhebung getan. Im Übrigen wird in § 3 Abs. 1 KAG RLP auf die entsprechende Anwendung von Vorschriften der Abgabenordnung verwiesen. Für die Kommunalabgaben sind die Bestimmungen der Abgabenordnung daher aufgrund dieser landesrechtlichen Verweisung entsprechend anzuwenden.[196] Durch die Verweisung werden die bundesrechtlichen Vorschriften der AO zu Landesrecht und ersetzen insofern eine eigenständige landesrechtliche Regelung.[197] Teilweise werden die verfahrensrechtlichen Normen der Abgabenordnung aber durch das KAG RLP modifiziert. Das betrifft sowohl begriffliche (siehe § 3 Abs. 3 KAG RLP) als auch materielle Anpassungen (z.B. § 3 Abs. 2 Nr. 5 KAG RLP).

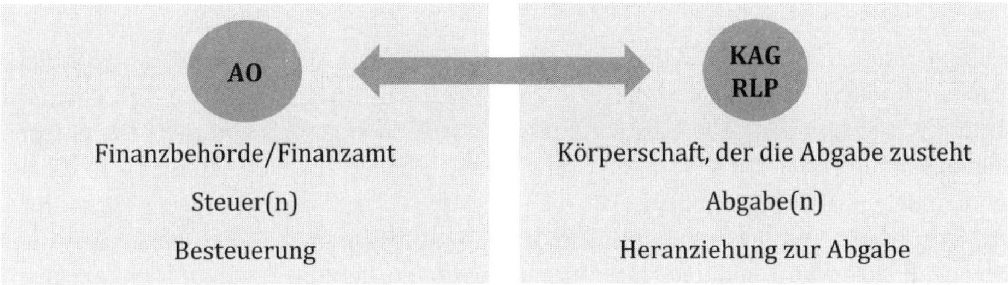

Abb. 32 – Begriffliche Modifizierung der Regelungen der AO durch das KAG RLP

Bei der Verweisungsnorm über das KAG ist zunächst die Anwendbarkeit des KAG RLP zu prüfen. Dabei ist zu unterscheiden, ob sich die Abgabenerhebung aufgrund des KAG RLP i.V.m. einer Satzung oder eines Spezialgesetzes i.V.m. einer Satzung ergibt. Aus der folgenden (nicht abschließenden) Tabelle kann exemplarisch die Anwendbarkeit des KAG RLP entnommen werden:

Rechtsgrundlage für Erhebung der übrigen kommunalen Abgaben ist	
das KAG RLP i.V.m. einer Satzung	**ein Spezialgesetz i.V.m. einer Satzung**
• Hundesteuer – § 5 Abs. 3 KAG RLP • Vergnügungssteuer – § 5 Abs. 4 KAG RLP • Benutzungsgebühren – § 7 Abs. 1 KAG RLP • wiederkehrende Beiträge für Verkehrsanlagen – § 10a KAG RLP • Beiträge für Einrichtungen im Außenbereich – § 11 KAG RLP • Tourismus- und Gästebeitrag – § 12 KAG RLP	z.B.: • Erschließungsbeiträge – §§ 127 ff. BauGB • Straßenreinigungsgebühren – § 17 Abs. 3 LStrG RLP • Sondernutzungsgebühren – § 37 LStrG RLP als Auffangvorschrift auch für: • Grundsteuer • Gewerbesteuer
§ 1 Abs. 1 i.V.m. § 3 Abs. 1 Nr. _ KAG RLP	§ 1 Abs. 2 S. 1 i.V.m. § 3 Abs. 1 Nr. _ KAG RLP

Tab. 21 – Anwendungsbereich des § 1 KAG RLP

196 Vgl. BVerwG, Beschl. v. 02.09.2015 – 9 B 16/15, bit.ly/9B16_15; andere Kommunalabgabengesetze enthalten vergleichbare Verweisungsnormen; hierzu ausführlich Sauthoff in Driehaus, Kommunalabgabenrecht, § 12 Rn. 1 ff.; und mit einer umfassenden Übersicht für alle Bundesländer Oebbecke in Christ et al., S. 5–10.

197 Rheindorf in Kohlhaas et al., Rn. 7 zu § 3. In Rn. 7 ff. wird auch die Problematik behandelt, ob es sich bei der Verweisung in § 3 Abs. 1 KAG RLP um eine statische oder dynamische Verweisung handelt.

Das Kommunalabgabengesetz ist darüber hinaus auch anwendbar für den Aufwendungs- und Kostenersatz (vgl. § 1 Abs. 2 S. 2 KAG RLP). Es gilt mit Ausnahme der Bestimmungen über Steuern (§§ 5 und 6 KAG RLP) entsprechend auch für Zweckverbände, Anstalten (nach § 86a GemO RLP) gemeinsame kommunale Anstalten (nach § 14 KomZG RLP) und den Bezirksverband Pfalz (vgl. § 1 Abs. 3 KAG RLP).

Unter Voranstellung der Vorschrift über die Anwendbarkeit des KAG RLP (§ 1 KAG RLP) verweist in der Folge dann der § 3 Abs. 1 KAG RLP auf die entsprechend anwendbaren Verfahrensvorschriften in der Abgabenordnung. Dies gilt jedoch nur dann, wenn die spezialgesetzlichen Bestimmungen oder das KAG RLP selbst keine Regelung treffen.

Zu prüfen ist daher zunächst, ob das Spezialgesetz oder das KAG RLP verfahrensrechtliche Regelungen vorsieht. Ist dies nicht der Fall, dann dürfen die in § 3 Abs. 1 KAG RLP explizit genannten Vorschriften der Abgabenordnung entsprechend angewandt werden. Die entsprechende Anwendung erfordert für den Anwender eine dauerhafte Transferleistung, da im Fall der Anwendbarkeit der Vorschriften der AO an die Stelle der Landesfinanzbehörde die kommunale Finanzbehörde tritt und die Bestimmungen über Steuerbescheide beispielsweise dann auch entsprechend gelten für Gebühren- und Beitragsbescheide. Letztlich enthalten die Absätze 2 und 3 des § 3 KAG RLP weitere Modifikationen, die zusätzlich zu beachten sind.

4.1.1.2.3 Beispiele und Übersicht

Die entsprechende Anwendbarkeit der Normen der Abgabenordnung für die Realsteuern, soweit die Verwaltung den Gemeinden übertragen ist und die übrigen kommunalen Abgaben, die von den Gemeinden erhoben werden, stellen sich beispielhaft wie folgt dar:

Regelungsgegenstand	**Verweisungsnormen**		**Zielnorm (AO)**
	Realsteuern (AO)	**übrige kommunale Abgaben jeweils über § 1 Abs. 1 bzw. § 1 Abs. 2 S. 1 (KAG RLP)**	
Begriffsbestimmung	§ 1 Abs. 2 Nr. 1	§ 3 Abs. 1 Nr. 1	u.a. § 3 Abs. 1
Steuergeheimnis	§ 1 Abs. 2 Nr. 1	§ 3 Abs. 1 Nr. 1	§ 30
Fristenberechnung	§ 1 Abs. 2 Nr. 3	§ 3 Abs. 1 Nr. 3	§ 108
Verwaltungsakte	§ 1 Abs. 2 Nr. 3	§ 3 Abs. 1 Nr. 3	§§ 118 ff.
Bekanntgabe	§ 1 Abs. 2 Nr. 3	§ 3 Abs. 1 Nr. 3	§ 122
Steuererklärungspflicht	§ 1 Abs. 2 Nr. 4	§ 3 Abs. 1 Nr. 4	§ 149
Steuerbescheid	§ 1 Abs. 2 Nr. 4	§ 3 Abs. 1 Nr. 4	§ 155
Festsetzungsverjährung	§ 1 Abs. 2 Nr. 4	§ 3 Abs. 1 Nr. 4	§§ 169 ff.
Bestandskraft	§ 1 Abs. 2 Nr. 4	§§ 172 bis 178 AO sind nach § 3 Abs. 1 Nr. 4 nicht anwendbar	§§ 172 ff.

Regelungsgegenstand	Verweisungsnormen		Zielnorm (AO)
	Realsteuern (AO)	übrige kommunale Abgaben jeweils über § 1 Abs. 1 bzw. § 1 Abs. 2 S. 1 (KAG RLP)	
Stundung	§ 1 Abs. 2 Nr. 5	spezielle Regelung für einmalige Beiträge in § 14 KAG RLP; für alle übrigen kommunalen Abgaben Verweisnorm in § 3 Abs. 1 Nr. 5	§ 222
Säumniszuschläge	§ 1 Abs. 2 Nr. 5	§ 3 Abs. 1 Nr. 5	§ 240
Erlass	§ 1 Abs. 2 Nr. 5	§ 3 Abs. 1 Nr. 5	§ 227
Voraussetzungen für den Beginn der Vollstreckung	Vorschrift nach § 1 Abs. 2 AO nicht anwendbar	Vorschrift nach § 3 Abs. 1 KAG RLP nicht anwendbar	§ 254
Niederschlagung	§ 1 Abs. 2 S. 1 KAG RLP i.V.m. § 3 Abs. 1 Nr. 6 KAG RLP	§ 3 Abs. 1 Nr. 6	§ 261
Zahlungsverjährung	§ 1 Abs. 2 Nr. 5	§ 3 Abs. 1 Nr. 5	§§ 228 ff.
Einspruch	Vorschrift nach § 1 Abs. 2 AO nicht anwendbar	Vorschrift nach § 3 Abs. 1 KAG RLP nicht anwendbar	§ 347

Tab. 22 – Anwendungsbereich der AO für Realsteuern/Kommunalabgaben (Auswahl)

Wie die beispielhafte Übersicht zeigt, sind nicht alle Vorschriften der Abgabenordnung für die Realsteuern, soweit sie von den Gemeinden verwaltet werden und die übrigen kommunalen Abgaben entsprechend anwendbar. Auch sind die Verweisungen, die für die Realsteuern gelten (§ 1 Abs. 2 AO), nicht immer identisch mit den Verweisungen für die übrigen kommunalen Abgaben nach den landesrechtlichen Vorgaben (§ 3 Abs. 1 KAG RLP). Darüber hinaus ist darauf zu achten, ob nicht spezialgesetzliche Bestimmungen in den Abgabengesetzen oder spezielle Regelungen im Kommunalabgabengesetz enthalten sind. Es ist insofern immer zunächst sorgfältig zu prüfen, ob die jeweilige Vorschrift der Abgabenordnung entsprechend anzuwenden ist oder nicht.

Die unterschiedlichen Verweisungen werden nachfolgend noch einmal zusammengefasst:

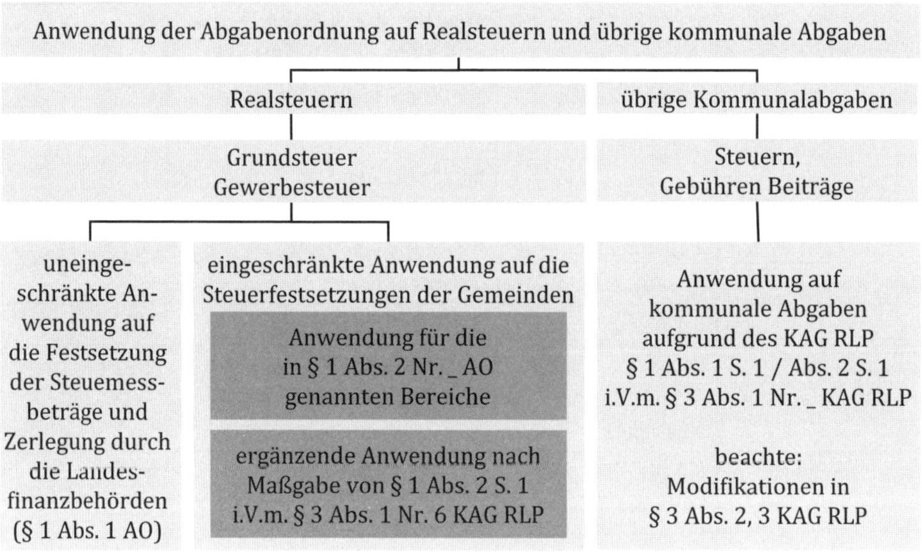

Abb. 33 – Anwendungsbereich der Abgabenordnung für kommunale Abgaben

Sachverhalt 16:
Bei der Steuerabteilung der Stadt Pirmasens sind mehrere Widersprüche von B. Sisko zur Festsetzung der Hundesteuer sowie der Grundsteuer B eingegangen. In den jeweiligen Begründungen gibt er an, dass die zugrunde liegenden Ansprüche seines Erachtens bereits verjährt seien und damit nicht mehr festgesetzt werden dürften.

Aufgabe:
Erläutern Sie anhand der einschlägigen Rechtsnormen, welche Vorschriften über die Festsetzungsverjährung anwendbar sind für die Festsetzung

a) der Hundesteuer,
b) der Grundsteuer B und
c) des Grundsteuermessbetrages durch den Grundsteuermessbescheid.

Lösung:
Die Festsetzungsverjährung ist geregelt in den §§ 169 ff. AO. Bei der Prüfung der Anwendbarkeit dieser Vorschriften ist zu differieren:

Zu a) Bei der Hundesteuer handelt es sich um eine örtliche Verbrauch- und Aufwandsteuer, mithin um eine Abgabe nach dem KAG RLP (§ 1 Abs. 1 KAG RLP). Das KAG RLP enthält keine speziellen Regelungen zur Festsetzungsverjährung, sondern verweist auf die entsprechende Anwendung der §§ 169 ff. AO in § 3 Abs. 1 Nr. 4 KAG RLP.

Zu b) Die Grundsteuer B gehört zu den Realsteuern (§ 3 Abs. 2 AO). Die Zuständigkeit ist zweigeteilt. Die Verwaltung der Grundsteuer ist mit Ausnahme der Festsetzung und Zerlegung der Steuermessbeträge auf die Gemeinden übertragen (§ 5 Abs. 1 KAG RLP). Für die Festsetzung der Grundsteuer ist somit die Gemeinde zuständig. Die §§ 169 ff. AO sind für die Grundsteuer B, soweit die Verwaltung den Gemeinden übertragen ist, anwendbar nach § 1 Abs. 2 Nr. 4 AO.

Zu c) Wie zu b) ausgeführt ist die Zuständigkeit bei der Grundsteuer zweigeteilt. Die Festsetzung und Zerlegung der Steuermessbeträge ist nicht auf die Gemeinden übertragen (§ 5 Abs. 1 KAG RLP), hierfür sind die Finanzämter (Landesfinanzbehörden) zuständig. Die Festsetzung der Steuermessbeträge erfolgt durch Steuermessbescheid (§ 1 Abs. 1 AO i.V.m. § 184 Abs. 1 S. 1 AO). Nach § 1 Abs. 1 AO i.V.m. § 184 Abs. 1 S. 3 AO gelten für die Festsetzung der Steuermessbeträge die Vorschriften über die Durchführung der Besteuerung (Vierter Teil der AO) entsprechend. Die §§ 169 ff. AO gehören zum Vierten Teil der AO und sind auf die Festsetzung der Steuermessbeträge durch den Steuermessbescheid anwendbar.

Zur besseren Lesbarkeit wird im Folgenden grundsätzlich von einer Nennung der Verweisungsnormen abgesehen. Ausgenommen hiervon sind die Erläuterungen in den Fallbearbeitungen.

4.1.2 Anwendungserlass zur Abgabenordnung (AEAO)

Wie einzelne Normen der Abgabenordnung durch die Finanzbehörden auszulegen und anzuwenden sind, hat das Bundesfinanzministerium im Anwendungserlass zur AO festgelegt.[198] Dabei handelt es sich zwar um öffentlich bekannt gemachte, aber dennoch nur um interne Verwaltungsanweisungen, die keine Rechtsnormen sind und daher keine unmittelbare Bindungswirkung nach außen entfalten. Die Bestimmungen des AEAO verschaffen den Abgabenschuldnern deshalb auch keine subjektiven Rechte, auf die sie sich berufen könnten. Ihre jahrelange gleichmäßige Beachtung führen aber zu einer Selbstbindung, so dass wegen des Gleichheitssatzes aus Art. 3 Abs. 1 GG im Einzelfall nicht ohne triftigen Grund von ihnen abgewichen werden darf.[199] Das gilt z.B. beim Erlass von Säumniszuschlägen wegen sachlicher Unbilligkeit oder den Vorgaben zur Bekanntgabe von Verwaltungsakten. Die im AEAO enthaltenen Anweisungen unterstützen einerseits die Gleichmäßigkeit der Abgabenfestsetzung und damit die Beachtung der Besteuerungsgrundsätze (siehe nur § 85 AO) und dienen andererseits auch der Auslegung von Zweifelsfragen.[200]

198 AEAO – abrufbar unter bit.ly/Anwendungserlass AO.

199 Vgl. für ein Finanzamt FG Nürnberg, Urt. v. 29.07.2008 – 2 K 1697/2007, openJur 2012, 93766.

200 Hey/Lehnert, Kapitel 1 Rn. 16.

4.2 Verfahrensrechtlicher Überblick

Der Verfahrensablauf im Abgabenrecht ist dreigeteilt; das Abgabenermittlungs-, Abgabenfestsetzungs- und Abgabenerhebungsverfahren. Es ist begrenzt durch das Entstehen und dem Erlöschen von Ansprüchen. Nur innerhalb dieser beiden Determinanten darf das Abgabeverfahren durchgeführt werden.

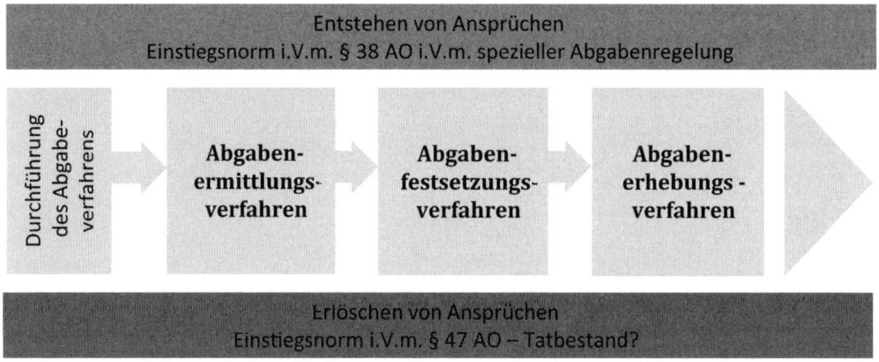

Abb. 34 – Abgabenrechtlicher Verfahrensablauf bis zum Erlöschen von Ansprüchen

Im Rahmen des Abgabenermittlungsverfahrens werden zunächst die steuerrechtlichen Sachverhalte ermittelt, häufig durch die Mitwirkungspflichten der Steuerpflichtigen in Form einer Anzeige- bzw. Steuererklärungspflicht. Daran schließt das Abgabenfestsetzungsverfahren an, das mit der verbindlichen Festsetzung der Abgabe durch Abgabenbescheid (§ 155 AO) endet. Das Abgabenaufkommen ist jedoch erst dann gesichert, wenn die festgesetzte Abgabe erhoben (Abgabenerhebungsverfahren) und notfalls im Vollstreckungsverfahren beigetrieben wird. Beim Abgabenerhebungsverfahren steht die Realisierung des zuvor festgesetzten Abgabenanspruchs im Vordergrund.

Die Finanzbehörde hat den Sachverhalt von Amts wegen zu ermitteln; Art und Umfang der Ermittlungen bestimmt diese nach dem sog. Untersuchungsgrundsatz (§ 88 AO). Dabei sind sämtliche, auch für den Abgabenpflichtigen günstige Umstände, zu ermitteln.

Allen Finanzbehörden kommt dabei eine Pflicht zur Beratung und Auskunftserteilung gegenüber dem Abgabenpflichtigen zu (§ 89 Abs. 1 S. 2 AO). Sie sollen die Abgabe von Erklärungen, die Stellung von Anträgen oder Berichtigungen dieser anregen, wenn diese offensichtlich nur versehentlich oder aus Unkenntnis unterblieben bzw. unrichtig abgegeben oder gestellt worden sind (§ 89 Abs. 1 S. 1 AO).

Im Verfahrensablauf ist zu unterscheiden zwischen

- der Entstehung,
- der Festsetzung und
- der Fälligkeit

einer Abgabe.

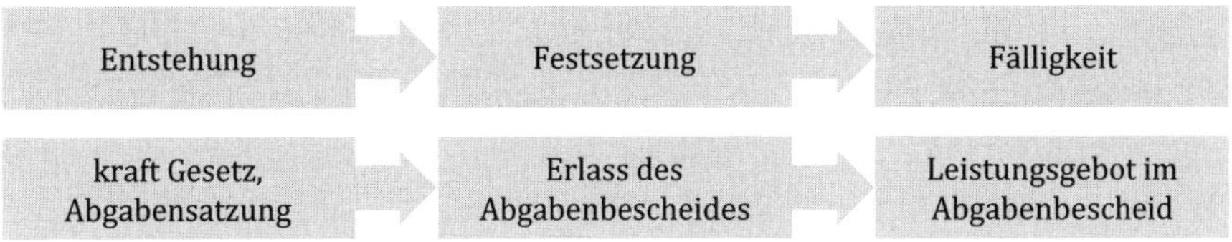

Abb. 35 – Entstehung, Festsetzung und Fälligkeit von Abgaben

Die Abgabenschuld entsteht, sobald der Tatbestand verwirklicht ist, an den das Gesetz die Leistungspflicht knüpft (§ 38 AO). Dies ergibt sich auch aus dem Begriff der Steuer (§ 3 Abs. 1 AO) und ist Folge der Tatbestandsmäßigkeit der Besteuerung.[201] Die Ansprüche entstehen kraft Gesetzes bzw. Regelung in der Abgabensatzung. Die Kenntnisnahme des Steuerschuldners ist ebenso wenig für das Entstehen der Abgabe beachtlich wie die Festsetzung des Anspruchs durch Erlass eines Abgabenbescheides der kommunalen Finanzbehörde. Ist die Abgabe entstanden, kann sie nach § 155 AO festgesetzt werden. Von der Entstehung und Festsetzung ist zu unterscheiden, wann die Abgabe fällig ist, d.h. durch den Abgabenpflichtigen beglichen werden muss. Wird die fällige Abgabe nicht gezahlt, befindet sich der Abgabenschuldner im Zahlungsverzug. Ggf. erkennt die Behörde aber auch, dass die Erhebung keinen Erfolg haben wird oder die Kosten der Erhebung außer Verhältnis zu dem zu erhebenden Betrag stehen. Sie wird dann über eine Niederschlagung entscheiden. Schließlich gibt es unterschiedliche Gründe, die dazu führen, dass die Ansprüche aus dem Abgabenverhältnis erlöschen und deshalb nicht mehr geltend gemacht werden dürfen.

Beispiel zur Grundsteuer für das Jahr 2023:

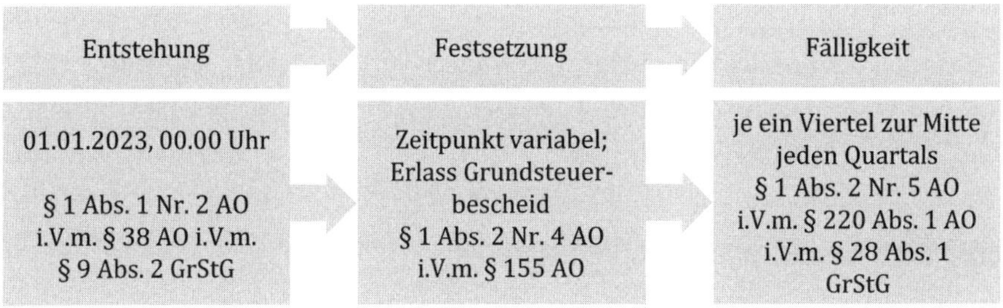

Abb. 36 – Entstehung, Festsetzung und Fälligkeit der Grundsteuer für das Jahr 2023

---

201 Zugmaier/Nöcker et al., § 38, Rz. 1.

4.3 Entstehung

Die Abgabe muss entstanden sein, damit sie festgesetzt werden kann. Wann Abgaben entstehen, ist nicht einheitlich geregelt. Die Abgabenordnung enthält in § 38 AO nur die Grundnorm, die festlegt, dass Ansprüche kraft Gesetzes entstehen, sobald der Tatbestand verwirklicht ist, an den das Gesetz die Leistungspflicht knüpft. Die jeweiligen Tatbestände (z.B. das Eigentum eines Grundstücks, das mit einem Einfamilienwohnhauses bebaut ist) finden sich vielmehr in

- den einzelnen Steuergesetzen, z.B. im GewStG und im GrStG,
- dem KAG RLP, z.B. in § 10a Abs. 5 S. 1 KAG RLP bzw.
- der jeweiligen Abgabensatzung.

Beispiele:

4.3.1 Grundsteuer

Wie bereits dargestellt, entsteht der Grundsteueranspruch mit Beginn des Kalenderjahres, für das die Steuer festzusetzen ist, somit am 1. Januar, 00.00 Uhr eines Jahres (§ 1 Abs. 2 Nr. 2 AO i.V.m. § 38 AO i.V.m. § 9 Abs. 2 GrStG).

4.3.2 Gewerbesteuer

Bei Gewerbesteuer entsteht der Anspruch mit dem Ablauf des Erhebungszeitraums, für das die Steuer festzusetzen ist. Erhebungszeitraum ist grundsätzlich das Kalenderjahr, somit entsteht der Anspruch mit Ablauf des 31. Dezember, 24.00 Uhr für das abgelaufene Jahr. Dies ergibt sich aus § 1 Abs. 2 Nr. 2 AO i.V.m. § 38 AO i.Vm. § 18 GewStG i.V.m. § 14 S. 2 GewStG. Die Gewerbesteuervorauszahlungen entstehen in der Regel mit Beginn des Kalendervierteljahrs, in dem sie zu entrichten sind (§ 21 GewStG).

4.3.3 Erschließungsbeiträge

Der Beitragsanspruch der Erschließungsbeiträge entsteht nach § 1 Abs. 2 S. 1 KAG RLP i.V.m. § 3 Abs. 1 Nr. 2 KAG RLP i.V.m. § 38 AO i.V.m. § 133 Abs. 2 S. 1 BauGB mit der endgültigen Herstellung der Erschließungsanlage.

4.3.4 Wiederkehrende Beiträge für Verkehrsanlagen

Der Beitragsanspruch entsteht mit Ablauf des 31. Dezember, 24.00 Uhr für das abgelaufene Jahr (§ 1 Abs. 1 KAG RLP i.V.m. § 3 Abs. 1 Nr. 2 KAG RLP i.V.m. § 38 AO i.V.m. § 10a Abs. 5 S. 1 KAG RLP).

4.3.5 Zweitwohnungssteuer

Bei der Zweitwohnungssteuer ergibt sich das Entstehen des Steueranspruchs aus § 1 Abs. 1 KAG RLP i.V.m. § 3 Abs. 1 Nr. 2 KAG RLP i.V.m. § 38 AO i.V.m. den Bestimmungen der Abgabensatzung. Nach § 7 Abs. 2 S. 1 des Satzungsmusters Zweitwohnungssteuer des Gemeinde- und Städtebundes Rheinland-Pfalz[202] entsteht die Zweitwohnungssteuer regelmäßig mit Beginn des Kalenderjahres, folglich am 1. Januar, 00.00 Uhr, eines Jahres.

Sachverhalt 17:
C. Cain aus Bendorf-Stromberg hat während der Corona Pandemie in 2020 einen Hund aus dem Tierheim in Ransbach-Baumbach in die Familie aufgenommen.

Aufgabe:
Wann entsteht der Hundesteueranspruch für das Jahr 2023? Gehen Sie davon aus, dass die Hundesteuersatzung dem Satzungsmuster des Gemeinde- und Städtebundes entspricht.[203]

Lösung:
Gem. § 1 Abs. 1 KAG RLP i.V.m. § 3 Abs. 1 Nr. 2 KAG RLP i.V.m. § 38 AO i.V.m. § 1 Abs. 2 Satzung über die Erhebung der Hundesteuer entsteht die Steuer mit Beginn des Kalenderjahres, für das die Steuer festzusetzen ist; somit am 01.01.2023, 00.00 Uhr.

4.4 Festsetzung

Eine Abgabe darf nicht bereits dann bei dem Abgabepflichtigen erhoben werden, wenn der Abgabentatbestand (z.B. durch das Halten eines Hundes im Gebiet der Gemeinde) erfüllt und damit die Steuer entstanden ist. Grundlage für die Verwirklichung des Anspruchs ist vielmehr die Festsetzung der Abgabe (§ 218 Abs. 1 S. 1 AO). Das wirkt sich aus, wenn die entstandene und die festgesetzte Abgabe voneinander abweichen. Bleibt die Festsetzung hinter der Entstehung zurück, indem z.B. fälschlicherweise eine Hundesteuer von 50 EUR statt 60 EUR festgesetzt wird, hat sich nur ein Abgabenanspruch von 50 EUR verwirklicht. Im umgekehrten Fall wurde eine Steuer von 60 EUR verwirklicht, obwohl sie nur in Höhe von 50 EUR entstanden ist.

Eine Ausnahme besteht lediglich für Säumniszuschläge, bei denen es für die Verwirklichung genügt, wenn der gesetzliche Tatbestand (§ 218 Abs. 1 S. 1 Hs. 2 AO, § 240 AO) erfüllt ist. Einer förmlichen Festsetzung bedarf es nicht.

---

202 Satzungsmuster abgedruckt in Vorschriftensammlung Kommunales Finanzwesen Rheinland-Pfalz unter der Ordnungsnummer 100.006.

203 Satzungsmuster abgedruckt in Vorschriftensammlung Kommunales Finanzwesen Rheinland-Pfalz unter der Ordnungsnummer 100.004.

4.4.1 Festsetzung durch Verwaltungsakt

4.4.1.1 Form und Mindestinhalt

Die Festsetzung der Abgabe erfolgt durch einen schriftlichen oder elektronischen Verwaltungsakt (§ 155 Abs. 1 AO, § 157 Abs. 1 AO).

Die Legaldefinition des Verwaltungsaktes in § 118 AO stimmt wörtlich mit § 35 VwVfG überein. Das trifft im Wesentlichen auch auf die Bestimmungen für den Mindestinhalt von schriftlichen und elektronischen Verwaltungsakten zu (§§ 119 bis 121 AO). Es wird daher insoweit auf die verwaltungsverfahrensrechtliche Literatur[204] und Rechtsprechung verwiesen.

Neben den allgemeinen Vorschriften über Form und Inhalt von schriftlichen und elektronischen Verwaltungsakten ist darüber hinaus die Bestimmung über die Pflichtinhalte von Abgabenbescheiden zu beachten (§ 157 AO). Der Abgabenbescheid muss die festgesetzte Abgabe nach Art und Betrag bezeichnen und den Abgabenschuldner angeben (vgl. § 157 Abs. 1 S. 2 AO). Darüber hinaus ist dem Abgabenbescheid eine Rechtsbehelfsbelehrung beizufügen (§ 157 Abs. 1 S. 3 AO). Fehlt die Rechtsbehelfsbelehrung oder ist sie unrichtig berührt dies die Wirksamkeit des Bescheides nicht, sondern führt dazu, dass die Rechtsbehelfsfrist ein Jahr beträgt (§ 58 Abs. 2 S. 1 VwGO; § 356 Abs. 2 S. 1 AO).

---

204 Siehe nur Suckow, Horst/Weidemann, Holger/Barthel, Torsten F., Allgemeines Verwaltungsrecht und Verwaltungsrechtsschutz.

§ 119
Abs. 3 S. 1 AO

Stadtverwaltung Musterstadt

Stadtverwaltung Musterstadt, Postfach 789, 12345 Musterstadt

§ 157
Abs. 1 S. 2 AO

Herrn
Max Mustermann
Musterstr. 150
12345 Musterstadt

Rathaus, Rathausplatz 1
Auskunft erteilt: ....
Telefon: ....
E-Mail: ....
Zimmernummer: ....
Musterstadt, 01.02.2023

§ 157
Abs. 1 AO

Bürgernummer: 123-456-789;
Grundsteuerbescheid für 2023

§ 121 Abs. 1 AO,
§ 119 Abs. 1 AO

§ 157
Abs. 1 S. 2 AO

Leistungs-
gebot

Objekt:	Einfamilienwohnhaus, Musterstr. 150, Musterstadt	
Festsetzung:	Grundsteuer B - § 2 Nr. 2 GrStG	
	Steuermessbetrag lt. Steuermess-bescheid Finanzamt Entenhausen	
	Az. 722/054/8059/700/000000	120,00 €
	× Hebesatz 2023 gem. Haushaltssatzung	450 v.H.
	= Jahresbetrag Grundsteuer B	**540,00 €**
Rechtsgrundlagen:	§ 1 Abs. 1 i.V.m. § 25 Abs. 1 GrStG i.V.m. 27 Abs. 1 GrStG	
Fälligkeit:	Gem. § 1 Abs. 2 Nr. 5 AO i.Vm. § 220 Abs. 1 AO i.V.m. § 28 Abs. 1 GrStG ist ab 2023 die Grundsteuer zu je 1/4 ihres Jahresbetrages in Höhe von 135,00 € fällig am 15.02.2023, 15.05.2023, 15.08.2023 und 15.11.2023.	

Zahlungen bitte an die Stadtkasse Musterstadt mit der Bankverbindung IBAN DE 99 0000 0000 0000 00, BIC GENO01S08 bei der Stadtsparkasse Musterstadt unter Angabe Ihrer o. a. Bürgernummer

Wird die Grundsteuer nicht zu den o. a. Fälligkeitsfristen gezahlt, so ist für jeden angefangenen Monat der Säumnis ein Säumniszuschlag von 1 % des abgerundeten rückständigen Steuerbetrages zu entrichten. Für ggf. notwendige Vollstreckungsmaßnahmen entstehen ebenfalls Kosten.

§ 157
Abs. 1 S. 3 AO

Rechtsbehelfsbelehrung:
Gegen diesen Bescheid können Sie innerhalb eines Monats nach Bekanntgabe Widerspruch erheben. Der Widerspruch ist bei der Stadtverwaltung Musterstadt, Rathausplatz 1, 12345 Musterstadt einzulegen.

§ 119
Abs. 3 S. 2 AO

Im Auftrag:
gez.
C. Apollo

Abb. 37 – Beispiel Grundsteuerbescheid

4.4.1.2 Bekanntgabe

Unter der Bekanntgabe ist die Eröffnung des Verwaltungsaktes gegenüber dem Betroffenen zu verstehen. Ein Verwaltungsakt ist dem Beteiligten bekannt zu geben, für den er bestimmt ist oder der von ihm betroffen wird (§ 122 Abs. 1 S. 1 AO). Erst mit der Bekanntgabe wird der Verwaltungsakt existent und dem jeweiligen Beteiligten gegenüber wirksam (§ 124 Abs. 1 AO). Der Verwaltungsakt muss in den Machtbereich des Adressaten gelangen, so dass dieser unter normalen Umständen die Möglichkeit der Kenntnisnahme hat.

4.4.1.2.1 Adressaten

Bei der Bekanntgabe ist zu unterscheiden,

- an wen sich der Verwaltungsakt bzw. Bescheid richtet
  (Inhaltsadressat - AEAO zu § 122, Nr. 1.3),
- wem er bekannt gegeben werden soll
  (Bekanntgabeadressat - AEAO zu § 122, Nr. 1.4) und
- welcher Person er tatsächlich zu übermitteln ist
  (Empfänger - AEAO zu § 122, Nr. 1.5).

Letztlich ist die Form der Bekanntgabe nach der Erforderlichkeit oder Zweckmäßigkeit festzulegen (AEAO zu § 122, Nr. 1.8).

Erst mit Bekanntgabe entfaltet der Verwaltungsakt mit dem Inhalt, mit dem er bekannt gegeben worden ist (§ 124 Abs. 1 S. 2 AO, § 155 Abs. 1 S. 2 AO) die sog. (Außen-)Wirkung (§ 122 Abs. 1 S. 1 AO). Mit der Bekanntgabe wird der Verwaltungsakt folglich wirksam (§ 124 Abs. 1 S. 1 AO).

Bei einem Bescheid über die Festsetzung von Abgaben ist Inhaltsadressat der Abgabenschuldner, d.h. bei Gewerbesteuern z.B. der Einzelunternehmer (§ 1 Abs. 2 Nr. 2 AO i.V.m. § 43 AO i.V.m. § 5 Abs. 1 S. 1 und 2 GewStG). Der Inhaltsadressat ist grundsätzlich mit dem Bekanntgabeadressat sowie Empfänger identisch. In der Regel ist der Bescheid deshalb an den Abgabenschuldner zu richten, ihm bekannt zu geben und zu übermitteln. Das gilt auch für juristische Personen[205], z.B. eine GmbH. Eine differenzierte Darstellung im Anschriftenfeld und Bescheidkopf ist nicht erforderlich:

> ABC GmbH
> Schuldengasse 2 ← **Inhalts- und Bekanntgabeadressat sowie Empfänger**
> 99999 Musterhausen
>
> Sehr geehrte Damen und Herren,
>
> es ergeht folgender Bescheid
> 1. [...]

Abb. 38 – Inhalts- und Bekanntgabeadressat sowie Empfänger (1)

205 BFH, Beschl. v. 07.08.1970 – VI R 24/67, bit.ly/VIR24-67.

Es gibt jedoch zahlreiche Konstellationen, in denen eine Bekanntgabe an den Abgabenschuldner ausscheidet, weil er nicht fähig ist, Verfahrenshandlungen vorzunehmen. Dazu gehören vor allem nicht geschäftsfähige natürliche Personen (§ 79 Abs. 1 Nr. 1 AO). Der Abgabenschuldner bleibt zwar Inhaltsadressat, es muss jedoch eine andere Person als Bekanntgabeadressat hinzutreten. Das können z.B. die Eltern eines zwölfjährigen Kindes sein (§ 34 Abs. 1 AO i.V.m. § 1629 BGB). Fallen Inhalts- und Bekanntgabeadressat auseinander, muss dieser Umstand bei der Gestaltung des Bescheids beachtet werden, damit unzweifelhaft ist, wer in welcher Rolle angesprochen wird. Das könnte wie folgt aussehen:

Ina Notlage und Ingo Notlage
Schuldengasse 2 ← **Bekanntgabeadressaten und Empfänger**
99999 Musterhausen

als gesetzliche Vertreter von Lutz Notlage, Schuldengasse 2, 99999 Musterhausen

Sehr geehrte Frau Notlage, sehr geehrter Herr Notlage,

Inhaltsadressat

es ergeht folgender Bescheid
an Sie als gesetzliche Vertreter von und mit Wirkung für und gegen Lutz Notlage:
1. [...]

Abb. 39 – Inhalts- und Bekanntgabeadressat sowie Empfänger (2)

Des Weiteren gibt es Konstellationen, in denen der Bescheid einer weiteren Person tatsächlich zu übermitteln ist. Das betrifft vor allem Fälle, in denen sich der Adressat rechtsgeschäftlich vertreten lässt (vgl. § 80 AO), z.B. durch einen Steuerberater. Auch das muss bei der Bescheidgestaltung berücksichtigt werden:

Steuerberater
Peter Silie ← **Empfänger**
Geldweg 3
99999 Musterhausen

für Frau Ina und Ingo Notlage als gesetzliche Vertreter von Lutz Notlage, Schuldengasse 2, 99999 Musterhausen

Sehr geehrter Herr Silie,

Inhaltsadressat

es ergeht folgender Bescheid

Bekanntgabeadressaten

an Sie für Frau Ina und Ingo Notlage als gesetzliche Vertreter von und mit Wirkung für und gegen Lutz Notlage:
1. [...]

Abb. 40 – Inhalts- und Bekanntgabeadressat sowie Empfänger (3)

Zur Vertiefung vergleiche umfassende Erläuterungen und Beispiele im AEAO zu § 122.

4.4.1.2.2 Art der Bekanntgabe

Die Abgabenordnung spricht in § 122 AO lediglich davon, dass der Verwaltungsakt „bekannt zu geben" ist und regelt insoweit nicht, wie die Bekanntgabe zu erfolgen hat. Bei einem schriftlichen oder elektronischen Verwaltungsakt („Bescheid") hat die Behörde daher grundsätzlich die Wahl, zum einen ob sie ihn schriftlich oder elektronisch und zum anderen ob sie einen schriftlichen Bescheid förmlich oder nicht-förmlich bekannt gibt.

Die förmliche Zustellung richtet sich nach dem VwZG (§ 122 Abs. 5 S. 2 AO). Danach kommen für eine förmliche Zustellung verschiedene Wege in Betracht, vor allem die Zustellung durch die Post mit Zustellungsurkunde, per Einschreiben durch Übergabe oder mit Rückschein und gegen Empfangsbekenntnis (§ 1 Abs. 1 LVwZG RLP i.V.m. §§ 3 bis 5 VwZG).

Wird der Bescheid auf eine Art und Weise bekannt gemacht, die nicht im VwZG geregelt ist, handelt es sich um eine nicht-förmliche Bekanntgabe. Dazu gehört vor allem die einfache Briefsendung im In- oder Ausland, die Bereitstellung zum Datenabruf[206] und die elektronische Übermittlung. Bei der öffentlichen Bekanntmachung i.S.d. § 122 Abs. 4 AO sind häufig die Fälle zu subsumieren, bei denen der Wohnsitz des Abgabenschuldners nicht ermittelt werden kann. In diesen Fällen wird die Abgabe durch öffentliche Bekanntmachung festgesetzt.[207]

Formen der Bekanntgabe von Verwaltungsakten nach der Abgabenordnung	
Übermittlung per Post im Inland § 122 Abs. 2 Nr. 1 AO	Übermittlung per Post im Ausland § 122 Abs. 2 Nr. 2 AO
Zustellung § 122 Abs. 5 AO i.V.m. § 1 Abs. 1 LVwZG RLP i.V.m. VwZG	Bereitstellung zum Datenabruf § 122a Abs. 1 AO
Öffentliche Bekanntmachung § 122 Abs. 4 AO	Elektronische Übermittlung § 122 Abs. 2a AO

Abb. 41 – Formen der Bekanntgabe von Verwaltungsakten nach der Abgabenordnung

4.4.1.2.3 Zugang und Frist bei einfacher Post

Wird ein Bescheid oder ein anderes Schriftstück förmlich zugestellt, kann die Behörde z.B. mit der Zustellungsurkunde, dem Rückschein des Einschreibens oder dem Empfangsbekenntnis nachweisen, dass und wann die Bekanntgabe erfolgt ist. Bei einer nicht-förmlichen Bekanntgabe, die in der Regel durch einen einfachen Brief erfolgt, fehlt eine entsprechende Möglichkeit. Trotzdem ist es auch in diesen Fällen häufig erforderlich, dass die Behörde von einem Zugang an

---

206 Zur Bereitstellung eines Abgabenbescheides zum Datenabruf durch den Abgabenpflichtigen gem. § 122a Abs. 1 AO vergleiche Beate Rheindorf „Änderung der Abgabenordnung fördert Verwaltungsmodernisierung – Das automatische Abgabenverfahren" in DVP 11/2016, S. 509 ff.

207 Zur öffentlichen Bekanntmachung nach § 122 Abs. 3, 4 AO siehe Beate Rheindorf/Holger Weidemann „Die öffentliche Bekanntgabe und öffentliche Zustellung eines Verwaltungsakts" in DVP 8/2012, S. 310 ff.

einem bestimmten Tag ausgehen kann, um insbesondere Rechtsbehelfsfristen sicher berechnen zu können. Deshalb bestimmt § 122 Abs. 2 AO, dass ein schriftlicher Verwaltungsakt, der durch die Post übermittelt wird, bei einer Übermittlung im Inland am dritten Tage nach der Aufgabe zur Post (Nr. 1) und bei einer Übermittlung im Ausland einen Monat nach der Aufgabe zur Post, als bekannt gegeben gilt.

Die Bestimmung hat drei Tatbestandsmerkmale:

- „schriftlicher Verwaltungsakt“: Er ist in dem Bescheid enthalten.
- „durch die Post“: Der Begriff beschränkt sich nicht auf die Deutsche Post AG, sondern umfasst alle Unternehmen, soweit sie Postdienstleistungen i.S.d. § 4 PostG erbringen (Nr. 1.8.2 AEAO zu § 122).[208] Exakter wäre daher „Postdienstleister“.
- „übermittelt“: Damit ist jede Art der postalischen Übermittlung gemeint, die nicht in einer förmlichen Zustellung besteht.

Liegen die v.g. Voraussetzungen vor, tritt die Rechtsfolge ein, d.h., der Bescheid gilt bei einer Übermittlung im Inland am dritten Tage nach der Aufgabe beim Postdienstleister als bekannt gegeben. Nach der Rechtsprechung des Bundesfinanzhofes handelt es sich bei dem Dreitageszeitraum um eine Frist, so dass die Fristvorschriften zu beachten sind (§ 108 Abs. 1 AO i.V.m. §§ 187 ff. BGB). Fällt der letzte Tag, also der dritte Tag der Frist auf einen Sonntag, einen gesetzlichen Feiertag oder einen Sonnabend, endet die Frist mit dem Ablauf des nächsten Werktages (§ 108 Abs. 3 AO).[209] Das Datum der Bekanntgabe bzw. der Aufgabe zur Post ist insbesondere auch für weitere Fristberechnungen wichtig, z.B. für die Berechnung von Fälligkeitsfristen.

4.4.1.2.4 Fristberechnung[210]

Fristen beginnen grundsätzlich mit Ablauf des Ereignistages (§ 108 Abs. 1 AO i.V.m. § 187 Abs. 1 BGB). Der Tag, auf den das Ereignis fällt, bleibt unberücksichtigt und ist nicht mitzuzählen. Der Fristberechnungsbeginn ist somit der Folgetag, 00.00 Uhr. Die Fristdauer ergibt sich aus der gesetzlichen Regelung. So ist bei der Bekanntgabe eines Bescheids per Post im Inland die Drei-Tages-Frist gem. § 122 Abs. 2 Nr. 1 AO maßgeblich. Beim Ende der Frist ist zu unterscheiden:

- Tagesfristen enden mit Ablauf des letzten Tages der Frist (§ 108 Abs. 1 AO i.Vm. § 188 Abs. 1 BGB)
- Monats- und Jahresfristen enden mit Ablauf des Tages, der die gleiche Zahl trägt wie der Ereignistag (§ 108 Abs. 1 AO i.V.m. § 188 Abs. 2 1. Alt. BGB). Fehlt in dem Monat, in dem die Frist endet der Tag, der die gleiche Zahl trägt wie der Ereignistag, dann tritt an seine Stelle der letzte Tag des Monats (§ 108 Abs. 1 AO i.V.m. § 188 Abs. 3 BGB).

Fällt der letzte, also bei der Bekanntgabe der dritte Tag der Frist auf einen Sonnabend (Samstag), Sonntag oder einen gesetzlichen Feiertag endet die Frist mit dem Ablauf des nächsten Werktags (§ 108 Abs. 3 AO). Die in Rheinland-Pfalz staatlich anerkannten Feiertage sind in § 2 LFtG

208 BFH, Urt. v. 14.06.2018 – III R 27/17, bit.ly/IIIR27-17.

209 BFH, Beschl. v. 17.09.2002 – IX R 68/98, bit.ly/IXR68-98, Urt. v. 14.10.2003 – IX R 68/98, bit.ly/IXR68-98_2; anders bei §§ 41 Abs. 2 VwVfG, 31 Abs. 3 S. 1 VwVfG (vgl. z.B. OVG Lüneburg, Beschl. v. 26.10.2006 – 7 PA 184/06, openJur 2012, 44939) und §§ 37 Abs. 2 S. 1, 26 Abs. 1 SGB X (vgl. z.B. BSG, Urt. v. 06.05.2010 – B 14 AS 12/09 R, bit.ly/B14AS12-09R).

210 Zur Vertiefung siehe Holger Weidemann/Beate Rheindorf „Termine, Fristen, Berechnungen – Eine unendliche Geschichte?“ in DVP 12/2011, S. 486.

RLP geregelt. Maßgeblich ist das Feiertagsrecht, das beim Adressaten des Bescheides gilt. § 193 BGB findet bei der Fristberechnung im Abgabenrecht keine Anwendung, da hier die spezielle Vorschrift des § 108 Abs. 3 AO greift.

Sachverhalt 18:
Die Sachbearbeiterin für die Jagdsteuer bei der Stadtverwaltung Kaiserslautern erstellt am 13.06.2023 einen Jagdsteuerbescheid und gibt diesen am Mittwoch, 14.06.2023 zur Post. Der Empfänger des Jagdsteuerbescheides wohnt ebenfalls in Rheinland-Pfalz.

Aufgabe:
Prüfen und erläutern Sie anhand der einschlägigen Rechtsnormen, an welchem Tag der Bescheid als bekannt gegeben gilt.

Lösung:
Für die Bekanntgabe im Inland gilt nach § 122 Abs. 2 Nr. 1 AO (anwendbar über § 1 Abs. 1 KAG RLP i.V.m. § 3 Abs. 1 Nr. 3 KAG RLP) eine Drei-Tages-Regelung. Gem. BFH-Rechtsprechung handelt es sich dabei um eine Frist und nicht um eine Drei-Tages-Fiktion.

Fristberechnung:

Fristbeginn	14.06.2023, 24.00 Uhr (Tag der Aufgabe zur Post)
Fristberechnungsbeginn	15.06.2023, 00.00 Uhr
Fristdauer	Bekanntgabefrist von drei Tagen (s.o.)
Fristende	Samstag, 17.06.2023, 24.00 Uhr
Hinausschieben	Montag, 19.06.2023, 24.00 Uhr
Fristvorschriften	§ 1 Abs. 1 KAG RLP i.V.m. § 3 Abs. 1 Nr. 3 KAG RLP i.V.m. § 108 Abs. 1 AO i.V.m. § 187 Abs. 1 BGB (Fristbeginn), § 188 Abs. 1 BGB (Fristende), § 108 Abs. 3 AO (Hinausschieben)

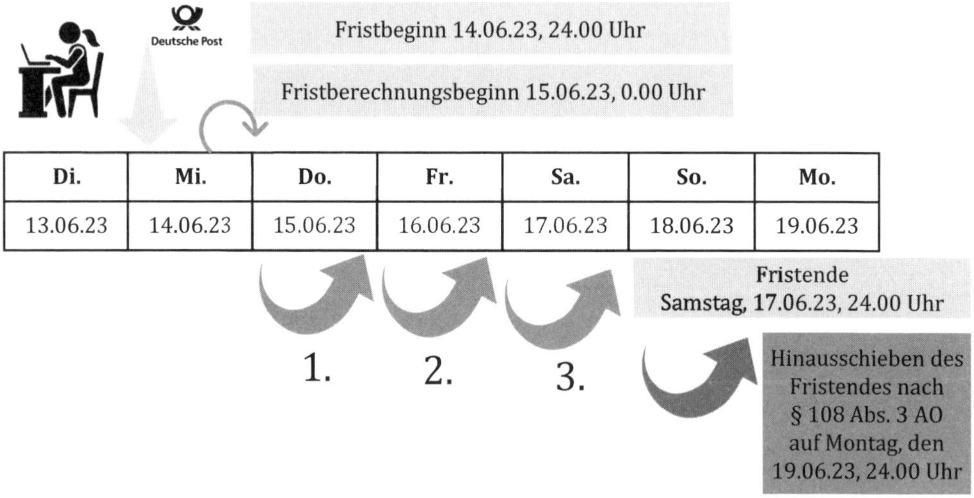

Abb. 42 – Berechnung der Drei-Tages-Frist zur Bekanntgabe von Verwaltungsakten

In der Praxis kommt es regelmäßig vor, dass Adressaten bestreiten, den Bescheid innerhalb des Drei-Tages-Zeitraums oder überhaupt erhalten zu haben. Für die Behörde stellt sich dann die Frage, ob sie sich trotzdem auf § 122 Abs. 2 Nr. 1 AO berufen kann. In § 122 Abs. 2 Hs. 2 AO heißt es, dass „im Zweifel" die Behörde nachzuweisen hat, dass und wann der Bescheid zugegangen ist. Wann derartige Zweifel vorliegen, die zu einer Beweislast der Behörde führen, richtet sich danach, ob der Empfänger nur den Zeitpunkt des Zugangs oder den Zugang selbst bestreitet.

Steht der Zugang fest und ist lediglich der Zeitpunkt streitig, beschränkt § 122 Abs. 2 Nr. 1 AO die Nachweispflicht der Behörde auf die Fälle, in denen der Adressat den Zugang „substantiiert bestreitet", d.h. Tatsachen vorträgt, nach denen die Behauptung eines verspäteten Zugangs schlüssig erscheint.[211] So könnte der Adressat beispielsweise darlegen, dass er einen Nachsendeauftrag erteilt habe und es dadurch zu einer verlängerten Postlaufzeit gekommen sei.[212] Dagegen würde es nicht genügen, wenn der Adressat nur erklärt, den Bescheid später erhalten zu haben, ohne weitere Ausführungen zu den Gründen zu machen (sog. „einfaches Bestreiten"). Dann lägen noch keine Zweifel i.S.d. § 122 Abs. 2 Hs. 2 AO vor, d.h., die Behörde könnte sich nach wie vor darauf berufen, dass der Bescheid am dritten Tag nach der Aufgabe zur Post zugegangen sei.

Anders verhält es sich, wenn der Adressat bestreitet, den Bescheid überhaupt erhalten zu haben. In diesem Fall hat die Behörde den Zugang auch dann nachzuweisen, wenn der Adressat sich auf ein „einfaches Bestreiten" beschränkt, d.h., keine Gründe für den ausgebliebenen Zugang vorträgt. Diesen Nachweis kann die Behörde allerdings nicht dadurch erbringen, dass sie sich auf einen typischen Geschehensablauf beruft, indem sie schlicht vorträgt, der Bescheid sei nicht zurückgekommen und deshalb müsse von einem Zugang ausgegangen werden.[213] Die Behörde könnte aber darlegen und beweisen, dass der Bescheid an eine Adresse gesandt worden sei, unter welcher der Adressat bereits längere Zeit wohne und unter der er in jüngerer Zeit nachweislich mehrere Schreiben erhalten habe.[214]

211 BFH, Beschl. v. 30.06.2000 – VI B 39/00, bit.ly/VIB39-00.

212 BFH, Urt. v. 04.03.1977 – VI R 242/74, bit.ly/VIR242-74.

213 BFH, Urt. v. 18.11.2003 – VII R 5/02, bit.ly/VIIR5-02.

214 BGH, Beschl. v. 27.04.2017 – I ZB 91/16, openJur 2018, 3253.

4.4.1.2.5 Prüfschema zur Fristberechnung:

1.	Fristbeginn	.. .., 24.00 Uhr
2.	Fristberechnungsbeginn	(Folgetag), ..., 00.00 Uhr
3.	Dauer	jeweilige Norm der AO, ggf. Spezialgesetz
4.	Ende	Wochentag, ..., 24.00 Uhr
	• Tagesfrist	abzählen ab Fristberechnungsbeginn (= erster Tag)
	• Monatsfrist	Tag Fristbeginn + Monatszahl um „Dauer" erhöht
	• Jahresfrist	Tag Fristbeginn + Jahreszahl um „Dauer" erhöht
5.	Hinausschieben	Sonnabend (Samstag), Sonntag und Feiertagsregelung auf den nächstfolgenden Werktag, ..., Wochentag 24.00 Uhr
6.	Fristvorschriften	§ 108 Abs. 1 AO i.V.m. § 187 Abs. 1 BGB (Beginn) § 188 Abs. 1 BGB (Ende Tagesfristen) § 188 Abs. 2 1. Alt. BGB (Ende Monats-/Jahresfristen) § 188 Abs. 3 BGB („Fehlen des letzten Monatsletzten") § 108 Abs. 3 AO (Hinausschieben)

Abb. 43 – Prüfungsschema zur Fristberechnung im Abgabenrecht

Bei aufeinander aufbauenden Fristberechnungen wie z.B. bei der Einspruchsfrist, bei der zuerst die Bekanntgabefrist berechnet werden muss, ist das Fristende der ersten Fristberechnung zur Bekanntgabefrist gleichzeitig Fristbeginn der darauffolgenden Einspruchsfristberechnung.

Sachverhalt 19:[215]
Ein Grundsteuerbescheid wird am 15.02.2023 als einfache Postsendung mit der „Schnecken-Post" der Zylon Verlag GmbH nach Koblenz versandt. Der „Schnecken-Post" wurde die Lizenz erteilt, Briefsendungen, deren Einzelgewicht nicht mehr als 1.000 g beträgt, gewerbsmäßig für andere zu befördern. Im Laufe des Verfahrens schreibt der Adressat an die Behörde, dass er den Bescheid nicht am 20.02.2023, sondern erst am 22.02.2023 erhalten habe. Zur Begründung führt er an, dass die „Schnecken-Post" in Rheinland-Pfalz nicht tätig sei, d.h., ein anderes Unternehmen eingeschaltet worden sein müsse und es deshalb zu einer längeren Postlaufzeit gekommen sei.

Aufgabe:
Prüfen und begründen Sie anhand der einschlägigen Rechtsnormen, ob die Behörde von einer Bekanntgabe des Bescheides am 20.02.2023 ausgehen kann.

Lösung:
Der Grundsteuerbescheid wurde mit einfachem Brief über die „Schnecken-Post" der Zylon Verlag GmbH Postdienstleistungen übermittelt. Der Bekanntgabezeitpunkt im Inland richtet sich daher nach § 1 Abs. 2 Nr. 3 AO i.V.m. § 122 Abs. 2 Nr. 1 AO. Es handelt sich dabei um eine Drei-Tages-Frist gem. BFH-Rechtsprechung.

215 In Anlehnung an BFH, Urt. v. 14.06.2018 – III R 27/17, bit.ly/IIIR27-17.

Fristberechnung:	
Fristbeginn	15.02.2023, 24.00 Uhr
Fristberechnungsbeginn	16.02.2023, 00.00 Uhr
Fristdauer	3 Tage gem. § 1 Abs. 2 Nr. 3 AO i.V.m. § 122 Abs. 2 Nr. 1 AO
Fristende	Samstag, 18.02.2023, 24.00 Uhr
Hinausschieben	Montag, 20.02.2023, 24.00 Uhr
Fristvorschriften	§ 1 Abs. 2 Nr. 3 AO i.V.m. § 108 Abs. 1 AO i.V.m. § 187 Abs. 1 BGB (Fristbeginn), § 188 Abs. 1 BGB (Fristende), § 108 Abs. 3 AO (Hinausscheiben)

Die Bekanntgabe gilt somit grundsätzlich am Montag, 20.02.2023, 24.00 Uhr, als erfolgt. Fraglich ist, ob durch den Vortrag des Adressaten Zweifel daran begründet werden, dass ihm der Bescheid tatsächlich spätestens am 22.02.2023 zuging. Unklar bleibt, ob und wie zwischen der „Schnecken-Post" und dem vor Ort tätigen Subunternehmen sichergestellt ist, dass eine Postsendung, die dem Subunternehmen zur Weiterbeförderung übergeben wird, ebenso zügig zum Empfänger gelangt wie bei der Einschaltung nur eines Postdienstleisters. Damit ist zweifelhaft, ob der Bescheid dem Empfänger tatsächlich innerhalb von drei Tagen nach der Aufgabe bei der „Schnecken-Post" zugegangen ist. Die Behörde kann sich somit nicht auf die Drei-Tages-Frist berufen, sondern muss den Tag des Zugangs nachweisen.

Anders als das Wort „gilt" zunächst nahelegt, handelt es sich bei § 122 Abs. 2 AO somit nicht um eine unwiderlegbare Fiktion, sondern eine widerlegbare Vermutung. Genauer ist es daher von einer „Drei-Tages-Vermutung"[216] und nicht von einer „Drei-Tages-Fiktion" zu sprechen.

Sachverhalt 20:[217]
Das Finanzamt Montabaur gibt am 28.03.2023 einen Gewerbesteuermessbescheid zur Post. Der Steuerpflichtige S. Uri aus Neuhäusel erhebt gegen die Festsetzung des Gewerbesteuermessbetrages mit Schreiben vom 03.05.2023 gem. § 1 Abs. 1 AO i.V.m. § 355 Abs. 1 S. 1 AO schriftlich Einspruch bei der zuständigen Behörde.

Aufgabe:
Prüfen und erläutern Sie anhand der einschlägigen Rechtsnormen, ob der Einspruch fristgerecht erfolgt ist.

Lösung:
Ein Einspruch gegen den Gewerbesteuermessbescheides des Finanzamtes Montabaur ist gem. § 1 Abs. 1 AO i.V.m. § 355 Abs. 1 S. 1 AO innerhalb eines Monats nach Bekanntgabe des Verwaltungsakts einzulegen. Die Bekanntgabefrist im Inland richtet sich nach § 1 Abs. 1 AO i.V.m. § 122 Abs. 2 Nr. 1 AO. Dabei handelt es sich um eine Drei-Tages-Frist gem. BFH-Rechtsprechung.

216 FG Stuttgart, Urt. v. 12.05.2010 – 7 K 2868/07, openJur 2012, 63114.
217 In Anlehnung an BFH, Beschl. v. 20.03.2018 – III B 135/17, bit.ly/IIIB135-17.

1. Schritt: Berechnung der Bekanntgabefrist	
Fristbeginn	28.03.2023, 24.00 Uhr
Fristberechnungsbeginn	29.03.2023, 00.00 Uhr
Fristdauer	3 Tage gem. § 1 Abs. 1 AO i.V.m. § 122 Abs. 2 Nr. 1 AO
Fristende	Freitag, 31.03.2023, 24.00 Uhr
Fristvorschriften	§ 1 Abs. 1 AO i.V.m. § 108 Abs. 1 AO i.V.m. § 187 Abs. 1 BGB (Fristbeginn), § 188 Abs. 1 BGB (Fristende)

Mit Ablauf des 31.03.2023 endet folglich die Drei-Tages-Frist des § 1 Abs. 1 AO i.V.m. § 122 Abs. 2 Nr. 1 AO und der Gewerbesteuermessbescheid gilt als bekannt gegeben.

2. Schritt: Berechnung der Einspruchsfrist	
Fristbeginn	31.03.2023, 24.00 Uhr
Fristberechnungsbeginn	01.04.2023, 00.00 Uhr
Fristdauer	1 Monat gem. § 1 Abs. 1 AO i.V.m. § 355 Abs. 1 S. 1 AO
Fristende	„31.04.2023", 24.00 Uh
Fehlen Monatsletzter	Sonntag, 30.04.2023, 24.00 Uhr
Hinausschieben	Dienstag, 02.05.2023, 24.00 Uhr, da Montag 01.05.2023 ein gesetzlicher Feiertag ist
Fristvorschriften	§ 1 Abs. 1 AO i.V.m. § 108 Abs. 1 AO i.V.m. § 187 Abs. 1 BGB (Fristbeginn), § 188 Abs. 2 1. Alt. BGB (Fristende), § 188 Abs. 3 BGB (Fehlen Monatsletzter), § 108 Abs. 3 AO (Hinausschieben)

Die einmonatige Einpruchsfrist endet gem. § 1 Abs. 1 AO i.V.m. § 355 Abs. 1 S. 1 AO am Dienstag, 02.05.2023, 24.00 Uhr.

Da der Steuerpflichtige den Einspruch erst am 03.05.2023 schriftlich eingelegt hat, ist dieser verfristet und unzulässig.

4.4.2 Festsetzung durch öffentliche Bekanntmachung

Hat der Abgabenschuldner in der Vergangenheit bereits einen Abgabenbescheid erhalten und bleiben die Berechnungsgrundlagen sowie der Betrag für einen zukünftigen Zeitabschnitt unverändert, können die Abgaben für diesen zukünftigen Zeitabschnitt durch eine öffentliche Bekanntmachung festgesetzt werden § 3 Abs. 2 Nr. 6 KAG RLP. Eine inhaltlich identische Regelung trifft § 27 Abs. 3 S. 1 GrStG für die Grundsteuer. Es handelt sich hierbei um eine Ermessensvorschrift. Der Abgabengläubiger kann für jedes Jahr einen Bescheid an den Abgabenschuldner einzeln bekanntgeben.

Dem Abgabenschuldner wird i.d.R. bei gleich hoher Festsetzung kein weiterer Abgabenbescheid erteilt. Er wird vielmehr durch die öffentliche Bekanntmachung festgesetzt. Da die Festsetzung durch öffentliche Bekanntmachung nur bereits informierte Abgabenpflichtige betrifft, ist ein effektiver Rechtsschutz i.S.d. Art. 19 Abs. 4 GG gewährleistet.[218]

In der Praxis ist es mit Blick auf den Grundsatz des sparsamen und wirtschaftlichen Verwaltungshandels (§ 93 Abs. 3 GemO RLP) geboten, von dieser Vereinfachungsregelung Gebrauch zu machen, weil dadurch ein erheblicher Verwaltungsaufwand vermieden wird.

Am Tage der öffentlichen Bekanntmachung (vgl. § 27 GemO RLP, §§ 7 bis 10 GemODVO RLP) treten die gleichen Rechtswirkungen ein, als wenn den Abgabenschuldnern an diesem Tage ein schriftlicher Abgabenbescheid zugegangen wäre (§ 3 Abs. 2 Nr. 6 2. Hs KAG RLP, § 27 Abs. 3 S. 2 GrStG). Für den Beginn der Rechtsbehelfsfrist ist daher der Tag nach der ortsüblichen Bekanntmachung maßgeblich. Der Verweis auf § 122 Abs. 4 AO in § 3 Abs. 1 Nr. 3 KAG RLP sowie in § 1 Abs. 2 Nr. 3 AO führt zu keinem anderen Ergebnis:[219] Zwar regelt § 122 Abs. 4 S. 3 AO, dass ein öffentlich bekannt gegebener Verwaltungsakt erst zwei Wochen nach dem Tag der ortsüblichen Bekanntmachung als bekannt gegeben gilt. Bei § 3 Abs. 2 Nr. 6 KAG RLP und § 27 Abs. 3 S. 1 GrStG wird jedoch kein Verwaltungsakt bekannt gemacht, der seinerseits die Abgaben festsetzt, sondern die Festsetzung erfolgt unmittelbar durch die öffentliche Bekanntmachung selbst. Als häufige Anwendungsfälle sind hier die Grundsteuer, die Hundesteuer, die Straßenreinigungsgebühren und die Zweitwohnungssteuer zu nennen.[220]

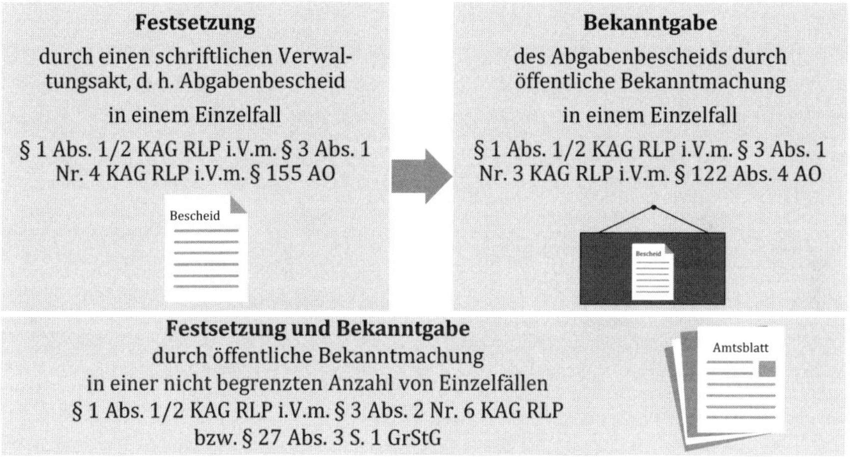

Abb. 44 – Abgabenfestsetzung durch öffentliche Bekanntmachung

Die Festsetzung durch öffentliche Bekanntmachung ist nicht zulässig, wenn die Abgabenpflicht neu begründet wird, der Abgabenschuldner wechselt oder sich die Abrechnungsgrundlagen ändern.

---

218 BVerwG, Urt. v. 21.11.1986 – 8 C 127.84, bit.ly/8C127-84.

219 BVerwG, Urt. v. 21.11.1986 – 8 C 127.84, bit.ly/8C127-84, zur fehlenden Möglichkeit der Einsichtnahme in den Verwaltungsakt nach § 122 Abs. 4 S. 2 AO bei der Anwendung des § 27 Abs. 3 S. 1 GrStG; Frotscher in Schwarz et al., § 122 Rn. 139, wonach § 27 Abs. 3 GrStG eine Sonderregelung darstellt und damit eine Anwendung von § 122 Abs. 4 AO ausgeschlossen ist.

220 Muster siehe Rheindorf in Kohlhaas et al., § 3 Rn. 19c.

Sachverhalt 21:
L. Dillon hält seit Jahren mehrere Hunde. Für das Jahr 2023 hat sie erstmals keinen Hundesteuerbescheid erhalten. Im Amtsblatt der Stadt Andernach vom 09.01.2023 findet sie jedoch nachfolgenden Hinweis:

Amtsblatt der Stadt Andernach – Auszug –
Festsetzung der Hundesteuer im Gebiet der Stadt Andernach für das Kalenderjahr 2023 durch öffentliche Bekanntmachung
Diese Festsetzung durch öffentliche Bekanntmachung betrifft alle Hundesteuerpflichtigen, die im Kalenderjahr 2023 die gleiche Hundesteuer wie im Vorjahr zu entrichten haben. Für sie wird die Hundesteuer für das Kalenderjahr 2023 gem. § 3 Abs. 1 Nr. 3 des Kommunalabgabengesetzes für Rheinland-Pfalz (KAG RLP) i.V.m. § 6 Abs. 2 der Satzung der Stadt Andernach über die Erhebung der Hundesteuer vom 02.11.2011 durch diese öffentliche Bekanntmachung mit dem zuletzt für das Kalenderjahr 2022 veranlagten Betrag festgesetzt.
Diese Steuerfestsetzung hat mit dem Tag der öffentlichen Bekanntmachung die Rechtswirkung eines Steuerbescheides. Die Hundesteuersätze bleiben gegenüber dem Vorjahr unverändert. Sie betragen für

a) den ersten Hund:	*72,00 EUR*
b) den zweiten Hund:	*108,00 EUR*

...
Soweit Änderungen in den Besteuerungsgrundlagen oder durch An- und Abmeldungen eintreten, wird hierüber ein entsprechender Hundesteuerbescheid erteilt.
Zahlungsaufforderung: Die Steuerpflichtigen, die keine Ermächtigung zur Abbuchung der Hundesteuer erteilt haben, werden gebeten, die Hundesteuer 2023 wie im zuletzt ergangenen Bescheid festgesetzt (zum 15.02., 15.05., 15.08. und 15.11.2023), zu entrichten.

L. Dillon wundert sich sehr über dieses Verfahren und fragt Sie, ob nicht für jedes Jahr ein Hundesteuerbescheid erlassen werden müsse.

Aufgabe:
Prüfen und begründen Sie anhand der einschlägigen Rechtsnormen, ob der Erlass eines Hundesteuerbescheides für 2023 erforderlich ist.

Lösung:
Die Hundesteuer für Steuerschuldner, bei denen die Abgabenberechnungsgrundlagen und der Abgabenbetrag für einen künftigen Zeitabschnitt unverändert bleiben, kann durch öffentliche Bekanntmachung festgesetzt werden (§ 1 Abs. 1 KAG RLP i.V.m. § 3 Abs. 2 Nr. 6 Hs. 1 KAG RLP). Für diese Steuerpflichtigen treten mit dem Tag der öffentlichen Bekanntmachung die gleichen Rechtswirkungen ein, als wenn ihnen an diesem Tag ein schriftlicher Steuerbescheid zugegangen wäre (§ 3 Abs. 2 Nr. 6 Hs. 2 KAG RLP). Die Hundesteuersätze in der Stadt Andernach sind gegenüber dem Vorjahr unverändert. Dem Sachverhalt sind auch keine Anhaltspunkte dafür zu entnehmen, dass sich im Einzelfall ein anderer Abgabenbetrag als im Jahr 2022 für den Hundehalter L. Dillon ergibt. Daher ist eine Festsetzung der Hundesteuer 2023 durch öffentliche Bekanntmachung zulässig. Die öffentliche Bekanntmachung erfolgte am Montag, den 09.01.2023 im Amtsblatt der Stadt Andernach. Somit gilt der Hundesteueranspruch 2023 als festgesetzt.

Die Stadtverwaltung Andernach ist insoweit nicht verpflichtet, für jedes Jahr einen Hundesteuerbescheid zu erlassen. Die Festsetzung kann unter der Voraussetzung, die § 1 Abs. 1 KAG RLP i.V.m. § 3 Abs. 2 Nr. 6 KAG RLP normiert, auch durch öffentliche Bekanntmachung festgesetzt werden.

4.4.3 Besonderheiten bei Gesamtschuldnern

Das materielle Steuerrecht sieht in zahlreichen Fällen vor, dass mehrere Personen eines Abgabensachverhalts als Gesamtschuldner haften. Das ist beispielsweise der Fall, wenn

- ein Grundstück mehrere Eigentümer hat, z.B. Ehegatten (§ 10 Abs. 2 GrStG),
- mehrere Personen gemeinschaftlich Inhaber einer Zweitwohnung sind (§ 3 Abs. 2 Satzungsmuster Zweitwohnungssteuer[221]) oder
- mehrere Personen gemeinsam einen oder mehrere Hunde halten (§ 2 Abs. 3 Satzungsmuster Hundesteuer[222]).

Bei Gesamtschuldnern hat jeder Pflichtige die gesamte Abgabe zu zahlen (§ 44 Abs. 1 S. 2 AO). Da jeder Gesamtschuldner grundsätzlich die gesamte Leistung schuldet, kann die Gemeinde i.R.d. Auswahlermessens (§ 5 AO) von jedem die gesamte Leistung fordern. Hierbei stehen Überlegungen zur effektiven Durchsetzung des Anspruchs im Vordergrund. Die Kommune darf die Abgabe aber insgesamt nur einmal verlangen (vgl. § 421 BGB)[223], d.h., erfüllt ein Gesamtschuldner die offene Forderung, wirkt das auch für die übrigen Schuldner (§ 44 Abs. 2 S. 1 AO). Der Abgabenanspruch erlischt durch die Zahlung (§ 47 AO). Zahlt ein Gesamtschuldner, nachdem der Anspruch bereits durch die Zahlung eines anderen Gesamtschuldners erloschen war, steht ihm ein Erstattungsanspruch aus § 37 Abs. 2 AO zu. Da die Abgabenordnung keine Regelungen zum Ausgleich unter den Gesamtschuldnern enthält, ist dieser ausschließlich zivilrechtlich „im Innenverhältnis" unter den Gesamtschuldnern nach § 426 BGB zu regeln.[224] Andere Tatsachen, die Einfluss auf das Abgabenschuldverhältnis haben, wirken immer nur im Verhältnis zum einzelnen Gesamtschuldner (§ 44 Abs. 2 S. 3 AO). Solche Tatsachen sind z.B. Stundung (§ 222 AO), und der Billigkeitserlass (§ 227 AO).

Gegen Gesamtschuldner kann ein zusammengefasster Abgabenbescheid ergehen (§ 155 Abs. 3 S. 1 AO). Aus dem Charakter des Verwaltungsakts als Einzelfallregelung folgt, dass die kommunale Finanzbehörde eine Entscheidung grundsätzlich gegenüber einer Einzelperson trifft. Sind mehrere Abgabenpflichtige Gesamtschuldner einer Abgabe i.S.d. § 44 AO, kann aus Vereinfachungsgründen ein sog. zusammengefasster Abgabenbescheid gem. § 155 Abs. 3 S. 1 AO erlassen werden. Es sind dann zwei oder mehr inhaltsgleiche Bescheide in einem inhaltsgleichen Bescheid verbunden. Daher müssen sämtliche Gesamtschuldner auf dem Adressfeld oder sonst aus dem Bescheid ersichtlich sein. Trotz dieser Zusammenfassung handelt es sich verfahrensrechtlich um mehrere Verwaltungsakte, die auch getrennte verfahrensrechtliche Wege gehen

221 Abgedruckt in Vorschriftensammlung Kommunales Finanzwesen Rheinland-Pfalz unter der Ordnungsnummer 100.006.

222 Abgedruckt in Vorschriftensammlung Kommunales Finanzwesen Rheinland-Pfalz unter der Ordnungsnummer 100.004.

223 Zugmaier/Nöcker et al., § 44 Rz. 1.

224 Zugmaier/Nöcker et al., § 44 Rz. 10.

können. Wenn z.B. nur ein Ehegatte Rechtsbehelf einlegt, dann wird der Verwaltungsakt für den anderen Ehegatten bestandskräftig.

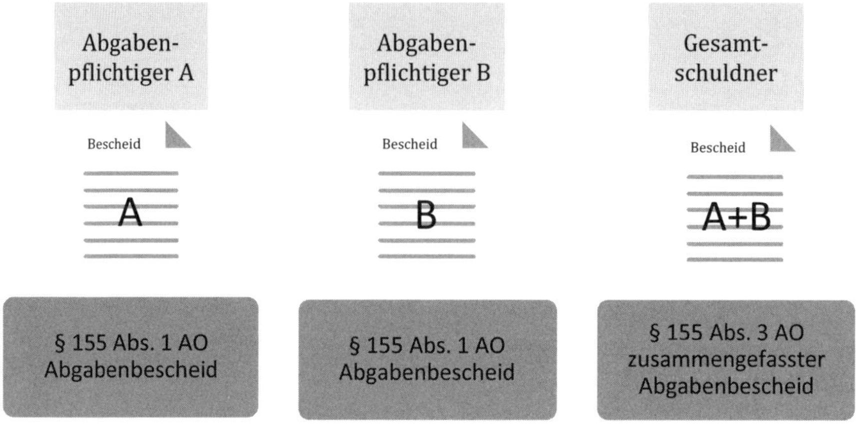

Abb. 45 – Zusammengefasster Steuerbescheid

4.4.4 Gemeinsame Bekanntgabe von zusammengefassten Abgabenbescheiden

Der Verfahrensvereinfachung des zusammengefassten Abgabenbescheides gem. § 155 Abs. 3 AO folgt zumindest teilweise auch eine Erleichterung bei der Bekanntgabe solcher Bescheide. Es ist zu klären, wie die Bekanntgabe des zusammengefassten Abgabenbescheides erfolgt – wer ist Bekanntgabeadressat und wem gegenüber soll der Verwaltungsakt bekannt gegeben werden? Grundsätzlich erfolgt gem. § 122 Abs. 1 AO die Bekanntgabe an denjenigen Beteiligten, der von dem Verwaltungsakt betroffen ist oder für den er bestimmt ist. Häufig ergehen Bescheide jedoch an Eheleute gemeinsam, z.B. durch einen zusammengefassten Grundsteuerbescheid.

Dabei gilt es (im Gegensatz zum Allgemeinen Verwaltungsrecht) die Besonderheit des § 122 Abs. 7 AO für die Bekanntgabe an

- Ehegatten oder Lebenspartner (§ 122 Abs. 7 S. 1 Nr. 1 AO) und
- Ehegatten mit ihren Kindern, Lebenspartnern mit ihren Kindern oder Alleinstehende mit ihren Kindern (§ 122 Abs. 7 S. 1 Nr. 2 AO)

zu beachten.

Es ist ausreichend, wenn ein Verwaltungsakt an die gemeinsame Anschrift übermittelt wird (§ 122 Abs. 7 S. 1 AO), auch wenn es sich verfahrensrechtlich um zwei unabhängige Bescheide handelt. Dies gilt nicht, wenn eine Einzelbekanntgabe beantragt wurde oder der Finanzbehörde bekannt ist, dass zwischen den Beteiligten ernstliche Meinungsverschiedenheiten bestehen (§ 122 Abs. 7 S. 2 AO).[225]

225 Weitergehende Erläuterungen siehe AEAO Nr. 2.1 zu § 122 AO.

Nach § 122 Abs. 6 AO ist die Bekanntgabe eines Verwaltungsakts an einen Beteiligten zugleich mit Wirkung für und gegen andere Beteiligte zulässig, soweit die Beteiligten einverstanden sind (z.B. Erbengemeinschaft, Bauherrengemeinschaft, Ehegatten mit verschiedenen Wohnsitzen). Notwendig ist die Zustimmung aller Beteiligten, die formlos erfolgen kann. Diese kann angenommen werden, wenn die Bekanntgabe längerer Zeit mit Wissen der anderen Beteiligten unbeanstandet durchgeführt wurde. Erfolgt eine Bekanntgabe ohne Zustimmung, ist diese unwirksam.[226]

4.4.5 Besonderheit bei Realsteuern

Aufgrund der zweigeteilten Zuständigkeit für die Verwaltung von Realsteuern müssen die Finanzämter und Gemeinden bei der Festsetzung zusammenwirken. Die Festsetzungen des Finanzamtes erfolgen u.a. durch einen Steuermessbescheid (§ 184 Abs. 1 S. 1 AO). Mit diesem Bescheid wird das Fundament für das weitere Festsetzungsverfahren der Gemeinde gelegt, so dass der Steuermessbescheid als Grundlagenbescheid bezeichnet wird (vgl. § 171 Abs. 10 S. 1 AO). Mit dem Steuermessbescheid wird nach § 184 Abs. 1 S. 2 AO über die

- persönliche Steuerpflicht (Wer schuldet die Steuer?) als auch die
- sachliche Steuerpflicht (Um welchen Steuergegenstand handelt es sich?)

entschieden.

Der Steuermessbescheid ist gegenüber dem Steuerpflichtigen bekannt zu geben und der Inhalt des Bescheides den Gemeinden mitzuteilen (§ 31 Abs. 1 S. 1 AO, § 184 Abs. 3 AO). Gegenüber dem Steuerpflichtigen sind die Steuermessbescheide Verwaltungsakte i.S.d. § 118 AO. Die kommunalen Finanzbehörden erhalten lediglich eine Information über den Inhalt des Steuermessbescheides vom Finanzamt. Gegenüber den kommunalen Finanzbehörden liegt insofern kein Verwaltungsakt vor, da diese nicht Empfänger des Bescheides sind. Folglich können die Gemeinden – anders als die Steuerpflichtigen – auch keinen Rechtsbehelf gegen den Steuermessbescheid einlegen.

Ab 2025 findet § 184 Abs. 3 S. 2 AO Anwendung, so dass die Daten den kommunalen Finanzbehörden nur noch elektronisch über Elster-TRANSFER zur Verfügung gestellt werden.

Bei der Grundsteuer erlässt das Finanzamt außerdem einen Feststellungsbescheid für den Grundsteuerwert (Grundsteuerwertbescheid gem. § 219 Abs. 1 BewG i.V.m. § 180 Abs. 1 S. 1 AO).

Sowohl bei der Grundsteuer als auch der Gewerbesteuer kann es zur Zerlegung des Steuermessbetrages kommen, wenn mehrere Gemeinden steuerberechtigt sind. In diesem Fall teilt das Finanzamt den Steuermessbetrag auf die den Gemeinden jeweils zustehenden Zerlegungsanteile auf. Im Zerlegungsverfahren sind sowohl die Steuerpflichtigen als auch die steuerberechtigten Gemeinden Beteiligte (§ 186 AO), so dass der Zerlegungsbescheid sowohl den Steuerpflichtigen als auch den steuerberechtigten Gemeinden bekannt zu geben ist (§ 188 Abs. 1 AO). Anders als beim Steuermessbescheid liegt somit auch gegenüber der Gemeinde

226 Zugmaier/Nöcker et al., § 122 Rz 130–133.

ein Verwaltungsakt vor, so dass sowohl der Steuerpflichtige als auch die steuerberechtigte Gemeinde einen Rechtsbehelf gegen den Bescheid einlegen kann.

Die steuerberechtigte Gemeinde ist an die Festsetzungen des Finanzamtes gebunden. Die Bindungswirkung für die Grundlagen-/Folgebescheide ergibt sich beim

- Grundsteuerwertbescheid aus § 1 Abs. 1 AO i.V.m. § 182 Abs. 1 S. 1 AO, beim
- Steuermessbescheid aus § 1 Abs. 1 AO i.V.m. § 184 Abs. 1 S. 4 AO i.V.m. § 182 Abs. 1 S. 1 AO und beim
- Zerlegungsbescheid aus § 1 Abs. 1 AO i.V.m. § 185 AO i.V.m. § 184 Abs. 1 S. 4 AO i.V.m. § 182 Abs. 1 S. 1 AO.

Die kommunalen Finanzbehörden sind verpflichtet Steuerbescheide zu erlassen, aufzuheben oder zu ändern, wenn ein Grundlagenbescheid erlassen, aufgehoben oder geändert wird (§ 175 Abs. 1 S. 1 Nr. 1 AO i.V.m. § 155 Abs. 1 S. 1 AO).

Die Grundlagenbescheide sind qualifizierte Verwaltungsakte i.S.d. § 118 AO, da die Vorschriften des Vierten Teils der Abgabenordnung (§§ 134 bis 217 AO) auf diese entsprechend anwendbar sind. Dies ergibt sich für

- den Grundsteuerwertbescheid aus § 1 Abs. 1 AO i.V.m. § 181 Abs. 1 S. 1 AO,
- den Steuermessbescheid aus § 1 Abs. 1 AO i.V.m. § 184 Abs. 1 S. 3 AO und
- den Zerlegungsbescheid aus § 1 Abs. 1 AO i.V.m. § 185 AO i.V.m. § 184 Abs. 1 S. 3 AO.

Zusammenfassend stellt sich die Zusammenarbeit zwischen Finanzamt und Gemeinde im einen Gewerbesteuerfall mit durchzuführendem Zerlegungsverfahren wie folgt dar:

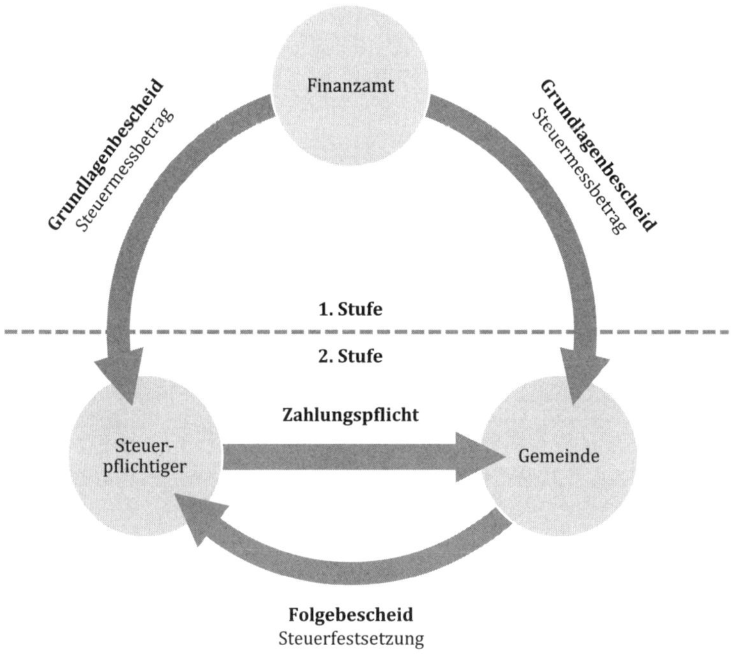

Abb. 46 – Zusammenspiel zwischen Finanzamt und Gemeinde bei Realsteuern

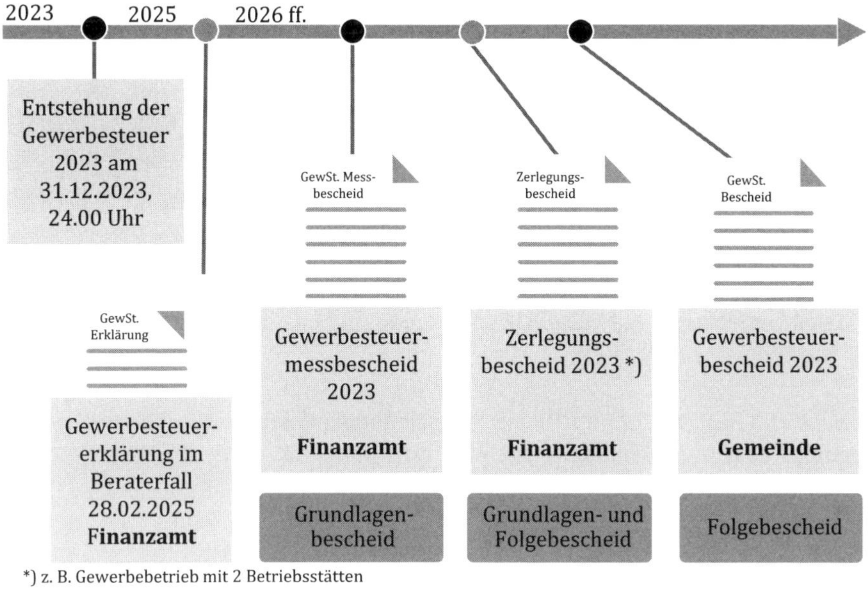

Abb. 47 – Grundlagen- und Folgebescheide im Rahmen der Gewerbesteuer[227]

4.4.6 Kleinbetragsregelungen

Bei Beträgen von unter 20,00 EUR kann die Gemeinde davon absehen, kommunale Abgaben festzusetzen, zu erheben, nachzufordern oder zu erstatten (§ 4 S. 1 KAG RLP). Diese Vorschrift dient der Verwaltungsvereinfachung und der Wirtschaftlichkeit des Verwaltungshandelns und ermöglicht der Gemeinde im pflichtgemäßen Ermessen zu entscheiden, ob sie bei Beträgen unter 20,00 EUR zu Gunsten des Abgabenpflichtigen von der Festsetzung, Erhebung oder Nachforderung oder zu Lasten des Abgabenpflichtigen von der Erstattung absieht. Das Absehen von der Festsetzung, Erhebung, Nachforderung oder Erstattung bedeutet nicht den Verzicht auf den Abgabenanspruch, so dass dies nicht das Erlöschen des Anspruches zur Folge hat. Auch hat der Abgabenschuldner keinen Rechtsanspruch darauf, dass von der Geltendmachung der Forderung abgesehen wird. Die Gemeinde entscheidet nach pflichtgemäßem Ermessen unter Berücksichtigung ihrer individuellen Leistungsfähigkeit und Kostenstruktur für die einzelnen Verwaltungshandlungen, inwieweit sie von der Möglichkeit der Kleinbetragsregelung Gebrauch macht. Hierbei ist die Beachtung des Gleichheitssatzes (Art. 3 GG) durch eine gerechte und gleichmäßige Abgabenfestsetzung und Abgabenerhebung für alle Abgabenpflichtigen zu gewährleisten (vgl. hierzu auch § 85 AO)[228].

227 Aufgrund des Vierten Corona-Steuerhilfegesetzes wurden in Art. 97 § 36 Abs. 3 Nr. 1 EGAO (BGBl. I 2022 S. 913) die Steuererklärungsfristen für die Gewerbesteuer für Steuerzahler, die einen Steuerberater hinzuziehen für den Besteuerungszeitraum 2023, auf den 31.05.2025 – Hinausgeschoben auf den 02.06.2025 –, verlängert.

228 Rheindorf in Kohlhaas et al., § 4 Rn. 4 und 5.

Daneben kann die Festsetzung bzw. die Änderung einer Realsteuer und einer steuerlichen Nebenleistung unterbleiben, wenn zu erwarten ist, dass die Erhebung keinen Erfolg haben wird oder die Kosten der Festsetzung und der Erhebung außer Verhältnis zur Höhe der Abgabe stehen werden (§ 156 Abs. 2 AO). Im Gegensatz zur Bagatellgrenze des § 4 S. 1 KAR RLP handelt es sich dabei um eine Einzelfallentscheidung unabhängig von der Forderungshöhe.[229] Die dafür vorzunehmende Prognose ist im Regelfall schwierig. Daher wird diese Vereinfachungsregelung in der kommunalen Praxis vielfach nicht genutzt.

Aus Gründen der Verwaltungsvereinfachung können Centbeträge bei der Festsetzung zum Vorteil des Abgabenpflichtigen auf volle EUR abgerundet und bei Erstattungen auf volle EUR aufgerundet werden (§ 4 S. 2 KAG RLP).

Die bundesrechtliche Regelung in § 2 KBV gilt lediglich für die Korrektur von Gewerbesteuermessbeträgen und besagt, dass diese nur geändert oder berichtigt werden, wenn die Abweichung zur bisherigen Festsetzung mindestens 2 EUR beträgt.[230]

4.4.7 Festsetzungsfrist und Festsetzungsverjährung

Um Abgaben gegenüber dem Abgabenpflichtigen verwirklichen zu können, müssen sie festgesetzt werden (§ 218 Abs. 1 S. 1 Hs. 1 AO). Dafür steht den Gemeinden nur ein begrenzter Zeitraum zur Verfügung – die Festsetzungsfrist (§§ 169–171 AO). Gleiches gilt, wenn eine Abgabenfestsetzung aufgehoben oder geändert werden soll. Ist die Festsetzungsfrist abgelaufen, tritt die Festsetzungsverjährung ein und

- ein nicht festgesetzter Anspruch erlischt, so dass er gegenüber dem Abgabenpflichtigen nicht mehr festgesetzt werden darf (§ 47 AO) und
- ein bereits festgesetzter Anspruch darf weder aufgehoben noch geändert werden (§ 169 Abs. 1 S. 1 AO). Dies gilt auch für Berichtigungen wegen offenbarer Unrichtigkeit (§ 169 Abs. 1 S. 2 AO).

Der Abgabenpflichtige erlangt mit dem Ablauf der Festsetzungsfrist Rechtssicherheit, dass die Gemeinde keine Abgaben für die betroffenen Zeiträume mehr festsetzen kann.[231] Ohne eine solche Frist wäre eine zeitlich unbegrenzte rückwirkende Festsetzung möglich. Anders als im BGB muss der Steuerschuldner sich nicht auf die Festsetzungsverjährung berufen, sie ist von Amts wegen zu prüfen. Ein Bescheid, der nach Ablauf der Festsetzungsfrist erlassen, aufgehoben oder geändert wird, ist rechtswidrig und anfechtbar, jedoch nicht nichtig.

Für die Verwirklichung von Säumniszuschlägen bedarf es keiner Festsetzung, sondern es ist ausreichend, dass sie entstanden sind (§ 218 Abs. 1 S. 1 Hs. 2 AO). Die Festsetzungsverjährungsfrist muss folglich insoweit nicht beachtet werden.[232] Die Zahlungsverjährung kann hingegen eintreten.

229 Eingehend: Seer in Tipke et al., § 156 Rn. 21–27.

230 Zu den anzuwendenden Kleinbetragsregelungen für kommunale Abgaben siehe Übersicht Rheindorf in Kohlhaas et al., § 4 Rn. 11c ff.

231 Vgl. BVerfG, Beschl. v. 21.07.2016 – 1 BvR 3092/15, bit.ly/1BvR3092-15.

232 BVerwG, Beschl. v. 10.04.1986 – 8 B 5.86, bit.ly/8B5-86.

4.4.7.1 Anwendbarkeit, Beginn, Dauer und Ende

Bevor der Beginn der Festsetzungsfrist geprüft werden kann, ist die Anwendbarkeit der §§ 169 ff. AO für die jeweilige Abgabenart zu prüfen.

An dieser Stelle werden nur einige Beispiele aufgeführt:

- Realsteuerbescheid (Grund-/Gewerbesteuer) der Gemeinde § 1 Abs. 2 Nr. 4 AO i.V.m. §§ 169 ff. AO
- Grundsteuerwertbescheid des Finanzamtes § 1 Abs. 1 AO i.V.m. § 181 Abs. 1 S. 1 AO i.V.m. §§ 169 ff. AO
- Gewerbesteuermessbescheid des Finanzamtes § 1 Abs. 1 AO i.V.m. § 184 Abs. 1 S. 3 AO i.V.m. §§ 169 ff. AO
- Zerlegungsbescheid des Finanzamtes § 1 Abs. 1 AO i.Vm. § 185 AO i.V.m. § 184 Abs. 1 S. 3 AO i.V.m. §§ 169 ff. AO
- Zweitwohnungs-/Hunde-/Pferdesteuer § 1 Abs. 1 KAG RLP i.V.m. § 3 Abs. 1 Nr. 4 KAG RLP i.V.m. §§ 169 ff. AO

Die Festsetzungsfrist beträgt vier Jahre (§ 169 Abs. 2 S. 1 Nr. 2 AO). Für örtliche Verbrauchsteuern regelt die Abgabenordnung eine kürze Festsetzungsfrist von nur einem Jahr (§ 169 Abs. 2 S. 1 Nr. 1 AO). Örtliche Verbrauchssteuern werden in Rheinland-Pfalz derzeit nicht erhoben. Darüber hinaus regelt § 3 Abs. 2 Nr. 1 KAG RLP, dass die Bestimmungen der Abgabenordnung über Verbrauchsteuern keine Anwendung finden.

Wurde eine Abgabe hinterzogen (vgl. § 370 AO für die Realsteuern und § 15 KAG RLP für die Kommunalabgaben), beträgt die Festsetzungsfrist zehn Jahre (§ 169 Abs. 2 S. 2 1. Alt. AO). Das ist z.B. denkbar, wenn ein Gewerbesteuerpflichtiger in seiner Gewerbesteuererklärung vorsätzlich unvollständige oder unrichtige Angaben macht. Bei einer leichtfertigten Abgabenverkürzung (vgl. § 378 AO für die Realsteuern und § 16 KAG RLP für die Kommunalabgaben) beläuft sich die Frist auf fünf Jahre (§ 169 Abs. 2 S. 2 2. Alt. AO). Eine solche liegt vor, wenn der Steuerpflichtige „die Sorgfalt außer Acht lässt, zu der er nach den besonderen Umständen des Falles und seiner persönlichen Fähigkeiten und Kenntnissen verpflichtet und imstande ist, obwohl sich ihm aufdrängen müsste, dass dadurch eine Steuerverkürzung eintreten wird“.[233] Für Zinsen beträgt die Festsetzungsfrist gem. § 239 Abs. 1 S. 1 AO zwei Jahre.

Die Festsetzungsfrist beginnt mit dem Ablauf des Kalenderjahres, in dem die Abgabe entstanden ist (§ 170 Abs. 1 AO), d.h., der 01.01. des Folgejahres, 00.00 Uhr, ist der grundsätzliche Fristberechnungsbeginn der vierjährigen Festsetzungsfrist. Mit dem Ablauf des 31.12. des vierten Jahres, 24.00 Uhr, endet die grundsätzliche Festsetzungsverjährung, d.h., am 01.01. des in der Regel fünften Jahres darf die Abgabe nicht mehr festgesetzt bzw. eine festgesetzte Abgabe nicht mehr geändert oder aufgehoben werden. Da auch hier eine Fristberechnung stattfindet, ist das Hinausschieben nach § 108 Abs. 3 AO zu beachten.[234]

---

233 So Jäger in Klein, Rn. 20 zu § 378 m.w.N.

234 BFH, Urt. v. 20.01.2016 – VI R 14/15, bit.ly/VIR14-15.

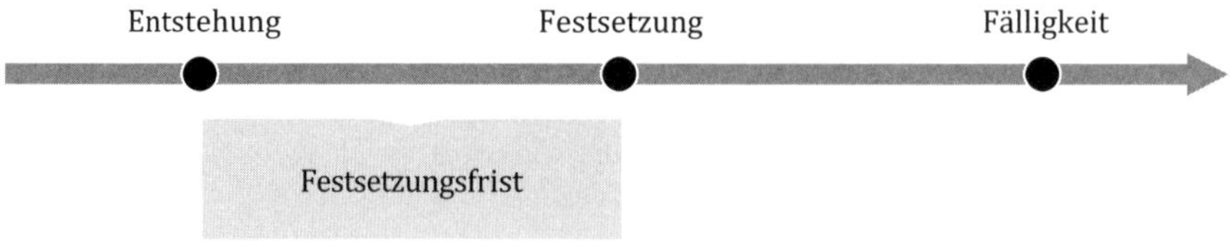

Abb. 48 – Festsetzungsfrist

4.4.7.2 Anlaufhemmung

Der Beginn der Festsetzungsfrist wird hinausgeschoben, wenn eine Steuererklärung oder Anzeige einzureichen ist, sog. Anlaufhemmung (§ 170 Abs. 2 S. 1 Nr. 1 AO). Das ist beispielsweise für die Gewerbesteuer relevant, da hier die Pflicht zur Abgabe einer Steuererklärung besteht. Die Festsetzungsfrist beginnt in diesem Fall erst mit Ablauf des Kalenderjahres, in dem die Steuererklärung eingereicht wird (§ 170 Abs. 2 S. 1 Nr. 1 AO). Ohne diese Regelung könnte der Gewerbesteuerpflichtige die Bearbeitungsfrist des Finanzamtes für den Gewerbesteuermessbetrag verkürzen, in dem er die erforderliche Steuererklärung erst kurz vor dem Ablauf der Festsetzungsfrist abgibt.[235] Für das bloße Hinausschieben des Beginns der Festsetzungsfrist ist keine Fristberechnung nach § 108 Abs. 1 AO vorzunehmen.

Einzelsteuergesetze enthalten häufig Regelungen, in denen die Steuerpflichtigen zu Abgabe einer Steuererklärung verpflichtet werden (§ 149 Abs. 1 S. 1 AO). Außerdem ist jeder Steuerpflichtige verpflichtet, eine Erklärung abzugeben, wenn die Finanzbehörde hierzu auffordert (§ 149 Abs. 1 S. 2 AO). Die Aufforderung kann auch durch öffentliche Bekanntmachung erfolgen (§ 149 Abs. 1 S. 3 AO). Weitere Steuererklärungspflichten ergeben sich aus den kommunalen Abgabensatzungen.

Bei der Anzeigepflicht muss der Abgabenpflichtige von sich aus – also unaufgefordert – tätig werden (vgl. §§ 137 bis 139 AO). Anzeigepflichten können sich aus spezialgesetzlichen Vorschriften oder auch aus den kommunalen Abgabensatzungen ergeben.

Beispiele:

Abgabenart	Steuererklärungs- bzw. Anzeigepflicht
Gewerbesteuer	Es besteht gem. § 1 Abs. 1 AO i.V.m. § 149 Abs. 1 S. 1 AO i.V.m. § 14a GewStG i.V.m. § 25 GewStDV eine jährliche Verpflichtung zur Abgabe einer Gewerbesteuererklärung beim Finanzamt.
Jagdsteuer	Es besteht die Pflicht eine Steuererklärung auf Verlangen der zuständigen Behörde abzugeben. Dies ergibt sich aus § 1 Abs. 1 KAG RLP i.V.m. § 3 Abs. 1 Nr. 4 KAG RLP i.V.m. § 149 Abs. 1 S. 2 AO i.V.m. § 1 Abs. 4 KAVO.

235 Vgl. Käsbohrer et al., S. 76.

Abgabenart	Steuererklärungs- bzw. Anzeigepflicht
Zweitwohnungssteuer	Es besteht die Pflicht zur Abgabe einer Steuererklärung für den Inhaber einer Zweitwohnung. Dies ergibt sich aus § 1 Abs. 1 KAG RLP i.V.m. § 3 Abs. 1 Nr. 4 KAG RLP i.V.m. § 149 Abs. 1 S. 1 AO i.V.m. § 10 Abs. 1 S. 1 Satzungsmuster Zweitwohnungssteuer des Gemeinde- und Städtebundes. Nach § 1 Abs. 1 KAG RLP i.V.m. § 3 Abs. 1 Nr. 4 KAG RLP i.V.m. § 149 Abs. 1 S. 2 AO i.V.m. § 10 Abs. 1 S. 2 des Satzungsmusters ist zur Abgabe einer Steuererklärung auch derjenige verpflichtet, der dazu von der zuständigen Behörde aufgefordert wird. Darüber hinaus sieht das Satzungsmuster in § 9 Anzeige- und Mitteilungspflichten vor.[236]
Hundesteuer	Es besteht die Pflicht die Hundehaltung anzuzeigen. Dies ergibt sich aus § 3 Abs. 1 Satzungsmuster Hundesteuer des Gemeinde- und Städtebundes Rheinland-Pfalz.[237]
Vergnügungssteuer (Aufstellen von Spielgeräten)	Es handelt sich um Steuergegenstände nach § 1 Abs. 1 Nr. 8b des Satzungsmusters Vergnügungssteuer des Gemeinde- und Städtebundes Rheinland-Pfalz. Nach § 11 Abs. 2 S. 1 des Satzungsmusters hat der Halter der Geräte die Aufstellung innerhalb von zwei Wochen schriftlich anzuzeigen. Darüber hinaus ist er nach § 1 Abs. 1 KAG RLP i.V.m. § 3 Abs. 1 Nr. 4 KAG RLP i.V.m. § 149 Abs. 1 S. 1 AO i.V.m. § 12 Abs. 4 der Satzung verpflichtet, eine Steuererklärung einzureichen.[238]

Tab. 23 – Steuererklärungs-/Anzeigepflichten im Abgabenrecht

Beispiel 1 zur Anlaufhemmung:

Der Gewerbesteuerpflichtige gibt die Gewerbesteuererklärung für das Jahr 2022 im April 2023 ab. Wann beginnt die Festsetzungsfrist?

Abb. 49 – Festsetzungsfrist mit einem Jahr Anlaufhemmung

Die Festsetzungsfrist im dargestellten Beispiel beginnt grundsätzlich mit Ablauf des Kalenderjahres, in dem der Anspruch entstanden ist (§ 1 Abs. 2 Nr. 4 AO i.V.m. § 170 Abs. 1 AO). Der Anspruch auf die Gewerbesteuer des Jahres 2022 entsteht gem. § 1 Abs. 2 Nr. 2 AO i.V.m. § 38 AO i.Vm. § 18 GewStG i.V.m. § 14 S. 2 GewStG mit Ablauf des Erhebungszeitraums, für den die Festsetzung vorgenommen wird; Erhebungszeitraum ist das Kalenderjahr. Somit beginnt die Festsetzungsfrist am 31.12.2022, 24.00 Uhr.

236 Satzungsmuster abgedruckt in der Vorschriftensammlung Kommunales Finanzwesen Rheinland-Pfalz unter der Ordnungsnummer 100.006.

237 Satzungsmuster abgedruckt in der Vorschriftensammlung Kommunales Finanzwesen Rheinland-Pfalz unter der Ordnungsnummer 100.004.

238 Satzungsmuster abgedruckt in der Vorschriftensammlung Kommunales Finanzwesen Rheinland-Pfalz unter der Ordnungsnummer 100.005.

Eine Anlaufhemmung ist gem. § 1 Abs. 2 Nr. 4 AO i.V.m. § 170 Abs. 2 S. 1 Nr. 1 AO zu prüfen, sofern – wie im Beispiel der Gewerbesteuer – eine Steuererklärungs-, Anmelde- oder Anzeigepflicht besteht. Bei der Gewerbesteuer besteht eine Steuererklärungspflicht gem. § 1 Abs. 1 AO i.V.m. § 149 Abs. 1 S. 1 AO i.Vm. § 14a GewStG i.V.m. § 25 GewStDV, so dass die Anlaufhemmung zu prüfen ist.

Unter Beachtung der Anlaufhemmung gem. § 1 Abs. 2 Nr. 4 AO i.V.m. § 170 Abs. 2 S. 1 Nr. 1 AO beginnt die Festsetzungsfrist abweichend vom Grundsatz des § 170 Abs. 1 AO mit Ablauf des Kalenderjahres, in dem die Steuererklärung eingereicht wird, spätestens jedoch mit Ablauf des dritten Kalenderjahres, das auf das Jahr folgt, in dem die Steuer entstanden ist. Die Steuererklärung für das Jahr 2022 wurde im dargestellten Beispiel im April 2023 eingereicht, so dass der Beginn der Festsetzungsfrist auf den 31.12.2023, 24.00 Uhr hinausgeschoben wird.

Beispiel 2 zur Anlaufhemmung:

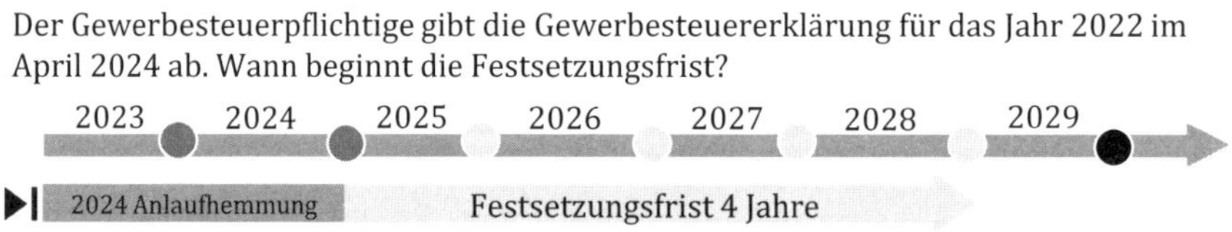

Abb. 50 – Festsetzungsfrist mit zwei Jahren Anlaufhemmung

Hier findet ebenfalls § 1 Abs. 2 Nr. 4 AO i.V.m. § 170 Abs. 2 S. 1 Nr. 1 AO mit der Folge Anwendung, dass die Festsetzungsfrist mit Ablauf des Kalenderjahres, in dem die Steuererklärung eingereicht wird, beginnt. Die Steuererklärung für das Jahr 2022 wurde im dargestellten Beispiel im April 2024 eingereicht, so dass der Beginn der Festsetzungsfrist auf den 31.12.2024, 24.00 Uhr hinausgeschoben wird.

Beispiel 3 zur Anlaufhemmung:

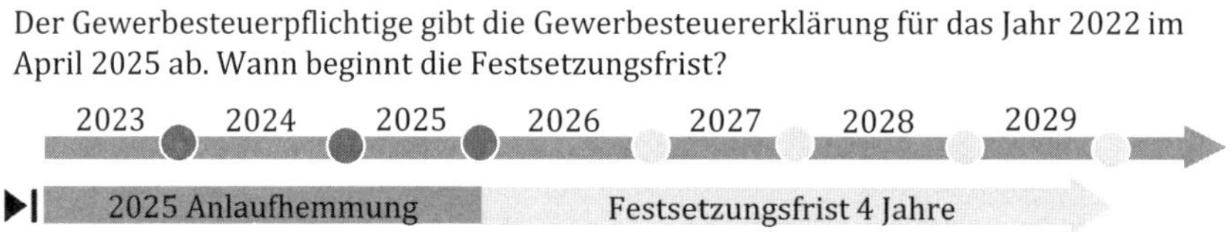

Abb. 51 – Festsetzungsfrist mit drei Jahren Anlaufhemmung

Auch in diesem Beispiel greift die Anlaufhemmung und somit beginnt die Festsetzungsfrist mit Ablauf des Kalenderjahres, in dem die Steuererklärung eingereicht wird. Die Steuererklärung für das Jahr 2022 wurde im April 2025 eingereicht, so dass der Beginn der Festsetzungsfrist auf den 31.12.2025, 24.00 Uhr hinausgeschoben wird.

Beispiel 4 zur Anlaufhemmung:

Der Gewerbesteuerpflichtige gibt die Gewerbesteuererklärung für das Jahr 2022 im April 2026 ab. Wann beginnt die Festsetzungsfrist?

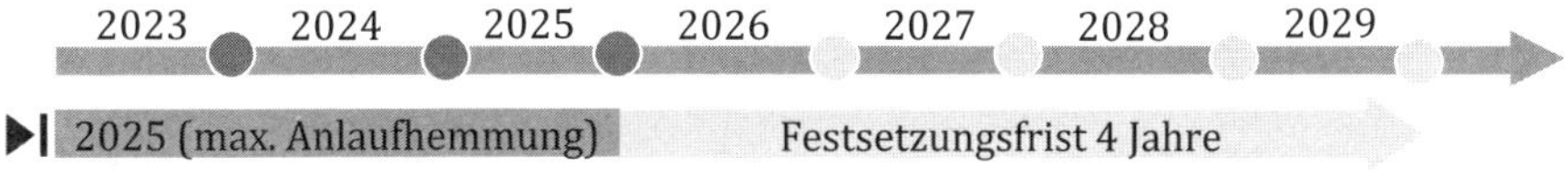

Abb. 52 – Festsetzungsfrist mit maximaler Anlaufhemmung

Die Festsetzungsfrist beginnt unter Berücksichtigung der Anlaufhemmung mit Ablauf des Kalenderjahres, in dem die Steuererklärung eingereicht wird, spätestens jedoch mit Ablauf des dritten Kalenderjahres, das auf das Jahr folgt, in dem die Steuer entstanden ist. Die Anlaufhemmung endet somit maximal nach 3 Jahren, vgl. § 1 Abs. 2 Nr. 4 AO i.V.m. § 170 Abs. 2 S. 1 Nr. 1 AO. Die Gewerbesteuer für das Jahr 2022 ist am 31.12.2022, 24.00 Uhr entstanden. Die Steuererklärung wird im April 2026 eingereicht, so dass die Festsetzungsfrist am 31.12.2026, 24.00 Uhr beginnen würde, wenn man das Jahr zugrunde legt, in dem die Steuererklärung eingereicht wird. Hier ist jedoch das maximale Ende der Anlaufhemmung „mit Ablauf des dritten Kalenderjahres, das auf das Kalenderjahr folgt, in den die Steuer entstanden ist" zu beachten.

- Ablauf des 1. Jahres, das folgt = 31.12.2023, 24.00 Uhr
- Ablauf des 2. Jahres, das folgt = 31.12.2024, 24.00 Uhr
- Ablauf des 3. Jahres, das folgt = 31.12.2025, 24.00 Uhr

Die Festsetzungsfrist beginnt somit abweichend vom Grundsatz am 31.12.2025, 24.00 Uhr.

Hinweise zu den Rechtsfolgen, wenn keine Steuererklärung abgegeben wird:

- Wird keine Steuererklärung abgegeben so beginnt die Festsetzungsfrist für die Gewerbesteuer des Jahres 2022 unter Berücksichtigung der Anlaufhemmung ebenfalls mit Ablauf des 31.12.2025, 24.00 Uhr. Der Beginn der Festsetzungsfrist ist nicht davon abhängig, dass eine Steuererklärung tatsächlich auch eingereicht wird.
- Wenn der Steuerpflichtige keine Steuererklärung abgibt, kann das Finanzamt die Besteuerungsgrundlagen schätzen (§ 162 Abs. 1 S. 1 AO). Dabei sind alle Umstände zu berücksichtigten, die für die Schätzung von Bedeutung sind, d.h. die Schätzung muss sich im Bereich des Möglichen bewegen (§ 162 Abs. 1 S. 2 AO). Das Finanzamt kann auch durch den Einsatz von Zwangsmitteln ein Handeln vom Steuerpflichtigen erzwingen. Dabei kann z.B. ein Zwangsgeld gem. §§ 328 bis 335 AO von bis zu 25.000 EUR (§ 329 AO) festgesetzt werden.
- Zusätzlich ist ein Verspätungszuschlag (§ 152 Abs. 1 AO) festzusetzen. Dieser dient präventiven Zwecken und soll zukünftig die zeitnahe Erstellung der Steuererklärung sicherstellen. Der Verspätungszuschlag wird ebenfalls festgesetzt, wenn die Steuererklärung verspätet abgegeben wurde.

Sachverhalt 22:
S. Jolly hat in der Zeit von 2015 bis 2019 an der Technischen Universität Kaiserlautern studiert. Während dieser Zeit hatte er ständig einen Zweitwohnsitz in Kaiserslautern inne und hat dies gem. § 9 Abs. 1 der Zweitwohnungssteuersatzung bei der Stadtverwaltung Kaiserslautern (diese entspricht dem Satzungsmuster des Gemeinde- und Städtebundes Rheinland-Pfalz[239]) ordnungsgemäß angezeigt. Die zur Berechnung der Zweitwohnungssteuer erforderliche Steuererklärung für das Jahr 2017 hat S. Jolly erst nach mehrmaliger Aufforderung in 2021 abgegeben. Aufgrund verschiedener unglücklicher Umstände beim Referat Finanzen/Abgaben der Stadt Kaiserlautern wurde der Zweitwohnungssteuerbescheid für das Jahr 2017 erst am 22.11.2023 zur Post gegeben.

Aufgabe:
Prüfen Sie gutachterlich, ob der Zweitwohnungssteueranspruch für das Jahr 2017 mit Bescheid vom 22.11.2023 noch geltend gemacht werden kann.

Lösung:
Der Zweitwohnungssteueranspruch für das Jahr 2017 kann noch geltend gemacht werden, wenn er zum Zeitpunkt der Geltendmachung

a) entstanden und
b) noch nicht erloschen ist.

Zu a) Der Anspruch ist gem. § 1 Abs. 1 KAG RLP i.V.m. § 3 Abs. 1 Nr. 2 KAG RLP i.V.m. § 38 AO i.V.m. § 7 Abs. 2 Zweitwohnungssteuersatzung mit dem Beginn des Kalendermonats, der auf den Beginn des Innehabens der Zweitwohnung folgt, für die folgenden Jahre jeweils am 1. Januar des Kalenderjahres entstanden. Vorliegend somit am 01.01.2017 – 00.00 Uhr.

Zu b) Zum Erlöschen des Anspruchs könnte nach § 1 Abs. 1 KAG RLP i.V.m. § 3 Abs. 1 Nr. 2 KAG RLP i.V.m. § 47 AO die Verjährung geführt haben. Hier speziell die Festsetzungsverjährung nach den §§ 169 ff. AO.

Die §§ 169 ff. AO gelten auch für die Festsetzung der Zweitwohnungssteuer gem. § 1 Abs. 1 KAG RLP i.V.m. § 3 Abs. 1 Nr. 4 KAG RLP. Nach Ablauf der Festsetzungsfrist ist eine Festsetzung, Aufhebung oder Änderung der Abgabe nicht mehr zulässig (vgl. § 169 Abs. 1 S. 1 AO). Die Festsetzungsfrist beträgt gem. § 169 Abs. 2 S. 1 Nr. 2 AO vier Jahre. Die Festsetzungsfrist beginnt gemäß § 170 Abs. 1 AO grundsätzlich mit Ablauf des Kalenderjahres, in dem die Steuer entstanden ist. Somit beginnt die Festsetzungsfrist mit Ablauf des 31.12.2017 – 24.00 Uhr.

---

239 Satzungsmuster abgedruckt in Vorschriftensammlung Kommunales Finanzwesen Rheinland-Pfalz unter Ordnungsnummer 100.006.

Hier ist jedoch die Anlaufhemmung nach § 170 Abs. 2 S. 1 Nr. 1 AO zu berücksichtigen, da bei der Zweitwohnungssteuer nach § 1 Abs. 1 KAG RLP i.V.m. § 3 Abs. 1 Nr. 4 KAG RLP i.V.m. § 149 Abs. 1 S. 1 AO i.V.m. § 10 Abs. 1 Zweitwohnungssteuersatzung eine Steuererklärungspflicht besteht. Da die Steuererklärung für das Jahr 2017 erst in 2021 abgegeben wurde, würde die Festsetzungsverjährungsfrist grundsätzlich mit Ablauf des Jahres, in dem die Steuererklärung eingereicht wurde (31.12.2021 – 24.00 Uhr) beginnen.

Im vorliegenden Fall ist jedoch die einschränkende Dreijahresfrist nach § 170 Abs. 2 S. 1 Nr. 1 AO zu beachten. Danach beginnt die Frist spätestens nach Ablauf des dritten Kalenderjahres, das auf das Kalenderjahr folgt, in dem die Steuer entstanden ist (maximale Anlaufhemmung). Unter Berücksichtigung der max. Anlaufhemmung beginnt die Festsetzungsfrist demzufolge am 31.12.2020, 24.00 Uhr.

Fristberechnung:

Fristbeginn	31.12.2020, 24.00 Uhr
Fristberechnungsbeginn	01.01.2021, 00.00 Uhr
Fristdauer	4 Jahre gem. § 169 Abs. 2 S. 1 Nr. 2 AO
Fristende	Dienstag, 31.12.2024, 24.00 Uhr
Fristvorschriften	§ 1 Abs. 1 KAG RLP i.V.m. § 3 Abs. 1 Nr. 3 KAG RLP i.V.m. § 108 Abs. 1 AO i.V.m. § 187 Abs. 1 BGB (Fristbeginn), § 188 Abs. 2 1. Alt. BGB (Fristende)

Eine Ablaufhemmung nach § 171 Abs. 10 AO kommt vorliegend nicht in Betracht.

Der Zweitwohnungssteueranspruch für das Jahr 2017 kann noch bis zum Ablauf des 31.12.2024, 24.00 Uhr und somit auch mit Bescheid vom 22.11.2023 noch geltend gemacht werden.

4.4.7.3 Ablaufhemmung

Neben dem Beginn kann auch der Ablauf der Festsetzungsfrist (und damit der Eintritt der Festsetzungsverjährung) gehemmt sein. Dazu enthält § 171 AO verschiedene Möglichkeiten. Der Ablauf der Festsetzungsverjährung ist u.a. gehemmt, soweit für die Festsetzung einer Steuer ein Grundlagenbescheid bindend ist (§ 171 Abs. 10 S. 1 AO). Dies ist aufgrund des zweistufigen Festsetzungsverfahrens bei den Realsteuern für die Gemeinden besonders relevant, da sie erst auf der Grundlage der Steuermessbescheide des Finanzamtes tätig werden können. In diesen Fällen endet die Festsetzungsfrist nicht vor Ablauf von zwei Jahren nach Bekanntgabe der Steuermessbescheide durch die Finanzämter. Dadurch steht den Gemeinden ein Zeitraum von mindestens zwei Jahren für die Festsetzung des Abgabenanspruchs zur Verfügung. Maßgeblich für den Beginn der Zwei-Jahres-Frist ist die Bekanntgabe des Steuermessbescheides an den Steuerpflichtigen. Die gem. § 184 Abs. 3 AO erforderliche Mitteilung des Finanzamtes an die zuständige kommunale Behörde über den Inhalt des Steuermessbescheides ist irrelevant.

Beispiel 1 zur Ablaufhemmung:

Die Festsetzungsfrist für die Gewerbesteuer des Jahres 2020 (Steuererklärung in 2021 abgegeben) endet grundsätzlich am 31.12.2025. Der Gewerbesteuermessbescheid wird am 17.10.2025 vom Finanzamt bekanntgegeben. Wann endet die Festsetzungsfrist?

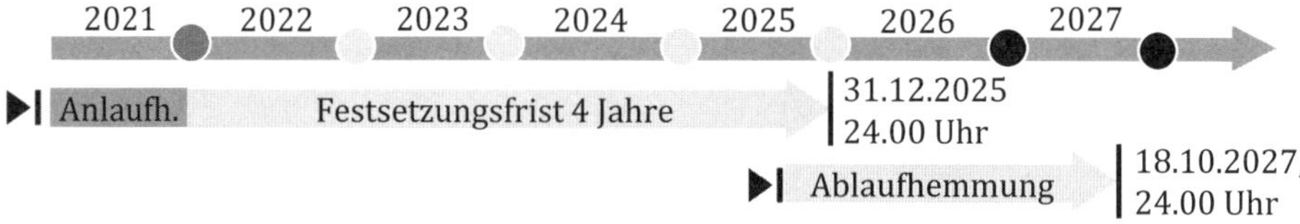

Abb. 53 – Festsetzungsfrist mit Ablaufhemmung – Standardfall

In der o.a. Abbildung wird der Standardfall der Ablaufhemmung dargestellt. Innerhalb der grundsätzlichen Festsetzungsfrist bis zum 31.12.2025, 24.00 Uhr wurde der bindende Grundlagenbescheid bekanntgegeben. Die Bindungswirkung des Grundlagenbescheides, hier des Gewerbesteuermessbescheides, ergibt sich aus § 1 Abs. 1 AO i.V.m. § 184 Abs. 1 S. 4 AO i.V.m. § 182 Abs. 1 S. 1 AO. Da die Ablaufhemmung nach § 171 Abs. 10 S. 1 AO bewirkt, dass die Frist nicht vor Ablauf von zwei Jahren nach Bekanntgabe des bindenden Grundlagenbescheides endet, ist ein Fristvergleich notwendig. Erfolgte die Bekanntgabe des Grundlagenbescheides innerhalb der grundsätzlichen Festsetzungsfrist und geht die Zwei-Jahres-Frist über das grundsätzliche Ende hinaus, so ist das neu errechnete Fristende maßgebend. Konkret wird in diesem Fall die Festsetzungsfrist für den Gewerbesteuerbescheid der Gemeinde (Folgebescheid des bindenden Gewerbesteuermessbescheides des Finanzamtes) auf den 18.10.2027, 24.00 Uhr „hinausgeschoben". Als Einstiegsnorm für die Bekanntgabe und Fristberechnung des Grundlagenbescheides des Finanzamtes ist § 1 Abs. 1 AO zu nennen. Die Einstiegsnorm zur Berechnung der Zwei-Jahres-Frist bezieht sich auf den Folgebescheid, hier den Gewerbesteuerbescheid der Gemeinde. Deshalb ist an dieser Stelle die Einstiegsnorm zur Fristberechnung § 1 Abs. 2 Nr. 3 AO i.V.m. § 108 Abs. 1 AO.

Beispiel 2 zur Ablaufhemmung:

Die Festsetzungsfrist für die Gewerbesteuer des Jahres 2020 (Steuererklärung in 2021 abgegeben) endet grundsätzlich am 31.12.2025. Der Gewerbesteuermessbescheid wird am 17.10.2022 vom Finanzamt bekanntgegeben. Wann endet die Festsetzungsfrist?

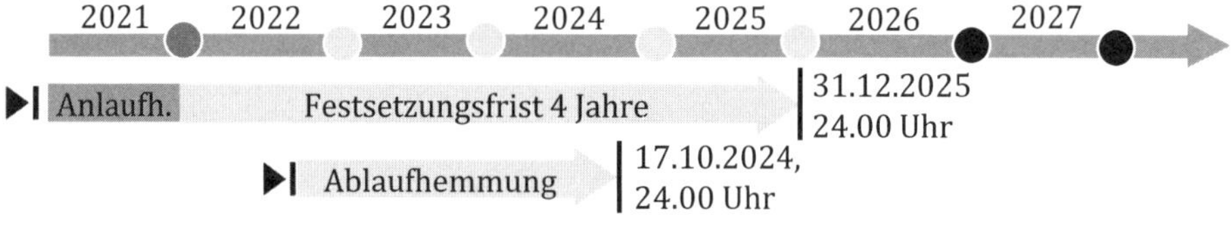

Abb. 54 – Festsetzungsfrist mit Ablaufhemmung und möglicher Fristverkürzung

Im Beispiel 2 ist das grundsätzliche Ende der Festsetzungsfrist wieder der 31.12.2025, 24.00 Uhr. Der bindende Grundlagenbescheid wurde am 17.10.2022 bekanntgegeben. Zur Bindungswirkung und Darstellung der Ablaufhemmung wird auf die vorherigen Ausführungen verwiesen. Beim Fristvergleich ist nun die Zwei-Jahres-Frist zu berechnen:

Fristberechnung:	
Fristbeginn	17.10.2022, 24.00 Uhr (Bekanntgabetag)
Fristberechnungsbeginn	18.10.2022, 00.00 Uhr
Fristdauer	2 Jahre gemäß § 1 Abs. 2 Nr. 4 AO i.V.m. § 171 Abs. 10 S. 1 AO
Fristende	Donnerstag, 17.10.2024, 24.00 Uhr
Fristvorschriften	§ 1 Abs. 2 Nr. 3 AO i.V.m. § 108 Abs. 1 AO i.V.m. § 187 Abs. 1 BGB (Fristbeginn), § 188 Abs. 2 1. Alt. BGB (Fristende)

Da die Zwei-Jahres-Frist am 17.10.2024, 24.00 Uhr endet, greift hier die Ablaufhemmung nicht, da dies zu einen Fristverkürzung führen würde. Durch die Worte „endet nicht vor Ablauf" wird eine Fristverkürzung ausgeschlossen. Deshalb bleibt es in diesem konkreten Fall beim grundsätzlichen Ende der Festsetzungsfrist und der Gewerbesteuerbescheid kann somit bis zum 31.12.2025, 24.00 Uhr erlassen, aufgehoben oder geändert werden.

Beispiel 3 zur Ablaufhemmung:

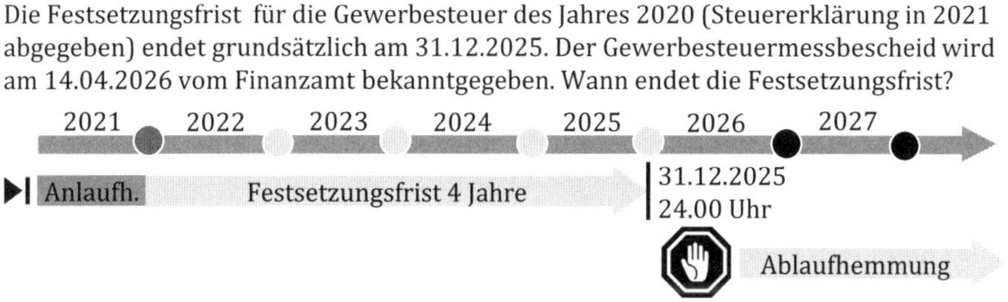

Abb. 55 – Ablaufhemmung bei bereits verstrichener Festsetzungsfrist?[240]

Bei der Ablaufhemmung wird das Ende der Frist hinausgeschoben. Eine Frist kann aber nur dann im Ablauf hinausgeschoben werden, wenn sie selbst noch nicht abgelaufen ist. Eine Frist, die abgelaufen ist, kann somit nicht mehr im Ablauf gehemmt werden. Durch § 171 Abs. 10 S. 1 AO wird keine neue Frist in Gang gesetzt. Daher endete die Festsetzungsfrist für den Gewerbesteuerbescheid ebenfalls am Montag, den 31.12.2025 – 24.00 Uhr. Der Abgabenanspruch ist gem. § 1 Abs. 2 Nr. 2 AO i.V.m. § 47 AO durch Eintritt der Festsetzungsverjährung erloschen und kann nach dem 31.12.2025 nicht mehr geltend gemacht werden.

4.4.7.4 Fristwahrung der Festsetzungsfrist

Zur Fristwahrung nach § 169 Abs. 1 S. 3 Nr. 1 AO ist es ausreichend, wenn der Bescheid den Bereich der Behörde vor Ablauf der Festsetzungsfrist verlassen hat. Auf die Bekanntgabe kommt es nicht an. Eine Bekanntgabe muss aber erfolgen, da Verwaltungsakte erst mit der Bekanntgabe wirksam werden. Die Regelung ist so verfasst, dass die Finanzbehörden die Möglichkeit haben, unabhängig von Zufälligkeiten des Bekanntgabevorgangs die Festsetzungsfrist zu wahren; die Fristwahrung ist somit vom Bekanntgabezeitpunkt abgekoppelt.[241]

240 In Anlehnung an Rheindorf, DVP 2017 203–205.

241 BGH, Urt. v. 28.01.2014, VIII R 28/13, BStBl. 2014 II S. 552.

4.4.7.5 Prüfschema zur Festsetzungsverjährung

1. Ein Anspruch kann geltend gemacht werden, wenn er bereits entstanden und noch nicht erloschen (hier Festsetzungsverjährung).
   a) Entstehung des Anspruchs – § 38 AO i.V.m. spezialgesetzlicher Regelung
   b) Erlöschen des Anspruchs – § 47 AO – hier: Festsetzungsverjährung
2. Festsetzungsverjährung – §§ 169 bis 171 AO
   a) Anwendbarkeit §§ 169 bis 171 AO
   b) Definition Festsetzungsfrist § 169 Abs. 1 S. 1 AO
   c) Beginn der Festsetzungsfrist
      aa) Grundsatz § 170 Abs. 1 AO — 31.12.....
      bb) Anlaufhemmung § 170 Abs. 2 S. 1 Nr. 1 AO
      Abgaben, bei denen eine Steuererklärung (§ 149 Abs. 1 S. 1, 2 AO) abzugeben oder eine Anzeige einzureichen ist — 31.12.....
   d) Dauer der Festsetzungsfrist § 169 Abs. 2 AO
   e) Fristberechnung
   f) Grundsätzliches Ende der Festsetzungsfrist — 31.12.....
   g) Ablaufhemmung z.B. nach § 171 Abs. 10 S. 1 AO — .. . .
      aa) Bindungswirkung der Grundlagenbescheide
      bb) Bekanntgabe des bindenden Grundlagenbescheids
      cc) Berechnung der Zwei-Jahres-Frist
      dd) Fristvergleich — .. . .
   h) Ende der Festsetzungsfrist — .. . .
   i) Fristwahrung nach § 169 Abs. 1 S. 3 AO

Rechtsfolge:
1. vor Fristablauf
   Festsetzung, Aufhebung oder Änderung durch Abgabenbescheid ist uneingeschränkt zulässig
2. nach Fristablauf
   Festsetzung, Aufhebung oder Berichtigung des Abgabenbescheids ist unzulässig (§ 169 Abs. 1 S. 2, 3 AO). Der Steueranspruch ist erloschen (§ 47 AO).

Abb. 56 – Zusammenfassendes Prüfungsschema zur Festsetzungsverjährung

Sachverhalt 23:
Bei Überprüfung einer Grundsteuerveranlagung wird festgestellt, dass die Grundsteuer von C. Cassiopeia für das Jahr 2018 aufgrund eines Versehens nicht festgesetzt wurde. Ausweislich der Grundsteuerdateien liegen alle Grundlagenbescheide seit Jahren vor und die Grundsteuern für die Jahre bis einschließlich 2017 und die Jahre 2019–2022 wurden ordnungsgemäß festgesetzt.

Aufgabe:
Kann der Grundsteueranspruch für das Jahr 2018 Mitte des Jahres 2023 noch geltend gemacht werden?

Lösung:
Der Grundsteueranspruch für das Jahr 2018 kann noch geltend gemacht werden, wenn dieser
a) bereits entstanden und
b) noch nicht erloschen ist.

Zu a) Der Grundsteueranspruch für das Jahr 2018 entsteht nach § 1 Abs. 2 Nr. 2 AO i.V.m. § 38 AO i.V.m. § 9 Abs. 2 GrStG mit Beginn des Jahres, für das die Steuer festzusetzen ist. Für das Jahr 2018 somit am 01.01.2018 um 00.00 Uhr.

Zu b) Zum Erlöschen des Anspruchs könnte nach § 1 Abs. 2 Nr. 2 AO i.V.m. § 47 AO im vorliegenden Fall die Verjährung geführt haben. Hier speziell die Festsetzungsverjährung, zu prüfen nach den §§ 169 ff. AO.

Die Vorschriften der §§ 169 ff. AO finden über § 1 Abs. 2 Nr. 4 AO Anwendung. Nach § 169 Abs. 1 S. 1 AO kann die Steuer nicht mehr festgesetzt werden, wenn die Festsetzungsfrist abgelaufen ist. Die Festsetzungsfrist beträgt gemäß § 169 Abs. 2 S. 1 Nr. 2 AO 4 Jahre. Die Festsetzungsfrist beginnt gemäß § 170 Abs. 1 AO grundsätzlich mit Ablauf des Kalenderjahres, in dem die Steuer entstanden ist.

Nachdem der Grundsteueranspruch am 01.01.2018, 00.00 Uhr, entstanden ist, beginnt die Frist somit mit Ablauf des 31.12.2018 – 24.00 Uhr. Die Anlaufhemmung nach § 170 Abs. 2 S. 1 Nr. 1 AO ist hier nicht zu prüfen, da weder Anzeigepflichten noch Steuererklärungspflichten bestehen.

Fristberechnung:

Fristbeginn	31.12.2018, 24.00 Uhr
Fristberechnungsbeginn	01.01.20219, 00.00 Uhr
Dauer	4 Jahre gem. § 169 Abs. 2 S. 1 Nr. 2 AO
Fristende	Samstag, 31.12.2022, 24.00 Uhr
Hinausschieben	Montag, 02.01.2023, 24.00 Uhr
Fristvorschriften	§ 1 Abs. 2 Nr. 3 AO i.V.m. § 108 Abs. 1 AO i.V.m. § 187 Abs. 1 BGB (Fristbeginn), § 188 Abs. 2 1. Alt. BGB (Fristende), § 108 Abs. 3 AO (Hinausschieben)

Zur Prüfung einer Ablaufhemmung nach § 171 AO ergeben sich keine Anhaltspunkte.

Ergebnis:
Mit Ablauf des 02.01.2023, 24.00 Uhr, ist Festsetzungsverjährung eingetreten, so dass der Grundsteueranspruch Mitte des Jahres 2023 nicht mehr geltend gemacht werden kann.

Sachverhalt 24:
L. Boomer betreibt bereits seit vielen Jahren erfolgreich ein mittelständiges Unternehmen. Allerdings ist sie etwas nachlässig mit der Einhaltung von Terminen und Fristen. Die Gewerbesteuererklärung für das Jahr 2019 reichte sie daher erst im Mai 2022 bei der zuständigen Behörde ein. Der Gewerbesteuermessbescheid wurde vom zuständigen Finanzamt aufgrund eines personellen Engpasses erst im Jahr 2023 erlassen (Aufgabe zur Post mit einfachem Brief am Mittwoch, den 25. Oktober 2023). Einen Gewerbesteuerbescheid für das Jahr 2019 hat L. Boomer bis heute noch nicht erhalten.

Aufgabe:
Kann bzw. bis wann kann der Gewerbesteueranspruch für das Jahr 2019 noch geltend gemacht werden?

Lösung:
Der Gewerbesteueranspruch für das Jahr 2019 kann noch geltend gemacht werden, wenn er
a) bereits entstanden und
b) noch nicht erloschen ist.

Zu a) Der Gewerbesteueranspruch für das Jahr 2019 entsteht nach § 1 Abs. 2 Nr. 2 AO i.V.m. § 38 AO i.V.m. § 18 GewStG i.V.m. § 14 S. 2 GewStG mit Ablauf des Erhebungszeitraums (Kalenderjahr 2019), also am 31.12.2019, 24.00 Uhr.

Zu b) Zum Erlöschen des Anspruchs könnte nach § 1 Abs. 2 Nr. 2 AO i.V.m. § 47 AO im vorliegenden Fall die Verjährung geführt haben. Hier speziell die Festsetzungsverjährung, zu prüfen nach den §§ 169 ff AO.

Die §§ 169 ff. AO gelten bei der Gewerbesteuer für das gesamte Verfahren, d.h. zum einen gemäß § 1 Abs. 1 AO i.V.m. § 184 Abs. 1 S. 3 AO für den Erlass des Gewerbesteuermessbescheides des Finanzamtes als auch gemäß § 1 Abs. 2 Nr. 4 AO für den Erlass des Gewerbesteuerbescheides der kommunalen Finanzbehörde.

Zu prüfen ist zunächst, ob der Gewerbesteuermessbescheid innerhalb der Festsetzungsfrist erlassen worden ist. Gem. § 169 Abs. 1 S. 1 AO tritt mit Ablauf der Festsetzungsfrist die Festsetzungsverjährung ein. Die Festsetzungsfrist beträgt für die Gewerbesteuer nach § 169 Abs. 2 S. 1 Nr. 2 AO vier Jahre. Sie beginnt gem. § 170 Abs. 1 AO grundsätzlich mit Ablauf des Jahres, in dem der Steueranspruch entstanden ist. Der Gewerbesteueranspruch ist am 31.12.2019 – 24.00 Uhr entstanden, so dass auch die Frist am 31.12.2019, 24.00 Uhr beginnt.

Bei der Gewerbesteuer besteht allerdings die Pflicht zur Abgabe einer Steuererklärung nach § 1 Abs. 1 AO i.V.m. § 149 Abs. 1 S. 1 AO i.V.m. § 14a GewStG i.V.m. § 25 GewStDV, so dass beim Beginn der Frist die Anlaufhemmung nach § 170 Abs. 2 S. 1 Nr. 1 AO zu prüfen ist. Hiernach beginnt die Festsetzungsfrist abweichend von der grundsätzlichen Regelung erst mit Ablauf des Jahres zu laufen, in dem die Steuererklärung eingereicht wurde, spätestens jedoch mit Ablauf des dritten Jahres, das auf das Jahr folgt, in dem die Steuer entstanden ist. Vorliegend wurde die Steuererklärung für 2019 erst im Mai 2022 beim Finanzamt eingereicht, so dass die Frist spätestens mit Ablauf des dritten Jahres, das auf das Jahr folgt, in dem die Steuer entstanden ist, beginnt.

Fristberechnung:	
Fristbeginn	31.12.2022, 24.00 Uhr
Fristberechnungsbeginn	01.01.2023, 00.00 Uhr
Dauer	4 Jahre, § 169 Abs. 2 S. 1 Nr. 2 AO
Fristende	Donnerstag, 31.12.2026, 24.00 Uhr
Fristvorschriften	§ 1 Abs. 1 AO i.V.m. § 108 Abs. 1 AO i.V.m. § 187 Abs. 1 BGB(Fristbeginn), § 188 Abs. 2 1. Alt. BGB (Fristende)

Da der Gewerbesteuermessbescheid am 25.10.2023 zur Post gegeben wurde, ist die Festsetzungsfrist hinsichtlich des Gewerbesteuermessbescheides gewahrt.

Zu beachten ist jedoch, dass der Gewerbesteueranspruch nicht durch den Gewerbesteuermessbescheid festgesetzt wird, sondern durch den Gewerbesteuerbescheid (§ 1 Abs. 2 Nr. 4 AO i.V.m. § 155 AO). Daher ist weiter zu prüfen, wann die Festsetzungsfrist für den Gewerbesteuerbescheid endet. Wie bereits angesprochen, gelten die Vorschriften über die Festsetzungsverjährung gemäß § 1 Abs. 2 Nr. 4 AO auch für den Erlass des Gewerbesteuerbescheides, so dass im vorliegenden Fall auch der Gewerbesteuerbescheid für das Jahr 2019 grundsätzlich bis zum Ablauf des 31.12.2026 – 24.00 Uhr erlassen werden müsste.

Hier könnte allerdings die Ablaufhemmung nach § 171 Abs. 10 S. 1 AO greifen und dazu führen, dass das Ende der Festsetzungsfrist für den Gewerbesteuerbescheid hinausgeschoben wird. Demnach endet die Festsetzungsfrist, wenn für die Steuerfestsetzung ein Grundlagenbescheid bindend ist, nicht vor Ablauf von zwei Jahren nach Bekanntgabe des Grundlagenbescheides. Der Gewerbesteuermessbescheid ist ein Grundlagenbescheid, der für den Gewerbesteuerbescheid Bindungswirkung entfaltet (§ 1 Abs. 1 AO i.V.m. § 184 Abs. 1 S. 4 AO i.V.m. § 182 Abs. 1 S. 1 AO).

Der Gewerbesteuermessbescheid wurde am 25.10.2023 zur Post gegeben. Zu prüfen ist daher zunächst, wann dieser Bescheid bekannt gegeben wurde. Gem. § 1 Abs. 1 AO i.V.m. § 122 Abs. 2 Nr. 1 AO gilt der Bescheid am dritten Tage nach der Aufgabe zur Post als bekannt gegeben. Hierbei handelt es sich nach der Rechtsprechung des BFH entgegen dem Wortlaut der Vorschrift um eine Drei-Tages-Frist.

Fristberechnung:	
Fristbeginn	25.10.2023, 24.00 Uhr
Fristberechnungsbeginn	26.10.2023, 00.00 Uhr
Dauer	3 Tage gem. BFH-Rechtsprechung § 122 Abs. 2 Nr. 1 AO
Fristende	Samstag, 28.10.2023, 24.00 Uhr
Hinausschieben	Montag, 30.10.2023, 24.00 Uhr
Fristvorschriften	§ 1 Abs. 1 AO i.V.m. § 108 Abs. 1 AO i.V.m. § 187 Abs. 1 BGB (Fristbeginn), § 188 Abs. 1 BGB (Fristende), § 108 Abs. 3 AO (Hinausschieben)

Berechnung der folgenden Zweijahresfrist nach § 171 Abs. 10 S. 1 AO:	
Fristbeginn	30.10.2023, 24.00 Uhr
Fristberechnungsbeginn	31.10.2023, 00.00 Uhr
Dauer	2 Jahre, § 171 Abs. 10 S. 1 AO
Fristende	Donnerstag, 30.10.2025, 24.00 Uhr
Fristvorschriften	§ 1 Abs. 2 Nr. 3 AO i.V.m. § 108 Abs. 1 AO i.V.m. § 187 Abs. 1 BGB (Fristbeginn), § 188 Abs. 2 1. Alt. BGB (Fristende)

Da die Festsetzungsfrist jedoch erst mit Ablauf von Donnerstag, den 31.12.2026, 24.00 Uhr endet, greift die Ablaufhemmung des § 171 Abs. 10 S. 1 AO nicht.

Ergebnis:
Der Gewerbesteueranspruch für das Jahr 2019 kann bis zum Ablauf von Donnerstag, den 31.12.2026, 24.00 Uhr durch Gewerbesteuerbescheid geltend gemacht werden, da die Festsetzungsfrist erst zu diesem Zeitpunkt endet.

4.4.7.6 Besonderheit bei Beiträgen

Für Beiträge ist zu beachten, dass die Festsetzung eines Beitrags unabhängig vom Zeitpunkt des Entstehens der Beitragsschuld, spätestens 20 Jahre nach Ablauf des Jahres, in dem die Vorteilslage eintrat, nicht mehr zulässig ist (§ 3 Abs. 2 Nr. 8 KAG RLP). Auf die Übergangsregelung in § 17 KAG RLP wird hingewiesen.[242]

4.5 Fälligkeit

4.5.1 Grundsatz

Fälligkeit bedeutet, dass der Gläubiger die Leistung verlangen kann und der Schuldner sie erbringen muss.[243]

Wann eine Abgabenforderung fällig wird, bestimmt sich nach § 220 Abs. 1 AO und ist grundsätzlich in

- dem jeweiligen Steuergesetz, z.B. § 20 Abs. 2 GewStG, § 28 Abs. 1 GrStG oder
- der Abgabensatzung, vgl. z.B. § 6 Abs. 2 Satzungsmuster Hundesteuer, § 8 Abs. 2 Satzungsmuster Zweitwohnungssteuer geregelt.[244]

242 Nähere Ausführungen hierzu siehe Rheindorf in Kohlhaas et al., § 3 Rn. 30a und Erl. zu § 17.

243 Dißars in Schwarz et al., § 220 Rn. 2.

244 Satzungsmuster des Gemeinde- und Städtebundes Rheinland-Pfalz, abgedruckt in Vorschriftensammlung Kommunales Finanzwesen Rheinland-Pfalz unter Ordnungsnummern 100.004 und 100.006.

Die Regelung der Fälligkeit gehört zu den Pflichtbestandteilen der Abgabensatzung (§ 2 Abs. 1 S. 2 KAG RLP). Fehlt es in dem jeweiligen Steuergesetz an einer besonderen Regelung über die Fälligkeit, richtet sie sich nach § 220 Abs. 2 AO.

Erstattungsansprüche i.S.d. § 37 Abs. 2 AO werden im Zeitpunkt der rechtsgrundlosen Zahlung fällig.[245] Ergibt sich aus der Abrechnung von Vorauszahlungen eine Überzahlung, so ist die Steuererstattung regelmäßig mit Bekanntgabe des Abgabenbescheides fällig (vgl. § 20 Abs. 3 GewStG, § 30 Abs. 2 GrStG).[246]

Bei der Fälligkeit ist § 108 Abs. 3 AO mit dem Hinausschieben auf den nächstfolgenden Werktag zu beachten, wenn das Ende der Fälligkeitsfrist auf einen Sonntag, einen gesetzlichen Feiertag oder einen Sonnabend fällt.[247]

Die Fälligkeit ist Voraussetzung für den Beginn der Zahlungsverjährungsfrist (§ 229 Abs. 1 S. 1 AO) und die Verwaltungsvollstreckung.

Voraussetzungen für den Beginn der Vollstreckung sind (§ 22 Abs. 1 und 2 LVwVG RLP):

1. die Fälligkeit der Leistung,
2. der Ablauf einer Frist von einer Woche seit Bekanntgabe des Verwaltungsaktes oder, wenn die Leistung erst danach fällig wird, der Ablauf einer Frist von einer Woche nach Eintritt der Fälligkeit und die
3. Mahnung der fälligen Forderung.

Stadtverwaltung Musterstadt

Stadtverwaltung Musterstadt, Postfach 789, 12345 Musterstadt

Herrn
Max Mustermann
Musterstr. 150
12345 Musterstadt

Rathaus, Rathausplatz 1
Auskunft erteilt: ....
Telefon: ....
E-Mail: ....
Zimmernummer: ....

Musterstadt, 01.02.2023

Bürgernummer: 123-456-789;
Grundsteuerbescheid für 2023

Objekt: Einfamilienwohnhaus, Musterstr. 150, Musterstadt

Fälligkeit: Gem. § 1 Abs. 2 Nr. 5 AO i.V.m. § 220 Abs. 1 AO i.V.m. § 28 Abs. 1 GrStG ist ab 2023 die Grundsteuer zu je 1/4 ihres Jahresbetrages in Höhe von 135,00 € fällig am 15.02.2023, 15.05.2023, 15.08.2023 und 15.11.2023.

Zahlungen bitte an die Stadtkasse Musterstadt mit der Bankverbindung IBAN DE 99 0000 0000 0000 00, BIC GENO01S08 bei der Stadtsparkasse Musterstadt unter Angabe der Ihrer o. a. Bürgernummer.

Wird die Grundsteuer nicht zu den o. a. Fälligkeitsfristen gezahlt, so ist für jeden angefangenen Monat der Säumnis ein Säumniszuschlag von 1 % des abgerundeten rückständigen Steuerbetrages zu entrichten. Für ggf. notwendige Vollstreckungsmaßnahmen entstehen ebenfalls Kosten.

Abb. 57 – Leistungsgebot / Fälligkeit im Abgabenbescheid

245 Zugmaier/Nöcker et al., § 221 AO Rz. 16.

246 Zur Fälligkeit der Grundsteuer vgl. Erl. 2.4.7.4, zur Fälligkeit der Gewerbesteuervorauszahlung vgl. Erl. 2.5.7.1 und zur Gewerbesteuerabschlusszahlung Erl. 2.5.8.

247 BFH, Urt. v. 11.11.2014 – VIII R 34/12, bit.ly/VIIIR34-12.

4.5.2 Stundung

4.5.2.1 Begriff, Rechtsgrundlagen und Abgrenzung

Abgabenpflichtige können ihre Verbindlichkeiten gegenüber der Gemeinde nicht immer zu den festgesetzten Fälligkeiten entrichten. Durch eine Stundung kann die Fälligkeit einer Forderung hinausgeschoben werden. Die Stundung gehört zu den Billigkeitsmaßnahmen, die dazu dienen, Härten, die sich bei der Festsetzung und/oder Erhebung von Abgabenforderungen im Einzelfall ergeben können, auszugleichen bzw. zu mildern. Durch das Hinausschieben der Fälligkeit werden die materiell-rechtlichen Verzugsfolgen aufgehoben.[248] Die Forderungen können nicht vollstreckt werden, da Voraussetzung der Vollstreckung u.a. die Fälligkeit der Leistung ist (§ 22 Abs. 1 Nr. 1 LVwVG RLP).

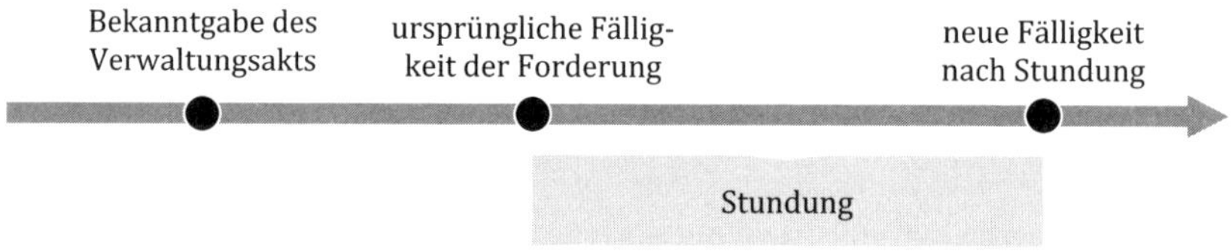

Abb. 58 – Stundung

Die Fälligkeit der Forderung kann durch die Stundung entweder in einer Summe in die Zukunft verlagert werden, z.B. die Grundsteuerfälligkeit 15.05.2023 wird auf den 14.06.2023 hinausgeschoben, oder in Form einer Ratenzahlung gewährt werden, so dass z.B. die eine Abgabe, die am 03.07.2023 fällig war in zwei Teilbeträgen jeweils am 01.08.2023 und 01.09.2023 zu zahlen ist.

Spezialgesetzliche Regelungen zur Stundung sind in § 135 Abs. 2 bis 4 BauGB für die Erschließungsbeiträge, § 14 KAG RLP für einmalige Beiträge, die auf der Grundlage des KAGs RLP erhoben werden und § 19 LGebG RLP i.V.m. § 23 GemHVO RLP für Verwaltungsgebühren normiert.

Sofern keine spezialgesetzliche Regelung greift, findet § 222 AO Anwendung. Diese Vorschrift gilt

- für Realsteuern über § 1 Abs. 2 Nr. 5 AO und
- für die übrigen kommunalen Abgaben über § 1 Abs. 1 bzw. Abs. 2 S. 1 KAG RLP i.Vm. § 3 Abs. 1 Nr. 5 KAG RLP.

Zu beachten ist, dass die Höhe der zu berechnenden Stundungszinsen in den speziellen Vorschriften vom Zinssatz der AO für Stundungen abweicht.[249]

Durch die Stundung hat der Zahlungspflichtige für ihre Dauer zwei Vorteile:

- die Vollstreckung unterbleibt und
- anstelle von Säumniszuschlägen sind lediglich Stundungszinsen zu entrichten.

Die Entscheidung über die Stundung stellt einen Verwaltungsakt i.S.d. § 118 AO dar.

248 BFH, Urt. v. 22.04.1988 – III R 269/84, BFH/NV 1998 S. 428.

249 Im Einzelnen hierzu siehe Rheindorf in Kohlhaas et al., Erl. zu § 14 KAG.

Die Stundung ist von folgenden Maßnahmen abzugrenzen:

4.5.2.1.1 Vollstreckungsaufschub

Beim Vollstreckungsaufschub (§ 24a Abs. 2 LVwVG RLP) wird die Fälligkeit der Forderung nicht hinausgeschoben. Dadurch kann – wie auch bei der Stundung – zwar die zwangsweise Beitreibung vermieden werden, allerdings entstehen weiterhin Säumniszuschläge, die für den Abgabenpflichtigen eine erhebliche finanzielle Belastung darstellen können.

4.5.2.1.2 Aussetzung der Vollziehung

Wird ein Verwaltungsakt durch Rechtsbehelf angefochten, kann die Finanzbehörde, die diesen erlassen hat, die Vollziehung des Verwaltungsaktes aussetzen (§ 361 Abs. 2 AO). Soweit die Vollziehung eines Grundlagenbescheides ausgesetzt wird, ist auch die Vollziehung des Folgebescheides auszusetzen (§ 361 Abs. 3 AO). Die aufschiebende Wirkung (der sog. Suspensiveffekt gem. § 80 Abs. 2 S. 1 Nr. 1 VwGO) wird folglich wiederhergestellt. Dabei gilt es, zwischen dem Vollzugsinteresse der Finanzbehörde (Einnahmenerzielung und Handlungsfähigkeit des Staates erhalten) und der Rechtsposition des Steuerpflichtigen abzuwägen. Für die Aussetzung müssen ernsthafte Zweifel an der Rechtmäßigkeit des Verwaltungsakts bestehen und der Vollzug muss eine unbillige Härte darstellen.[250] Für die Dauer der Aussetzung werden Aussetzungszinsen gem. § 237 AO erhoben. Die Entscheidung über die Aussetzung ist ein begünstigender Verwaltungsakt.[251] Rechtsbehelfe hiergegen sind zulässig.

4.5.2.1.3 Niederschlagung

Eine Niederschlagung ist die befristete oder unbefristete Zurückstellung der Weiterverfolgung eines fälligen Anspruchs ohne Verzicht auf den Anspruch selbst.[252] Die Niederschlagung unterscheidet sich von der Stundung dadurch, dass auch bei der Niederschlagung – wie beim Vollstreckungsaufschub – die Fälligkeit nicht verändert wird. Die Forderung wird lediglich für eine bestimmte oder unbestimmte Zeit nicht geltend gemacht.

4.5.2.1.4 Erlass

Beim Erlass wird auf die Forderung ganz oder zum Teil verzichtet. Der Erlass führt zum Erlöschen des Anspruchs (§ 47 AO).[253]

4.5.2.2 Voraussetzungen der Stundung nach der Abgabenordnung

Damit eine Stundung bewilligt werden kann, müssen die folgenden Voraussetzungen nebeneinander erfüllt sein (§ 222 S. 1 AO):

- Die Stundung erfolgt regelmäßig auf Antrag,
- die Einziehung der Forderung bei Fälligkeit stellt eine erhebliche Härte für den Abgabenpflichtigen dar und
- der Anspruch erscheint durch die Stundung nicht gefährdet.

250 Zugmaier/Nöcker et al., § 361 Rz. 1, 20, 46, 47.

251 Rätke in Klein, § 361 Rz. 55.

252 VV Nr. 1 zu § 23 GemHVO RLP.

253 Siehe hierzu auch Erl. 4.10.4.

Die Gemeinden entscheiden nach pflichtgemäßem Ermessen (vgl. § 5 AO) über die Stundung. Das ergibt sich aus dem Wortlaut von § 222 S. 1 AO, wonach Ansprüche gestundet werden „können". Liegen die vorgenannten Voraussetzungen vor, ist der Ermessensspielraum jedoch in der Regel auf null reduziert[254], so dass die Stundung in diesen Fällen zu gewähren ist.

4.5.2.2.1 Antragserfordernis

Die Stundung wird in der Regel nur auf Antrag des Abgabenpflichtigen gewährt (§ 222 S. 2 AO). Den Antrag sollte der Abgabenpflichtige rechtzeitig, d.h. vor Eintritt der Fälligkeit, stellen.[255]

Um zu beurteilen, ob eine erhebliche Härte vorliegt, sind bei der Sachverhaltsermittlung insbesondere die wirtschaftlichen Verhältnisse des Abgabenpflichtigen relevant. Deshalb sind Anträge auf Stundung umfassend zu begründen[256] und der Abgabenpflichtige hat seine Einkommens- und Vermögenssituation offenzulegen[257] und nachzuweisen, z.B. durch Einkommensnachweise und Kontoauszüge. Selbstständige und juristische Personen weisen ihre wirtschaftlichen Verhältnisse durch Jahresabschlüsse und betriebswirtschaftliche Auswertungen nach.

4.5.2.2.2 Erhebliche Härte

Bei dem Tatbestandsmerkmal der erheblichen Härte handelt es sich um einen unbestimmten Rechtsbegriff. Konkret handelt es sich um die Unzumutbarkeit der Zahlung bis zum Ende der Fälligkeitsfrist. Ob dieses Merkmal erfüllt ist, muss „im Einzelfall durch eine Abwägung zwischen dem Interesse des Abgabengläubigers an einer vollständigen und gleichmäßigen Abgabenerhebung und dem Interesse des Abgabenpflichtigen an einem Aufschub der Fälligkeit der Abgabenzahlung festgestellt werden. Dabei sind, da Abgabenzahlungen allgemein mit Härten verbunden sein können, die besonderen Verhältnisse des konkreten Falles zu berücksichtigen."[258] Zu einer erheblichen Härte können sowohl sachliche als auch persönliche Gründe führen.

Sachliche Stundungsgründe knüpfen überwiegend nicht an die persönlichen Verhältnisse des Abgabenpflichtigen an.[259] Vielmehr ist die Abgabenzahlung zum Fälligkeitszeitpunkt aus objektiven Gründen unzumutbar und deshalb eine erhebliche Härte.[260] Das ist z.B. der Fall, wenn der Abgabenpflichtige bei anderen Abgabenarten mit einer Abgabenerstattung rechnen kann (sog. Verrechnungsstundung).[261]

Persönliche Stundungsgründe resultieren aus den subjektiven Verhältnissen des Abgabenpflichtigen[262] und haben eine deutlich höhere praktische Relevanz für die Gemeinden als sachliche Gründe. Damit eine Stundung auf der Basis von persönlichen Gründen ausgesprochen werden kann, muss der Abgabenpflichtige sowohl stundungsbedürftig als auch stundungswürdig sein.[263]

254 Vgl. dazu auch: Loose in Tipke et al., § 222 Rn. 19.
255 Vgl. dazu Loose in Tipke et al., § 222 Rn. 50.
256 Vgl. dazu insgesamt Loose in Tipke et al., § 222 Rn. 51.
257 Vgl. BFH, Urt. v. 13.04.1961 – IV 363/58 U, bit.ly/IV363-58U.
258 BFH, Urt. v. 21.08.1973 – VIII R 8/68, bit.ly/VIIIR8-68.
259 Loose in Tipke et al., § 222 Rn. 26.
260 Schwarz in Schwarz et al., § 222 Rn. 12.
261 Schwarz in Schwarz et al., § 222 Rn. 12.
262 Loose in Tipke et al., § 222 Rn. 34.
263 Schwarz in Schwarz et al., § 222 Rn. 8.

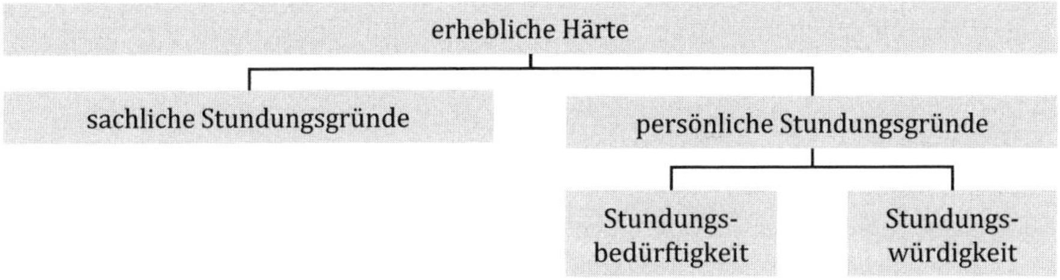

Abb. 59 – Erhebliche Härte als Stundungsvoraussetzung

Der Abgabenpflichtige ist stundungsbedürftig, wenn seine wirtschaftlichen Verhältnisse für einen befristeten Zeitraum so angespannt sind, dass eine Zahlung der Forderung bei Fälligkeit zu schwerwiegenden Zahlungsschwierigkeiten bis hin zur Existenzgefährdung führen würde.[264] Solche Liquiditätsengpässe können verschiedene Ursachen haben, z.B.

- gesundheitliche Einschränkungen, die dazu führen, dass der Abgabenpflichtige keine Einnahmen erwirtschaften kann,
- saisonale Schwankungen, denen die Einnahmen des Abgabenpflichtigen ausgesetzt sind, z.B. in der Baubranche, bei der Betreibung von Freizeitbädern oder in der Landwirtschaft,
- Einnahmeverluste aufgrund von Naturkatastrophen (Schäden durch Hagel, Frost, Hochwasser, Sturm, Eisgang),
- konjunkturbedingte Einkommensschwankungen oder
- fehlende Möglichkeiten zur Aufnahme von Krediten.[265]

Stundungswürdig ist der Abgabenpflichtige, wenn er „seine mangelnde Leistungsfähigkeit nicht selbst herbeigeführt oder [nicht] durch sein Verhalten in eindeutiger Weise gegen die Interessen der Allgemeinheit verstoßen hat."[266] Dazu gehört, dass der Abgabenpflichtige seine Verbindlichkeiten gegenüber der Kommune mit deren Fälligkeiten im Blick hat und seine finanzwirksamen Entscheidungen daran ausrichtet.[267] Das ist im Verhältnis zu den übrigen Abgabenpflichtigen, die ihre Abgabenforderungen ggf. auch unter erschwerten Bedingungen pünktlich entrichten, Voraussetzung für die Gewährung einer Stundung.[268] Bei der Beurteilung der Stundungswürdigkeit ist außerdem zu berücksichtigen, ob der Abgabenpflichtige zahlungswillig ist und er nicht achtlos mit seinen finanziellen Mitteln umgeht.[269] Stundungsunwürdigkeit ist auch anzunehmen, wenn die beantragte Herabsetzung einer Vorauszahlung bewilligt wurde, sich im Nachhinein jedoch eine hohe Nachzahlung ergibt.[270]

4.5.2.2.3 Anspruchsgefährdung und -sicherung

Weiterhin darf der Anspruch durch die Stundung nicht gefährdet sein. Das ist der Fall, wenn bei Eintritt der neuen, späteren Fälligkeit nicht mehr gesichert ist, dass die Forderung realisiert

264 Schwarz in Schwarz et al., § 222 Rn. 9.
265 Vgl. dazu insgesamt Schwarz in Schwarz et al., § 222 Rn. 9.
266 BFH, Urt. v. 02.07.1986 – I R 39/83, bit.ly/IR39-83.
267 Vgl. BFH, Urt. v. 21.08.1973 – VIII R 8/68, bit.ly/VIIIR8-68.
268 BFH, Urt. v. 02.07.1986 – I R 39/83, bit.ly/IR39-83.
269 Schwarz in Schwarz et al., § 222 Rn. 10.
270 Zugmaier/Nöcker et al., § 222 Rn. 18.

werden kann.[271] Deshalb müssen die Gemeinden eine Prognose über die künftige Entwicklung der wirtschaftlichen Verhältnisse des Abgabenpflichtigen vornehmen.[272] Das ist in der Praxis (insbesondere bei längeren Stundungszeiträumen) schwierig, da sich wirtschaftliche Rahmenbedingungen schnell verändern können.

Um eine Gefährdung des Anspruchs auszuschließen, soll die Stundung deshalb in der Regel nur gegen eine Sicherheitsleistung gewährt werden (§ 222 S. 2 AO, §§ 241 ff. AO). Das ist insbesondere bei hohen Forderungsbeträgen und langfristigen Stundungszeiträumen erforderlich.[273] Bei kurzfristigen Stundungszeiträumen oder geringfügigen Forderungsbeträgen sehen die Gemeinden vielfach von einer Sicherheitsleistung ab.

4.5.2.3 Prüfschema zur Stundung nach der Abgabenordnung

1. Definition der Stundung
2. Anwendbarkeit § 222 AO oder Spezialgesetz
3. regelmäßig auf Antrag (§ 222 S. 2 AO)
4. erhebliche Härte = Unzumutbarkeit der Zahlung bis zum Ende der Fälligkeitsfrist
   a) aus sachlichen Gründen = objektive Gründe (z.B. Verrechnungsstundung) <u>oder</u>
   b) aus persönlichen Gründen = subjektive Gründe
      aa) Stundungsbedürftigkeit (vorübergehende wirtschaftliche Notlage)
      bb) Stundungswürdigkeit (der Steuerschuldner hat diese Notlage nicht selbst vorsätzlich oder grob fahrlässig herbeigeführt)
5. keine Gefährdung des Anspruchs (§ 222 S. 1 und 2 AO); regelmäßig gegen Sicherheitsleistung (§ 222 S. 2 AO)

Abb. 60 – Zusammenfassendes Prüfungsschema zur Stundung

Sachverhalt 25:
Jamie Adama betreibt in Trier die Gaststätte „Lucius Licinius Lucullus“, die einen sehr guten Ruf genießt. Für dieses Gewerbe ist er gewerbesteuerpflichtig. Aufgrund einer Virusinfektionskrankheit mit einer hohen Ansteckungsgefahr ist die Bevölkerung verängstigt. Seine Gaststätte wird deshalb nur noch selten besucht. Dadurch bricht sein Umsatz ein. Die finanziellen Rücklagen von Jamie Adama sind nach kurzer Zeit erschöpft, Kredite kann er nicht mehr in Anspruch nehmen.

Jamie Adama geht davon aus, dass die Bürger von Trier seine Gaststätte „Lucius Licinius Lucullus“ wieder deutlich häufiger besuchen werden, wenn die Ansteckungswelle abgeflacht ist und sich dadurch seine wirtschaftliche Lage in den nächsten Monaten wesentlich verbessern wird. Er tritt an das Sachgebiet Steuern der Stadtverwaltung Trier heran und bittet darum, die Gewerbesteuerabschlusszahlung 2020 von 4.500 EUR, die in Kürze fällig wird, für drei Monate zu stunden.

271 Loose in Tipke et al., § 222 Rn. 39.
272 Loose in Tipke et al., § 222 Rn. 39.
273 Loose in Tipke et al., § 222 Rn. 41.

Aufgabe:
Prüfen und begründen Sie anhand der einschlägigen Rechtsnormen, ob die Voraussetzungen für eine Stundung vorliegen.

Lösung:
Jamie Adama beantragt die Stundung der Gewerbesteuerabschlusszahlung. Das GewStG enthält keine spezialgesetzlichen Regelungen zur Stundung, so dass die Stundung nach § 222 AO zu prüfen ist. Diese Vorschrift ist für die Gewerbesteuer anwendbar nach § 1 Abs. 2 Nr. 5 AO.

Eine Stundung kann hiernach gewährt werden, wenn die Einziehung der Forderung bei Fälligkeit eine erhebliche Härte für den Steuerpflichtigen darstellt und der Anspruch durch die Stundung nicht gefährdet erscheint (§ 222 S. 1 AO). Eine erhebliche Härte kann sich aus sachlichen oder persönlichen Gründen ergeben.

Im vorliegenden Fall kommen persönliche Stundungsgründe in Betracht. Persönliche Stundungsgründe resultieren aus den subjektiven Verhältnissen des Steuerpflichtigen. Dafür muss der Steuerpflichtige stundungsbedürftig und -würdig sein.

Stundungsbedürftig ist der Steuerpflichtige, wenn seine wirtschaftlichen Verhältnisse für einen befristeten Zeitraum so angespannt sind, dass eine Zahlung der Forderung bei Fälligkeit zu schwerwiegenden Zahlungsschwierigkeiten bis hin zur Existenzgefährdung führt. Laut Sachverhalt betreibt Jamie Adama eine Gaststätte. Diese wird derzeit aufgrund einer Virusinfektionskrankheit nur selten besucht, weshalb er Einnahmeverluste hinnehmen muss. Die finanziellen Rücklagen von Jamie Adama sind nach kurzer Zeit erschöpft, eine Kreditaufnahme ist nicht möglich. Adamas wirtschaftliche Verhältnisse sind deshalb angespannt. Da seine Gaststätte einen guten Ruf genießt, ist mit einer Verbesserung der Einnahmesituation zu rechnen, sodass es sich um eine vorübergehende wirtschaftliche Notsituation handelt. Deshalb ist Jamie Adama stundungsbedürftig.

Stundungswürdig ist der Steuerpflichtige nach der Rechtsprechung des BFH, wenn er seine mangelnde Leistungsfähigkeit nicht selbst herbeigeführt oder [nicht] durch sein Verhalten in eindeutiger Weise gegen die Interessen der Allgemeinheit verstoßen hat. Das ist im vorliegenden Fall nicht erkennbar: Jamie Adama ist unverschuldet in eine vorübergehende wirtschaftliche Schieflage geraten und deshalb stundungswürdig. Folglich liegt eine erhebliche Härte aufgrund persönlicher Stundungsgründe vor. Darüber hinaus darf der Steueranspruch durch die Stundung nicht gefährdet sein. Das wäre der Fall, wenn bei Eintritt der neuen Fälligkeit nicht mehr gesichert ist, dass die Forderung realisiert werden kann. Hier handelt es sich um vorübergehende Einnahmeausfälle. Die Gaststätte von Jamie Adama genießt einen guten Ruf, so dass von einer Verbesserung der Situation auszugehen ist. Der Anspruch erscheint deshalb nicht gefährdet.

Den nach § 222 S. 2 AO erforderlichen Antrag hat Jamie Adama gestellt. Aufgrund der geringen Höhe der Forderungen sowie des kurzen Stundungszeitraums von drei Monaten kann auf eine nach § 222 S. 2 AO grundsätzlich erforderliche Sicherheitsleistung verzichtet werden. Folglich liegen die Voraussetzungen des § 222 AO vor.

4.6 Steuerliche Nebenleistungen

Steuerliche Nebenleistungen ergeben sich aus der abschließenden Aufzählung in § 3 Abs. 4 AO. Für den kommunalen Bereich sind relevant der Verspätungszuschlag (§ 3 Abs. 4 Nr. 2, § 152 AO), die Zinsen (§ 3 Abs. 4 Nr. 4, §§ 233 ff. AO) und die Säumniszuschläge (§ 3 Abs. 4 Nr. 5 AO, § 240 AO), so dass diese nachfolgend näher behandelt werden.

Auf steuerliche Nebenleistungen sind die Vorschriften der Abgabenordnung sinngemäß anwendbar (§ 1 Abs. 3 S. 1 AO). Für die §§ 155 bis 217 AO (Dritter bis Sechster Abschnitt des Vierten Teils der AO) gilt dies allerdings nur, wenn die Anwendbarkeit in diesen Vorschriften besonders bestimmt wird (§ 1 Abs. 3 S. 2 AO).

Das Aufkommen der Zinsen steht der jeweils steuerberechtigten Körperschaft zu (§ 3 Abs. 5 S. 2 AO). Säumniszuschläge erhalten gem. § 3 Abs. 5 S. 6 AO die verwaltenden Körperschaften. Hierfür ist die Verwaltungskompetenz zu prüfen.[274] Der Verspätungszuschlag steht der steuerberechtigten Körperschaft zu (§ 14b GewStG).

4.6.1 Verspätungszuschlag

Gegen denjenigen, der seiner Verpflichtung zur Abgabe einer Steuererklärung nicht oder nicht fristgemäß nachkommt, wird ein Verspätungszuschlag festgesetzt (§ 152 Abs. 1 S. 1 AO).[275]

4.6.1.1 Begriff und Zweck

Die nachfolgenden Erläuterungen beziehen sich auf den Verspätungszuschlag für den Fall, dass eine Gewerbesteuererklärung oder eine Zerlegungserklärung nicht oder verspätet beim zuständigen Finanzamt abgegeben wird. Die Vorschriften über den Verspätungszuschlag finden folglich Anwendung über § 1 Abs. 1 AO Anwendung, da der Verspätungszuschlag vom Finanzamt festgesetzt wird.

Der Verspätungszuschlag ist als Druckmittel eigener Art zur Sicherung eines ordnungsgemäßen Veranlagungsverfahrens (im Sinne einer Sanktionierung bzw. präventiven Charakters bei Nichtabgabe bzw. verspäteter Abgabe der steuerlichen Erklärungen) anzusehen.

Nach § 152 Abs. 1 und 2 AO i.V.m. § 152 Abs. 6 S. 1 AO muss ein Verspätungszuschlag wegen Nichtabgabe oder nicht fristgerechten Abgabe der Erklärung zur Festsetzung des Gewerbesteuermessbetrages und auch für die Zerlegungserklärung festgesetzt werden, wenn die Erklärung nicht binnen 14 Monaten nach Ablauf des Kalenderjahres (Karenzzeit) abgegeben wurde (kein Entschließungsermessen).[276] Ein Verschulden des Vertreters oder Erfüllungsgehilfen muss sich der Erklärungspflichtige zurechnen lassen (§ 152 Abs. 1 AO i.V.m. § 34 AO und § 80 AO). Die Vorschrift findet auch dann Anwendung, wenn die Erklärungen zur Festsetzung des

274 Rheindorf in Kohlhaas et al., § 3 Rn. 14e.

275 BFH v. 26.06.2002, IV R 63/00, BStBl II 2002, 679, BFH/NV 2002, 1507; BFH v. 10.02.2005, VI B 108/04, BFH/NV 2005, 1003).

276 Schulze in Wendt et al., § 14b Rz. 7.

Steuermessbetrages bzw. die Zerlegungserklärungen nicht in der vorgeschriebenen Form abgegeben werden (z.B. keine ELSTER-Abgabe, fehlende Unterschrift/Signatur).[277]

Der Verspätungszuschlag für die Nichtabgabe oder nicht fristgerechte Abgabe der Gewerbesteuer-/Zerlegungserklärung beträgt für jeden angefangenen Monat der eingetretenen Verspätung 25 EUR (§ 152 Abs. 6 S. 2 AO).[278] Dabei ist die Karenzzeit von 14 Monaten nach Ablauf des Kalenderjahres (§ 152 Abs. 2 Nr. 1 AO) zu berücksichtigen.[279]

Karenzzeiten sind „Warte-/Sperrzeiten", innerhalb derer sich die Rechtsposition nicht ändert. Für die Berechnung der Karenzzeit finden die Vorschriften zur Fristberechnung keine Anwendung. Wird die Steuererklärung innerhalb der Karenzzeit abgegeben, so wird kein Verspätungszuschlag festgesetzt. Bei Abgabe der Steuererklärung nach Ablauf der Karenzzeit wird ein Verspätungszuschlag für jeden Monat der eingetretenen Verspätung berechnet. Der Verspätungszeitraum beginnt in diesem Fall mit Ablauf der Abgabefrist für die Steuererklärung (§ 149 Abs. 2 AO) und endet mit Abgabe der Steuererklärung.[280]

4.6.1.2 Festsetzung und Leistungsgebot

Die Festsetzung des Verspätungszuschlags erfolgt durch selbstständig anfechtbaren Verwaltungsakt i.S.d. § 118 AO. Hierfür ist als „Annex" die Landesfinanzbehörde zuständig, die auch für die Festsetzung des Gewerbesteuermessbetrages zuständig ist (§ 14b GewStG, § 152 Abs. 11 AO).[281] Wird die Festsetzung des Gewerbesteuermessbetrages oder des Zerlegungsanteils aufgehoben, ist nach § 152 Abs. 12 S. 1 AO die erfolgte Festsetzung des Verspätungszuschlages ebenfalls aufzuheben. Die Festsetzung selbst erfolgt in Gewerbesteuerfällen durch das zuständige Finanzamt ohne Leistungsgebot mit dem Hinweis, dass der Verspätungszuschlag zusammen mit dem Gewerbesteuerbescheid von der hebesatzberechtigten Gemeinde angefordert wird.

Mit der Festsetzung des Verspätungszuschlags entscheidet das Finanzamt i.R.d. Auswahlermessens, gegen wen der Verspätungszuschlag festgesetzt wird. Das ist regelmäßig der Steuerpflichtige gem. § 152 Abs. 1 S. 1 AO i.V.m. § 33 Abs. 1 AO bzw. derjenige, der die steuerlichen Pflichten des Steuerpflichtigen zu erfüllen hat. Bei Gesamtschuldnerschaft ist § 152 Abs. 4 AO i.V.m. § 44 AO anzuwenden.

Der kommunalen Abgabenbehörde wird der Verspätungszuschlag mit dem Inhalt des Gewerbesteuermessbescheid gem. § 184 Abs. 3 AO lediglich mitgeteilt. Die Gemeinden haben keinen Anspruch auf Festsetzung des Verspätungszuschlages und auch keine Möglichkeit eines Rechtsbehelfs.

277 BFH v. 15.12.2015, V B 102/15, BFH/NV 2016, 373.

278 Schulze in Wendt et al., § 14b Rz. 14.

279 Aufgrund des Vierten Corona-Steuerhilfegesetzes wurden in Art. 97 § 36 Abs. 3 Nr. 5 EGAO (BGBl. I 2022 S. 913) die Karenzzeiten für den Verspätungszuschlag für die Besteuerungszeiträume 2021 bis 2024 verlängert.

280 Rätke in Klein, § 152 Rn. 67.

281 Schulze in Wendt et al., § 14b Rz. 18.

Die Anforderung des Verspätungszuschlags gegenüber der zahlungsverpflichteten Person geschieht – unter Bezugnahme auf den festgesetzten Verspätungszuschlag – durch Leistungsgebot verbunden mit einer Zahlungsfrist durch die steuerberechtigte Gemeinde. Sind bei Zerlegungsfällen mehrere Gemeinden an der Gewerbesteuer beteiligt, so fließt der Verspätungszuschlag der Gemeinde zu, in der sich die Geschäftsleitung am Ende des Erhebungszeitraums befindet. Befindet sich die Geschäftsleitung im Ausland, so fließt der Verspätungszuschlag der Gemeinde zu, in der sich die wirtschaftlich bedeutendste Betriebsstätte befindet. Unter entsprechender Heranziehung des § 18 Abs. 1 Nr. 2 AO ist die wirtschaftlich bedeutendste Betriebsstätte diejenige, die nach Umfang und Wert der Gebäude und Betriebseinrichtungen, aber auch nach dem Umfang der in ihr ablaufenden Geschäftsvorfälle die für den Gewerbebetrieb wichtigste Betriebsstätte darstellt.[282]

4.6.1.3 Berechnung

Auf den Verspätungszuschlag ist der Hebesatz der Gemeinde nicht anzuwenden (§ 14b S. 4 GewStG).

4.6.1.4 Prüfschema zum Verspätungszuschlag

1. Anwendbarkeit § 152 AO
2. Festsetzung dem Grunde nach:
   a) Steuerklärungspflicht
   b) Verspätete Abgabe oder Nichtabgabe unter Beachtung der 14monatigen Karenzzeit (§ 152 Abs. 2 Nr. 1, Abs. 9 AO).
   c) Verschulden eines Vertreters oder Erfüllungsgehilfen ist dem Erklärungspflichtigen zuzurechnen (§ 152 Abs. 1 S. 2 AO).
3. Rechtsfolge: Verspätungszuschlag ist (gebundene Verwaltung) festzusetzen.
4. Festsetzung der Höhe nach:
   a) keine „Nullfestsetzung" (§ 152 Abs. 3 Nrn. 2 und 3 AO)
   b) je angefangener Verspätungsmonat 25 EUR (§ 152 Abs. 6 S. 2 AO)

Abb. 61 – Zusammenfassendes Prüfungsschema zum Verspätungszuschlag

Die Festsetzung ist stets ein selbstständiger Verwaltungsakt, der regelmäßig mit dem Gewerbesteuermess- bzw. Zerlegungsbescheide verbunden werden soll (§ 152 Abs. 3, 11 AO). Eine Festsetzungsverjährung gibt es für Verspätungszuschläge nicht. Ein Erlass des Verspätungszuschlages ist nach § 227 AO möglich. Gegen die Festsetzung des Verspätungszuschlags durch das Finanzamt kann vom Steuerpflichtigen – nicht aber von der steuerberechtigten Gemeinde – Einspruch erhoben werden.

282 Schulze in Wendt et al., § 14b Rz. 22–36.

4.6.2 Stundungszinsen

Abgabenansprüche werden verzinst, soweit dies gesetzlich vorgeschrieben ist (§ 233 S. 1 AO). Für die Dauer einer gewährten Stundung werden Zinsen erhoben, wobei sich die Zinstatbestände sowohl aus spezialgesetzlichen Vorschriften (z.B. § 14 KAG RLP) oder aus den Vorschriften der Abgabenordnung ergeben können. Greifen keine spezialgesetzlichen Vorschriften, sind Stundungszinsen für die Dauer der gewährten Stundung nach § 234 Abs. 1 S. 1 AO zu erheben.[283]

Die Stundungszinsen werden durch Zinsbescheid festgesetzt, der regelmäßig mit der Stundung verbunden wird. Für den Zinsbescheid gelten die Vorschriften über Steuerbescheide entsprechend (§ 239 Abs. 1 S. 1 AO), jedoch beträgt die Festsetzungsfrist zwei Jahre und beginnt mit Ablauf des Kalenderjahres, in dem die Stundung geendet hat (§ 239 Abs. 1 S. 2 Nr. 2 AO).

4.6.2.1 Berechnung nach der Abgabenordnung

Grundlage der Berechnung der Stundungszinsen sind die gestundeten Beträge sowie die gewährte Dauer der Stundung. Der Zinslauf beginnt mit dem ersten Tag der Stundungswirkung. Das ist in der Regel der Tag nach dem Ablauf der Fälligkeitsfrist (Folgetag um 00.00 Uhr). Der Zinslauf endet mit Ablauf des letzten Tages (24.00 Uhr), für den die Stundung ausgesprochen ist. Dieser Tag ist im Stundungsbescheid festgelegt. Ist dieser Tag ein Samstag, ein Sonntag oder ein gesetzlicher Feiertag, endet der Zinslauf erst am nächstfolgenden Werktag; das Hinausschieben des Fristendes ist gem. § 108 Abs. 3 AO zu beachten, da es sich um eine Fälligkeitsfrist handelt, die hinausgeschoben wird.

Die vorzeitige Zahlung der Abgabenforderung vor Ablauf der Stundung führt nicht zu einer Verminderung der Zinsschuld. Es gilt das Prinzip der Sollverzinsung (Dauer der gewährten Stundung, § 234 Abs. 1 S. 1 AO). Zahlt der Abgabenpflichtige die gestundeten Beträge nach Ablauf der Stundung, so werden vom Ablauf der Stundung an Säumniszuschläge erhoben (§ 240 AO).

Bei der Stundungszinsberechnung ist folgendes zu beachten:

- Der zu verzinsende Betrag jeder Abgabenart ist auf einen durch 50 EUR teilbaren Betrag abzurunden (§ 238 Abs. 2 AO).
- Für jeden vollen Monat des Zinslaufes (Dauer der gewährten Stundung) betragen die Zinsen 0,5 %, angefangene Zinsmonate bleiben außer Ansatz (§ 238 Abs. 1 S. 1, 2 AO).
- Der errechnete Zinsbetrag ist, da Stundungszinsen zu zahlen sind, zum Vorteil des Steuerpflichtigen auf volle EUR abzurunden (§ 239 Abs. 2 S. 1 AO).
- Zinsen werden nur festgesetzt, wenn diese mindestens 10 EUR betragen (Kleinbetragsregelung in § 239 Abs. 2 S. 2 AO).

Bei einer Stundung in Form von Ratenzahlungen ist folgendes zu beachten:
„Der zu verzinsende Betrag jeder Steuerart ist auf den nächsten durch 50 EUR zu teilenden Betrag abzurunden. Ein sich durch die Abrundung ergebender Spitzenbetrag (Abrundungsrest) ist für Zwecke der Zinsberechnung bei der letzten Rate abzuziehen. Bei höheren Beträgen soll

283 Vgl. zur Berechnung von Stundungszinsen umfassend den AEAO zu § 234.

die Stundung i.d.R. so ausgesprochen werden, dass die Raten mit Ausnahme der letzten Rate auf durch 50 EUR ohne Rest teilbare Beträge festgesetzt werden.“[284]

Beispiel:

Der Gewerbesteuerbescheid wurde am 16.02.2023 bekanntgegeben und die Gewerbesteuerabschlusszahlung bis zum 15.08.2023 gestundet.
Wie hoch ist der Zinssatz für die gewährte Stundung (Anzahl der vollen Zinsmonate)?

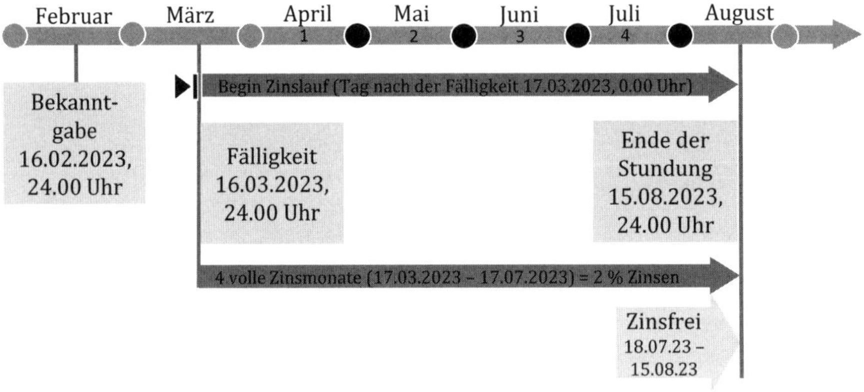

Abb. 62 – Berechnung Zinszeitraum für eine gewährte Stundung

4.6.2.2 Prüfschema zur Berechnung der Stundungszinsen nach der AO

1. Anwendbarkeit der Zinsvorschriften §§ 233 ff. AO
2. Ansprüche aus dem Abgabenschuldverhältnis werden nur verzinst, wenn dies gesetzlich vorgeschrieben ist (§ 233 S. 1 AO); konkreter Zinstatbestand hier § 234 Abs. 1 AO.
3. Abgabenrechtliche Nebenleistungen werden nicht verzinst (§ 233 S. 2 AO).
4. Zinsberechnung:
   a) Zinszeitraum gem. § 234 Abs. 1 AO berechnen (für die Dauer der gewährten Stundung).
      aa) Beginn: Tag nach Ende der Fälligkeitsfrist; Folgetag, 00.00 Uhr
      bb) Ende: Regelung im Stundungsbescheid; .. . ., 24.00 Uhr
   b) Abrundung je Abgabenart auf den nächsten durch 50 EUR teilbaren Betrag (§ 238 Abs. 2 AO)
   c) für jeden vollen Zinsmonat 0,5 % Zinsen (§ 238 Abs. 1 S. 1, 2 AO)
   d) errechnete Zinsen sind abzurunden auf volle EUR (§ 239 Abs. 2 S. 1 AO)
   e) Kleinbetragsreglung von 10 EUR (§ 239 Abs. 2 S. 2 AO)
5. Fälligkeit der Stundungszinsen wie im Zinsbescheid festgelegt (§ 220 Abs. 2 S. 2 AO)

Abb. 63 – Zusammenfassendes Prüfungsschema zur Berechnung von Stundungszinsen

284 AEAO zu § 234, Nr. 9.

4.6.2.3 Billigkeitsmaßnahmen bei den Stundungszinsen

Auf die Zinsen kann ganz oder teilweise verzichtet werden, wenn ihre Erhebung nach Lage des Einzelfalls unbillig wäre (§ 234 Abs. 2 AO). Das ist z.B. denkbar, wenn die fehlende Liquidität des Abgabenpflichtigen durch Naturkatastrophen verursacht wurde oder die vorübergehende Einstellung des Geschäftsbetriebs wegen der Bekämpfung einer Viruspandemie erforderlich war.

Sachverhalt 26:
L. Starbuck beantragt bei der Stadt Neuwied die Stundung der am 15.05.2023 fälligen Grundsteuer von 343,21 EUR für die Zeit nach Ablauf der Fälligkeit bis zum 31.07.2023. Auch die Zweitwohnungssteuerforderung von 1.855 EUR mit Fälligkeit am 15.05.2023 soll bis zum 31.07.2023 gestundet werden. Beide Forderungen sollen jeweils in einer Gesamtsumme am Ende des Stundungszeitraumes beglichen werden.

Aufgabe:
Berechnen Sie die steuerlichen Nebenleistungen für die beiden Forderungen und erläutern Sie anhand der einschlägigen Rechtsnormen, ob die Stundungszinsen zu erheben sind.

Lösung:
Die steuerlichen Nebenleistungen ergeben sich aus § 3 Abs. 4 AO (anwendbar über § 1 Abs. 2 Nr. 1 AO für die Grundsteuer und § 1 Abs. 1 KAG RLP i.V.m. § 3 Abs. 1 Nr. 1 KAG RLP für die Zweitwohnungssteuer). Als steuerliche Nebenleistungen für die Stundungsgewährung kommen vorliegend Zinsen in Betracht (§ 3 Abs. 4 Nr. 4 AO).

Die §§ 233 ff. AO sind für die Grundsteuer anwendbar über § 1 Abs. 2 Nr. 5 AO und für die Zweitwohnungssteuer über § 1 Abs. 1 KAG RLP i.V.m. § 3 Abs. 1 Nr. 5 KAG RLP.

Gemäß § 233 S. 1 AO werden Zinsen nur dann erhoben, wenn dies gesetzlich vorgeschrieben ist. Nach § 234 Abs. 1 S. 1 AO werden für die Dauer einer gewährten Stundung Zinsen erhoben. Deren Höhe und Berechnung richtet sich nach § 238 AO. Danach betragen die Zinsen 0,5 % für jeden vollen Monat des Zinslaufs (§ 238 Abs. 1 AO), berechnet von dem auf volle 50 EUR nach unten abgerundetem Steuerbetrag. Die zu zahlende Grundsteuer beträgt 343,21 EUR und ist somit auf 300 EUR gem. § 238 Abs. 2 AO abzurunden.

Laut Sachverhalt war die Grundsteuer am 15.05.2023 fällig. Somit ist der Stundungszeitraum für die gestundete Grundsteuerforderung der 16.05.2023, 00.00 Uhr (Tag nach Ablauf der Fälligkeitsfrist) bis zum Ablauf des 31.07.2023, 24.00 Uhr. Dies entspricht 2 vollen Monaten innerhalb des Zinslaufs (2 volle Zinsmonate vom 16.05.2023, 00.00 Uhr bis zum 15.07.2023, 24.00 Uhr).

Es ergibt sich somit folgende Berechnung für die Grundsteuer:
300 EUR (abgerundete Forderung) × 0,5 % (Zinssatz/Monat) × 2 volle Monate = 3 EUR.

Gem. § 1 Abs. 2 Nr. 5 AO i.V.m. § 239 Abs. 2 S. 1 AO sind Zinsen auf volle Euro zum Vorteil des Abgabepflichtigen gerundet festzusetzen. Die Festsetzung erfolgt nach § 239 Abs. 2 S. 2 AO nur, wenn sie mindestens 10 EUR betragen. Dieser Mindestbetrag ist unterschritten. Deshalb werden für die Grundsteuer keine Stundungszinsen festgesetzt, da diese weniger als 10 EUR betragen.

Für die Stundung der Zweitwohnungssteuer ist ebenfalls eine Verzinsung vorzunehmen. Zur Berechnung des Zinszeitraums kann auf die vorherigen Ausführungen verwiesen werden. Der zu verzinsende Betrag wird auf 1.850 EUR abgerundet (§ 238 Abs. 2 AO).

Es ergibt sich somit folgende Berechnung für die Zweitwohnungssteuer:
1.850 EUR (abgerundete Forderung) × 0,5 % (Zinssatz/Monat) × 2 volle Monate = 18,50 EUR.

Die Zinsen werden auf volle Euro zum Vorteil des Abgabenpflichten gerundet (§ 239 Abs. 2 S. 1 AO), also abgerundet auf 18 EUR. Eine Festsetzung erfolgt hier, da die Kleinbetragsregelung § 239 Abs. 2 S. 2 AO überschritten ist.

4.6.2.4 Besonderheiten bei einmaligen Beiträgen nach dem KAG RLP

Einmalige Beiträge nach dem Kommunalabgabengesetz Rheinland-Pfalz können nach Maßgabe des § 14 KAG RLP gestundet werden. Hierbei ist zu unterscheiden zwischen zinsfreien Stundungen (vgl. § 14 Abs. 2 S. 1 Alt. 1 i.V.m. Abs. 3 KAG RLP) und Stundungen, für die Zinsen zu erheben sind (§ 14 Abs. 1 und Abs. 2 S. 1 Alt. 2 KAG RLP). Darüber hinaus ist zu beachten, dass der Zinssatz in § 14 Abs. 1 KAG RLP – abweichend vom Zinssatz nach der AO – geregelt ist. Die Zinsen betragen hiernach für den jeweiligen Restbetrag höchstens 3 % über dem zu Beginn des Jahres geltenden Basiszinssatz nach § 247 BGB. Zum 1. Januar 2023 wurde der Basiszinssatz von der Deutschen Bundesbank auf 1,62 % angepasst, während der Basiszinssatz im Jahr 2022 bei -0,88 % gelegen hat. Die Zinsen sind somit jährlich jeweils an den aktuellen Basiszinssatz anzupassen und dürfen diesen um höchstens 3 % überschreiten. Die Festsetzung der Höhe des Zinssatzes obliegt somit der Gemeinde, die hierüber nach pflichtgemäßem Ermessen unter Beachtung der haushaltswirtschaftlichen Grundsätze der Sparsamkeit und Wirtschaftlichkeit (§ 93 Abs. 3 GemO RLP) und der Grundsätze der Erzielung von Erträgen und Einzahlungen (§ 94 GemO) unter Beachtung der in § 14 Abs. 1 KAG RLP normierten Höchstgrenze jährlich zu entscheiden hat.[285]

4.6.3 Steuernachzahlungs- und Steuererstattungszinsen

4.6.3.1 Begriff und Zweck

Wie bereits ausführt, dürfen nach § 233 S. 1 AO Ansprüche aus dem Abgabenschuldverhältnis nur verzinst werden, soweit dies gesetzlich vorgeschrieben ist. Für Gewerbesteuernachforderungen und -erstattungen ist dies in § 233a Abs. 1 S. 1 AO erfolgt. Nachfolgend wird die Berechnung dieser Zinsen erläutert. Zur Verzinsung von Nachforderungen und Erstattungen bei Beiträgen siehe Erläuterungen zu Punkt f).

---

285 Nähere Ausführungen hierzu siehe Rheindorf in Kohlhaas et al., § 14 Rn. 57 f.

Die Steuererstattungs-/Steuernachzahlungszinsen werden durch Zinsbescheid festgesetzt, der regelmäßig mit der Abgabenfestsetzung verbunden wird. Für den Zinsbescheid gelten die Vorschriften über Steuerbescheide, der Vierte Teil der Abgabenordnung, entsprechend (§ 239 Abs. 1 S. 1 AO).

Die Verzinsung nach § 233a AO ist eine begrenzte Vollverzinsung, die gesetzlich vorgeschrieben ist. Die kommunalen Finanzbehörden haben kein Ermessen (gebundene Verwaltung). Die Zinsfestsetzung soll einen Ausgleich dafür schaffen, dass die Steuern eines Veranlagungszeitraums trotz gleichen Entstehungszeitpunkts für alle Steuerpflichtigen in den Einzelfällen zu unterschiedlichen Zeitpunkten festgesetzt und fällig werden.[286]

4.6.3.2 Zinslauf

Der Zinslauf beginnt grundsätzlich nach einer Karenzzeit von 15 Monaten nach Ablauf des Kalenderjahres, in dem die Steuer entstanden ist (§ 233a Abs. 2 S. 1 AO). Die Karenzzeit hält einen Zeitraum zinsfrei, in der das Veranlagungsverfahren regelmäßig abgeschlossen werden kann.[287]

Beispiel:

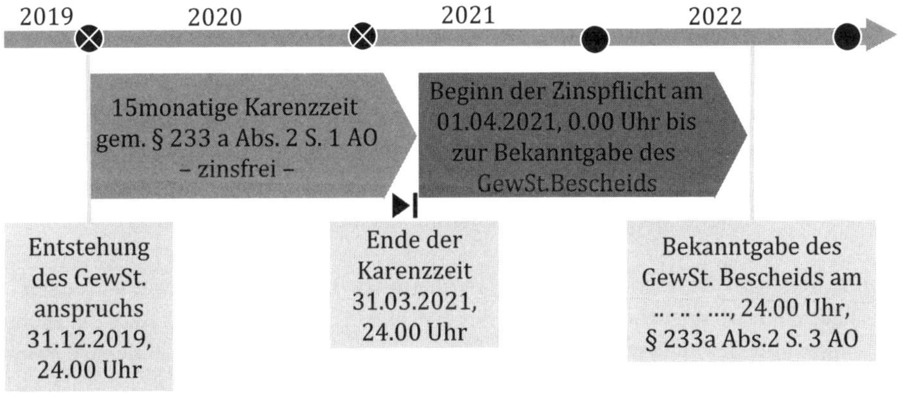

Abb. 64 – Berechnung der Karenzzeit zur Zinsberechnung für die Gewerbesteuer 2019

Im dargestellten Beispiel entsteht der Gewerbesteueranspruch für das Jahr 2019 mit Ablauf des Erhebungszeitraums, für den die Festsetzung vorgenommen wird. Erhebungszeitraum ist das Kalenderjahr. Daher entsteht der Gewerbesteueranspruch 2019 am 31.12.2019, 24.00 Uhr (§ 1 Abs. 2 Nr. 2 AO i.V.m. § 38 AO i.V.m. § 18 GewStG und § 14 S. 2 GewStG).

Bei der Berechnung der Karenzzeit finden die Fristvorschriften keine Anwendung, da es lediglich „Warte- bzw. Sperrzeiten" sind, innerhalb derer sich die Rechtsposition nicht ändert. Die Karenzzeit ist folglich eine zinsfreie Zeit. Die Karenzzeit beginnt im v.g. Beispiel am 01.01.2020, 00.00 Uhr

286 Zugmaier/Nöcker et al., § 233a, Rz. 1.

287 Aufgrund des Vierten Corona-Steuerhilfegesetzes (Art. 6 des Gesetzes vom 19.06.2022, BGBl. I S. 911) wurden die Karenzzeiträume für die Besteuerungszeiträume 2020 und 2021 auf 21 Monate, für den Besteuerungszeitraum 2022 auf 20 Monate, für den Besteuerungszeitraum 2023 auf 18 Monate und für den für den Besteuerungszeitraum 2024 auf 17 Monate verlängert (§ 36 Abs. 3 Nr. 7 und 8 EGAO).

und endet am 31.03.2021, 24.00 Uhr. Somit beginnt der Zinslauf am 01.04.2021, 00.00 Uhr und endet einheitlich sowohl bei Steuernachforderungen als auch bei Steuererstattungen mit Ablauf des Tages, an dem die Steuerfestsetzung wirksam wird (§ 233a Abs. 2 S. 3 AO). Bei Steuerbescheiden ist dies der Tag der Bekanntgabe (vgl. § 124 AO, § 122 AO).

4.6.3.3 Zinshöhe

Die Zinsen für die Gewerbesteuererstattung bzw. -nachzahlung ab dem Erhebungszeitraum 2019 betragen 0,15 % für jeden vollen Monat des Zinslaufs (§ 238 Abs. 1a AO). Begann der Zinslauf beispielsweise am 01.04.2023, 00.00 Uhr und die Bekanntgabe des Steuerbescheides erfolgte am 30.04.2023, 24.00 Uhr, so ist bereits ein voller Zinsmonat gegeben. Angefangene Zinsmonate bleiben außer Ansatz (§ 238 Abs. 1 S. 2 AO). Zur Berechnung wird der zu verzinsende Betrag jeder Steuerart auf den nächsten durch 50 EUR teilbaren Betrag nach unten abgerundet (§ 238 Abs. 2 AO). Die berechneten Zinsen sind auf volle EUR zugunsten des Steuerpflichtigen zu runden (§ 239 Abs. 2 S. 1 AO).

Dadurch können sich zwei Fallkonstellationen ergeben:

- Abrundung bei Steuernachzahlungen
- Aufrundung bei Steuererstattungen.

Die Zinsen werden nur dann festgesetzt, wenn sie mindestens 10 EUR betragen (§ 239 Abs. 2 S. 2 AO).

Als Grundlage der Verzinsung ist nicht nur der Zinslauf, sondern auch der zu verzinsende Betrag entscheidend. Dieser wird vom Gesetzgeber als „Unterschiedsbetrag" bezeichnet (§ 233a Abs. 1 S. 1 AO). Es ist der Unterschied zwischen dem festgesetzten Soll (festgesetzte Steuer) und den bis zum Beginn des Zinslaufs festgesetzten Vorauszahlungen (§ 233a Abs. 3 S. 1 AO).

Bei der Berechnung von Erstattungszinsen gelten allerdings Besonderheiten, wenn Steuerbeträge nicht oder nicht fristgerecht gezahlt wurden (vgl. § 233a Abs. 3 S. 3 Hs. 1 AO). Für nicht geleistete Vorauszahlungen sollen auch keine Zinsen gezahlt werden. Deshalb ist der zu verzinsende Unterschiedsbetrag bei Steuererstattung maximal so hoch, wie die tatsächlich geleisteten Vorauszahlungen. Das ergibt sich aus dem Wortlaut des § 233a Abs. 3 S. 3 Hs. 1 AO „nur bis zur Höhe des zu erstattenden Betrages zu verzinsen". Es sind somit zur Berechnung des Unterschiedsbetrages zwei Fälle zu unterscheiden:

Berechnung des Unterschiedsbetrages zur Zinsberechnung	
Steuernachforderungen	Steuererstattungen
§ 233a Abs. 3 S. 1 AO	§ 233a Abs. 3 S. 3 AO
festgesetzte Steuer – bis zum Beginn des Zinslauf festgesetzte Vorauszahlungen = Unterschiedsbetrag	festgesetzte Steuer – tatsächliche gezahlte Vorauszahlungen = Unterschiedsbetrag

Tab. 24 – Berechnung Unterschiedsbetrag bei Steuererstattungen/-nachzahlungen

Sachverhalt 27:
Die Verbandsgemeindeverwaltung Maifeld gibt am Montag, 21.02.2022 der L. Sheba im Namen und Auftrag der Ortsgemeinde Ochtendung den Gewerbesteuerbescheid für das Jahr 2019 bekannt. Darin wird die Gewerbesteuer auf 40.000 EUR festgesetzt. Die Vorauszahlungen für das Jahr 2019 waren auf 34.000 EUR festgesetzt und wurden von L. Sheba auch in voller Höhe gezahlt.

Aufgabe:
Berechnen Sie mit entsprechender Begründung die zu erhebenden Nachzahlungszinsen.

Lösung:
Die steuerlichen Nebenleistungen ergeben sich aus § 3 Abs. 4 AO (anwendbar über § 1 Abs. 2 Nr. 1 AO). Als steuerliche Nebenleistungen für die Gewerbesteuerabschlusszahlung kommen vorliegend Zinsen in Betracht (§ 3 Abs. 4 Nr. 4 AO).

Die §§ 233 ff. AO sind für die Gewerbesteuer anwendbar über § 1 Abs. 2 Nr. 5 AO. Gemäß § 233 S. 1 AO werden Zinsen nur dann erhoben, wenn dies gesetzlich vorgeschrieben ist. Nach § 233a Abs. 1 S. 1 AO wird bei der Festsetzung der Gewerbesteuer der Unterschiedsbetrag verzinst. Deren Höhe und Berechnung richtet sich nach § 238 AO. Danach betragen die Zinsen 0,15 % für jeden vollen Monat des Zinslaufs (§ 238 Abs. 1a AO), berechnet von dem auf volle 50 EUR nach unten abgerundeten Unterschiedsbetrages (§ 238 Abs. 2 AO).

Berechnung des Unterschiedsbetrags:

Festgesetzte Gewerbesteuer	40.000 EUR
– bis zum Beginn des Zinslauf festgesetzte Vorauszahlungen	34.000 EUR
= Unterschiedsbetrag	6.000 EUR

Der Unterschiedsbetrag ist nicht mehr auf volle 50 EUR abzurunden (§ 238 Abs. 2 AO).

Der Zinszeitraum ergibt sich aus § 233a Abs. 2 S. 1 AO. Dieser beginnt 15 Monate nach Ablauf des Kalenderjahres, in dem die Steuer entstanden ist. Die Gewerbesteuer 2019 entsteht gem. § 1 Abs. 2 Nr. 2 AO i.V.m. § 38 AO i.V.m. § 18 GewStG und § 14 S. 2 GewStG mit Ablauf des Erhebungszeitraum, für den die Festsetzung vorgenommen wird. Erhebungszeitraum ist das Kalenderjahr. Daher entsteht der Gewerbesteueranspruch 2019 am 31.12.2019, 24.00 Uhr. Die Karenzzeit beginnt somit am 01.01.2020, 00.00 Uhr und endet am 31.03.2021, 24.00 Uhr.

Der Zinslauf beginnt ab 01.04.2021, 00.00 Uhr und endet mit Ablauf des Tages, an dem die Steuerfestsetzung wirksam wird (§ 233a Abs. 2 S. 3 AO). Bei Steuerbescheiden ist dies der Tag der Bekanntgabe (vgl. § 1 Abs. 2 Nr. 3 AO i.V.m. § 124 AO). Laut Sachverhalt wurde der Bescheid am 21.02.2022 bekanntgegeben. Somit ergeben sich 10 volle Zinsmonate; angefangene Zinsmonate (hier 01.02.2022, 00.00 Uhr bis zur Bekanntgabe am 21.02.2022, 24.00 Uhr) bleiben außen Ansatz.

Berechnung der Nachzahlungszinsen:

6.000 EUR (Unterschiedsbetrag)
× 0,15 % (Zinssatz je Monat)
× 10 volle Monate (01.04.2021, 00.00 Uhr bis 31.01.2022, 24.00 Uhr)
= 90,00 EUR.

Die Rundungsvorschrift und Kleinbetragsregelung in § 239 Abs. 2 AO sind hier unbeachtlich. Somit sind von L. Sheba Nachzahlungszinsen in Höhe von 90 EUR zu erheben.

Ergibt sich ein Unterschiedsbetrag zugunsten des Steuerpflichtigen, ist dieser ebenfalls Grundlage der Zinsberechnung. Um Erstattungszinsen auf festgesetzte, aber nicht entrichtete Vorauszahlungen zu verhindern, ist nur der tatsächlich zu erstattende Betrag zu verzinsen (s.o.). Die Verzinsung beginnt in diesen Fällen frühestens mit dem Tag der Zahlung der Beträge (§ 233a Abs. 3 S. 3 Hs. 2 AO). Besteht der zu erstattende Betrag aus mehreren Einzahlungen, ist bei der Berechnung auf die jeweiligen Teilbeträge abzustellen. Nach AEAO zu § 233a Nr. 23 wird dabei unterstellt, dass die Erstattung zuerst aus dem zuletzt gezahlten Betrag erfolgt und somit der Zinslauf möglichst kurz ist.[288]

4.6.3.4 Prüfschema zu Erstattungs-/Nachzahlungszinsen nach der Abgabenordnung

1. Anwendbarkeit der Zinsvorschriften §§ 233 ff. AO
2. Ansprüche aus dem Abgabenschuldverhältnis werden nur verzinst, wenn dies gesetzlich vorgeschrieben ist (§ 233 S. 1 AO); konkreter Zinstatbestand ist zu nennen; Zinsen für Steuernachforderungen und Steuererstattungen nach § 233a AO.
3. Abgabenrechtliche Nebenleistungen werden nicht verzinst (§ 233 S. 2 AO).
4. Zinsberechnung:
   a) Unterschiedsbetrag § 233a Abs. 1 S. 1, Abs. 3 AO
      aa) Gewerbesteuernachforderung:
      festgesetzte Steuer (§ 233a Abs. 3 S. 1 AO)
      – bis zum Beginn des Zinslaufs festgesetzte Vorauszahlung
      = Unterschiedsbetrag
      bb) Gewerbesteuererstattung:
      festgesetzte Steuer (§ 233a Abs. 3 S. 3 Hs. 1 AO)
      – tatsächlich gezahlte Vorauszahlungen
      = Unterschiedsbetrag
   b) Zinszeitraum gem. § 233a Abs. 2 AO berechnen
      aa) Beginn (nach Ablauf der Karenzzeit)
      15 Monate nach Entstehung der Gewerbesteuer
      – Beginn der Karenzzeit am 01.01., 00.00 Uhr
      – Ende der Karenzzeit am 31.03., 24.00 Uhr
      – Beginn der Zinspflicht 01.04., 00.00 Uhr
      beachte bei Steuererstattungen § 233a Abs. 3 S. 3 Hs. 2 AO beginnt die Verzinsung frühestens mit dem Tag der Zahlung

288 Zugmaier/Nöcker et al., § 233a, Rz. 50.

bb) Ende der Zinspflicht
mit Wirksamkeit der Steuerfestsetzung
§ 1 Abs. 2 Nr. 3 AO i.V.m. § 124 AO
Bekanntgabe (§ 1 Abs. 2 Nr. 3 AO i.V.m. § 122 AO) .. .., 24.00 Uhr

c) Abrundung je Abgabenart auf den nächsten durch 50 EUR teilbaren Betrag (§ 238 Abs. 2 AO)
d) für jeden vollen Zinsmonat 0,15 % Zinsen (§ 238 Abs. 1a AO)
e) errechnete Zinsen sind zugunsten des Steuerpflichtigen abzurunden bei Steuernachzahlungen und aufzurunden bei Steuererstattungen (§ 239 Abs. 2 S. 1 AO)
f) Kleinbetragsregelung von 10 EUR (§ 239 Abs. 2 S. 2 AO)

5. Fälligkeit der Zinsen wie im Zinsbescheid normiert (§ 220 Abs. 2 S. 2 AO)

Abb. 65 – Zusammenfassendes Prüfungsschema zu Erstattungs-/Nachzahlungszinsen

4.6.3.5 Verfahrensregelungen zur Zinsfestsetzung

In der Regel führt jede Änderung des Steuerbescheides zu einer Änderung des Zinsbescheides. Gegen die Festsetzung der Steuererstattungs- und Nachzahlungszinsen im Zinsbescheid ist grundsätzlich ein Widerspruch nach § 68 Abs. 1 VwGO zulässig. Die Festsetzungsverjährung i.S.d. §§ 169 ff. AO beträgt nach § 239 Abs. 1 S. 1 AO zwei Jahre und beginnt gem. § 239 Abs. 1 S. 2 Nr. 1 AO mit Ablauf des Kalenderjahres, in dem Steuer festgesetzt, aufgehoben, geändert oder nach § 129 AO berichtigt worden ist. Sie läuft allerdings nicht ab, solange die Steuerfestsetzung, deren Änderung, Aufhebung oder Berichtigung noch zulässig ist (§ 239 Abs. 1 S. 3 AO).

Sind die Zinsen festgesetzt und fällig, greift darüber hinaus die fünfjährige Zahlungsverjährung nach §§ 228 ff. AO.

Sachverhalt 28:
Die Verbandsgemeindeverwaltung Pellenz gibt am Montag, 21.02.2022 des C. Andromus im Namen und Auftrag der Ortsgemeinde Kruft den Gewerbesteuerbescheid für das Jahr 2019 bekannt. Darin wird die Gewerbesteuer auf 0 EUR festgesetzt. Vorauszahlungen wurden in Höhe von 34.000 EUR festgesetzt. Am 08.06.2021 wurden davon jedoch nur 13.555 EUR gezahlt.

Aufgabe:
Berechnen Sie mit entsprechender Begründung die zu erhebenden Erstattungszinsen.

Lösung:
Um Wiederholungen zu vermeiden, wird bis zur Berechnung des Unterschiedsbetrages auf die Ausführungen zu Fall 27 verwiesen werden.

Berechnung des Unterschiedsbetrags:

Festgesetzte Gewerbesteuer	0 EUR
– gezahlte Vorauszahlungen	13.555 EUR
= Unterschiedsbetrag	13.555 EUR

Der zu verzinsende Betrag wird auf einen durch volle 50 EUR teilbaren Betrag abgerundet (§ 238 Abs. 2 AO). Es ergibt sich ein Betrag von 13.550 EUR.

Die Karenzzeit beginnt somit am 01.01.2020, 00.00 Uhr und endet am 31.03.2021, 24.00 Uhr. Der Zinszeitraum ergibt sich aus § 233a Abs. 3 S. 3 Hs. 2 AO und beginnt frühestens mit dem Tag der Zahlung. Das ist im vorliegenden Sachverhalt der 08.06.2021.

Da der Steuerpflichtige erst am 08.06.2021 tatsächlich 13.555 EUR gezahlt hat und darüber hinaus keine weiteren Zahlungen erfolgt sind, sind lediglich 13.555 EUR zu erstatten. Weiterhin ist die Zahlung erst nach Ablauf der Karenzzeit erfolgt. Deshalb beginnt die Zinspflicht erst mit dem Tag nach der Zahlung. Zu verzinsen sind nach § 233a Abs. 3 S. 3 Hs. 2 AO die 13.550 EUR zugunsten des Steuerpflichtigen für die Zeit vom 09.06.2021, 00.00 Uhr bis zur Wirksamkeit der Steuerfestsetzung. Das ist die Bekanntgabe des Gewerbesteuerbescheid am 21.02.2022, 24.00 Uhr (§ 1 Abs. 2 Nr. 3 AO i.V.m. 124 AO). Daraus ergeben sich 8 volle Zinsmonate, da der 09.02.2021, 00.00 Uhr bis zum 21.02.2022, 24.00 Uhr zinsfrei bleibt.

Berechnung der Erstattungszinsen:

13.550 EUR (Unterschiedsbetrag)
× 0,15 % (Zinssatz je Monat)
× 8 volle Monate (09.06.2021, 00.00 Uhr bis 08.02.2022, 24.00 Uhr)
= 162,60 EUR.

Diese Zinsbetrag ist zugunsten des Steuerpflichtigen C. Andromus aufzurunden, da dieser die Zinsen erhält (§ 239 Abs. 2 S. 1 AO), auf 163 EUR. Die Kleinbetragsreglung in § 239 Abs. 2 AO ist unbeachtlich.

Somit erhält C. Andromus Erstattungszinsen in Höhe von 163 EUR.

4.6.3.6 Verzinsung überschüssiger Vorauszahlungen bei einmaligen KAG-Beiträgen

Gem. § 7 Abs. 5 S. 3 Hs. 2 KAG RLP werden überschüssige Vorauszahlungen bei der Abrechnung von einmaligen Beiträgen, die aufgrund des KAGs RLP erhoben werden, verzinst. Auf wiederkehrende Beiträge, Benutzungsgebühren oder spezialgesetzlich erhobene Beiträge wie z.B. die Erschließungsbeiträge findet diese Verzinsungsvorschrift keine Anwendung. Soweit überschüssige Vorausleistungen auf einmalige Beiträge zu erstatten sind, sind diese ab Erhebung der Vorausleistungen mit 2 % über dem Basiszinssatz nach § 247 BGB jährlich zu verzinsen. Die Berechnung der Zinsen erfolgt im Übrigen unter entsprechender Anwendung der Vorschriften der Zinsvorschriften in §§ 238, 239 AO (§ 1 Abs. 1 KAG RLP i.V.m. § 3 Abs. 1 Nr. 5 KAG).

4.7 Erfassung und Einziehung

Die festgesetzten Abgaben sind mit ihren Fälligkeiten vollständig zu erfassen und rechtzeitig einzuziehen (§§ 19 Abs. 4 und 25 Abs. 2 S. 1 Nr. 1 GemHVO RLP). Dies erfolgt in der Regel elektronisch in den entsprechenden Fachanwendungen. Welche Organisationseinheit innerhalb der

Gemeinde für die Erfassung zuständig ist, liegt in der Organisationshoheit des (Ober-) Bürgermeisters bzw. Landrates. Grundsätzlich wird dies die festsetzende Stelle sein.

Der Ausgleich einer Forderung erfolgt vorrangig durch Zahlung oder ggf. Aufrechnung. Haben die Abgabenpflichtigen der Gemeinde ein Sepa-Lastschriftmandat erteilt, werden die Forderungen zur Fälligkeit von dem benannten Konto eingezogen (siehe hierzu auch § 224 Abs. 2 Nr. 3 AO). Die Annahme der Einzahlungen und die Aufrechnungen obliegen der Gemeindekasse (§ 106 Abs. 1 GemO RLP).

4.8 Zahlungsverzug

Werden fällige Abgaben nicht rechtzeitig entrichtet,

- entstehen Säumniszuschläge,
- muss der Steuerpflichtige ggf. gemahnt werden,
- sind unter Umständen Vollstreckungsmaßnahmen erforderlich und
- werden die offenen Forderungen möglicherweise niedergeschlagen.

4.8.1 Säumniszuschlag

4.8.1.1 Begriff und Höhe

Wird eine Abgabe nicht bis zum Ablauf des Fälligkeitstages entrichtet, ist der Zahlungspflichtige säumig. Infolgedessen ist für jeden angefangenen Monat der Säumnis ein Säumniszuschlag von 1 % des rückständigen, auf 50 EUR teilbaren abgerundeten Abgabenbetrages zu entrichten (§ 240 Abs. 1 S. 1 AO). Da die Säumniszuschläge neben ihrer Funktion als Druckmittel auch einen Zinsanteil enthalten, wird die Höhe der festzusetzenden Säumniszuschläge, gerade im Blick auf die Rechtsprechung des Bundesverfassungsgerichtes zur Höhe der Zinsen für Steuernachforderungen und -erstattungen zumindest kritisch gesehen.[289] Entgegen der bisherigen Auffassung des 5. und 7. Senats hat der 6. Senat des BFH mit Beschluss vom 28.10.2022 festgestellt, dass keine ernstlichen Zweifel an der Verfassungsmäßigkeit der Höhe der Säumniszuschläge bestehen.[290]

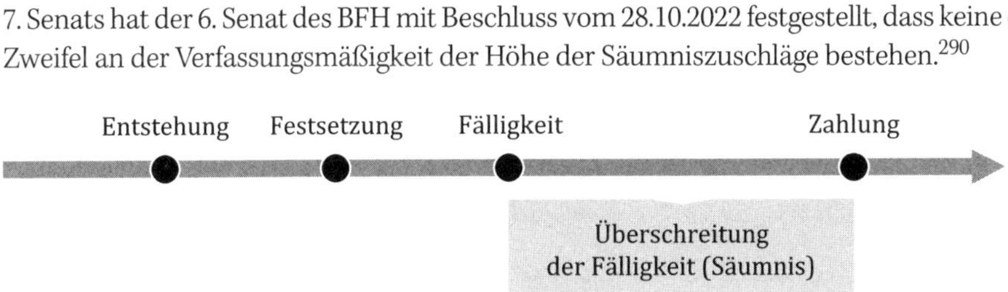

Abb. 66 – Überschreitung der Fälligkeit

289 Siehe hierzu nur BT-*Drs.* 20/1633 S. 11 – Begründung zum Zweiten Gesetz zur Änderung der Abgabenordnung und des Einführungsgesetzes zur Abgabenordnung vom 12.07.2022, BGBl. I S. 1142).

290 BFH, Beschl. v. 28.10.2022, VI B 15/22 (AdV).

Die Säumniszuschläge entstehen kraft Gesetzes, also automatisch mit Ablauf des Fälligkeitstages.[291] Unbedeutend ist, ob der Abgabenpflichtige die ausgebliebene bzw. verspätete Zahlung verschuldet hat.[292] Ein Ermessen, ob die Gemeinden Säumniszuschläge erheben oder nicht, besteht nicht, da es sich um einen Fall der gebundenen Verwaltung handelt.

Für das Ende der Fälligkeitsfrist ist § 108 Abs. 3 AO zu beachten. Deshalb ist das Ende stets an einem Tag, der kein Samstag, Sonntag oder gesetzlicher Feiertag ist.

Die Zahlung gilt gem. § 224 Abs. 2 AO als an dem Tag geleistet,

- bei Übersendung eines Schecks – 3 Tage nach dem Tag des Eingangs (Nr. 1)
- bei Überweisungen oder Einzahlungen auf dem Konto an dem Tag der Gutschrift (Wertstellungsdatum) bei der kommunalen Finanzbehörde (Nr. 2)
- bei Vorliegen einer Sepa-Lastschriftermächtigung am Fälligkeitstag (Nr. 3) oder
- bei Barzahlung am Tag der Übergabe des Zahlungsmittels (Nr. 1).

Sofern eine Einzugsermächtigung erteilt wurde, fallen keine Säumniszuschläge an, da die Zahlung als bei Fälligkeit entrichtet gilt (§ 224 Abs. 2 Nr. 3 AO). Dies gilt selbstverständlich nicht, sofern eine Rückbelastung des Lastschriftmandats erfolgt.

Für Überschreitungen der Fälligkeit bei Überweisungen sieht die Abgabenordnung eine Schonfrist von bis zu drei Tagen vor (§ 240 Abs. 3 S. 1 AO). Erfolgt die Gutschrift auf dem Konto der Gemeinde innerhalb der Zahlungsschonfrist, entsteht kein Säumniszuschlag. Auch hierbei ist zu beachten, dass es sich um eine Drei-Tages-Zahlungsschonfrist handelt. Somit finden auch hier die Fristvorschriften der §§ 187 bis 193 BGB über § 108 Abs. 1 AO sowie die weiteren Regelungen in § 108 AO Anwendung.

Dabei verändert die Zahlungsschonfrist nicht die Fälligkeit einer Abgabe. Lediglich innerhalb der Zahlungsschonfrist wird kein Säumniszuschlag erhoben. Erfolgt die Zahlung nach Ablauf der Zahlungsschonfrist, beginnt die Berechnung der Säumniszuschläge ab dem Tag nach Ablauf der Fälligkeitsfrist (Folgetag, 00.00 Uhr).

Für steuerliche Nebenleistungen nach § 3 Abs. 4 AO, z.B. den Verspätungszuschlag oder die Stundungszinsen, entstehen bei verspäteter Zahlung keine Säumniszuschläge (§ 240 Abs. 2 AO). Wird die Festsetzung einer Abgabe nach Ablauf der Fälligkeit aufgehoben, geändert oder berichtigt, z.B. weil ein Rechtsbehelf durch den Abgabepflichtigen erfolgreich war, sind die bis zu diesem Zeitpunkt entstandenen Säumniszuschläge dennoch zu entrichten (§ 240 Abs. 1 S. 4 AO).

4.8.1.2 Zweck

Mit den Säumniszuschlägen soll vor allem Druck auf den Abgabenpflichtigen ausgeübt werden, damit dieser seinen Zahlungsverpflichtungen zu den jeweiligen Fälligkeiten nachkommt. Zudem

291 BFH, Urt. v. 17.07.1985 – I R 172/79, bit.ly/IR172-79, Urt. v. 17.01.1964 – I 256/59 U, bit.ly/I256-59U.

292 BFH, Urt. v. 17.07.1985 – I R 172/79, bit.ly/IR172-79, Urt. v. 17.01.1964 – I 256/59 U, bit.ly/I256-59U.

sind die Säumniszuschläge eine Gegenleistung für die verspätete Zahlung[293] und ein Ausgleich für den Verwaltungsaufwand, der dadurch entstanden ist.[294]

Hat der Abgabenpflichtige vorübergehend Zahlungsschwierigkeiten und kann er deshalb die Abgabe nicht bis zum Ablauf der Fälligkeitsfrist entrichten, besteht die Möglichkeit einer Stundung. Wird sie bewilligt und dadurch die Fälligkeit in die Zukunft verschoben, entstehen keine Säumniszuschläge, sondern lediglich Stundungszinsen. Bei der Gewährung eines Vollstreckungsaufschubs bleibt die Abgabe hingegen fällig, wodurch weiterhin Säumniszuschläge entstehen.[295] Allerdings ist in diesen Fällen ein Erlass aus sachlichen Gründen denkbar.

4.8.1.3 Ermittlung

Vor der Berechnung des Säumniszuschlages ist zunächst der rückständige Abgabenbetrag jeder Steuerart auf den nächsten durch 50 EUR teilbaren Betrag abzurunden (§ 240 Abs. 1 S. 1 Hs. 2 AO). Draus folgt, dass bei Einzelfälligkeiten bis zu 49,99 EUR keine Säumniszuschläge entstehen. Maßgeblich für die Berechnung der Säumniszuschläge ist nicht der Gesamtrückstand, den ein Abgabenpflichtiger gegenüber der Gemeinde hat, sondern die Höhe der jeweiligen Einzelfälligkeit. Hat der Abgabenpflichtige z.B. die Grundsteuerfälligkeiten 15.02., 15.05, 15.08. und 15.11. von jeweils 40 EUR nicht entrichtet, beläuft sich der Gesamtrückstand auf 160 EUR. Ein Säumniszuschlag entsteht jedoch nicht, da die jeweilige Einzelfälligkeit unter 50 EUR liegt.

Eine Kleinbetrags- und Rundungsregelung – vergleichbar mit der Berechnung der Stundungszinsen – gibt es nicht. Die Fälligkeit des Säumniszuschlages ergibt sich aus § 220 Abs. 2 S. 2 AO. Da der Säumniszuschlag ohne Festsetzung kraft Gesetzes entsteht, bedarf es keines Festsetzungsbescheides. Eines Verschuldens des Abgabenpflichtigen zur Erhebung von Säumniszuschlägen bedarf es ebenfalls nicht.

§ 240 Abs. 4 S. 1 AO normiert, dass jeder Gesamtschuldner (§ 44 AO), der die Abgabe nicht rechtzeitig gezahlt hat, Säumniszuschläge schuldet. Insgesamt ist die Höhe der Säumniszuschläge gedeckelt; Säumniszuschläge dürfen nur in der Höhe erhoben werden, wie diese bei Säumnis nur eines einzigen Steuerschuldners entstanden wären.[296]

Der Säumniszuschlag steht grundsätzlich den verwaltenden Körperschaften zu; es ist insoweit die Verwaltungskompetenz zu prüfen (§ 3 Abs. 5 S. 6 AO). Bei Ortsgemeinden steht der Ertrag aus den Säumniszuschlägen der Verbandsgemeinde zu. Dies ergibt sich aus § 68 Abs. 1 S. 2 Nr. 1 und 2, Abs. 4 GemO RLP und dem Grundsatz der Einheitskasse; die Kasse der Verbandsgemeinde bildet mit den Kassen der Ortsgemeinden eine einheitliche Kasse.

Bestehen Zweifel an der Rechtmäßigkeit der Erhebung oder der Höhe der Säumniszuschläge, kann der Abgabenpflichtige einen Antrag auf Erteilung eines Abrechnungsbescheides gem. § 218 Abs. 2 AO stellen. Gegen den Abrechnungsbescheid kann der Abgabenpflichtige einen Rechtsbehelf einlegen.

293 BFH, Urt. v. 29.08.1991 – V R 78/86, bit.ly/VR78-86.

294 BFH, Urt. v. 09.07.2003 – V R 57/02, bit.ly/VR57-02.

295 BFH, Urt. v. 08.11.1989 – I R 30/84, bit.ly/IR30-84.

296 Zugmaier/Nöcker et al., § 240, Rz. 35.

Die Säumniszuschläge unterliegen nur der fünfjährigen Zahlungsverjährung gem. §§ 228 ff. AO und sind unabhängig vom Hauptanspruch. Eine Festsetzungsverjährung gibt es für Säumniszuschläge nicht, da diese nicht festgesetzt werden.

4.8.1.4 Prüfschema zu den Säumniszuschlägen

1. Anwendbarkeit des § 240 AO prüfen
2. Keine Säumniszuschläge auf abgabenrechtliche Nebenleistungen (§ 240 Abs. 2 AO).
3. Berechnung der Säumniszuschläge:
   a) Säumniszeitraum
      aa) Beginn der Säumnis (§ 240 Abs. 1 S. 1 AO)
      am Tag nach Ablauf der Fälligkeitsfrist; Folgetag, ..., 00.00 Uhr
      bb) Ende der Säumnis (§ 224 Abs. 2 AO)
      am Tag, an dem die Zahlung als entrichtet gilt
      vgl. § 224 Abs. 2 AO ...., 24.00 Uhr
      cc) beachte:
      Zahlungsschonfrist bei Überweisung (§ 240 Abs. 3 AO)
   b) Abrundung jede Abgabenart auf den nächsten durch 50 EUR teilbaren Betrag (§ 240 Abs. 1 S. 1 2. Hs. AO)
   c) für jeden angefangenen Säumnismonat 1,0 % Säumniszuschlag (§ 240 Abs. 1 S. 1 1. Hs. AO)
4. Fälligkeit der Säumniszuschläge mit dem Entstehen (§ 220 Abs. 2 S. 1 AO)

Abb. 67 – Zusammenfassendes Prüfungsschema zu den Säumniszuschlägen

Sachverhalt 29:
C. Balta ist Halter eines Hundes. Die Hundesteuer von 210 EUR hat er zur Fälligkeit am 15.08.2023 nicht entrichtet. Die Stadtkasse der Stadt Pirmasens hat den Zahlungseingang erst am 16.11.2023 verzeichnet (Datum der Wertstellung).

Aufgabe:
a) Prüfen und begründen Sie anhand der einschlägigen Rechtsnormen, ob ein Säumniszuschlag entstanden ist und ermitteln Sie ggf. dessen Höhe.
b) Wie wäre der Fall zu entscheiden, wenn C. Balta die Zahlung per Überweisung am 18.08.2023 (Tag der Gutschrift) geleistet hätte?

Lösung:
Zu a) Wird eine Steuer nicht bis zum Ablauf des Fälligkeitstages bezahlt, ist ein Säumniszuschlag zu entrichten (§ 1 Abs. 1 KAG RLP i.V.m. § 3 Abs. 1 Nr. 5 KAG RLP i.V.m. § 240 Abs. 1 S. 1 AO). Laut Sachverhalt war die Hundesteuer am 15.08.2023, 24.00 Uhr fällig. Der Zahlungseingang (Wertstellungdatum) wurde jedoch erst am 16.11.2023 verzeichnet. Folglich hat C. Balta die Hundesteuer nicht bis zum Ablauf des Fälligkeitstages entrichtet. Die Schonfrist nach § 240 Abs. 3 S. 1 AO scheidet offenkundig aus, weshalb ein Säumniszuschlag entstanden ist. Dieser beträgt für jeden angefangenen Monat der Säumnis 1 % des abgerundeten rückständigen Steuerbetrags; abzurunden ist auf den nächsten durch 50 EUR teilbaren Betrag (§ 240 Abs. 1 S. 1 AO), also hier von 210 EUR auf 200 EUR.

Der Säumniszuschlag berechnet sich wie folgt:
1. angefangener Monat = 16.08.2023, 00.00 Uhr bis 15.09.2023, 24.00 Uhr
2. angefangener Monat = 16.09.2023, 00.00 Uhr bis 15.10.2023, 24.00 Uhr
3. angefangener Monat = 16.10.2023, 00.00 Uhr bis 15.11.2023, 24.00 Uhr
4. angefangener Monat = 16.11.2023, 00.00 Uhr
Zahlungseingang am 16.11.2023, 24.00 Uhr

Folglich ist für vier angefangene Säumnismonate ein Säumniszuschlag von 4 % auf den rückständigen, abgerundeten Steuerbetrag zu entrichten, mithin also 8 EUR.

Zu b) Hätte C. Balta die Hundesteuer per Überweisung entrichtet und der Betrag wäre am 18.08.2023 gutgeschrieben worden, wäre aufgrund der Schonfrist von drei Tagen nach § 240 Abs. 3 S. 1 AO kein Säumniszuschlag entstanden.

Fristberechnung:

Fristbeginn	15.08.2023, 24.00 Uhr
Fristberechnungsbeginn	16.08.2023, 00.00 Uhr
Dauer	3 Tage gem. § 240 Abs. 3 S. 1 AO
Fristende	Freitag, 18.08.2023, 24.00 Uhr
Fristvorschriften	§ 1 Abs. 1 KAG RLP i.V.m. § 3 Abs. 1 Nr. 3 KAG RLP i.V.m.§ 108 Abs. 1 AO i.V.m. § 187 Abs. 1 BGB (Fristbeginn), § 188 Abs. 1 BGB (Fristende)

Die Zahlungsschonfrist verändert nicht die Fälligkeit der Abgabe. Es wird lediglich kein Säumniszuschlag erhoben, wenn die Zahlung innerhalb der Schonfrist bewirkt wird.

4.8.1.5 Unterschiede Säumniszuschläge/Zinsen

	Zinsen	Säumniszuschläge
Berechnung	0,5 % bzw. 0,15 % für volle Monate, Bemessungsgrundlage auf volle 50 EUR abgerundet	1 % für angefangene Monate, Bemessungsgrundlage auf volle 50 EUR abgerundet
Festsetzung	mit Festsetzung des Zinsbescheids ab 10 EUR, Rundung § 239 Abs. 2 S. 1 AO	Entstehung kraft Gesetzes, keine Rundung des Säumniszuschlags
Fälligkeit	§ 220 Abs. 2 S. 2 AO – nicht vor Bekanntgabe des Zinsbescheides (regelmäßig durch Bestimmung im Zinsbescheid)	§ 220 Abs. 2 S. 1 AO – automatisch mit Entstehen, d.h. jeweils mit Beginn eines Säumnismonats
Rechtsbehelf	Widerspruch	Widerspruch nur im Rahmen eines Abrechnungsbescheides § 218 Abs. 2 AO
Verjährung	Festsetzungs- und Zahlungsverjährung	Zahlungsverjährung

Tab. 25 – Unterschiede zwischen Säumniszuschlägen und Zinsen im Abgabenrecht

4.8.2 Mahnung

Wird die Abgabenforderungen nicht bis zum Ablauf der Fälligkeitsfrist gezahlt, soll der Schuldner vor einer zwangsweisen Beitreibung grundsätzlich schriftlich unter Benennung einer Zahlungsfrist gemahnt werden (§ 22 Abs. 2 S. 1 LVwVG RLP). Eine Mahnung ist die behördliche Erinnerung des Abgabenpflichtigen, fällige Geldbeträge zu leisten. Sie ist daher eine Zahlungsaufforderung, die lediglich das bereits im Abgabenbescheid enthaltene Leistungsgebot wiederholt. Aus diesem Grund erfüllt sie nicht die Voraussetzungen eines Verwaltungsaktes. Als bloßer Realakt kann sie mit Rechtsbehelfen selbst nicht angegriffen werden.[297]

Das Mahnwesen gehört zur Zahlungsabwicklung und damit zum Aufgabenbereich der Gemeindekasse (§ 25 Abs. 2 S. 1 Nr. 4 GemHVO RLP). Die Mahnung kann durch öffentliche Bekanntmachung oder schriftlich erfolgen (§ 22 Abs. 2 S. 1 LVwVG RLP). Festlegungen über das Mahn- und Vollstreckungsverfahren sind in einer Dienstanweisung zu treffen (§ 29 Abs. 2 Nr. 1 i GemHVO RLP).

Für die Mahnung werden Mahngebühren erhoben (§ 2 LVwVGKostO RLP). Dies gilt nicht, wenn die Mahnung durch öffentliche Bekanntmachung erfolgt (§ 2 Abs. 3 LVwVGKostO RLP).

Die Mahngebühr ist in Rheinland-Pfalz gem. Anlage zu § 2 Abs. 1 LVwVGKostO RLP[298] gestaffelt:

anzumahnender Gesamtbetrag	Mahngebühr
bis 100 EUR einschließlich	5,00 EUR
bis 500 EUR einschließlich	10,00 EUR
bis 1.000 EUR einschließlich	15,00 EUR
bis 5.000 EUR einschließlich	50,00 EUR
bis 10.000 EUR einschließlich	75,00 EUR
mehr als 10.000 EUR	100,00 EUR

Tab. 26 – Mahngebühren

4.8.3 Vollstreckungsverfahren

Das Vollstreckungsverfahren ist in Rheinland-Pfalz geregelt im

- Landesverwaltungsvollstreckungsgesetz (LVwVG RLP),
- der Durchführungsverordnung zum Landesverwaltungsvollstreckungsgesetz (LVwVGDVO RLP) und
- in der Kostenordnung zum Landesverwaltungsvollstreckungsgesetz (LVwVGKostO RLP).

Zum Thema der Verwaltungsvollstreckung wird auf die einschlägige Fachliteratur verwiesen.

297 Dazu insgesamt BFH Urt. v. 18.10.1994 – VII R 20/94, bit.ly/VIIR20-94; FG Kiel, Urt. v. 01.12.2005 – 2 K 209/04, BeckRS 2005, 26019933.

298 LVwVGKostO RLP vom 11.12.2001 (GVBl. 2002 S. 35), zuletzt geändert durch Gesetz vom 03.06.2020 (GVBl. S. 209).

4.9 Niederschlagung

4.9.1 Begriff

Die Niederschlagung ist eine verwaltungsinterne Maßnahme, mit der befristet oder unbefristet davon abgesehen wird, einen fälligen Anspruch weiterzuverfolgen, ohne jedoch auf ihn zu verzichten (vgl. VV Nr. 1 zu § 23 GemHVO RLP).

Der Abgabenpflichtige hat auf die Niederschlagung einer gegen ihn bestehenden Forderung keinen Rechtsanspruch,[299] er kann diese jedoch anregen.[300] Vielmehr entscheidet die Gemeinde damit lediglich intern, dass sie den Anspruch nicht weiterverfolgt und die Betreibung einstellt.[301] Die Niederschlagung einer Forderung bedeutet nicht, dass der Anspruch – im Vergleich zum Erlass – nach § 47 AO erlischt.[302] So kann die Kommune zu einem späteren Zeitpunkt erneut Beitreibungsmaßnahmen durchführen und jederzeit Zahlungen des Schuldners annehmen, soweit die Zahlungsverjährung noch nicht eingetreten ist.[303] Als eine verwaltungsinterne Maßnahme hat die Niederschlagung keine Außenwirkung und ist deshalb kein Verwaltungsakt i.S.d. § 118 AO.[304] Eine Bekanntgabe gegenüber dem Schuldner ist somit nicht erforderlich. Dadurch unterscheidet sich die Niederschlagung von der Stundung und dem Erlass. Die Niederschlagung unterbricht auch nicht die Zahlungsverjährung.

4.9.2 Voraussetzungen für eine Niederschlagung

Mit der Niederschlagung von Forderungen soll der Verwaltungsaufwand für nicht zielführende Beitreibungsmaßnahmen reduziert werden. Da das Landesverwaltungsvollstreckungsgesetz Rheinland-Pfalz keine Vorschrift über die Niederschlagung enthält, wurde aufgrund landesrechtlicher Anordnung in § 3 Abs. 1 Nr. 6 KAG die Bestimmung der Abgabenordnung für die Niederschlagung (§ 261 AO) für kommunale Abgaben ins Landesrecht übernommen.

§ 261 AO gilt über § 1 Abs. 2 S. 1 KAG i.V.m. § 3 Abs. 1 Nr. 6 KAG auch für Realsteuern, obwohl § 1 Abs. 2 AO die Vorschrift nicht für anwendbar erklärt. Für die Vollstreckung nicht gezahlter Grund- und Gewerbesteuern sind die Gemeinden zuständig. Die Vollstreckung wird landesrechtlich geregelt, so dass das KAG RLP in Ermangelung einer Regelung im Verwaltungsvollstreckungsgesetz die Vorschrift über die Niederschlagung in § 261 AO für entsprechend anwendbar erklärt hat. Insoweit ist § 261 AO sowohl für die Grund- und Gewerbesteuer als auch die übrigen kommunalen Abgaben entsprechend anwendbar.

299 Vgl. auch Loose in Tipke et al., § 261 Rn. 1.

300 Zugmaier/Nöcker et al., § 261 Rn. 2.

301 Vgl. Loose in Tipke et al., § 261 Rn. 2.

302 Loose in Tipke et al., § 261 Rn. 10.

303 Vgl. dazu Loose in Tipke et al., § 261 Rn. 10 m.w.N.

304 Loose in Tipke et al., § 261 Rn. 8.

Nach § 261 AO dürfen Ansprüche niedergeschlagen werden, wenn zu erwarten ist, dass

- die Erhebung keinen Erfolg haben wird oder
- die Kosten der Erhebung außer Verhältnis zu dem zu erhebenden Betrag stehen.

Da bereits die Erwartung ausreichend ist und weder die Erfolglosigkeit der Erhebung noch die Unverhältnismäßigkeit der Kosten abschließend feststehen müssen, kann die Gemeinde eine Prognoseentscheidung treffen.[305] Gleichwohl werden die Schuldnerhistorie und die in der Vergangenheit durchgeführten Vollstreckungsbemühungen in die Entscheidung einfließen, um ein Gesamtbild über die Erfolgsaussichten zukünftiger Beitreibungsversuche einzuschätzen.

Die Erhebung wird keinen Erfolg haben (§ 261 Nr. 1 AO), wenn z.B. folgende Fallkonstellationen vorliegen:

- im Rahmen der Sachaufklärung oder von Vollstreckungsversuchen wurde lediglich unpfändbares Einkommen und Vermögen des Schuldners ermittelt,
- der Schuldner ist verstorben und andere Erben als der Fiskus sind nicht vorhanden (vgl. § 1964 Abs. 1 BGB),
- der Aufenthalt des Schuldners ist unbekannt,
- über das Vermögen des Schuldners wurde ein Insolvenzverfahren eröffnet und mit Quotenzahlungen ist nicht zu rechnen oder
- dem Schuldner wurde im Rahmen eines Insolvenzverfahrens die Restschuldbefreiung erteilt.

Bei der Prüfung, inwieweit die Kosten der Erhebung außer Verhältnis zur Höhe der Forderung stehen (§ 261 Nr. 2 AO), darf die Kommune Wirtschaftlichkeitsaspekte und ökonomische Gründe in die Entscheidung zur Niederschlagung einfließen lassen. Dadurch soll unwirtschaftliches Handeln vermieden werden, indem der Verwaltungsaufwand zur zwangsweisen Beitreibung einer Forderung deren Höhe übersteigt. In den Gemeinden werden deshalb vielfach nach Wertgrenzen abgestufte Verwaltungsanordnungen getroffen. So ist es z.B. denkbar, dass für eine einmalige Forderung von 10 EUR nur eine Ankündigung der Zwangsvollstreckung und ein Vollstreckungsversuch erfolgen, während für eine Forderung von 1.000 EUR mehrere Pfändungsversuche über einen längeren Zeitraum unternommen werden, bevor eine Niederschlagung wegen unverhältnismäßiger Kosten in Erwägung gezogen wird.

Bei der Abwägung, ob eine Forderung niedergeschlagen wird, differenziert die Praxis außerdem zwischen einmaligen und regelmäßig wiederkehrenden Forderungen. So macht es für die Beurteilung der Niederschlagungsgründe einen Unterschied, ob eine einmalige Mahngebühr von 10 EUR zu begleichen ist oder die vierteljährliche Grundsteuerforderung das Forderungskonto des Schuldners regelmäßig erhöht.

305 BT-Drs. 18/7457, S. 90.

4.9.3 Verfahren

Für die Entscheidung, ob und ggf. für welchen Zeitraum eine Niederschlagung erfolgt, besitzen die Gemeinden einen Ermessensspielraum. Das wird durch die Formulierung „dürfen niedergeschlagen werden" in § 261 AO deutlich.

Bei der Zuständigkeit für die Niederschlagung wird in der Praxis regelmäßig nach der Forderungshöhe differenziert. Die entsprechenden Regelungen werden dazu häufig in der Hauptsatzung der Gemeinde sowie in Dienstanweisungen verankert.

Die Niederschlagung wirkt sich nicht auf die Fälligkeit (Unterschied zur Stundung) des Abgabenanspruchs auf. Daher fallen während der Zeit der Niederschlagung Säumniszuschläge (§ 240 AO) an, die häufig aus sachlichen Billigkeitsgründen erlassen werden.[306]

Da die Entscheidung über die Niederschlagung wegen der fehlenden Außenwirkung kein Verwaltungsakt (§ 118 AO) ist, stehen dem Abgabenschuldner keine Rechtsbehelfe gegen eine angeregte, aber nicht durchgeführte Niederschlagung zu. Eine allgemeine Leistungsklage ist wegen der fehlenden Statthaftigkeit unzulässig, da die Niederschlagung eine rein verwaltungsinterne Maßnahme ist.[307]

4.9.4 Dauer der Niederschlagung

Die Niederschlagung kann befristet oder unbefristet erfolgen. Bei einer unbefristeten Niederschlagung wird der Anspruch dauerhaft nicht weiterverfolgt und verjährt nach Ablauf der Zahlungsverjährungsfrist. Sie kommt z.B. wegen unverhältnismäßig hoher Kosten der Beitreibung (§ 261 Nr. 2 AO) oder beim Tod des Schuldners ohne andere Erben als dem Fiskus in Betracht (§ 261 Nr. 1 AO).

Soll der Anspruch zu einem späteren Zeitpunkt jedoch aktiv weiterverfolgt werden, kann er zunächst vorübergehend – z.B. für drei oder fünf Jahre – befristet niedergeschlagen werden. Der Befristungszeitraum muss dabei so gewählt werden, dass der Eintritt der Zahlungsverjährung durch eine rechtzeitige Unterbrechung vermieden wird. Eine befristete Niederschlagung wird z.B. vorgenommen, wenn der Schuldner im Rahmen einer Vermögensauskunft sein unpfändbares Einkommen und Vermögen offenlegt und zu einem späteren Zeitpunkt eine erneute Prüfung erfolgen soll.

Da die Niederschlagung nicht zur Unterbrechung der Zahlungsverjährungsfrist führt, ist eine regelmäßige Überprüfung der Niederschlagungen erforderlich.

306 Zugmaier/Nöcker et al., § 261, Rz. 13; siehe auch AEAO Nr. 5 zu § 240.

307 Zugmaier/Nöcker et al., § 261, Rz. 27, 28.

4.10 Erlöschen von Ansprüchen

Ansprüche aus dem Steuerschuldverhältnis können erlöschen. Eine nicht abschließende Aufzählung möglicher Gründe enthält § 47 AO. Neben der bereits beschriebenen Festsetzungsverjährung (§§ 169 ff. AO)[308] sind für die kommunale Praxis insbesondere relevant:

- die Zahlung,
- die Aufrechnung,
- die Verjährung (Festsetzungs- und Zahlungsverjährung) und
- der Erlass.

Das Erlöschen hat zur Folge, dass die Gemeinde den Abgabenanspruch nicht mehr geltend machen kann.

4.10.1 Zahlung

Zahlungen sind an die zuständige Gemeindekasse zu richten (§ 224 Abs. 1 S. 1 AO), die für das Abgabenerhebungsverfahren zuständig ist. Eine Zahlung an eine unzuständige Gemeindekasse kommt somit keine schuldbefreiende Wirkung zu.

Sind mehrere Forderungen aus kommunalen Abgaben offen und hat der Abgabenschuldner keine Bestimmung getroffen (§ 225 Abs. 2 S. 1 AO), ist die Tilgungsreihenfolge gem. § 225 AO zu beachten, wobei innerhalb der einzelnen Position zuerst die am längsten fällige Forderung getilgt wird (§ 225 Abs. 2 S. 2 AO):[309]

1. Geldbußen	2. Zwangsgelder
3. Steuerabzugsbeträge	4. Steuern/Abgaben
5. Kosten	6. Verspätungszuschläge
7. Zinsen	8. Säumniszuschläge

Tab. 27 – Reihenfolge der Tilgung

4.10.2 Aufrechnung

Die Gemeinde kann zur Zahlung offenstehende Abgabenforderungen mit Erstattungsansprüchen des Schuldners verrechnen (§ 226 AO i.V.m. §§ 387 bis 396 BGB).

---

308 Siehe Erl. 4.4.7.

309 Zugmaier/Nöcker et al., § 261, Rz. 11.

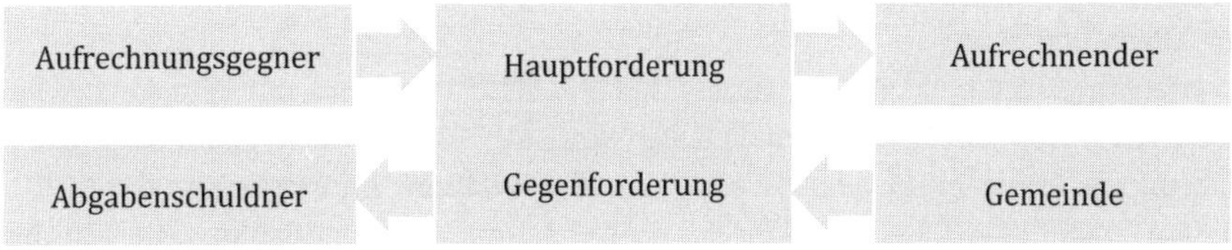

Abb. 68 – Aufrechnung

Voraussetzungen der Aufrechnung sind, dass der Anspruch und Gegenanspruch zwischen denselben Personen gegenseitig und gleichartig bestehen, die Hauptforderung erfüllbar und die Gegenforderung fällig ist. Zudem dürfen keine Aufrechnungsverbote (§ 226 Abs. 2 AO i.V.m. § 390 BGB, § 392 bis 394 BGB), keine gesetzliche Beschränkung der Aufrechnungsmöglichkeiten (§ 226 Abs. 3 AO) und keine insolvenzrechtlichen Besonderheiten (§§ 4 bis 6 InsO) vorliegen.[310]

Diese Aufrechnung erfolgt durch formlose Aufrechnungserklärung, die lediglich eine öffentlich-rechtliche Willenserklärung ohne die Qualität eines Verwaltungsakts darstellt. Diese ist dem Abgabenpflichtigen vor der eigentlichen Aufrechnung mitzuteilen (§ 226 Abs. 1 i.V.m. § 388 S. 1 BGB). Rechtlich kann die Aufrechnung über einen zu beantragenden Abrechnungsbescheid (§ 218 Abs. 2 AO) überprüft werden.

Hat die Gemeinde beispielsweise einen fälligen Anspruch auf Zahlung von Verwaltungsgebühren über 1.000 EUR und der Abgabenpflichtige seinerseits einen fälligen Anspruch auf Erstattung überschüssiger Gewerbesteuervorauszahlungen von 750 EUR, kann die Gemeinde über den letztgenannten Betrag die Aufrechnung erklären (z.B. in Form einer Umbuchungserklärung). Dadurch erlöschen der Erstattungsanspruch vollständig und die Gebührenforderung in dieser Höhe. Nach der Aufrechnung beläuft sich die offene Forderung der Gemeinde mithin noch auf 250 EUR.

Auch der Abgabenpflichtige kann seinerseits die Aufrechnung erklären.

4.10.3 Zahlungsverjährung

Eine festgesetzte Abgabenforderung kann nicht auf unbestimmte Zeit bei dem Schuldner geltend gemacht werden. Sie unterliegt vielmehr der Zahlungsverjährung (§ 228 S. 1 AO). Mit dem Eintritt der Zahlungsverjährung erlöschen der Anspruch aus dem Abgabenschuldverhältnis und die von ihm abhängenden Zinsen (§§ 47 und 232 AO).

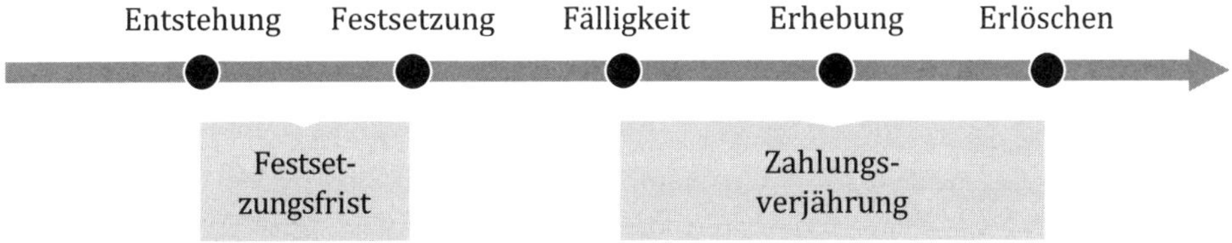

Abb. 69 – Zahlungsverjährung vs. Festsetzungsverjährung

310 Zugmaier/Nöcker et al., § 226, Rz. 10 ff.

4.10.3.1 Beginn, Dauer und Ende

Die Zahlungsverjährungsfrist beträgt fünf Jahre (§ 228 S. 2 AO). Sie beginnt mit dem Ablauf des Kalenderjahres, in dem der Anspruch erstmals fällig war (§ 229 Abs. 1 S. 1 AO). Fristbeginn der Zahlungsverjährung ist somit immer der 31.12., 24.00 Uhr, Fristberechnungsbeginn der 01.01., 00.00 Uhr. Mit dem Ablauf des 31.12., 24.00 Uhr des fünften Jahres endet die Zahlungsverjährung grundsätzlich; am 01.01. des sechsten Jahres ist die Abgabenforderung verjährt.

Da es sich um eine Zahlungsverjährungsfrist handelt, sind die Fristvorschriften (§ 108 AO, §§ 187 ff. BGB) zu beachten. Fällt der letzte Tag der Frist auf einen Sonnabend (Samstag), Sonntag oder Feiertag, endet die Zahlungsverjährung erst mit Ablauf des nächstfolgenden Werktags (vgl. auch AEAO Nr. 2 zu § 228).

Abb. 70 – Beginn, Dauer und Ende der Zahlungsverjährung

Sachverhalt 30:
Eine Grundsteuerforderung wurde Mitte 2017 festgesetzt und war ebenfalls Mitte des Jahre 2017 fällig.

Aufgabe:
Prüfen und begründen Sie, mit Ablauf welchen Tages die Forderung verjährt.

Lösung:
Für die Grundsteuerforderung sind die §§ 228 ff. AO anwendbar über § 1 Abs. 2 Nr. 5 AO. Ansprüche aus dem Steuerschuldverhältnis unterliegen einer besonderen Zahlungsverjährung (§ 228 S. 1 AO). Die Frist beträgt 5 Jahre (§ 228 S. 2 AO). Die Frist beginnt gem. § 229 Abs. 1 S. 1 AO mit Ablauf des Kalenderjahres, in dem der Anspruch erstmals fällig war. Das war laut Sachverhalt Mitte 2017.

Es ergibt sich insofern folgende Fristberechnung:

Fristbeginn	31.12.2017, 24.00 Uhr
Fristberechnungsbeginn	01.01.2018, 00.00 Uhr
Fristdauer	5 Jahre, § 228 S. 2 AO
Fristende	Samstag, 31.12.2022, 24.00 Uhr
Hinausschieben	Montag, 02.01.2023, 24.00 Uhr
Fristvorschriften	§ 1 Abs. 2 Nr. 3 AO i.V.m. § 108 Abs. 1 AO i.V.m. § 187 Abs. 1 BGB (Fristbeginn), § 188 Abs. 2 1. Alt. BGB (Fristende), § 108 Abs. 3 AO (Hinausschieben)

Die Grundsteuerforderung aus 2017 verjährt somit mit Ablauf von Montag, den 02.01.2023, 24.00 Uhr. Der Anspruch erlischt gem. § 1 Abs. 2 Nr. 5 AO i.V.m. § 232 AO und § 1 Abs. 2 Nr. 2 AO i.V.m. § 47 AO.

4.10.3.2 Hemmung

Hemmung bedeutet, dass die Verjährungsfrist aus einem gesetzlich geregelten Grund pausiert oder ruht. Ist der Rechtsgrund für die Hemmung beseitigt, läuft die verbliebene Verjährungsfrist weiter, d.h., sie beginnt nicht erneut von vorne.

Die Zahlungsverjährung ist gehemmt, solange der Abgabenanspruch wegen höherer Gewalt innerhalb der letzten sechs Monate der Verjährungsfrist nicht verfolgt werden kann (§ 230 AO). Das kann z.B. bei Hochwasserlagen in Betracht kommen. Weitere Tatbestände für eine Hemmung der Zahlungsverjährung gibt es nicht.

Beispiel:

Abb. 71 – Ablaufhemmung der Zahlungsverjährung wegen höherer Gewalt

4.10.3.3 Unterbrechung

Unterbrechung bedeutet, dass die fünfjährige Zahlungsverjährungsfrist neu zu laufen beginnt. Die Gründe, die zur Unterbrechung der Zahlungsverjährung führen, sind abschließend in § 231 Abs. 1 S. 1 Nr. 1 bis 8 AO genannt.

Die Behörde kann eine Unterbrechung zum Beispiel durch eine schriftliche Geltendmachung des Anspruchs (§ 231 Abs. 1 S. 1 Nr. 8 AO) so lange herbeiführen, wie die Frist für die Zahlungsverjährung noch nicht abgelaufen ist. Dies ist auch noch am letzten Tag der Frist möglich, da es ausreicht, wenn der die Verjährung unterbrechende Verwaltungsakt oder Schriftsatz vor Ablauf der Fünf-Jahres-Frist den Bereich der Behörde verlassen hat (§ 231 Abs. 1 S. 2 AO i.V.m. § 169 Abs. 1 S. 3 AO) und dem Adressaten auch tatsächlich später zugeht.

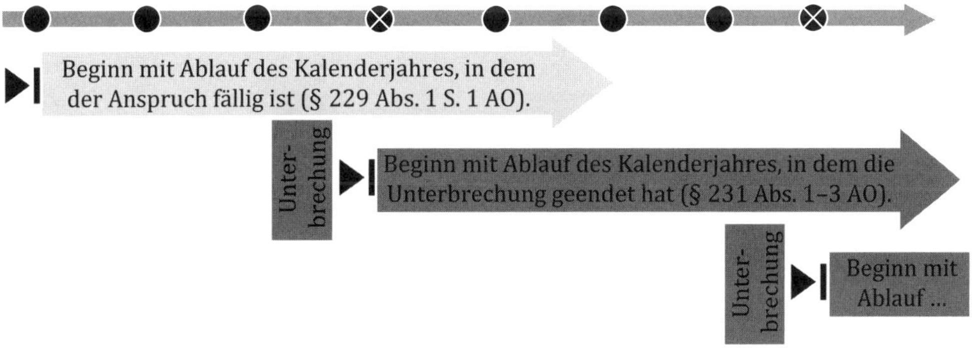

Abb. 72 – Wirkung der Unterbrechung der Zahlungsverjährung

Bestimmte Unterbrechungsgründe wirken dabei nur punktuell, d.h., sie erstrecken sich nicht über einen bestimmten Zeitraum, z.B.

- die Ermittlung der Finanzbehörde nach dem Wohnsitz oder dem Aufenthaltsort des Zahlungspflichtigen (§ 231 Abs. 1 S. 1 Nr. 7 AO),
- eine Vollstreckungsmaßnahme (§ 231 Abs. 1 S. 1 Nr. 3 AO) u.a. Sachpfändung, Pfändungsversuch, Abholung, Versteigerung, Vorladung zur Abgabe einer eidesstattlichen Versicherung, Vorlage Vermögensverzeichnis und
- die schriftliche Geltendmachung des Anspruchs, zum Beispiel durch Mahnung, Zahlungsaufforderung oder Vollstreckungsankündigung (§ 231 Abs. 1 S. 1 Nr. 8 AO).

Die neue fünfjährige Zahlungsverjährung beginnt in diesen Fällen nach § 231 Abs. 3 AO bereits mit dem Beginn des nächsten Kalenderjahres erneut zu laufen (Punktunterbrechung).

Beispiel:

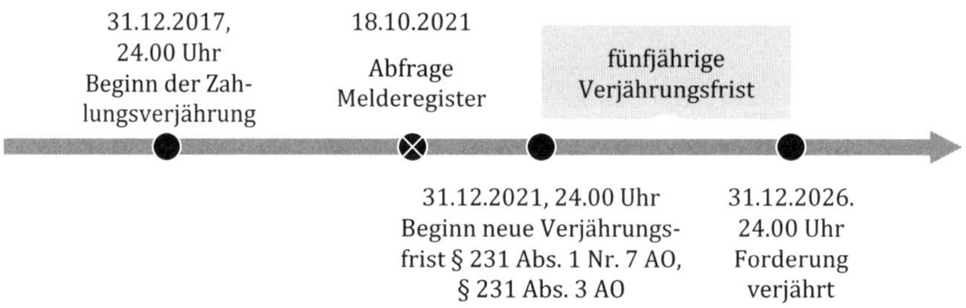

Abb. 73 – Beispiel Unterbrechung der Zahlungsverjährung – Abfrage Melderegister

Andere Unterbrechungstatbestände erstrecken sich über einen bestimmten Zeitraum (§ 231 Abs. 2 S. 1 AO), beispielsweise

- die Stundung (§ 231 Abs. 1 S. 1 Nr. 1 Alt. 2, Abs. 2 S. 1 Nr. 1 AO) und
- der Vollstreckungsaufschub (§ 231 Abs. 1 S. 1 Nr. 1 Alt. 5, Abs. 2 S. 1 Nr. 1 AO).

Die neue fünfjährige Zahlungsverjährung beginnt in diesen Fällen erst, wenn der Unterbrechungstatbestand nach Maßgabe von § 231 Abs. 2 S. 1 AO beendet ist, und zwar wiederum mit dem Beginn des darauffolgenden Jahres (§ 231 Abs. 3 AO).

Beispiel:

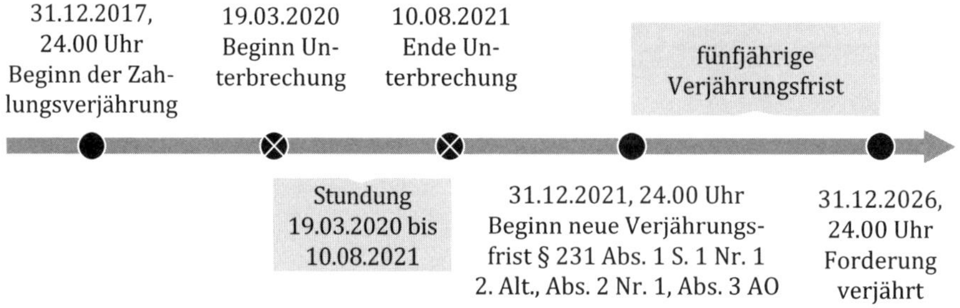

Abb. 74 – Beispiel Unterbrechung der Zahlungsverjährung – Stundung

Eine Unterbrechungshandlung wirkt nur für den Abgabenschuldner, für den diese durchgeführt wurde. Wird z.B. bei Gesamtschuldnerschaft der Wohnsitz eines Abgabenpflichtigen ermittelt, so liegt nur eine einzige Unterbrechungshandlung für diesen vor. Für die anderen Schuldner wird der Verjährungslauf nicht unterbrochen.[311]

Nach § 231 Abs. 4 AO wird die Verjährung nur in Höhe des Betrages unterbrochen, auf den sich die Unterbrechungshandlung bezieht. Es wird folglich nur die Verjährung des von der Unterbrechungshandlung betroffenen Teilanspruchs unterbrochen. Eine Teilverjährung eines Abgabenanspruchs ist folglich möglich. Eine Stundung kann die Zahlungsverjährung in Teilansprüche aufspalten, die eigene Verjährungsfristen haben können.[312]

4.10.3.4 Prüfschema zur Zahlungsverjährung

1. Anwendbarkeit der §§ 228 ff. AO
2. Ansprüche aus dem Steuerschuldverhältnis unterliegen einer besonderen Zahlungsverjährung (§ 228 S. 1 AO).
3. Dauer 5 Jahre, § 228 S. 2 AO
4. Beginn der Frist § 229 Abs. 1 S. 1 AO
   Ablauf des Kalenderjahres, in dem der Anspruch erstmals fällig war — 31.12...., 24.00 Uhr
5. Fristberechnung
6. Grundsätzliches Ende der Zahlungsverjährungsfrist — .. .., 24.00 Uhr
7. Hemmung der Zahlungsverjährung, § 230 AO
8. Unterbrechung der Zahlungsverjährung
   a) abschließende Aufzählung der Tatbestände in § 231 Abs. 1 AO
   b) neuer Fristbeginn § 231 Abs. 2 bis 4 AO — 31.12....., 24.00 Uhr
   c) Fristberechnung
   d) Fristwahrung § 231 Abs. 1 S. 2 AO i.V.m. § 169 Abs. 1 S. 3 AO

Rechtsfolge:
1. Innerhalb der Zahlungsverjährungsfrist kann der Anspruch noch geltend gemacht werden.
2. Ist die Zahlungsverjährungsfrist verstrichen, ist der Anspruch erloschen gem. § 232 AO und § 47 AO. Maßnahmen, die nach Ablauf der Zahlungsverjährungsfrist durchgeführt werden, sind rechtswidrig. Wird der erloschene Anspruch vom Schuldner dennoch gezahlt, besteht ein Erstattungsanspruch gem. § 37 Abs. 2 AO.

Abb. 75 – Zusammenfassendes Prüfungsschema zur Zahlungsverjährung

311 Zugmaier/Nöcker et al., § 231, Rz. 59.
312 Zugmaier/Nöcker et al., § 231, Rz. 56.

Sachverhalt 31:
Gegen C. Athena besteht ein Erschließungsbeitragsanspruch in Höhe von insgesamt 20.000 EUR, der am 19.03.2021 erstmals fällig war. Aufgrund des Antrages des Abgabepflichtigen wurde von der am 19.03.2021 fälligen Gesamtsumme von 20.000 EUR ein Teilbetrag in Höhe von 10.000 EUR bis zum 31.03.2022 und ein weiterer Teilbetrag von 6.000 EUR bis zum 28.03.2023 gestundet.

Aufgabe:
Prüfen und begründen Sie anhand der einschlägigen Rechtsnormen, wann die Zahlungsverjährungsfrist beginnt und endet.

Lösung:
Ansprüche aus dem Abgabenschuldverhältnis unterliegen gemäß § 228 S. 1 AO einer besonderen Zahlungsverjährung. Die §§ 228 ff. AO sind auch für die Erschließungsbeiträge anwendbar gemäß § 1 Abs. 2 S. 1 KAG RLP i.V.m. § 3 Abs. 1 Nr. 5 KAG RLP. Die Zahlungsverjährungsfrist beträgt gemäß § 228 S. 2 AO 5 Jahre. Die Frist beginnt nach § 229 Abs. 1 S. 1 AO mit Ablauf des Kalenderjahres, in dem der Anspruch erstmals fällig geworden ist.

Es ergibt sich insofern folgende Fristberechnung:

Fristbeginn	31.12.2021, 24.00 Uhr
Fristberechnungsbeginn	01.01.2022, 00.00 Uhr
Fristdauer	5 Jahre gem. § 228 S. 2 AO
Fristende	Donnerstag, 31.12.2026, 24.00 Uhr
Fristvorschriften	§ 1 Abs. 2 S. 1 KAG RLP i.V.m. § 3 Abs. 1 Nr. 3 KAG RLP i.V.m. § 108 Abs. 1 AO i.V.m. § 187 Abs. 1 BGB (Fristbeginn), § 188 Abs. 2 1. Alt. BGB (Fristende)

Die Zahlungsverjährungsfrist endet am Donnerstag, 31.12.2026, 24.00 Uhr.

Aufgrund des Antrages des Abgabenpflichtigen wurde jedoch ein Teilbetrag des Erschließungsbeitrags in Höhe von 10.000 EUR bis zum 31.03.2022 und ein weiterer Teilbetrag in Höhe von 6.000 EUR bis zum 28.03.2023 gestundet, so dass die Beitragsforderung in Höhe von insgesamt 20.000 EUR wie folgt fällig ist:

- 4.000 EUR innerhalb der Fälligkeitsfrist (bis zum 19.03.2021 – 24.00 Uhr)
- 10.000 EUR bis zum 31.03.2022 und
- 6.000 EUR bis zum 28.03.2023.

Bei der Stundung handelt es sich um einen Unterbrechungstatbestand nach § 231 Abs. 1 S. 1 Nr. 1 2. Alt. AO, so dass mit Ablauf des Kalenderjahres, in dem die Unterbrechung geendet hat, eine neue Verjährungsfrist beginnt. Vorliegend ist jedoch zu beachten, dass die Stundung in Teilbeträgen erfolgt ist. 10.000 EUR wurden gestundet bis zum 31.03.2022 und 6.000 EUR bis zum 28.03.2023.

Nach § 231 Abs. 4 AO wird die Verjährung nur in Höhe des Betrags unterbrochen, auf den sich die Unterbrechungshandlung bezieht, also einmal in Höhe von 10.000 EUR und einmal in Höhe von 6.000 EUR.

Die Unterbrechung der Verjährung dauert in den Fällen nach § 231 Abs. 2 S. 1 Nr. 1 AO, worunter auch die Stundung fällt, bis zum Ablauf der Maßnahme fort. Bei einer Stundung endet die Unterbrechung mit Ablauf der Stundung.

Dies bedeutet im vorliegenden Fall, dass
- für den Betrag in Höhe von 4.000 EUR der innerhalb der Fälligkeitsfrist zu zahlen ist, keine Unterbrechungshandlung vorliegt und die Zahlungsverjährungsfrist am Donnerstag, 31.12.2026, 24.00 Uhr endet;
- für den Betrag von 10.000 EUR der bis zum 31.03.2022 gestundet wurde nach § 231 Abs. 3 AO mit Ablauf des 31.12.2022, 24.00 Uhr, eine neue Verjährungsfrist beginnt, die unter Beachtung der oben genannten Fristvorschriften mit Ablauf von Freitag, 31.12.2027, 24.00 Uhr endet;
- für den Betrag von 6.000 EUR der bis zum 28.03.2023 gestundet wurde, nach § 231 Abs. 3 AO mit Ablauf des 31.12.2023, 24.00 Uhr, eine neue Verjährungsfrist beginnt, die unter Beachtung der oben genannten Fristvorschriften mit Ablauf von Dienstag, 02.01.2029, 24.00 Uhr endet, da hier das Fristende gem. § 1 Abs. 2 S. 1 KAG RLP i.V.m. § 3 Abs. 1 Nr. 3 KAG RLP i.V.m. § 108 Abs. 3 AO auf den nächstfolgenden Werktag hinausgeschoben wird.

4.10.4 Erlass

4.10.4.1 Begriff

Auch wenn die konsequente Anwendung der abgabenrechtlichen Regelungen gegenüber dem überwiegenden Teil der Abgabenpflichtigen im Sinne des Gesetzgebers gerecht ist, kann sie im Einzelfall zu Härten führen, die vom Gesetzgeber nicht beabsichtigt waren.[313] Ansprüche aus dem Abgabenschuldverhältnis können deshalb ganz oder teilweise erlassen werden, wenn deren Einziehung nach Lage des einzelnen Falls unbillig wäre (§ 227 Hs. 1 AO), um dadurch die einzelfallbezogenen Härten auszugleichen. Damit ist der Erlass Teil der Billigkeitsmaßnahmen der Abgabenordnung. An dieser Stelle wird nur der Erlass im Rahmen des Abgabenerhebungsverfahrens dargestellt. Auf die Erlassvorschriften im Rahmen der Abgabenfestsetzung gem. § 163 AO wird nicht weiter eingegangen.

Neben den allgemeinen Erlassregelungen in § 227 AO enthalten beispielsweise die §§ 32 bis 35 GrStG spezielle Erlasstatbestände für die Grundsteuern.[314] Hierbei handelt es sich jedoch nicht um eine Ermessensvorschrift, sondern es besteht ein Anspruch auf den Erlass, sofern die Voraussetzungen erfüllt sind.

Für die Erschließungsbeiträge ist die spezielle Regelung in § 135 Abs. 5 BauGB maßgeblich, wonach die Gemeinde von der Erhebung des Erschließungsbeitrages ganz oder teilweise

313 Vgl. dazu insgesamt Loose in Tipke et al., § 227 Rn. 18 f.

314 Siehe Erl. 2.4.8.

absehen kann, wenn dies im öffentlichen Interesse oder zur Vermeidung unbilliger Härten geboten ist.

Mit dem Erlass erlischt der Abgabenanspruch (§ 47 AO); die Gemeinde verzichtet auf die Forderung. Sie kann diese zu einem späteren Zeitpunkt, z.B. wenn der Abgabenpflichtige Erbe geworden ist oder einen Lotteriegewinn macht, nicht wieder aufgreifen. Dies unterscheidet den Erlass von der Stundung und der Niederschlagung, hier bleibt der Anspruch bestehen.

Häufig kann einer Notlage des Abgabenpflichtigen bereits mit einer Stundung oder einem Vollstreckungsaufschub ausreichend Rechnung getragen werden. Liegen die Voraussetzungen für einen Erlass nicht vor, sind sie deshalb hilfsweise zu prüfen.[315] Der Erlassantrag schließt in der Regel einen darauf gerichteten Hilfsantrag ein.[316]

4.10.4.2 Voraussetzungen des Erlasses nach der Abgabenordnung

Der Wortlaut des § 227 AO enthält einen unbestimmten Rechtsbegriff („unbillig") und eröffnet gleichzeitig einen Ermessensspielraum („können"). Die Frage ist deshalb, ob

- zuerst der unbestimmte Rechtsbegriff auszulegen und erst danach die Ermessensentscheidung zu treffen ist oder
- es sich um eine einheitliche Ermessensvorschrift handelt, bei der die Inhalte und Grenzen der Ermessensausübung durch den Begriff der Unbilligkeit bestimmt werden.

Dies ist von Bedeutung, da die Auslegung eines unbestimmten Rechtsbegriffs gerichtlich voll überprüfbar ist, während die Anwendung einer Ermessensvorschrift einer gerichtlichen Prüfung weitgehend entzogen bleibt. Nach der Rechtsprechung des Gemeinsamen Senats der obersten Gerichtshöfe des Bundes handelt es sich um eine einheitliche Ermessensentscheidung.[317]

Die Auslegung und Subsumtion des Begriffs der „Unbilligkeit" ist daher bereits Teil der Ermessensausübung. Um sich dem Begriff zu nähern, wird zwischen einer sachlichen und persönlichen Unbilligkeit unterschieden.

Die Voraussetzungen für einen Erlass lassen sich grafisch wie folgt zusammenfassen:

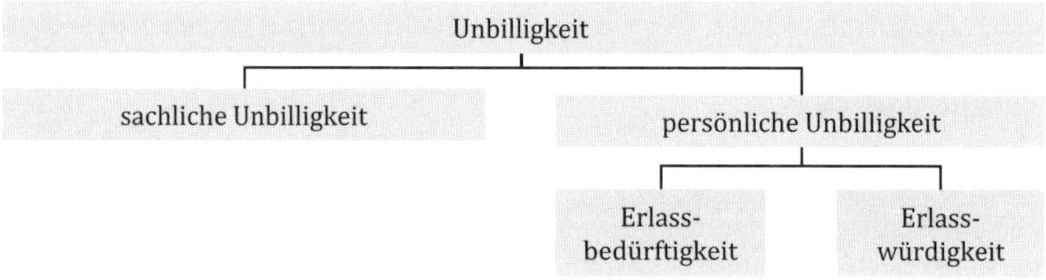

Abb. 76 – Erlassvoraussetzungen

315 Vgl. zum Verhältnis Stundung/Erlass Loose in Tipke et al., § 222 Rn. 22 f.

316 Rüsken in Klein, § 222 Rn. 43; Loose in Tipke et al., § 222 Rn. 52.

317 GemSOBG, Beschl. v. 19.10.1971 – GmS-OBG 3/70, openJur 2011, 118009.

4.10.4.2.1 Sachliche Unbilligkeit

Die Erhebung einer Abgabe ist sachlich unbillig, „wenn sie im Einzelfall nach dem Zweck des zugrundeliegenden Gesetzes nicht (mehr) zu rechtfertigen ist und dessen Wertungen zuwiderläuft."[318] Das ist in der kommunalen Praxis insbesondere für den Erlass von Säumniszuschlägen relevant. Kann deren Zielsetzung nicht mehr erreicht werden, ist ihre Erhebung sachlich unbillig und sie können teilweise oder vollständig erlassen werden (Nr. 5 AEAO zu § 240). In Nr. 5 AEAO zu § 240 sind dazu mehrere Fallkonstellationen aufgeführt. Dazu zählt z.B., dass einem Abgabenpflichtigen die rechtzeitige Zahlung der Abgabe wegen Zahlungsunfähigkeit und Überschuldung nicht mehr möglich war[319] und der Säumniszuschlag deshalb seine Funktion als Druckmittel zur Durchsetzung fälliger Abgaben verloren hat.

Sachverhalt 32:
Der Gewerbetreibende C. Iblis betreibt eine Spielewelt für Kinder, für die er gewerbesteuerpflichtig ist. Die Abschlusszahlung für die Gewerbesteuer 2021 hat er leider zu spät an die Stadt überwiesen, weshalb er Säumniszuschläge von 200 EUR bezahlen soll. C. Iblis sieht das nicht ein. Er hat bisher seine Steuern immer pünktlich entrichtet. Vielmehr ist seine Buchhalterin bereits längere Zeit krank, weshalb es derzeit etwas „drunter und drüber" geht. Er beantragt daher den Erlass der Säumniszuschläge.

Aufgabe:
Prüfen und begründen Sie anhand der einschlägigen Rechtsnormen, ob die Säumniszuschläge erlassen werden können.

Lösung:
Ansprüche aus dem Steuerschuldverhältnis können ganz oder zum Teil erlassen werden, wenn deren Einziehung nach Lage des einzelnen Falls unbillig wäre (§ 1 Abs. 2 Nr. 5 AO i.V.m. § 227 AO). Zu den Ansprüchen aus dem Steuerschuldverhältnis gehört auch der Säumniszuschlag als steuerliche Nebenleistung (§ 1 Abs. 2 Nr. 1 AO i.V.m. § 3 Abs. 4 Nr. 5 AO, § 1 Abs. 1 Nr. 2 AO i.V.m. § 37 Abs. 1 AO). Soweit die Zielsetzung der Säumniszuschläge nicht mehr erreicht werden kann, ist ihre Erhebung sachlich unbillig, so dass sie nach § 227 AO ganz oder teilweise erlassen werden können. Das kommt bei einem bisher pünktlichen Steuerzahler in Betracht, dem ein offenbares Versehen unterlaufen ist (Nr. 5b AEAO zu § 240). C. Iblis gibt an, dass er seine Steuerverbindlichkeiten immer rechtzeitig beglichen hat und die verspätete Entrichtung auf die Erkrankung seiner Buchhalterin zurückzuführen ist. Soweit eine Überprüfung des bisherigen Zahlungsverhaltens diese Angaben bestätigt, können die Säumniszuschläge einmalig erlassen werden.

318 BFH, Urt. v. 26.10.1994 – X R 104/92, bit.ly/XR104-92.

319 BFH, Urt. v. 08.03.1984 – I R 44/80, bit.ly/IR44-80.

4.10.4.2.2 Persönliche Unbilligkeit

Eine persönliche Unbilligkeit setzt die Erlassbedürftigkeit und -würdigkeit des Abgabenpflichtigen voraus.

Zur Erlassbedürftigkeit:

Der Abgabenpflichtige ist erlassbedürftig, soweit „die [Abgaben]erhebung die wirtschaftliche oder persönliche Existenz des [Abgaben]pflichtigen vernichten oder ernstlich gefährden würde."[320] Von einer Existenzgefährdung ist auszugehen, wenn „ohne Billigkeitsmaßnahmen der notwendige Lebensunterhalt vorübergehend oder dauernd nicht mehr bestritten werden kann."[321] Zum notwendigen Lebensunterhalt zählen u.a. Mittel für Nahrung, Kleidung, Wohnung, Hausrat und ärztliche Behandlung.[322] Ist davon auszugehen, dass der Abgabenpflichtige seinen Zahlungsverpflichtungen perspektivisch nachkommen kann, ist nicht von einer Existenzgefährdung und damit von einer Erlassbedürftigkeit auszugehen.[323] Diese zeitlich begrenzte wirtschaftliche Notlage kann – wie bereits einleitend dargestellt – durch eine Stundung oder einen Vollstreckungsaufschub überbrückt werden.[324]

Die Gefährdung der Fortführung bzw. Aufnahme der Erwerbstätigkeit ist ein weiterer Grund, die Erlassbedürftigkeit herzustellen. Lässt sich der Zusammenbruch eines Unternehmens jedoch nicht mehr aufhalten oder möchte der Abgabenschuldner seine Erwerbstätigkeit aufgeben, so ist die Einziehung der Abgabe für die Gefährdung der Erwerbstätigkeit nicht ursächlich (kausal). Ein Grund für einen Erlass besteht auch dann nicht, wenn z.B. durch eine Stundung geholfen werden könnte.

Eine Erlassbedürftigkeit ist darüber hinaus nicht gegeben, wenn die zwangsweise Einziehung der Forderungen aufgrund der wirtschaftlichen Verhältnisse des Abgabenpflichtigen von vornherein ausgeschlossen ist, z.B. weil sein Einkommen und Vermögen unpfändbar sind.[325] In diesen Fällen würde der Erlass der Forderungen die wirtschaftliche Situation des Abgabepflichtigen nicht verbessern. Hat der Abgabenpflichtige Verbindlichkeiten gegenüber mehreren Gläubigern und ist er deshalb überschuldet, kommt ein Erlass nur in Betracht, wenn alle Gläubiger auf Forderungen verzichten.[326] Ist das nicht der Fall, begünstigt der Erlass von Forderungen der Gemeinde lediglich andere Gläubiger, wobei eine Existenzsicherung des Abgabenpflichtigen nicht gewährleistet ist. Die Gemeinde wird in dieser Situation jedoch eine Niederschlagung prüfen.

---

320 BFH, Urt. v. 29.04.1981 – IV R 23/78, bit.ly/IVR23-78.

321 BFH, Urt. v. 29.04.1981 – IV R 23/78, bit.ly/IVR23-78.

322 BFH, Urt. v. 29.04.1981 – IV R 23/78, bit.ly/IVR23-78.

323 BFH, Beschl. v. 15.07.1993 – III B 8/93, bit.ly/IIIB8-93.

324 Vgl. dazu FG München, Urt. v. 28.05.1998 – 13 K 1411/97, BeckRS 1998, 30880841.

325 BFH, Beschl. v. 24.10.1988 – X B 54/88, bit.ly/XB54-88, Beschl. v. 12.07.1989 – X B 111/88, bit.ly/XB111-88.

326 BFH, Beschl. v. 20.03.1998 – V B 141/97, bit.ly/VB141-97, vgl. auch Beschl. v. 26.10.1999 – V B 130/99, bit.ly/VB130-99.

Zur Erlasswürdigkeit:

Weiterhin muss der Abgabenpflichtige erlasswürdig sein. Das ist nicht der Fall, „wenn der [Abgaben]pflichtige durch sein Verhalten in eindeutiger Weise gegen die Interessen der Allgemeinheit verstößt oder die mangelnde Leistungsfähigkeit selbst herbeiführt."[327] Erlassunwürdig ist deshalb in der Regel ein Abgabenpflichtiger, der seine Abgabenpflichten vernachlässigt und die ihm zur Verfügung stehenden finanziellen Mittel anderweitig einsetzt[328] oder seine Abgaben hinterzogen hat.[329] Krankheiten, z.B. eine Alkoholabhängigkeit, schließen die Erlasswürdigkeit nicht aus.[330]

Der Abgabenschuldner muss sich dem Gläubiger gegenüber bisher abgabenehrlich wohlverhalten haben und unverschuldet in die finanzielle Notlage gekommen sein. Erlassunwürdig ist der Abgabenschuldner insbesondere, wenn er Vermögen verschenkt hat oder seinen abgabenrechtlichen Verpflichtungen vorsätzlich oder grob fahrlässig nicht nachgekommen ist.

Sachverhalt 33:
V. Xavier lebt in Landau und ist Halter eines Hundes. Um sich vor der Hundesteuer zu drücken, hatte er den Hund nicht angemeldet. Mehrere Jahre hat das wunderbar funktioniert. Sein neuer Nachbar beschwerte sich jedoch beim Ordnungsamt, weil ihm das nächtliche Kläffen den Schlaf raube. Bei der anschließenden Prüfung der örtlichen Verhältnisse durch die örtliche Ordnungsbehörde wurde der Hund entdeckt. Die Hundesteuer hat die Stadt rückwirkend erhoben, soweit die Festsetzungsverjährung noch nicht eingetreten war. V. Xavier kann allerdings nicht zahlen. Ihm gelingt es schon nicht, andere Forderungen der Stadt – mehrere Bußgelder und die Grundsteuer – aufgrund seiner geringen Rente von 800 EUR im Monat rechtzeitig zu entrichten, weshalb regelmäßig der Vollstreckungsbeamte vor seiner Tür steht. Außerdem hat er bei mehreren Versandhäusern Schulden. Er beantragt deshalb den Erlass der Hundesteuerforderung.

Aufgabe:
Prüfen und begründen Sie anhand der einschlägigen Rechtsnormen, ob der Erlass gewährt werden kann. Gehen Sie davon aus, dass die Satzung über die Erhebung der Hundesteuer der Stadt Landau dem Satzungsmuster Hundesteuer des Gemeinde- und Städtebundes Rheinland-Pfalz entspricht.[331]

327 BFH, Urt. v. 14.11.1957 – IV 418/56 U, bit.ly/IV418-56U.

328 BFH, Urt. v. 27.02.1985 – II R 83/83, bit.ly/IIR83-83.

329 BFH, Beschl. v. 09.02.1987 – IV B 53/86, bit.ly/IVB53-86.

330 BFH, Beschl. v. 13.03.1990 – VII S 3/90, BeckRS 1990, 6484.

331 Satzungsmuster abgedruckt in Vorschriftensammlung Kommunales Finanzwesen Rheinland-Pfalz unter Ordnungsnummer 100.004.

Lösung: Ansprüche aus dem Steuerschuldverhältnis können ganz oder zum Teil erlassen werden, wenn deren Einziehung nach Lage des einzelnen Falls unbillig wäre (§ 1 Abs. 1 KAG RLP i.V.m. § 3 Abs. 2 Nr. 5 KAG RLP i.V.m. § 227 AO). Vorliegend kommt ein Erlass aus persönlichen Gründen in Betracht.

Dafür muss V. Xavier erlassbedürftig und -würdig sein. V. Xavier ist erlassbedürftig, soweit die Erhebung der Hundesteuer seine wirtschaftliche oder persönliche Existenz vernichtet oder ernstlich gefährdet. Davon ist auszugehen, wenn er ohne Erlass der Hundesteuer seinen notwendigen Lebensunterhalt vorübergehend oder dauernd nicht mehr bestreiten kann. V. Xavier hat mehrere Forderungsrückstände, sowohl bei der Stadt Landau als auch bei anderen Gläubigern, die bereits teilweise zwangsweise beigetrieben werden. Er bezieht nur eine geringe monatliche Rente, die unpfändbar ist (vgl. § 850c ZPO). Ein Erlass der Forderungen der Stadt Landau würde folglich nur den weiteren Gläubigern zugutekommen, ohne dass sich seine wirtschaftliche Situation verbessert. Eine Erlassbedürftigkeit liegt wegen der fehlenden Kausalität nicht vor.

Darüber hinaus kann auch eine Erlasswürdigkeit nicht bejaht werden. Das wäre der Fall gewesen, wenn V. Xavier u.a. mit seinem Verhalten nicht gegen die Interessen der Allgemeinheit verstoßen hätte. Laut Sachverhalt hat er jedoch mehrere Jahre den Hund nicht angemeldet und somit gegen die Meldepflicht verstoßen (§ 3 Abs. 1 Satzungsmuster Hundesteuer). Damit hat er sich gegenüber den übrigen Hundesteuerpflichtigen finanziell bessergestellt und ordnungswidrig gehandelt (vgl. § 11 Abs. 1 Nr. 1 Satzungsmuster Hundesteuer). Die Ordnungswidrigkeit wurde nur durch eine Anzeige seines Nachbarn gegenüber der örtlichen Ordnungsbehörde der Stadt Landau bekannt. Eine Selbstanzeige ist nicht erfolgt. V. Xavier hat deshalb gegen die Interessen der Allgemeinheit verstoßen.

Damit der Antrag des Abgabenpflichtigen auf Erlass der Forderungen geprüft werden kann, ist eine Begründung erforderlich. Insbesondere bei einem begehrten Erlass aufgrund persönlicher Unbilligkeit muss der Abgabenpflichtige seine wirtschaftlichen Verhältnisse offenlegen und seine Bedürftigkeit durch Einkommens- und Vermögensnachweise, Kontoauszüge usw. nachweisen. Abstrakte Behauptungen zur wirtschaftlichen Situation sind nicht ausreichend.[332]

332 BFH, Beschl. v. 31.01.1996 – III B 75/95, bit.ly/IIIB75-95.

4.10.4.3 Prüfschema Erlass nach der Abgabenordnung

1. spezialgesetzliche Regelung bzw. Anwendbarkeit § 227 AO
2. regelmäßig auf Antrag
3. die Einziehung muss unbillig sein (§ 227 Hs. 1 AO):
   a) sachliche Unbilligkeit
      Die Abgabenerhebung führt nach dem Gesetz zu einem vom Gesetzgeber offensichtlich nicht gewollten Ergebnis.
   oder
   b) persönliche Unbilligkeit
      Diese ist in der Person des Steuerpflichtigen und seiner wirtschaftlichen Lage begründet:
      aa) Erlassbedürftigkeit
          Abgabenpflichtiger ist durch die Zahlung in seiner wirtschaftlichen Existenz gefährdet - Kausalität ist zu prüfen) und
      bb) Erlasswürdigkeit
          der Abgabenschuldner hat diese Notlage nicht selbst vorsätzlich oder grob fahrlässig verschuldet.

Abb. 77 – Zusammenfassendes Prüfungsschema zum Erlass

Die Befugnis kommunale Abgaben zu erlassen, steht dem Gläubiger der Abgabe zu (§ 3 Abs. 2 Nr. 10 KAG RLP). Bei Abgaben, die von einer Verbandsgemeindeverwaltung gem. § 68 Abs. 2 S. 1 und S. 2 Nr. 1 GemO RLP im Namen und Auftrag einer Ortsgemeinde verwaltet werden, bedarf es daher der Zustimmung der Ortsgemeinde (Besonderheit im Rahmen der Zuständigkeit).

4.11 Steuergeheimnis

4.11.1 Einordnung und Zweck

Die DSGVO regelt u.a., unter welchen Voraussetzungen personenbezogene Daten von öffentlichen Stellen verarbeitet, d.h. beispielsweise erhoben, gespeichert oder übermittelt werden dürfen (vgl. Art. 4 Nr. 2 DSGVO). Diese verbindlichen europäischen Regelungen dürfen teilweise durch nationales Recht ergänzt und modifiziert werden. Davon haben sowohl der Bund in der Abgabenordnung als auch das Land Rheinland-Pfalz im KAG RLP und mit dem LDSG RLP Gebrauch gemacht.

Eine besondere Bedeutung kommt dabei dem Steuergeheimnis nach § 30 AO zu. Es ergänzt das übrige Datenschutzrecht und bezweckt, durch einen „besonderen Schutz des Vertrauens in die Amtsverschwiegenheit die Bereitschaft zur Offenlegung steuerlicher Sachverhalte zu fördern, um so das Steuerverfahren zu erleichtern, die Steuerquelle vollständig zu erfassen und eine gesetzmäßige, d.h. insbesondere auch gleichmäßige Besteuerung sicherzustellen."[333]

333 BVerfG, Urt. v. 27.06.1991 – 2 BvR 1493/89, openJur 2011, 118417.

Kern der Regelung ist die programmatische Aussage, dass Amtsträger das Steuergeheimnis zu wahren haben (§ 30 Abs. 1 AO). Darauf aufbauend wird geregelt, welche Datenverarbeitungen das Steuergeheimnis verletzten (§ 30 Abs. 2, 3 AO) und welche insoweit zulässig sind (§ 30 Abs. 4 AO). Die straf-, disziplinar- und zivilrechtlichen Folgen einer Verletzung des Steuergeheimnisses sind dagegen anderweitig geregelt.

Das von den Gemeinden in Abgabenangelegenheiten zu beachtende Datenschutzrecht ergibt sich insofern für die

- Realsteuern aus
  DSGVO und § 1 Abs. 2 Nr. 1 AO i.V.m. §§ 29b ff. AO und dem LDSG RLP und für die
- übrige kommunale Abgaben aus
  DSGVO und § 1 Abs. 1 KAG RLP i.V.m. § 3 Abs. 3 Nr. 1 KAG RLP i.V.m. §§ 30 bis 32 AO und LDSG RLP.

4.11.2 Verletzung des Steuergeheimnisses

4.11.2.1 Verpflichtete

Das Steuergeheimnis richtet sich zunächst an „Amtsträger“ (§ 30 Abs. 2 AO). Dieser Begriff ist in § 7 AO legal definiert und umfasst insbesondere Beamte (§ 7 Nr. 1 AO).

Den Amtsträgern stehen weitere Personen gleich (§ 30 Abs. 3 AO). Das umfasst nach § 30 Abs. 3 Nr. 1 AO vor allem „die für den öffentlichen Dienst besonders Verpflichteten“. Dazu gehört u.a. wer (ohne bereits Amtsträger zu sein)

- bei einer Behörde beschäftigt oder für sie tätig und
- auf die gewissenhafte Erfüllung seiner Obliegenheiten aufgrund eines Gesetzes förmlich verpflichtet ist (§ 11 Abs. 1 Nr. 4a StGB).

Nach § 3 Abs. 2 Nr. 3 KAG RLP gehören hierzu auch die Mitglieder der kommunalen Vertretungskörperschaften, ihrer Ausschüsse sowie Beauftragte für Rechnungs- oder Abschlussprüfung.

Bei „einer Behörde beschäftigt“ sind vor allem die Tarifbeschäftigten, während z.B. externe Reinigungs-, Sicherheits- oder IT-Dienstleister „für sie tätig“ sind. Die förmliche Verpflichtung erfolgt nach dem VerpflG und stellt damit vor allem sicher, dass Tarifbeschäftigte und externe Dienstleister bei einer Verletzung des Steuergeheimnisses ggf. strafrechtlich verfolgt werden können.

4.11.2.2 Geschützte Daten

Das Steuergeheimnis schützt u.a. personenbezogene Daten sowie Betriebs- und Geschäftsgeheimnisse Dritter, die dem Verpflichteten

- in einem Verwaltungsverfahren in Steuersachen (§ 30 Abs. 2 Nr. 1a, Nr. 2 AO) oder
- aus anderem dienstlichem Anlass (§ 30 Abs. 2 Nr. 1c, Nr. 2 AO)
- bekannt geworden sind.

Personenbezogene Daten sind alle Informationen, die sich auf eine identifizierte oder identifizierbare natürliche Person beziehen (vgl. Art. 4 Nr. 1 DSGVO). Dazu gehören beispielsweise das Geburtsdatum und die Bankverbindung eines Abgabenpflichtigen oder die Art und Höhe der von ihm zu zahlenden Abgaben. Geschützt werden aber ebenso entsprechende Informationen von Körperschaften, rechtsfähigen oder nicht rechtsfähigen Personenvereinigungen oder Vermögensmassen (vgl. § 2a Abs. 5 Nr. 2 AO).

4.11.2.3 Verletzungshandlung

Das Steuergeheimnis wird u.a. verletzt, wenn ein Verpflichteter geschützte Daten „unbefugt offenbart oder verwertet“ (§ 30 Abs. 2 AO).

- „Offenbarung“ ist jedes ausdrückliche oder konkludente Verhalten, durch das die geschützten Daten einem Dritten bekannt werden können, z.B. die Gewährung von Akteneinsicht (Nr. 3.2 AEAO zu § 30).
- „Verwertung“ ist jede Verwendung in der Absicht, aus der Nutzung der geschützten Daten für sich oder andere Vorteile ziehen zu wollen (Nr. 3.2 AEAO zu § 30). „Unbefugt“ ist die Offenbarung oder Verwertung, wenn sie nicht nach § 30 Abs. 4 AO zulässig ist.

4.11.3 Zulässige Offenbarung oder Verwertung

In welchen Fällen geschützte Daten ohne Verletzung des Steuergeheimnisses offenbart oder verwertet werden dürfen, regelt § 30 Abs. 4 AO. Das ist z.B. der Fall, wenn es

- der Durchführung eines Verwaltungs-, Rechnungsprüfungs- oder gerichtlichen Verfahrens in Steuersachen oder einem Strafverfahren wegen einer Steuerstraftat oder einem Bußgeldverfahren wegen einer Steuerordnungswidrigkeit dient (§ 30 Abs. 4 Nr. 1, Abs. 2 Nr. 1 a, b AO),
- durch Bundesgesetz ausdrücklich zugelassen ist (§ 30 Abs. 4 Nr. 2 AO) oder
- die betroffene Person zustimmt (§ 30 Abs. 4 Nr. 3 AO).

Für kommunale Steuern wird die zulässige Offenbarung und Verwertung außerdem durch § 3 Abs. 2 Nr. 5 KAG RLP ergänzt. Danach kann bei der Hundesteuer im Schadensfall sowie zum Zwecke der Gefahrenabwehr Auskunft über Namen und Anschrift der hundehaltenden Person und der Hunderasse an Behörden, in Schadensfällen auch an Geschädigte, gegeben werden.

Sachverhalt 34:
C. Kronus wird beim Joggen im Bad Dürkheimer Stadtwald von einem streunenden Hund erheblich verletzt. Anhand der Steuermarke möchte sie von der Stadtverwaltung Bad Dürkheim wissen, wer Hundehalter ist. Die Behörde beruft sich auf § 30 AO (Steuergeheimnis) und verweigert die Auskunft.

Aufgabe:
Prüfen und begründen Sie anhand der einschlägigen Rechtsnormen, ob die Behörde rechtmäßig gehandelt hat.

Lösung:
§ 30 AO ist auch auf die Hundesteuer anwendbar gemäß § 1 Abs. 1 KAG RLP i.V.m. § 3 Abs. 1 Nr. 1 KAG RLP, so dass auch hier die Auskunft grundsätzlich nicht erteilt werden dürfte. Hier ist allerdings § 3 Abs. 2 Nr. 5 KAG zu beachten. Danach kann bei der Hundesteuer in Schadensfällen Auskunft über Namen und Anschrift der hundehaltenden Person an Geschädigte gegeben werden. Insofern kann die Auskunft erteilt werden und die Behörde hat nicht rechtmäßig gehandelt.

Sachverhalt 35:[334]
Die Society-Reporterin Valerie Fallera ruft im Steueramt der Stadt Koblenz an. Sie habe von der Insolvenz des Lokalprominenten Roberto Rosso gehört. Für eine sachgerechte Berichterstattung benötige sie Angaben zur Art und Höhe des Forderungsbestandes der Stadt. Sie beruft sich dafür auf § 12a Abs. 1 LMG RLP und §§ 12 ff. LTranspG. Außerdem bestehe ein öffentliches Interesse. Die zuständige Sachbearbeiterin, Frau Stadtoberinspektorin Heide Witzka, erläutert der Reporterin am Telefon, dass Herr Rosso u.a. Gewerbesteuern von 500.000 EUR schulde. Frau Fallera offenbart die Daten am nächsten Tag in ihrem Zeitungsbericht.

Aufgabe:
Prüfen und begründen Sie anhand der einschlägigen Rechtsnormen, ob das Steuergeheimnis durch
a) Frau Witzka und
b) Frau Fallera verletzt wurde.

Lösung:
Die Vorschriften der §§ 29b ff. AO finden für die Gewerbesteuer im Zuständigkeitsbereich der Gemeinde über § 1 Abs. 2 Nr. 2 AO Anwendung.

a) Frau Witzka ist Amtsträgerin i.S.d. § 30 Abs. 2 AO i.V.m. § 7 Nr. 1 AO und gehört somit zum verpflichteten Personenkreis. Die Forderungsart und -höhe sind personenbezogene Daten des Herrn Rosso. Sie wurden Frau Witzka im Rahmen eines Verwaltungsverfahrens in Steuersachen bekannt. Es handelt sich somit um vom Steuergeheimnis nach § 30 Abs. 2 Nr. 1a AO geschützte Daten. Die telefonische Weitergabe an die Reporterin ist eine Offenbarung dieser Daten und somit eine Verletzungshandlung i.S.d. § 30 Abs. 2 1. Hs. AO. Fraglich ist, ob die Offenbarung nach § 30 Abs. 4 AO zulässig war. Zulässig ist eine Offenbarung, die durch Bundesgesetz ausdrücklich zugelassen ist (§ 30 Abs. 4 Nr. 2 AO). Bei dem LMG RLP und dem LTranspG RLP handelt es sich um Landesgesetze. Nach § 30 Abs. 4 Nr. 2 AO ist Landesrecht prinzipiell ungeeignet, um Offenbarungen zuzulassen, weil es Bundesrecht nicht brechen kann (vgl. Art. 31 GG). Nur so weit § 30 AO durch ein Landesgesetz für anwendbar erklärt wird, vermag Landesrecht das Steuergeheimnis insoweit einzuschränken.

334 Vgl. zu diesem Verhältnis von Bundes- und Landesrecht OVG Münster, Urt. v. 06.11.2018 – 15 A 2638/17, openJur 2019, 6736.

Das setzt allerdings zwingend voraus, dass sich die Offenbarungsbefugnis ausdrücklich und eindeutig aus dem jeweiligen Gesetz ergibt. Mit Blick darauf scheiden das LMG RLP und das LTranspG RLP als taugliche Zulassungsnorm i.S.d. § 30 Abs. 4 Nr. 2 AO aus, weil der Landesgesetzgeber eine solche Einschränkung nicht formuliert hat. Die Offenbarung könnte aber nach § 30 Abs. 4 Nr. 5 AO zulässig gewesen sein. Dafür müsste an ihr ein zwingendes öffentliches Interesse bestanden haben. Das Interesse der Öffentlichkeit an Informationen über Prominente kann jedoch nicht mit den Regelbeispielen in § 30 Abs. 4 Nr. 5a–c AO gleichgestellt und daher nicht als „zwingend" angesehen werden. Frau Witzka hat deshalb das Steuergeheimnis verletzt.

b) Frau Fallera ist weder Amtsträgerin noch Gleichgestellte i.S.d. § 30 Abs. 2, 4 AO. Sie hat das Steuergeheimnis durch die Berichterstattung folglich nicht verletzt.

Sachverhalt 36:
Das Steueramt der Stadt Frankenthal hat einen externen Wachschutz beauftragt. Alle Mitarbeiter des Sicherheitsunternehmens sind nach dem VerpflG verpflichtet. Peter Silie ist Mitarbeiter des Sicherheitsunternehmens und damit beauftragt, nach Dienstschluss zu prüfen, ob alle Fenster in den Büros verschlossen sind. Im Büro der Stadtoberinspektorin Anna Nass, die sich bereits im Feierabend befindet, liest Peter Silie kurz in den Steuerakten, die auf dem Schreibtisch liegen. Frau Nass hatte sie dort liegen lassen, um am nächsten Morgen an ihnen weiterzuarbeiten.

Aufgabe:
Prüfen und begründen Sie anhand der einschlägigen Rechtsnormen, ob das Steuergeheimnis verletzt wurde.

Lösung:
Stadtoberinspektorin Anna Nass ist Amtsträgerin nach § 7 Nr. 1 AO. Indem sie die Akten nicht vor der Einsicht durch Dritte schützte, hat sie die im Besteuerungsverfahren erlangten Kenntnisse durch Unterlassen offenbart (§ 30 Abs. 2 Nr. 1a AO). Ein Rechtfertigungsgrund nach § 30 Abs. 4 AO liegt nicht vor. Frau Nass hat daher das Steuergeheimnis verletzt.

Peter Silie ist ein für den öffentlichen Dienst besonders Verpflichteter (§ 30 Abs. 3 Nr. 1 AO, VerpflG). Er hat die geschützten Daten aber weder offenbart noch verwertet, so dass es insoweit an einer Verletzung des Steuergeheimnisses fehlt.

Sachverhalt 37:[335]
Die Stadtratsfraktion DIE.DATENSCHÜTZER beantragt bei Oberbürgermeister Klaus Thaler, dem Stadtrat Einsicht in die Gewerbesteuerakten der 10 größten Gewerbesteuerzahler der Stadt in den Jahren 2020, 2021 und 2022 zu gewähren. Zur Begründung des Antrags führt die Fraktion an, bei den Haushaltsberatungen für das Jahr 2023 sei zur Sprache gekommen, dass Biotechnologieunternehmen hohe Steuereinnahmen in der Stadt generierten. Durch eine nähere Kenntnis der Art dieser Betriebe und ihrer Standorte könne eine Strategie entwickelt werden, um die Stadt für diese Branche attraktiver zu machen.

Aufgabe:
Prüfen und begründen Sie anhand der einschlägigen Rechtsnormen, ob die Stadtratsfraktion DIE.DATENSCHÜTZER gegen den Oberbürgermeister Klaus Thaler den begehrten Anspruch hat.

Lösung:
Auf Antrag einer Fraktion ist dem Stadtrat Akteneinsicht zu gewähren (§ 33 Abs. 3 S. 2–5 GemO RLP). Sie können auch verlangen, dass einem Ausschuss oder einzelnen vom Gemeinderat beauftragten Ratsmitgliedern Einsicht in die Akten gewährt wird, wenn hierfür ein berechtigtes Interesse des Gemeinderats vorliegt. Das Verlangen auf Akteneinsicht ist zu begründen. Die Akteneinsicht ist zu gewähren, wenn und soweit die Einsichtnahme zur Erfüllung des berechtigten Interesses erforderlich ist. Dem Ausschuss und den beauftragten Ratsmitgliedern muss ein Vertreter der Antragsteller angehören. Unter den gleichen Voraussetzungen kann der Bürgermeister einzelnen Ratsmitgliedern Akteneinsicht gewähren.

Dem Akteneinsichtsrecht könnten spezialgesetzliche Vorschriften entgegenstehen (§ 33 Abs. 5 GemO RLP). Dies ist hier der Fall. Der Akteneinsicht steht das Steuergeheimnis nach § 1 Abs. 2 Nr. 2 AO i.V.m. § 30 Abs. 1, 2 AO entgegen.[336]

4.11.4 Folgen bei Verletzung

Die Verletzung des Steuergeheimnisses nach § 30 AO ist strafbar und wird mit Freiheitsstrafe bis zu zwei Jahren oder Geldstrafe bestraft (§ 355 StGB). Desweiteren kann es eine Verletzung arbeits- bzw. disziplinarrechtliche Folgen haben, weil zugleich gegen Arbeits- bzw. Dienstpflichten verstoßen wurde. Denkbar sind außerdem zivilrechtliche Folgen, d.h. Ansprüche auf Schadensersatz und Unterlassung (vgl. Art. 34 GG, §§ 839 und 823 Abs. 2 BGB i.V.m. § 355 StGB, § 1004 BGB analog).

335 In Anlehnung an OVG Münster, Urt. v. 06.11.2018 – 15 A 2638/17, openJur 2019, 6736.
336 Siehe dazu ausführlich OVG Münster, Urt. v. 06.11.2018 – 15 A 2638/17, openJur 2019, 6736.

4.11.5 Prüfschema zum Steuergeheimnis

1. Anwendbarkeit §§ 30 ff. AO
2. Verpflichteter Personenkreis (Wer muss das Steuergeheimnis wahren?)
   a) Amtsträger § 30 Abs. 1 AO, § 7 AO, § 3 Abs. 2 Nr. 3 KAG RLP
   b) gleichgestellte Personen § 30 Abs. 3 AO
3. geschützte Güter (Was unterliegt dem Steuergeheimnis?)
   a) § 30 Abs. 2 Nr. 1 AO – personenbezogene Daten eines anderen
   b) § 30 Abs. 2 Nr. 2 AO – fremde Betriebs- und Geschäftsgeheimnisse
   c) § 30 Abs. 2 Nr. 3 AO – geschützte Daten
4. Verletzungshandlung (Wodurch wird das Steuergeheimnis verletzt?)
   a) § 30 Abs. 2 1. Hs. AO – offenbaren (Mitteilung von nicht allgemein Bekanntem)
   b) § 30 Abs. 2 1. Hs. AO – verwerten (Ausnutzen zu dienstfremden Zwecken)
   c) § 30 Abs. 2 2. Hs. AO – abrufen von Daten
   sofern nicht zulässig nach § 30 Abs. 4 – 6 AO
5. Ausnahmeregelung für die Hundesteuer in § 3 Abs. 2 Nr. 5 KAG RLP

Rechtsfolge
1. Öffentlich-rechtliche Konsequenzen:
   a) Strafrechtliches Amtsdelikt i.S.d. § 355 StGB
      Mindestfreiheitsstrafe von 6 Monaten
   b) Einleitung eines Disziplinarverfahrens i.S.d. LDG RLP
2. Privatrechtliche Konsequenzen
   Amtshaftungsansprüche Art. 34 GG i.V.m. § 839 BGB für den Amtsträger und die jeweilige Anstellungskörperschaft

Abb. 78 – Zusammenfassendes Prüfungsschema zum Steuergeheimnis

4.12 Förmliches Rechtsbehelfsverfahren

Wird jemand durch die öffentliche Gewalt in seinen Rechten verletzt, so steht ihm der Rechtsweg offen (Art. 19 Abs. 4 GG). Das Einspruchs- und Widerspruchsverfahren gegen abgabenrechtliche Bescheide sind Ausflüsse aus diesem Grundrecht auf effektiven Rechtsschutz.

4.12.1 Unterscheidung zwischen Finanz- und Verwaltungsrechtsweg

Grundsätzlich sind die Verfahren nach dem Finanz- bzw. Verwaltungsrechtsweg zu unterscheiden:[337]

	Finanzrechtsweg Abgabenordnung Finanzgerichtsordnung	Verwaltungsrechtsweg Verwaltungsgerichtsordnung
Außergerichtliche Rechtsbehelfe	§§ 347 ff. AO: Einspruch gegen • Grundsteuerwertbescheid, • Grundsteuer-/Gewerbesteuermessbescheid, • Zerlegungsbescheid (für alle Bescheide, die das Finanzamt erlässt).	Widerspruch (§§ 68 ff. VwGO) gegen Abgabenbescheide, z.B. • Grundsteuerbescheid • Gewerbesteuerbescheid • Beitragsbescheid • Gebührenbescheid • Hundesteuerbescheid (für alle Bescheide, die die kommunale Abgabenbehörde erlässt).
Gerichtliche Rechtsbehelfe	2stufiges Verfahren: Klage vor dem Finanzgericht Neustadt a.d.W. (§§ 40 und 41 FGO)	3stufiges Verfahren: Klage vor dem zuständigen Verwaltungsgericht in Koblenz, Mainz, Neustadt a.d.W. oder Trier (§ 74 VwGO)
Rechtsmittel	Revision vor dem Bundesfinanzhof (§ 115 FGO) in München	• Berufung gegen das Urteil des Verwaltungsgerichts beim Oberverwaltungsgericht Rheinland-Pfalz in Koblenz • Revision gegen das Urteil des Oberverwaltungsgerichts Rheinland-Pfalz beim Bundesverwaltungsgericht in Leipzig
Verfahrensvorschriften	Rechtsbehelf richtet sich nach dem 7. Teil der AO – §§ 347 ff. AO, anwendbar über § 1 Abs. 1 AO	7. Teil der AO – §§ 347 ff. AO sind bis auf wenige Ausnahmen nicht anwendbar, da dieser Teil in den Verweisnormen (§ 1 Abs. 2 AO sowie in § 3 Abs. 1 KAG RLP) nicht enthalten sind. § 3 Abs. 2 Nr. 2 KAG RLP enthält den deklaratorischen Hinweis: „Anstelle des finanzgerichtlichen Verfahrens tritt das verwaltungsgerichtliche Verfahren.“

Tab. 28 – Förmliche Rechtsbehelfe/Rechtsmittel gegen Abgabenbescheide

337 Rheindorf, Beate/Weidemann, Holger, Der förmliche Rechtsbehelf im kommunalen Abgabenrecht, DVP 2022, S. 270

Auf das verwaltungsgerichtliche Widerspruchsverfahren wird nicht näher eingegangen. Es wird hierzu auf die verwaltungsrechtliche Fachliteratur verwiesen.

Das außergerichtliche Einspruchsverfahren ist kostenfrei und muss regelmäßig vor Klageerhebung durchlaufen werden. Hierdurch wird der Finanzverwaltung Gelegenheit gegeben, den Steuerfall noch einmal zu überprüfen, bevor sich das Finanzgericht mit der Angelegenheit befasst.[338] Die meisten Rechtsstreitigkeiten erledigen sich bereits im Einspruchsverfahren, dem somit eine hohe „Filterwirkung" zukommt. Zahlenmäßig ist dies der Einspruchsstatistik zu entnehmen.

	Gesamt	Anteil in %
Eingegangene Einsprüche	3.047.803	
Erledigte Einsprüche durch		
• Rücknahme des Einspruchs	591.158	19,8
• Abhilfe	1.891.548	63,4
• Einspruchsentscheidung	471.122	15,8
• Teil-Einspruchsentscheidung	12.836	0,4
• Auf andere Weise	15.695	0,5

Tab. 29 – Auszug aus der Einspruchsstatistik 2021[339]

Die gesetzlichen Grundlagen für das Einspruchsverfahren ergeben sich aus den §§ 347 – 367 AO und werden durch die Verwaltungsanweisungen in der AEAO ergänzt.

Nach § 367 Abs. 2 S. 2 AO kann der Verwaltungsakt im Rahmen der Einspruchsentscheidung auch zum Nachteil des Einspruchsführers geändert werden. Hierzu ist der Einspruchsführer zuvor anzuhören. Eine vergleichbare Regelung ist in § 3 Abs. 5 S. 2 KAG RLP enthalten, so dass auch eine Verböserung im Rahmen des Widerspruchsverfahrens uneingeschränkt möglich ist.[340]

4.12.2 Zulässigkeit des Einspruchs

Die Zulässigkeitsvoraussetzungen[341] für das Einspruchsverfahren gegen die vom Finanzamt erlassenen Bescheide sind:

4.12.2.1 Finanzrechtsweg

Gegen Verwaltungsakte in Abgabenangelegenheiten ist als Rechtsbehelf der Einspruch statthaft (§ 347 Abs. 1 S. 1 AO). Abgabenangelegenheiten sind alle mit der Verwaltung der Abgaben zusammenhängenden Angelegenheiten (§ 347 Abs. 2 S. 1 AO).

338 Sikorski, Basiswissen Verfahrensrecht, S. 197.

339 BMF-Monatsbericht September 2022, S. 41 ff.

340 Rheindorf, Beate/Weidemann, Holger, Der förmliche Rechtsbehelf im kommunalen Abgabenrecht, DVP 2022, S. 270.

341 Sikowski, Basiswissen Verfahrensrecht, S. 199 ff.

4.12.2.2 Anbringungsbehörde

Es geht um die Frage, bei welcher Behörde der Steuerpflichtige den Einspruch einlegen muss.

Es gilt der Grundsatz in § 357 Abs. 2 S. 1 AO: Der Einspruch muss bei der sachlich und örtlich zuständigen Stelle (Anbringungsbehörde) innerhalb der Einspruchsfrist eingehen. Anbringungsbehörde ist grundsätzlich die Behörde, die den Verwaltungsakt erlassen hat (Erlassbehörde).

Daneben können gem. § 357 Abs. 2 S. 2 AO Rechtsbehelfe gegen Steuermess- und Zerlegungsbescheide auch bei der Gemeinde, die den Steuerbescheid (Folgebescheid) erlässt, fristwahrend angebracht werden. Der Rechtsbehelf wird der zuständigen Finanzbehörde übermittelt. Dabei ist es unerheblich, ob die Weiterleitung innerhalb der Rechtsbehelfsfrist erfolgt oder nicht.

Die Regelung in § 357 Abs. 2 S. 4 AO ist noch weitgehender: Die Einspruchsfrist ist gewahrt, wenn die unzuständige Finanzbehörde den Einspruch innerhalb der Einspruchsfrist an das zuständige Finanzamt absendet.[342]

4.12.2.3 Statthaftigkeit

Gegen Verwaltungsakt in Abgabenangelegenheiten ist als Rechtsbehelf der Einspruch statthaft (§ 347 Abs. 1 S. 1 AO). Der § 348 AO enthält einen Negativkatalog. Gegen die dort aufgeführten Entscheidungen ist folglich kein Einspruch statthaft.

An dieser Stelle müssten die Merkmale eines Verwaltungsaktes gem. § 118 AO geprüft werden, die inhaltsgleich mit denen in § 35 VwVfG sind.

Ein Sonderfall bildet der Untätigkeitseinspruch gem. § 347 Abs. 1 S. 2 AO, da hier ggf. ein beantragter Verwaltungsakt nicht erteilt wurde.

4.12.2.4 Beschwer, Einspruchsbefugnis, Handlungsfähigkeit, Vertretung

Befugt, Einspruch einzulegen ist nur, wer geltend macht, durch den Verwaltungsakt oder dessen Unterlassung beschwert zu sein (§ 350 AO). Bei einer Nullfestsetzung entsteht grundsätzlich keine Beschwer und es fehlt somit am allgemeinen Rechtsschutzbedürfnis.[343]

Zur Einlegung ist grundsätzlich nur der Adressat des Bescheides als Betroffener befugt. Ausnahmen sind in § 352 AO und § 353 AO geregelt.

4.12.2.5 Einspruchsfrist

Die Einspruchsfrist beträgt 1 Monat nach Bekanntgabe des Verwaltungsaktes (§ 355 Abs. 1 S. 1 AO), sofern dem Verwaltungsakt eine ordnungsgemäße Rechtsbehelfsbelehrung beigefügt war (§ 356 Abs. 1 AO). Es handelt sich hierbei um eine gesetzliche Frist, die nicht verlängert werden kann. Die Wiedereinsetzung in den vorigen Stand nach § 110 AO ist jedoch möglich. War die Rechtsbehelfsbelehrung unrichtig oder ist sie unterbleiben, so verlängert sich die Frist auf 1 Jahr gem. § 356 Abs. 2 S. 1 AO.

---

342 Urteil FG Baden-Württemberg, 04.05.2017, 3K3046/17.

343 BFH vom 15.02.2001, III R 10/99, BFH/NV 2001 S. 1125.

Beim Untätigkeitseinspruch gibt es keine Frist. Unter analoger Anwendung des § 46 FGO (Untätigkeitsklage) kann dieser jedoch nicht in den ersten 6 Monaten nach Antragstellung erhoben werden. Je nach Komplexität der Fallkonstellation ist auch eine längere Frist vertretbar.

4.12.2.6 Form

Der Einspruch ist schriftlich, elektronisch (§ 87a Abs. 3 AO) einzureichen oder zur Niederschrift zu erklären (§ 357 Abs. 1 AO).

Sachverhalt 38:

Die Eheleute H., wohnhaft in Mayen, erhalten am 20.04.2023 für den Betrieb des Brückencafés in Mayen den Gewerbesteuermessbescheid 2021 vom zuständigen Finanzamt in Mayen per einfachem Brief mit Poststempel vom 19.04.2023. In diesem wurde der Messbetrag nach Auffassung der Eheleute H. um 2.000 EUR zu hoch festgesetzt. Der Steuermessbescheid war mit einer ordnungsgemäßen Rechtsbehelfsbelehrung versehen. Die Eheleute legen zur Niederschrift bei der Stadtverwaltung Mayen am Mittwoch, dem 24.05.2023 Einspruch gegen den Gewerbesteuermessbescheid ein. Aufgrund einer Erkrankung der Sachbearbeiterin der Abgabenabteilung wird der Einspruch erst am Montag, den 30.05.2023 von der Stadtverwaltung an die zuständige Behörde weitergeleitet.

Aufgabe:

a) Prüfen Sie die Zulässigkeit des Einspruchs im Hinblick auf die Frist und den Ort.
b) Mit welchem förmlichen Rechtsbehelf können die Eheleute H. sich gegen den Gewerbesteuerbescheid wehren?

Lösung:

zu a) Der Einspruch ist u.a. zulässig, wenn dieser fristgerecht eingelegt wurde. Nach § 1 Abs. 1 AO i.V.m. § 355 Abs. 1 S. 1 AO ist der Einspruch nach § 347 Abs. 1 S. 1 Nr. 1 AO innerhalb eines Monats nach Bekanntgabe des Verwaltungsakts einzulegen. Beim Gewerbesteuermessbescheid handelt es sich um Abgabeangelegenheiten nach § 347 Abs. 2 AO, da hiermit die Grundlagen für den darauf aufbauenden Gewerbesteuerbescheid gelegt werden.

Der Gewerbesteuermessbescheid wird am Mittwoch, den 19.04.2023 zur Post gegeben, so dass zunächst zu prüfen ist, wann der Gewerbesteuermessbescheid bekannt gegeben wurde. Anschließend ist sodann die Monatsfrist zu ermitteln.

1. Schritt: Bekanntgabe – Berechnung der 3-Tages-Frist:

   Der Bescheid wurde am Mittwoch, dem 19.04.2023 zur Post gegeben. Für die Bekanntgabe gilt nach § 122 Abs. 2 Nr. 1 AO, anwendbar über § 1 Abs. 1 AO, nach der Rechtsprechung des BFH eine 3-Tages- Frist (nicht Fiktion).

Fristbeginn	19.04.2023, 24.00 Uhr
Fristberechnungsbeginn	20.04.2023, 00.00 Uhr
Dauer	3 Tage, § 1 Abs. 1 AO i.V.m. § 122 Abs. 2 Nr. 1 AO
Fristende	Samstag, 22.04.2023, 24.00 Uhr

Hinausschieben	Montag, 24.04.2023, 24.00 Uhr
Fristvorschriften:	§ 1 Abs. 1 AO i.V.m. § 108 Abs. 1 AO i.V.m. § 187 Abs. 1 BGB (Fristbeginn), § 188 Abs. 1 BGB (Fristende), § 108 Abs. 3 AO (Hinausschieben)

Der Gewerbesteuermessbescheid gilt somit mit Ablauf des 24.04.2023, 24.00 Uhr, als bekannt gegeben, auch dann, wenn der Bescheid tatsächlich am 20.04.2023 zugegangen ist.

2. Schritt: Fälligkeit – Berechnung der anschließenden Monatsfrist (Einspruchsfrist):

Fristbeginn	24.04.2023, 24.00 Uhr
Fristberechnungsbeginn	25.04.2023, 00.00 Uhr
Dauer	1 Monat, § 1 Abs. 1 AO i.V.m. § 355 Abs. 1 S. 1 AO
Fristende	Mittwoch, 24.05.2023, 24.00 Uhr
Fristvorschriften:	§ 1 Abs. 1 AO i.V.m. § 108 Abs. 1 AO i.V.m. § 187 Abs. 1 BGB (Fristbeginn), § 188 Abs. 2 1. Alt. BGB (Fristende),

Die Einspruchsfrist gegen den Gewerbesteuermessbescheid endet mit Ablauf des 24.05.2023, 24.00 Uhr.

Nach § 357 Abs. 2 S. 1 AO ist der Einspruch bei der Behörde anzubringen, deren Verwaltungsakt angefochten wird. Zu prüfen ist insofern zunächst, welche Behörde den Gewerbesteuermessbescheid erlassen hat.

Zu prüfen ist, wer sachlich und örtlich für den Erlass des Gewerbesteuermessbescheides zuständig ist. Nach Art. 108 Abs. 2 S. 1 GG sind für die Verwaltung der übrigen Steuern, zu denen auch die Gewerbesteuer gehört (Negativabgrenzung zu Art. 108 Abs. 1 GG) grundsätzlich die Landesfinanzbehörden sachlich zuständig. Sachlich zuständige Landesfinanzbehörden sind gemäß § 1 Abs. 1 AO i.V.m. § 16 AO i.V.m. § 2 Abs. 1 Nr. 4 und § 17 Abs. 2 FVG die Finanzämter, soweit die Verwaltung nicht nach Art. 108 Abs. 4 S. 2 GG den Gemeinden oder Gemeindeverbänden übertragen worden ist.

Nach Art. 108 Abs. 4 S. 2 GG hat das Land bei den Steuern, die den Gemeinden oder Gemeindeverbänden allein zufließen, die Möglichkeit, die Verwaltung auf die Gemeinden (Gemeindeverbände) zu übertragen. Die Gewerbesteuer fließt nach Art. 106 Abs. 6 S. 1 GG den Gemeinden zu, so dass die Möglichkeit der Übertragung der Verwaltungskompetenz durch das Land besteht. Das Land Rheinland-Pfalz hat von dieser Möglichkeit durch § 5 Abs. 1 KAG RLP Gebrauch gemacht. Hiernach obliegt die Verwaltung der Gewerbesteuer mit Ausnahme der Festsetzung und Zerlegung der Steuermessbeträge den Gemeinden (zweigeteilte Zuständigkeit). Es geht im vorliegenden Fall um die Festsetzung des Gewerbesteuermessbetrages. Diese Aufgabe wurde nicht den Gemeinden übertragen. Sachlich zuständig sind somit die Finanzämter.

Die örtliche Zuständigkeit des Finanzamtes richtet sich nach § 17 AO (anwendbar über § 1 Abs. 1 AO) i.V.m. § 22 Abs. 1 AO und § 18 Abs. 1 Nr. 2 AO. Danach ist das Betriebsfinanzamt bei der Gewerbesteuer örtlich zuständig. Betriebsfinanzamt ist das Finanzamt, in dessen Bezirk sich die Geschäftsleitung befindet. Das Brückencafé wird in Mayen betrieben wird, so dass das Finanzamt Mayen örtlich zuständig ist.

Zwischenergebnis:
Der Einspruch muss beim sachlich und örtlich zuständigen Finanzamt Mayen eingelegt werden.

Die Eheleute H. legen ihren Einspruch allerdings nicht beim Finanzamt, sondern bei der Stadtverwaltung Mayen ein. Zu prüfen ist, ob dies zulässig ist. Nach § 357 Abs. 2 S. 2 AO (anwendbar über § 1 Abs. 1 AO) kann ein Rechtsbehelf, der sich gegen die Festsetzung eines Steuermessbetrages richtet, auch bei der zur Erteilung des Steuerbescheides zuständigen Behörde angebracht werden.

Hinsichtlich der sachlichen Zuständigkeit für den Erlass des Gewerbesteuerbescheides wird zunächst – bis zu § 5 Abs. 1 KAG RLP – auf die bisherigen Ausführungen verwiesen. Nach § 5 Abs. 1 KAG RLP obliegt die Verwaltung der Gewerbesteuer mit Ausnahme der Festsetzung und Zerlegung der Steuermessbeträge den Gemeinden (zweigeteilte Zuständigkeit). Für die Festsetzung der Gewerbesteuer sind somit die Gemeinden sachlich zuständig.

Örtlich zuständig ist gemäß § 1 GewStG i.V.m. § 4 Abs. 1 GewStG die Gemeinde, in der eine Betriebsstätte i.S.v. § 12 AO zur Ausübung des Gewerbes unterhalten wird. Der Betrieb wird in der Stadt Mayen (große kreisangehörige Stadt) betrieben, so dass diese örtlich zuständig ist.

Der Einspruch wurde daher von den Eheleuten H. bei der sachlich und örtlich zuständigen Behörde für die Festsetzung der Gewerbesteuer – hier die Stadtverwaltung Mayen – eingelegt. Dies ist gem. § 1 Abs. 1 AO i.V.m. § 357 Abs. 2 S. 2 AO rechtlich zulässig.

Der Rechtsbehelf gegen den Gewerbesteuermessbescheid wurde von den Eheleuten H. am 24.05.2023 form- und fristgerecht bei der für die Steuerfestsetzung zuständigen Behörde zur Niederschrift (vgl. § 1 Abs. 1 AO i.V.m. § 357 Abs. 1 S. 1 AO) eingelegt. Dass der Rechtsbehelf erst nach Ablauf der Rechtsbehelfsfrist an die erlassende Behörde übermittelt wurde, ist unerheblich.

Zu b) Als förmlicher Rechtsbehelf kommt im Abgabenrecht der Einspruch gemäß den §§ 347 ff. AO in Betracht. Dazu muss diese Vorschrift jedoch anwendbar sein. Da es sich bei dem Erlass des Gewerbesteuerbescheides nicht um die Festsetzung und Zerlegung von Steuermessbeträgen handelt, ist die Zuständigkeit der Gemeinde gegeben (Prüfung Zuständigkeit siehe Ausführungen zu a).

Eine Anwendbarkeit der §§ 347 ff. AO für den Gewerbesteuerbescheid ist sowohl über § 1 Abs. 2 AO als auch § 1 Abs. 2 S. 1 KAG RLP i.V.m. § 3 Abs. 1 KAG RLP ausgeschlossen, da diese Bestimmungen in der Auflistung der entsprechend anwendbaren Vorschriften weder des § 1 Abs. 2 AO noch in der des § 3 Abs. 1 KAG RLP enthalten sind. § 3 Abs. 2 Nr. 2 KAG RLP (anwendbar für die Gewerbesteuer über § 1 Abs. 2 Nr. 2 KAG RLP) bestimmt deklaratorisch, dass an die Stelle des finanzgerichtlichen Verfahrens bei kommunalen Abgaben – also auch bei der Gewerbesteuer – das verwaltungsgerichtliche Verfahren tritt.

Insofern können die Eheleute H. sich mit einem Anfechtungswiderspruch gemäß § 68 Abs. 1 VwGO gegen den Gewerbesteuerbescheid wehren.

4.12.3 Begründetheit des Einspruchs

Die Begründetheit des Einspruchs ist dessen inhaltliche Überprüfung. Dabei hat die Finanzbehörde den Sachverhalt in vollem Umfang sowohl zuungunsten, sog. Verböserung, als auch zugunsten des Einspruchsführers erneut zu prüfen (§ 367 Abs. 2 S. 1 und 2 AO). Die Erlassbehörde kann den ganzen Fall neu beurteilen, sog. Gesamtaufrollung und wie im ursprünglichen Veranlagungsverfahren den Sachverhalt ermitteln (§ 365 AO). Bei einer Verböserung ist die Behörde verpflichtet, den Steuerpflichtigen zuvor zu hören.[344]

Es besteht die Möglichkeit, dem Einspruchsführer in bestimmten Fällen für die Vorlage seiner Rechtsbehelfsbegründung eine Frist mit ausschließender Wirkung, sog. Präklusionsfrist, zu setzen (§ 364b Abs. 1 AO). Erklärungen und Beweismittel, die erst nach Ablauf der Präklusionsfrist vorgebracht werden, sind nicht zu berücksichtigen (§ 364b Abs. 2 S. 1 AO).

Über den Einspruch entscheidet die Finanzbehörde durch Einspruchsentscheidung (§ 367 Abs. 1 S. 1 AO) oder durch Abhilfebescheid, wenn sie dem Einspruch stattgibt (§ 367 Abs. 2 AO). Die Einspruchsentscheidung ist zu begründen, mit einer Rechtsbehelfsbelehrung zu versehen und den Beteiligten schriftlich oder elektronisch zu erteilen (§ 366 S. 1 AO).

Durch die Erhebung des Einspruchs bzw. der Klage wird die Vollziehbarkeit des angefochtenen Verwaltungsaktes grundsätzlich nicht gehemmt, insbesondere die Erhebung der Abgabe nicht aufgehoben (§ 361 Abs. 1 AO); einen Suspensiveffekt gibt es grundsätzlich nicht. Die zuständige Finanzbehörde kann jedoch die Vollziehung aussetzen (§ 361 Abs. 2 AO). Soweit die Vollziehung eines Grundlagenbescheids ausgesetzt wird, ist auch die Vollziehung eines Folgebescheids auszusetzen (§ 361 Abs. 3 S. 1 AO). Der Erlass des Folgebescheides bleibt zulässig (§ 361 Abs. 3 S. 2 AO).

Zu beachten ist in diesem Zusammenhang auch, dass Entscheidungen in einem Grundlagenbescheid nur durch Anfechtung dieses Bescheides, nicht durch Anfechtung des Folgebescheides angegriffen werden können (§ 351 Abs. 2 AO). Dies gilt dann, wenn in einem Grundlagenbescheid eine Entscheidung getroffen wurde und diese Entscheidung in dem Folgebescheid nur übernommen wird. So ist z.B. der Grundsteuerwertbescheid Grundlagenbescheid für den

344 Sikorski, Basiswissen Verfahrensrecht, S. 205 f.

Grundsteuermessbescheid. Ist der Einspruchsführende mit der Feststellung des Grundsteuerwertes im Grundsteuerwertbescheid nicht einverstanden, muss er seinen Einspruch gegen den Grundsteuerwertbescheid richten und nicht gegen den Grundsteuermessbescheid, der den Grundsteuerwert nur übernimmt und an die Festsetzungen im Grundsteuerwertbescheid (Grundlagenbescheid) gebunden ist. Strittig ist, ob ein gegen den Folgebescheid eingelegter Einspruch, der sich gegen eine Festsetzung im Grundlagenbescheid richtet, unbegründet oder bereits unzulässig ist.[345]

4.12.4 Klageverfahren vor dem Finanzgericht

Sollte der Einspruchsführer mit der Entscheidung nicht einverstanden sein, kann dieser Klage beim Finanzgericht erheben. Die Klagequote im Jahr 2021 entspricht etwa 1,9 %, absolut wurden 55.961 Klagen erhoben.[346]

345 Siehe hierzu Rätke in Klein, § 351 Rn. 21 ff.

346 BMF-Monatsbericht September 2022, S. 43.

Kapitel 5

Abgabenbezogene Grundlagen der Kommunalverfassung

5.1 Rechtsgrundlagen

Kommunale Abgaben dürfen – soweit gesetzlich nichts anderes bestimmt ist[347] – nur aufgrund von Satzungen erhoben werden (§ 2 Abs. 1 S. 1 KAG RLP). Damit steht die Erhebung kommunaler Abgaben grundsätzlich unter einem Satzungsvorbehalt. Dieser Satzungsvorbehalt des KAG RLP resultiert aus dem rechtsstaatlichen Verfassungsprinzip der Gesetzmäßigkeit der Verwaltung aus Art. 20 Abs. 3 GG.[348] Das Verfahren zum Erlass der Abgabensatzungen ist Teil des Kommunalverfassungsrechts, das (u.a.) in der GemO RLP geregelt ist. Vorgaben für die Inhalte dieser Satzungen ergeben sich aus dem KAG RLP (§ 2 Abs. 1 S. 2 KAG RLP).

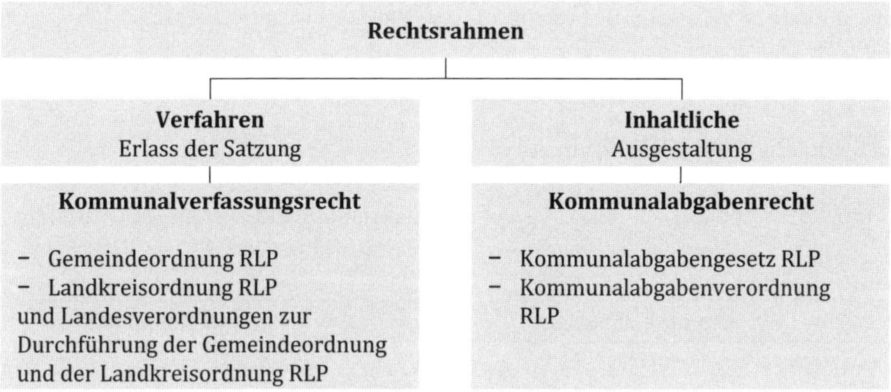

Abb. 79 – Rechtsrahmen für den Erlass von Abgabensatzungen

Die kommunale Abgabensatzung ist rechtmäßig, wenn sie

- auf eine ausreichende Ermächtigungsgrundlage gestützt werden kann,
- vom zuständigen Kollegialorgan,
- in einem ordnungsgemäßen Verfahren beschlossen worden ist,
- inhaltlich der Rechtsordnung entspricht und
- ordnungsgemäß ausgefertigt und veröffentlicht worden ist.

---

347 So können in engen Grenzen öffentlich-rechtliche Verträge über die Abgabenerhebung geschlossen werden; siehe § 2 Abs. 2 KAG RLP; Vertiefung siehe Elmenhorst/Kohlhaas in Kohlhaas et al., § 2 Rn. 88 ff.; ferner sind spezialgesetzliche Vorgaben für bestimmte Abgabearten möglich, z.B. im GrStG und im GewStG.

348 Elmenhorst/Kohlhaas in Kohlhaas et al., § 2 Rn. 4.

5.2 Organzuständigkeit für den Erlass einer Abgabensatzung

Die Vertretung der Kommune (Gemeinderat, Stadtrat, Verbandsgemeinderat, Kreistag; § 32 Abs. 1 GemO RLP, § 25 Abs. 1 LKO RLP) ist für die Beschlussfassung über die Abgabensatzungen zuständig (§ 32 Abs. 2 Nr. 1 GemO RLP, § 25 Abs. 2 Nr. 1 LKO RLP). Die Zuständigkeit für den Erlass, die Änderung oder Aufhebung einer solchen Satzung kann nicht auf einen Ausschuss übertragen werden (siehe auch § 32 Abs. 3 GemO RLP, § 25 Abs. 3 LKO RLP).

Die Frage, ob die Befugnis zum Erlass von Satzungen auch vom Eilentscheidungsrecht (§ 48 GemO RLP) erfasst wird, ist sehr zurückhaltend zu beurteilen und weist zudem kaum eine praktische Relevanz auf. Zwar wird es nicht ausdrücklich von § 48 GemO RLP ausgeschlossen, doch geht es bei Eilentscheidungen eher um die Regelung eines Einzelfalls als um eine abstrakt-generelle Satzungsregelung.[349]

Denkbar ist allerdings eine Ersatzvornahme durch die Kommunalaufsichtsbehörde (§ 118 GemO RLP), wenn der Gemeinderat sich weigert, eine Abgabensatzung zu erlassen, zu deren Erlass eine gesetzliche Verpflichtung besteht, z.B. eine Beitragssatzung.[350]

5.3 Formelle Voraussetzungen

Für die formelle Rechtmäßigkeit des Satzungsbeschlusses durch das zuständige Vertretungsorgan müssen insbesondere die nachfolgenden Punkte beachtet werden:

Voraussetzungen	Normen GemO RLP[351]
1. Beschlussfähigkeit der Vertretung (einschließlich ordnungsgemäßer Ladung)	§§ 34, 39
2. Ggfs. Vorbereitung durch einen Ausschuss	§ 44
3. Ordnungsgemäße Abstimmung und ausreichende Mehrheit	§ 40 Abs. 1
4. Beachtung der Vorschriften zum Mitwirkungsverbot	§ 22
5. Öffentlichkeit der Sitzung	§§ 24 Abs. 2 und 35

Tab. 30 – Formelle Beschlussvoraussetzungen

349 Zum Problemkreis vgl. auch Stubenrauch in Gabler et al., § 48 Erl. 2.4; Schaaf in Gabler et al., § 24 Erl. Nr. 8.1; Driehaus, Abgabensatzungen, § 3 Rn. 4 f. m.w.N.

350 Siehe nähere Ausführungen hierzu: Schaaf in Gabler et al., § 24 Erl. Nr. 8.1; BVerwG, Urt. v. 29.05.2019 – 10 C 1/18 – juris Rn. 29.

351 Soweit die §§ 64 ff. GemO RLP für Verbandsgemeinden nichts anderes vorschreiben, gelten für Verbandsgemeinden die für verbandsfreien Gemeinden geltenden Vorschriften mit einigen Maßgaben (§ 64 Abs. 2 GemO RLP). Für das kommunale Satzungsrecht sind keine Besonderheiten für Verbandsgemeinden vorgesehen.

Damit die Ratsmitglieder sich ausreichend auf die Ratssitzung vorbereiten können, müssen zwischen der Einladung und der Sitzung der Vertretung mindestens vier volle Kalendertage liegen. Diese Frist kann bei besonderer Dringlichkeit verkürzt werden (§ 34 Abs. 3 S. 2 GemO RLP, § 27 Abs. 3 S. 2 LKO RLP). Voraussetzung für eine Fristverkürzung ist, dass eine Entscheidung nicht ohne Nachteil für die Gemeinde aufgeschoben werden kann. Auf die Verkürzung ist in der Einladung hinzuweisen. Die Dringlichkeit ist dann von der Vertretung vor Eintritt in die Tagesordnung festzustellen (§ 34 Abs. 3 S. 3 GemO RLP, § 27 Abs. 3 S. 3 LKO RLP).[352]

Sachverhalt 39:
In der nächsten Sitzung des Stadtrates soll die Änderung der Hundesteuersatzung beschlossen werden. Es ist eine moderate Erhöhung der Steuersätze vorgesehen. Da der Oberbürgermeisterin bekannt ist, dass in der 25-köpfigen Vertretung auch 4 Hundebesitzer anzutreffen sind, kommen ihr Bedenken hinsichtlich einer möglichen Interessenkollision.

Aufgabe:
Die Oberbürgermeisterin bittet Sie, anhand der einschlägigen Rechtsvorschriften zu prüfen, ob für die hundehaltenden Ratsmitglieder ein Mitwirkungsverbot besteht und diese daher nicht an der Beratung und Entscheidung über die Änderung der Hundesteuersatzung teilnehmen können.

Ergänzender Hinweis: Ausweislich der Steuerdaten der Stadtverwaltung gibt es (mindestens) 740 Hundehalter mit über 850 Hunden in der Stadt.

Lösung:
Nach § 22 Abs. 1 S. 1 Nr. 1 GemO RLP dürfen ehrenamtlich Tätige weder beratend noch entscheidend mitwirken, wenn die Entscheidung ihnen selbst einen unmittelbaren Vor- oder Nachteil bringen kann. Kommt es zu einer positiven Satzungsentscheidung, wäre ein unmittelbarer Nachteil für die Hundehalter möglich. Nach § 22 Abs. 3 GemO RLP gelten die Bestimmungen des Absatzes 1 des § 22 nicht, wenn die erfasste Person einer Bevölkerungsgruppe angehört, deren gemeinsame Belange durch die Entscheidung berührt werden. Erfahrungen zeigen, dass Hundehalter in einer Gemeinde eine größere Bevölkerungsgruppe darstellen. So auch in dieser Stadt (siehe ergänzenden Hinweis). Da die geplante Veränderung des Steuersatzes alle Hundebesitzer gleichsam trifft, sind deren gemeinsame Belange betroffen.

Es besteht damit keine Interessenkollision für die vier Ratsmitglieder. Da kein Mitwirkungsverbot besteht, können sie an der Beratung und Entscheidung über die Änderungssatzung teilnehmen.

Regelmäßig wird bei einer Entscheidung über eine Abgabensatzung durch ein Kollegialorgan ein Mitwirkungsverbot nicht zum Tragen kommen, da es sich in der Regel um eine generell-abstrakte Regelung handelt.[353] Anders ist dies zu beurteilen, wenn der betroffene Personenkreis in der Satzung individuell abschließend bestimmt oder bestimmbar ist, beispielsweise wenn in

352 Zur Thematik Ladungsfrist siehe auch Minor et al., S. 39.
353 Vertiefung zum Mitwirkungsverbot siehe Minor et al., S. 47 bis 57.

einer Beitragssatzung für Verkehrsanlagen namentlich bezeichnete Straßen von der Beitragspflicht verschont bleiben.[354]

5.4 Ausfertigung, öffentliche Bekanntmachung und Inkrafttreten der Satzung

5.4.1 Ausfertigung

Die von der Vertretung beschlossene Satzung ist auszufertigen. Die Ausfertigung der Satzung gehört zu den Aufgaben des Bürgermeisters bzw. Landrates (siehe VV Nr. 5 zu § 24 GemO RLP, VV Nr. 5 zu § 17 LKO RLP). Im Gegensatz zu den Kommunalverfassungen anderer Bundesländer enthält die Gemeindeordnung Rheinland-Pfalz keine Regelung über die Ausfertigung. Diese ist allerdings unter Beachtung des Rechtsstaatsprinzips (Art. 20 Abs. 3 GG) zwingend. Die Ausfertigung dient zwei Funktionen[355]:

- Identifikationsfunktion
  Der Bürgermeister/Landrat bekundet durch seine Unterschrift, dass die ausgefertigte Satzung mit ihrem Inhalt dem Willen des Satzungsgebers (Vertretung) entspricht (Authentizität).
- Legalitätsfunktion
  Es wird festgestellt, dass die Voraussetzungen für die Rechtswirksamkeit beachtet worden sind.

5.4.2 Öffentliche Bekanntmachung

Auch die Notwendigkeit einer öffentlichen Bekanntmachung leitet sich aus dem Rechtsstaatprinzip ab (Art. 20 Abs. 3 GG). Dadurch erhalten die Abgabenschuldner die erforderlichen Informationen, um ihrer Abgabenpflicht nachzukommen.[356] Die öffentliche Bekanntmachung kann in einer Zeitung oder in einem Amtsblatt erfolgen (§ 27 Abs. 1 GemO RLP, § 7 DVO zu § 27 GemO RLP[357]; § 20 Abs. 1 LKO RLP, § 2 DVO zu § 20 LKO RLP). Die ortsübliche Form wird in der Hauptsatzung bestimmt (§ 27 Abs. 3 GemO RLP, § 20 Abs. 3 LKO RLP).

5.4.3 Inkrafttreten

Satzungen sollen den Tag ihres Inkrafttretens bestimmen (§ 24 Abs. 3 S. 2 GemO RLP). Fehlt es an einer entsprechenden Bestimmung, tritt die Satzung am Tage nach der öffentlichen Bekanntmachung in Kraft (§ 24 Abs. 3 S. 3 GemO RLP, § 17 Abs. 3 S. 3 LKO RLP).

---

354 Elmenhorst in Kohlhaas et al., § 2 Rn. 10 m.w.N.; Driehaus, Abgabensatzungen, § 3 Rn. 10; VG Koblenz, Urt. v. 19.04.2014 – 4 K 841/12 – der gemeindehaushalt 2013, 189.

355 Holtbrügge in Driehaus, Kommunalabgabenrecht, § 2 Rn. 17; Schaaf in Gabler et al., § 24 Erl. Nr. 8.4.1.

356 Driehaus, Abgabensatzungen, § 5 Rn. 1.

357 Für kleine Ortsgemeinden kann es Abweichungen geben; siehe nur § 8 Abs. 1 S. 2 DVO zu § 27 GemO RLP.

Zu beachten ist in diesem Zusammenhang die Haushaltssatzung, die mit Beginn des Haushaltsjahres in Kraft tritt (§ 95 Abs. 5 GemO RLP). Zum Pflichtinhalt der Haushaltssatzung gehört auch die Festsetzung der Steuersätze, die für jedes Jahr neu festzusetzen sind (vgl. § 95 Abs. 2 S. 1 Nr. 3 GemO RLP), beispielsweise die Hebesätze der Realsteuern.[358] Auch kann die Haushaltssatzung Festsetzungen von Gebühren- und Beitragssätzen für die öffentlichen Einrichtungen enthalten, z.B. die Gebühren und Beiträge für die Wasserversorgung und die Abwasserbeseitigung.

5.5 Inhalte der Abgabensatzung

5.5.1 Grundsatz

Die Kommune ist nicht völlig frei bei der Gestaltung ihrer Abgabensatzungen. So sieht § 2 Abs. 2 S. 2 KAG RLP vor, dass die Abgabensatzung bestimmte Pflichtbestandteile aufweisen muss. Durch diese Vorgaben zur inhaltlichen Ausgestaltung der Abgabensatzungen wird insoweit der Kommune der Gestaltungsspielraum entzogen.[359] Der Landesgesetzgeber hat damit „dem Verfassungsgrundsatz der Rechtsstaatlichkeit, insbesondere der Gesetzmäßigkeit der Verwaltung, der Rechtssicherheit und der Rechtsgleichheit Rechnung getragen."[360]

Darüber hinaus besteht aber die Möglichkeit, ergänzende Regelungen aufzunehmen.

Abgabensatzung - Inhalt

Pflichtinhalt (§ 2 Abs. 2 S. 2 KAG RLP)	(mögliche) **weitere Bestimmungen**
- Kreis der Abgabenschuldner - Tatbestand, der die Abgabe begründet - Maßstab zur Bemessung der Abgabe - Zeitpunkt, zu dem die Abgabe fällig wird	- Entstehung des Abgabenanspruchs (maßgeblich für die Bestimmung der Festsetzungsfrist) - Abgabesatz - Billigkeitsregelungen - Haftungsregelungen - Bestimmungen über Mitwirkungspflichten

Abb. 80 – Inhalt einer Abgabensatzung

358 Diese können auch in einer eigenständigen Hebesatzsatzung festgesetzt werden. Die Bestimmung in der Haushaltssatzung hat in diesem Fall nur deklaratorische Bedeutung (vgl. Fußnote 5 zum verbindlichen Muster Haushaltssatzung, Muster 1 zu § 95 GemO RLP).

359 OVG Magdeburg, Beschl. v. 30.01.2003 – 1 L 362/01, BeckRS 2003, 21434, bestätigt durch BVerwG, Beschl. v. 01.12.2003 - 9 B 29.03, bit.ly/9B29-03.

360 Holtbrügge in Driehaus, Kommunalabgabenrecht, § 2 Rn. 50, mit Hinweis auf OVG Lüneburg, Beschl. v. 30.11.2009 – 9 LB 415/07, openJur 2012, 49827.

5.5.2 Mindestinhalte der Abgabensatzung

5.5.2.1 Abgabenschuldner

Der Abgabenschuldner wird in den Abgabensatzungen durch die Vertretung bestimmt (vgl. § 43 AO).[361] Nicht erforderlich ist, dass Abgabenschuldner Bürger bzw. Einwohner der Kommune sind, es kommt vielmehr darauf an, dass die Voraussetzungen zur Verwirklichung der Abgabenpflicht innerhalb der Gemeindegrenzen eintreten.

Abgabenschuldner können z.B. sein

- bei Verwaltungsgebühren die Antragsteller,
- bei Beiträgen die Grundstückseigentümer,
- bei Steuern z.B. die Wohnungseigentümer oder die Hundehalter und
- bei Benutzungsgebühren z.B. die Benutzer eines Hallenbads.

Der Begriff des Abgabenschuldners ist abzugrenzen vom Abgabenpflichtigen. Häufig sind Abgabenschuldner und Abgabenpflichtige identisch. Wer die Steuer schuldet, ist auch immer Steuerpflichtiger. Andererseits ist der Steuerpflichtige aber nicht immer zugleich auch der Steuerschuldner.[362]

Nach § 33 AO ist Steuerpflichtiger neben demjenigen, der eine Steuer schuldet auch derjenige, der für die Steuer haftet, wer also als gesetzlicher Vertreter oder Geschäftsführer im Sinne des § 34 AO steuerliche Pflichten zu erfüllen hat, wer eine Steuererklärung abzugeben, Sicherheit zu leisten, Bücher und Aufzeichnungen zu führen oder andere ihm durch Steuervorschriften auferlegte Verpflichtungen zu erfüllen hat.[363]

Als Abgabenschuldner kommen auch mehrere Personen nebeneinander in Betracht (§ 44 Abs. 1 S. 1 AO). Diese sind Gesamtschuldner. Der Abgabenschuldner ist zudem Inhaltsadressat des Abgabenbescheides (AEAO zu § 122, Nr. 1.3).

5.5.2.2 Abgabentatbestand

Als Abgabentatbestand werden die Voraussetzungen bezeichnet, bei deren Verwirklichung die Abgabenpflicht entsteht. Dadurch, dass dieser gesetzlich geregelt ist, können die Abgabenpflichtigen vorhersehen, welche Belastungen auf sie zukommen.[364] Die abstrakt-generellen Tatbestandsmerkmale können z.B. einen Vorgang, ein Ereignis, ein Rechtsverhältnis, eine Tatsache oder eine Handlung beschreiben.[365] Sie werden in den Satzungen vielfach mit dem Abgabenschuldner verbunden, z.B. „Derjenige, der das Schwimmbad benutzt, hat eine Benutzungsgebühr zu entrichten".[366] Dadurch wird der Abgabenpflichtige (Benutzer des Hallenbads) und der Abgabentatbestand (Nutzung des Hallenbads) in einer Formulierung zusammengefasst.

361 Driehaus, Abgabensatzungen, Rn. 7 § 8.

362 Rheindorf in Kohlhaas et al., § 6 Rn. 15.

363 Ebenda.

364 Holtbrügge in Driehaus, Kommunalabgabenrecht, § 2 Rn. 62; Driehaus, Abgabensatzungen, § 8 Rn. 24.

365 Holtbrügge in Driehaus, Kommunalabgabenrecht, § 2 Rn. 62.

366 Holtbrügge in Driehaus, Kommunalabgabenrecht, § 2 Rn. 74.

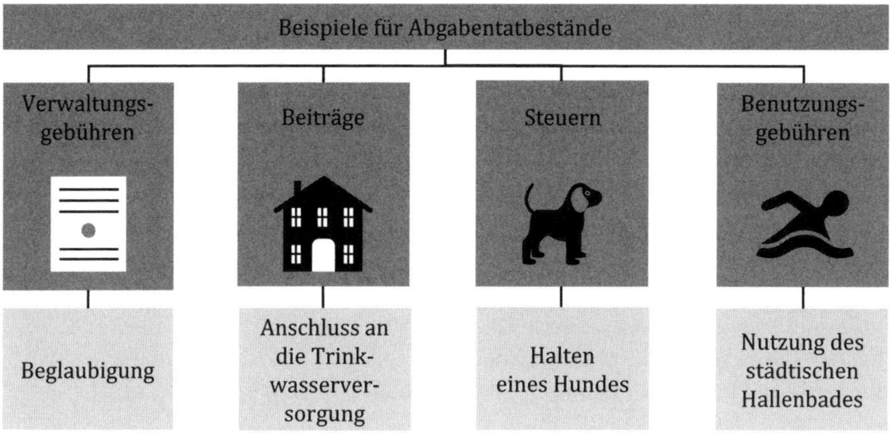

Abb. 81 – Beispiele für Abgabentatbestände

5.5.2.3 Maßstab der Abgabe (Bemessungsgrundlage)

Der Abgabenmaßstab bezeichnet die Bemessungsgrundlage der Abgabe. Die Satzung muss qualifiziert angeben, auf welcher Grundlage die Berechnung der Abgabe basiert. Bei der Ausgestaltung dieser Satzungsbestimmung sind für die Jagd- und die Schankerlaubnissteuer (Kreissteuern) die rechtlichen Vorgaben des § 6 KAG RLP und der §§ 1 und 2 der KAVO RLP zu beachten. Soweit es keine normativen Vorgaben gibt, verbleibt es bei der Definition des Maßstabs beim Entscheidungsspielraum der Kommune.[367]

Bemessungsgrundlagen können z.B. sein

- bei Verwaltungsgebühren für eine Beglaubigung die Anzahl der beglaubigten Seiten,
- bei Beiträgen die Grundstücksfläche,
- bei Steuern die Anzahl der Hunde oder die Jahresnettokaltmiete und
- bei Benutzungsgebühren die Dauer der Benutzung eines Hallenbads.

Eine etwaige gerichtliche Überprüfung der Bemessungsgrundlage beschränkt sich darauf, ob die Grenzen des Willkürverbotes eingehalten sind.[368] Die Frage, ob der Satzungsgeber den „zweckmäßigsten, vernünftigsten oder wahrscheinlichsten Maßstab“[369] gewählt hat, ist dem Gericht dagegen entzogen.

Die Abgabenerhebung muss die Abgabenschuldner möglichst gleichmäßig belasten.[370] Das bedeutet jedoch nicht, dass der Satzungsgeber jede Sachverhaltsvariante (z.B. verschiedene Hundegrößen) auch unterschiedlich regeln muss. Er darf vielmehr ähnliche Sachverhalte zusammenfassen, d.h. typisieren (z.B. Kampfhunde auf der einen und sonstige Hunde auf der anderen Seite). Wegen des Gleichheitsgrundsatzes (Art. 3 GG) darf er aber nicht willkürlich vorgehen, d.h. die Außerachtlassung eines Unterschieds (z.B. die Nichtberücksichtigung der

367 Holtbrügge in Driehaus, Kommunalabgabenrecht, § 2 Rn. 78.

368 BVerfG, Urt. v. 20.12.1966, 1 BvR 320/57 u.a., openJur 2011, 118040; BVerwG, Urt. v. 14.04.1967 – IV C 179.65, BeckRS 1967, 30434048.

369 Holtbrügge in Driehaus, Kommunalabgabenrecht, Rn. 78 § 2.

370 BVerfG, Beschl. v. 20.12.1966 – 1 BvR 320/57 u.a., openJur 2011, 118040.

Hundegröße) muss sachgerecht sein.[371] Im Ergebnis muss die Verwaltungsvereinfachung durch die Typisierung in einem angemessenen Verhältnis zu der Ungleichbehandlung stehen, die mit der Typisierung immer einhergeht.[372] Der Abgabenpflichtige muss eine zulässige Typisierung aber hinnehmen, auch wenn er das Ergebnis im konkreten Einzelfall für unausgewogen hält.[373]

So ist es z.B. sachgerecht,

- bei der Hundesteuer nach der Anzahl der Hunde unabhängig von deren Alter, Größe und Gewicht,
- bei der Zweitwohnsitzsteuer die Jahresnettokaltmiete unabhängig von der Wohnungsgröße und
- bei der Nutzung eines Schwimmbades nach der Zutrittsdauer unabhängig von der tatsächlichen Inanspruchnahme des Schwimmbeckens oder der Sauna zu typisieren.

5.5.2.4 Zeitpunkt der Fälligkeit

Die Entstehung der Abgabe führt noch nicht dazu, dass die Kommune von den Pflichtigen eine entsprechende Zahlung verlangen kann. Dies ist erst der Fall, wenn die Abgabe auch fällig ist. Die Fälligkeit gibt an, bis zu welchem Zeitpunkt der Schuldner die Abgabe zu leisten hat. Diese ist Grundlage für die Erhebung der Abgabe (§§ 218 ff. AO) und u.a. maßgebend für den Beginn der Zahlungsverjährungsfrist (§§ 228 ff. AO). Es bestehen verschiedene Möglichkeiten die Fälligkeit in der Satzung festzulegen. Bestimmt werden können beispielsweise über das Jahr verteilte, gleichmäßige Termine, wie dies regelmäßig bei den wiederkehrenden Abgaben (z.B. bei der Hundesteuer) und den grundstücksbezogenen Abgaben (z.B. Wasser- und Abwasserentgelte) erfolgt oder in einer Verknüpfung mit dem Abgabenbescheid, so dass die Abgabe beispielsweise einen Monat (z.B. bei der Zweitwohnungssteuer) oder 14 Tage (z.B. bei der Vergnügungssteuer) nach Bekanntgabe des Abgabenbescheides fällig wird.

Die Fälligkeit setzt grundsätzlich voraus, dass die Abgabe festgesetzt wurde (§ 218 Abs. 1 AO). Zahlt der Pflichtige die fällige Abgabe nicht, kommt er in Zahlungsverzug und es entstehen Säumniszuschläge (§ 240 AO).

5.5.3 Weitere (mögliche) Bestimmungen der Abgabensatzung

5.5.3.1 Abgabensatz

Nicht zu den Mindestinhalten einer Abgabensatzung gehört die Festlegung des Satzes der Abgabe. Der Abgabensatz ist „der Geldbetrag, der auf eine Maßstabseinheit entfällt, sofern sich die durch den Maßstab festgelegte Bezugsgröße in Mengen, Maßen oder Gewichten ausdrücken lässt."[374] Durch den Abgabensatz wird folglich die relative Höhe der einzelfallbezogenen Abgabe bestimmt. Dabei werden absolute Eurobeträge oder Prozente festgeschrieben.[375]

---

371 BVerfG, Beschl. v. 20.12.1966 – 1 BvR 320/57 u.a., openJur 2011, 118040.

372 BVerwG, Beschl. v. 28.08.2008 – 9 B 40.08, bit.ly/9B40-08; Holtbrügge in Driehaus, Kommunalabgabenrecht, § 2 Rn. 78.

373 BVerfG, Beschl. v. 03.12.1958 – 1 BvR 488/57, bit.ly/1BvR488-57.

374 Holtbrügge in Driehaus, Kommunalabgabenrecht, § 2 Rn. 80; Driehaus, Abgabensatzungen, § 8 Rn. 43.

375 Holtbrügge in Driehaus, Kommunalabgabenrecht, § 2 Rn. 80; Driehaus, Abgabensatzungen, § 8 Rn. 43.

Der Abgabensatz kann z.B. lauten

- bei Beiträgen 3 EUR je m^2 Grundstücksfläche,
- bei Steuern 10 % der Jahresnettokaltmiete oder 60 EUR je Hund,
- bei Benutzungsgebühren 5 EUR je Stunde.

Der rheinland-pfälzische Gesetzgeber hat bewusst auf die Ausweisung des Abgabesatzes als Pflichtbestandteil der Abgabensatzung verzichtet und dies u.a. damit begründet, dass bei einer Festlegung des Abgabensatzes in der Satzung dies bei Fehlern in der Abgabenermittlung die Nichtigkeit der Abgabensatzung zur Folge hat und eine Satzungsänderung erforderlich wird. Obwohl die konkrete Höhe der Abgabe aufgrund der Satzung ohne die Angabe des Abgabensatzes nicht berechnet werden kann, kann dennoch aus der Satzung (mit den Pflichtinhalten nach § 2 Abs. 1 S. 2 KAG RLP) entnommen werden, wer eine Abgabe, für welchen Tatbestand, aufgrund welcher Bemessungsgrundlage zu zahlen hat, so dass dem Gebot der Normenklarheit und dem Grundsatz der Bestimmtheit Rechnung getragen wird.[376]

Darüber hinaus ist es bei wiederkehrenden Abgaben, die periodenbezogen zu kalkulieren sind, praktikabler und sachgerechter, eine Regelung in die Haushaltssatzung oder eine Hebesatzsatzung aufzunehmen.[377]

Die Höhe des Abgabensatzes richtet sich bei den Verwaltungsgebühren insbesondere nach dem Verwaltungsaufwand und der Bedeutung und dem wirtschaftlichen Wert der Amtshandlung für den Betroffenen (§ 3 LGebG RLP).

Bei den kommunalen Entgeltabgaben (Benutzungsgebühren, Beiträge, Aufwendungsersatz) muss der Abgabensatz grundsätzlich auf einer Kalkulation beruhen.[378] Die Höhe des Abgabensatzes richtet sich bei den Benutzungsgebühren und den wiederkehrenden Beiträgen nach den Kosten der öffentlichen Einrichtung, die nach betriebswirtschaftlichen Grundsätzen für Kostenrechnungen unter Berücksichtigung bestimmter rechtlicher Vorgaben zu ermitteln sind (vgl. hierzu § 8 KAG RLP). Öffentliche Einrichtung ist jede Einrichtung, die von einer öffentlich-rechtlichen Körperschaft im öffentlichen Interesse unterhalten und der Öffentlichkeit zugänglich gemacht wird. Dazu ist eine Widmung (z.B. durch Satzung, Verwaltungsakt, Benutzungsordnung, öffentliche Bekanntmachung eines Ratsbeschlusses oder konkludentes Handeln) notwendig.

Die Höhe des Abgabensatzes einmaliger Beiträge ist abhängig von der Höhe der beitragsfähigen Investitionsaufwendungen für die Herstellung oder den Ausbau der Einrichtung oder Anlage und erfolgt durch eine Aufwandsrechnung. Die Ermittlungsgrundsätze ergeben sich für die Erschließungsbeiträge aus § 128 BauGB und für einmalige Beiträge, die auf der Grundlage des Kommunalabgabengesetzes erhoben werden aus § 9 KAG RLP.

---

376 Vgl. Begründung zum Entwurf des Kommunalabgabengesetzes 1996 B. zu § 2 zu Absatz 1 (abgedruckt in Kohhaas et al., Teil II, 2).

377 Elmenhorst in Kohlhaas et al., § 2 Rn. 13.

378 Elmenhorst/Kohlhaas in Kohlhaas et al., § 2 Rn. 45.

Die Höhe der Steuersätze orientiert sich insbesondere an dem Finanzierungsbedarf des kommunalen Haushalts und den sog. Lenkungszielen der Steuererhebung.

Durch die Anwendung des Abgabensatzes auf die Bemessungsgrundlage wird die Höhe der Abgabe ermittelt:

Abgabenart	Abgabensatz	Maßstab der Abgabe/ Bemessungsgrundlage	Abgabe
Anschlussbeitrag	3 EUR	Grundstücksfläche	3 EUR × m^2
Zweitwohnungssteuer	10 %	Jahresnettokaltmiete	10 % der Jahresnettokaltmiete
Hundesteuer	80 EUR	Anzahl der Hunde	80 EUR
Benutzungsgebühr Hallenbad	5 EUR	Stunden	5 EUR × Stunden

Tab. 31 – Maßstab der Abgabe (Bemessungsgrundlage und Abgabensatz)

Zulässig sind auch differenzierte Abgabensätze. So könnte der Abgabensatz z.B. lauten bei

- der Zweitwohnungssteuer 8 % bei einer Jahresnettokaltmiete bis 10.000 EUR und 12 % bei einer Jahresnettokaltmiete über 10.000 EUR,
- Benutzungsgebühr für ein Hallenbad 5 EUR pro Std. für den Badebereich und 12 EUR für den Saunabereich.

Wie den Abgabenmaßstab darf die Kommune auch den Abgabensatz sachgerecht differenzieren.[379] Bei kommunalen Steuern ist eine Abstufung der Steuersätze auch zulässig, um einen Nebenzweck zu erreichen.[380] So kann die Kommune z.B. die Haltung von gefährlichen Hunden durch einen deutlich höheren Steuersatz im Vergleich zu den übrigen Hunden unattraktiver machen.[381]

5.5.3.2 Zeitpunkt der Abgabenentstehung

Der Zeitpunkt, zu dem die Abgabe entsteht, ist ebenfalls nur fakultativ in der Abgabensatzung anzugeben, um insoweit Unsicherheiten für die Abgabenpflichtigen zu vermeiden.[382]

Grundsätzlich entsteht der Abgabenanspruch, wenn der Tatbestand verwirklicht wird, an den das Gesetz die Leistungspflicht knüpft. Das folgt aus dem Verweis auf § 38 AO durch § 1 Abs. 1 bzw. Abs. 2 S. 1 i.V.m. § 3 Abs. 1 Nr. 2 KAG RLP.

379 BVerfG, Beschl. v. 26.03.1980 – 1 BvR 121/76 u.a., NJW 1980, 2569–2572; Holtbrügge in Driehaus, Kommunalabgabenrecht, § 2 Rn. 83.

380 Holtbrügge in Driehaus, Kommunalabgabenrecht, § 2 Rn. 83.

381 BVerwG, Urt. v. 19.01.2000 – 11 C 8.99, bit.ly/11C8-99; OVG Lüneburg, Beschl. v. 05.08.2002 – 13 L 4102/00, openJur 2012, 38515.

382 Elmenhorst in Kohlhaas et al., § 2 Rn. 48 ff.

Für grundstückbezogene Beiträge ist die Anspruchsentstehung speziell gesetzlich geregelt, z.B. für die wiederkehrenden Beiträge allgemein in § 7 Abs. 4 KAG RLP, für einmalige Beiträge für Parkflächen sowie Grün- und Immissionsschutzanlagen in § 10 Abs. 6 KAG RLP und für wiederkehrende Beiträge für Verkehrsanlagen in § 10a Abs. 5 KAG RLP. Auch das Landesgebührengesetz Rheinland-Pfalz enthält eine spezielle Regelung zur Entstehung der Gebührenschuld (§ 11 LGebG).

Obwohl das KAG RLP, anders als in den meisten anderen Bundesländer, die Angabe des Entstehens des Abgabenanspruchs nicht als Pflichtinhalt der Abgabensatzung vorsieht, sollte das Entstehen des Abgabenanspruchs in der Satzung speziell geregelt werden. Denn, zum einen kann ab diesem Zeitpunkt die Abgabe durch Bescheid festgesetzt werden und zum anderen beginnt mit Ablauf des Kalenderjahres, in dem die Abgabe entstanden ist, die Festsetzungsfrist (§ 170 Abs. 1 AO). Hierbei kann auch eine von § 38 AO abweichende Benennung des Entstehungszeitpunkts erfolgen, z.B. die Festlegung eines Zeitintervalls, für welches Benutzungsgebühren entstehen (wöchentlich, monatlich, vierteljährlich, jährlich).[383]

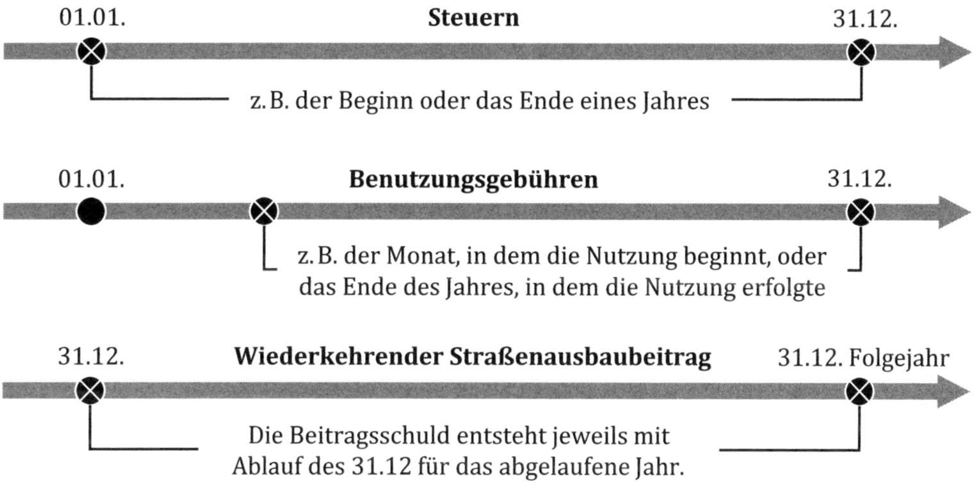

Abb. 82 – Entstehungszeitpunkt (Beispiele)

So sieht das Satzungsmuster des Gemeinde- und Städtebundes zur Zweitwohnungssteuer[384] vor, dass die Steuerpflicht mit Beginn des Kalendermonats, der auf den Beginn des Innehabens der Zweitwohnung folgt, für die folgenden Jahre jeweils am 1. Januar des Kalenderjahres, entsteht (§ 7 Abs. 2 Satzungsmuster Zweitwohnungssteuer).

383 Holtbrügge in Driehaus, Kommunalabgabenrecht, § 2 Rn. 92.

384 Abgedruckt in Vorschriftensammlung Kommunales Finanzwesen Rheinland-Pfalz unter Ordnungsnummer 100.006.

Sachverhalt 40:
Sabine Früchtenich ist im Mai 2023 in die Ortsgemeinde Bell, die zur Verbandsgemeinde Mendig gehört, gezogen. Sie hat das Grundstück Laacher-See-Weg 123, mit dem darauf befindlichen Wohnhaus erworben. Die Grundbuchumschreibung ist zum 6. Juni 2023 erfolgt. Für den gesamten Bereich der Ortsgemeinde werden aufgrund einer kommunalen Abgabensatzung wiederkehrende Beiträge für Verkehrsanlagen erhoben. Früchtenich spricht den Ortsbürgermeister an und bittet um Mitteilung, ob sie für dieses Jahr auch den wiederkehrenden Beitrag zahlen müsse. Sein erster Hinweis an die Neubürgerin ist, dass die Bescheide in den vergangenen Jahren regelmäßig nach Ablauf des Kalenderjahres im Januar des neuen Jahres den Eigentümern übermittelt wurden. Er gehe davon aus, dass dies auch für das Jahr 2023 so sein wird.

Aufgaben:
Der Ortsbürgermeister bittet den zuständigen Mitarbeiter der Verbandsgemeindeverwaltung, ihm mitzuteilen, wie es mit dem Entstehen und der Fälligkeit der Beitragspflicht ist.

Auszug aus der Ortssatzung

§ 8 Entstehen des Beitragsanspruchs
Der Beitragsanspruch entsteht mit Ablauf des 31. Dezember für das abgelaufene Jahr.

§ 11 Abs. 1 Beitragsschuldner
Beitragsschuldner ist, wer im Zeitpunkt der Bekanntgabe des Beitragsbescheides Eigentümer oder dinglich Nutzungsberechtigter des Grundstückes ist.

§ 12 Abs. 1 Veranlagung und Fälligkeit
Die wiederkehrenden Beiträge werden durch schriftlichen Bescheid festgesetzt und einen Monat nach Bekanntgabe des Beitragsbescheides fällig.

Lösung:
Nach § 10a Abs. 5 S. 1 KAG RLP und § 8 der Satzung entsteht die Beitragsschuld mit Ablauf des 31.12.2023. Da Früchtenich im Juni 2023 Eigentümerin des Grundstücks geworden ist, ist sie nach § 11 Abs. 1 der Ortssatzung Beitragsschuldnerin.

Fällig wird der wiederkehrende Beitrag nach § 12 Abs. 1 der Ortssatzung einen Monat nach Bekanntgabe des Festsetzungsbescheides. Da dieser Bescheid voraussichtlich im Januar 2024 bekanntgegeben wird, wird die Fälligkeit der Abgabe voraussichtlich im Februar 2024 eintreten. Das konkrete Datum hängt dann von dem rechtlichen Eintritt der Bekanntgabe des Bescheides ab. Wird der Veranlagungsbescheid (beispielsweise) am Dienstag, den 16. Januar 2024 bekanntgegeben, wäre die Beitragsforderung mit Ablauf von Freitag, den 16. Februar 2024 fällig.[385]

385 Eingehend zur Fristberechnung siehe Erl. 4.4.1.2.4.

5.6 Fehlerhafte Abgabensatzungen

5.6.1 Fehlerbereiche

Abgabensatzungen können, aus unterschiedlichen Gründen, an Fehlern leiden. So kann das Verfahren, in dem die Satzung erlassen wurde, an Mängeln leiden. Beispielsweise war die Vertretung im Zeitpunkt der Entscheidung nicht beschlussfähig oder aber es wirkte ein Ratsmitglied mit, das vom Mitwirkungsverbot betroffen war. Auch kann der Veröffentlichungsvorgang unter Defiziten leiden. Aber auch der eigentliche Satzungsinhalt kann fehlerhaft sein. Denkbar ist, dass es versäumt wurde, alle Mindestinhalte (§ 2 Abs. 1 S. 2 KAG RLP) aufzunehmen oder einzelne Bestimmungen weisen nicht die gebotene Bestimmtheit der Regelung auf. U.U. enthält die Abgabensatzung Belastungen für den Bürger, die von der gesetzlichen Ermächtigung zum Erlass der Satzung nicht gedeckt waren.

Soweit eine Abgabensatzung an Fehlern leidet, bedarf es der Klärung, wie die Fehler einzustufen sind und welche möglichen Konsequenzen eintreten können. Führt jeder Fehler zur Rechtswidrigkeit der Satzungsregelung und damit auch zur Nichtigkeit der Satzung? Können erkannte (Rechts-) Fehler nachträglich korrigiert werden? Können u.U. inhaltliche Satzungsbestimmungen nachträglich durch eine neue Satzungsbestimmung verändert werden?

Auf diese Fragen kann es nur eine differenzierte Antwort geben. Ein wesentlicher Anknüpfungspunkt zur Klärung der Ausgangsfragen ist, ob es sich um einen

- formellen Fehler und/oder
- materiellen Fehler

handelt.[386]

5.6.2 Formelle Fehler

Formelle Fehler liegen vor, wenn Verfahrens- oder Formvorschriften verletzt wurden. Sie begründen zunächst die Rechtswidrigkeit der betroffenen Satzung.[387] Verfahrens- und Formvorschriften betreffen alle Vorschriften der Gemeindeordnung, die sich auf den äußeren Ablauf des Satzungsverfahrens beziehen.[388]

Nach § 24 Abs. 6 S. 1 GemO RLP gelten Satzungen, die unter Verstoß gegen Verfahrens- oder Formvorschriften dieses Gesetzes oder aufgrund dieses Gesetzes zustande gekommen sind, ein Jahr nach der Bekanntmachung als von Anfang an als gültig zustande gekommen. Hier tritt eine Heilung durch Zeitablauf ein.

---

386 Holtbrügge in Driehaus, Kommunalabgabenrecht, § 2 Rn. 104.

387 So auch Schaaf in Gabler et al., § 24 Nr. 12.1.

388 Schaaf in Gabler et al., § 24 Nr. 12.1.
Schaaf in Gabler et al., § 24 Nr. 12.4.1.

Eine Heilung kann jedoch nicht eintreten, wenn

- Bestimmungen über die Öffentlichkeit der Sitzung, die Genehmigung, die Ausfertigung oder die Bekanntmachung der Satzung verletzt worden sind (§ 24 Abs. 6 S. 2 Nr. 1 GemO RLP)

oder vor Ablauf der in § 24 Abs. 6 S. 1 GemO RLP genannten Frist

- jemand die Verletzung der Verfahrens- oder Formvorschriften gegenüber der Gemeindeverwaltung unter Bezeichnung des Sachverhalts, der die Verletzung begründen soll, schriftlich geltend gemacht hat (§ 24 Abs. 6 S. 2 Nr. 2 Var. 2 GemO RLP) oder
- die Aufsichtsbehörde den Beschluss beanstandet hat (§ 24 Abs. 6 S. 2 Nr. 2 Var. 1 GemO RLP).

Hat jemand eine Verletzung vom Verfahrens- oder Formvorschriften nach § 24 Abs. 6 S. 2 Nr. 2 GemO RLP geltend gemacht, kann auch nach Ablauf der Jahresfrist jedermann diese Verletzung geltend machen (§ 24 Abs. 6 S. 3 GemO RLP).

Wurden Vorschriften zur öffentlichen Bekanntmachung verletzt, kann dieser Verstoß nicht geheilt werden. Er kann vielmehr nur durch eine erneute, ordnungsgemäße öffentliche Bekanntmachung der Abgabensatzung korrigiert werden.[389]

Bei Verstößen gegen das Mitwirkungsverbot greift § 24 Abs. 6 GemO RLP als spezielle Norm für das Satzungsverfahren und verdrängt die allgemeine Regelung des § 22 GemO RLP, die eine vergleichbare Bestimmung enthält (vgl. § 22 Abs. 6 S. 5 GemO RLP).

Die Ausschlussfrist des § 24 Abs. 6 S. 1 GemO RLP soll zur Rechtssicherheit beitragen, indem die Feststellung der Ungültigkeit von Abgabensatzungen aufgrund von Verfahrens- und Formfehlern zeitlich auf ein Jahr begrenzt wird.[390] Nach Ablauf der Ausschlussfrist gilt die unter Verletzung von Verfahrens- und Formfehlern beschlossene Abgabensatzung als rechtmäßig.

Verstöße gegen reine Ordnungsvorschriften bleiben dagegen regelmäßig ohne weitere Folgen. Es handelt sich insoweit um Verstöße gegen Verfahrensvorschriften, die keinen Einfluss auf das Ergebnis der Entscheidung haben können und auch keine elementaren Mitgliedschaftsrechte von gewählten Ratsmitgliedern verletzen.[391] So kann beispielsweise eine Abweichung von Vorgaben der Geschäftsordnung eine reine Verletzung von Ordnungsvorschriften darstellen.

Sachverhalt 41:
Martin Sauer wird durch einen Bescheid der Stadt Mayen vom 19.06.2023 zur Zahlung von Vergnügungssteuern herangezogen. Grundlage dafür ist die am 15.03.2023 im Amtsblatt veröffentlichte Vergnügungssteuersatzung. Gegenüber seinem Bekannten Peter Krause äußert er seinen Unmut über das Vorgehen der Stadt und sein Unverständnis darüber. Peter Krause war bis Ende März 2023 Mitglied des Stadtrates der Stadt Mayen. Er erinnert

389 OVG Magdeburg, Beschl. v. 03.05.2000 – B 2 S 481/99, BeckRS 2008, 30893.

390 Holtbrügge in Driehaus, Kommunalabgabenrecht, § 2 Rn. 14.

391 Schaaf in Gabler et al., § 24 Nr. 12.1.

sich, dass es in der damaligen Sitzung der Vertretung erhebliche Unstimmigkeiten zu dem Satzungsbeschluss gab. Mehrere Fraktionen hatten unter Protest vor der Abstimmung zu diesem Tagesordnungspunkt den Sitzungssaal verlassen, so dass die Vertretung ab diesem Zeitpunkt gar nicht mehr beschlussfähig gewesen sein kann. Die Vergnügungssteuersatzung müsste deshalb nichtig sein. Diesen Sachverhalt trägt Martin Sauer der Beigeordneten für Finanzen der Stadt Mayen, Frau Anna Köhler, vor und fordert sie auf, den Steuerbescheid zurückzunehmen. Anna Köhler sagt eine Prüfung der Angelegenheit zu.

Aufgabe:
Prüfen und begründen Sie anhand der einschlägigen Rechtsnormen, ob die Vergnügungssteuersatzung unwirksam ist.

Hinweis:
Dem Sitzungsprotokoll ist zu entnehmen, dass von den 36 gewählten Ratsmitgliedern – neben dem Oberbürgermeister als Vorsitzenden – 28 Personen anwesend waren. Bei der Entscheidung über die Vergnügungssteuersatzung haben zuvor die Vertreter der G-Fraktion (4 Mitglieder) und die F-Fraktion (6 Mitglieder) den Sitzungsraum verlassen. Der Satzungsbeschluss wurde mit 19-Ja-Stimmen gefasst. Es gab keine Nein-Stimmen und keine Enthaltungen.

Lösung:
Die Satzung könnte unwirksam sein, wenn sie an einem Verfahrensfehler leiden würde und der Fehler von einem Berechtigten bei der richtigen Stelle rechtzeitig und in der richtigen Form gerügt worden wäre. Sauer als Steuerpflichtiger hat zwar innerhalb der Jahresfrist nach § 24 Abs. 6 S. 1 KAG RLP einen Verfahrensfehler gegenüber der Beigeordneten angesprochen, jedoch mangelt es (noch) an der Form (Schriftlichkeit) einer ausdrücklichen Rüge. Eine entsprechende Rüge hätte aber auch nur dann den gewünschten Erfolg, wenn tatsächlich ein Verfahrensfehler vorliegen würde. Für die vorgesehene Beratung von Sauer durch die Beigeordnete ist es daher erforderlich, zu klären, ob der Satzungsbeschluss an einem Verfahrensfehler leidet.

Unzweifelhaft gehört die Beschlussfähigkeit des Vertretungsorgans zum ordnungsgemäßen Verfahren einer Satzungsentscheidung. Nach § 39 Abs. 1 S. 1 GemO RLP ist der Gemeinderat beschlussfähig, wenn bei der Beschlussfassung mehr als die Hälfte der gesetzlichen Zahl der Ratsmitglieder anwesend ist. Bei der vorhandenen Größe der Kommune beträgt die Zahl der gewählten Ratsmitglieder nach § 29 Abs. 2 GemO RLP 36. Nach § 29 Abs. 1 S. 1 GemO RLP besteht der Gemeinderat aus den gewählten Ratsmitgliedern und dem Vorsitzenden. Den Vorsitz führt nach § 36 Abs. 1 S. 1 Hs. 1 GemO RLP der Bürgermeister. Damit müssen für die notwendige Mehrheit, die für eine Beschlussfähigkeit erforderlich ist, zumindest 19 Berechtigte anwesend sein. Nach wohl zutreffender Auffassung zählt zu der gesetzlichen Zahl der Ratsmitglieder auch der Vorsitzende.[392] An der Abstimmung haben alle 19 Anwesenden mitgestimmt. Die erforderliche Mehrheit wurde erreicht. Damit lag bei der Beschlussfassung über die Abgabensatzung die Beschlussfähigkeit der Vertretung vor. Es liegt damit kein rügeberechtigter Verfahrensfehler vor.

Die Abgabensatzung ist insoweit rechtmäßig.

392 Vertiefung siehe Schaaf in Gabler et al., § 39 Nr. 1.1.3.

5.6.3 Materielle Fehler

Materielle Fehler sind Verstöße gegen inhaltliche Vorschriften. Sie führen regelmäßig zur Unwirksamkeit der Satzung. Auf die Evidenz des Fehlers kommt es nicht an.[393] Inhaltliche Fehler liegen beispielsweise vor, wenn die Abgabensatzung

- nicht über alle Pflichtinhalte nach § 2 Abs. 1 S. 2 KAG RLP verfügt,
- bei eingreifenden Regelungen nicht auf einer ausreichenden gesetzlichen Ermächtigung basiert (Verstoß gegen den Grundsatz des Gesetzesvorbehalts),
- den Gleichheitsgrundsatz (Art. 3 GG) nicht hinreichend beachtet oder
- den Grundsatz der Verhältnismäßigkeit außer Acht lässt.

Leidet die Abgabensatzung an einem inhaltlichen Mangel, so ist weiter zu klären, ob dies zur Gesamtnichtigkeit der Abgabensatzung führt oder aber die Unwirksamkeit sich nur auf den fehlerhaften Teil der Satzung erstreckt. Von einer Gesamtnichtigkeit der Satzung ist dann auszugehen, wenn der fehlerhafte Teil mit dem übrigen Normengefüge so verbunden ist, dass die fehlerfreien Bestimmungen nicht ohne den nichtigen Teil sinnvollerweise bestehen bleiben können.[394] Dies ist beispielsweise der Fall, wenn es an einer ausreichenden gesetzlichen Ermächtigung der Abgabensatzung fehlt oder aber ein deutlicher Verstoß gegen den Gleichheitsgrundsatz zu beklagen ist. Ein Fehler begründet dagegen nur eine Teilnichtigkeit der Abgabensatzung, wenn ein – objektiv betrachtet – fehlerfreier Teil sinnvoll verbleibt und – subjektiv – vom Normsetzungswillen des Normgebers (der Vertretung) getragen wird.[395]

Sobald eine Abgabensatzung an einem inhaltlichen Fehler leidet, kann die Kommune diesen nur beheben, in dem sie die Satzung in dem für Satzungen vorgesehenen Verfahren ändert (bei Teilnichtigkeit einer Satzungsbestimmung) oder aber durch eine neue Satzung ersetzt.

5.6.4 Der fehlerhafte Abgabenbescheid

Sobald ein Abgabenbescheid auf eine unwirksame Satzungsbestimmung gestützt wird, begründet dies regelmäßig die Rechtswidrigkeit dieses Bescheides. Fraglich ist, ob der Abgabenbescheid nicht nur rechtswidrig, sondern sogar als unwirksam einzustufen ist. Nach § 124 Abs. 1 AO wird ein Abgabenbescheid, mit der Bekanntgabe wirksam.[396] Die Wirksamkeit tritt unabhängig von der Rechtmäßigkeit des Bescheides ein. Eine andere Beurteilung ist nur dann geboten, wenn der Abgabenbescheid an einem Rechtsfehler leiden würde, der zur Unwirksamkeit führt (§ 124 Abs. 3 AO). Dies ist dann der Fall, wenn der Fehler zur Nichtigkeit des Bescheides führt. Wann ein Rechtsfehler die Nichtigkeit eines Bescheides begründet, beurteilt sich insbesondere nach den Vorgaben des § 125 Abs. 1 und Abs. 2 AO. Allerdings lässt sich die insgesamt unwirksame Satzung unter keinen der dort genannten Tatbestände subsumieren. Zwar mag es sich um einen „besonders schwerwiegenden Fehler“ i.S.d. § 125 Abs. 1 AO handeln, allerdings ist er regelmäßig

393 BVerfG, DVBl. 1995, S. 96 ff.

394 BVerwG NVwZ 2019, S. 320; zustimmend Schaaf in Gabler et al., § 24 Nr. 12.3.

395 Ebenda.

396 Eingehend zur Wechselbeziehung von Bekanntgabe des Verwaltungsaktes und dessen Wirksamkeit siehe nur Suckow/Weidemann/Barthel, Allgemeines Verwaltungsrecht und Verwaltungsrechtsschutz, 17. Aufl., Rn. 201 ff.

nicht offenkundig. Die betroffenen Abgabenbescheide sind daher „nur" rechtswidrig.[397] In diesen Fällen kann der Abgabenbescheid durch einen Rechtsbehelf erfolgreich angegriffen werden, um seine Bestandskraft zu verhindern.[398] Erwächst den Abgabenbescheid allerdings Bestandskraft, wird die fehlerhafte Abgabensatzung unbeachtlich und die zwangsweise Beitreibung der Forderung möglich.[399] Außerdem können die aufgrund der bestandskräftigen Abgabenbescheide geleisteten Zahlungen durch den Abgabenschuldner nicht von der Kommune zurückverlangt werden.[400]

5.7 Rückwirkender Erlass einer Abgabensatzung

Das Inkrafttreten einer Abgabensatzung ist grundsätzlich in die Zukunft gerichtet. Nun sind aber Fallgestaltungen denkbar, in denen die Kommune ein Interesse daran haben kann, eine rückwirkende Änderung einer (vorhandenen) Abgabensatzung vorzunehmen. Unterschiedliche Fallgestaltungen sind dabei denkbar. So kann in einem verwaltungsgerichtlichen Verfahren der angefochtene Abgabenbescheid aufgehoben worden sein, weil das Gericht bei der inzidenten Prüfung der einschlägigen Satzungsbestimmung, deren Unwirksamkeit festgestellt hat. Obgleich nur ein Einzelfall betroffen ist, will die Kommune Rechtssicherheit für weitere Abgabenverfahren erlangen. Die Kommune kann aber auch durch eigene Prüfung – z.B. durch Auswertung der Rechtsprechung – zu der Erkenntnis gekommen sein, dass die Unwirksamkeit der eigenen Satzungsregelung eher wahrscheinlich ist. Auch kann die Kommune ihre „Satzung" durch eine Entscheidung des Oberverwaltungsgerichts Koblenz in einem Normenkontrollverfahren „verloren" haben. Weder das KAG RLP noch das Kommunalverfassungsrecht des Landes Rheinland-Pfalz enthalten Vorgaben für rückwirkende Satzungsentscheidungen. Gleichwohl ist verfassungsrechtlich anerkannt, dass eine rückwirkende Satzungsregelung möglich ist, wenn auch nur in engen Grenzen. Dabei ist insbesondere zu berücksichtigen, dass die aus dem Rechtsstaatsprinzip des Art. 20 Abs. 3 GG, das gemäß Art. 28 Abs. 1 GG auch für die Länder und Gemeinden gilt, resultierenden Grundsätze über die Rechtssicherheit und dem Vertrauensschutz ein besonderes Gewicht beizumessen ist.[401] Im Grunde müssen die Abgabenpflichtigen regelmäßig vorhersehen können, wann und unter welchen Voraussetzungen finanzielle Belastungen entstehen (vgl. auch Mindestinhalte einer Abgabensatzung). Insbesondere benötigen sie Klarheit, in welchem zeitlichen Rahmen sie durch die Kommune in Anspruch genommen werden können.

397 Holtbrügge in Driehaus, Kommunalabgabenrecht, § 2 Rn. 106.

398 Holtbrügge in Driehaus, Kommunalabgabenrecht, § 2 Rn. 106.

399 Holtbrügge in Driehaus, Kommunalabgabenrecht, § 2 Rn. 106.

400 Holtbrügge in Driehaus, Kommunalabgabenrecht, § 2 Rn. 109.

401 Siehe nur BVerfG NVwZ 2014, S. 577.

Verfassungsrechtlich werden bei der Rückwirkung von Satzungen zwei Grundkonstellationen unterschieden:

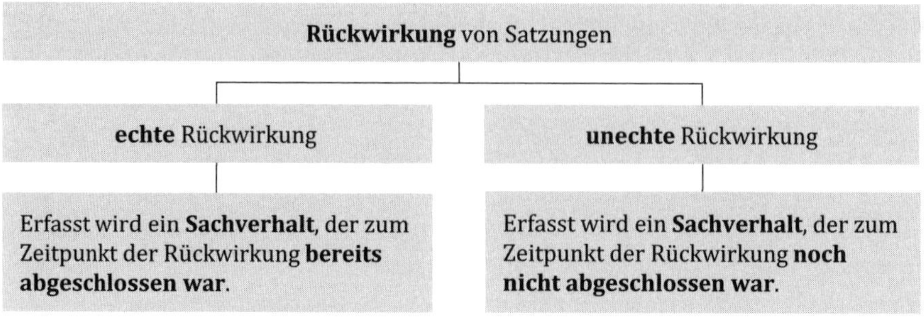

Abb. 83 – Rückwirkung einer Satzung

Im Hinblick auf das Gewicht des Vertrauensschutzes ist daher regelmäßig eine echte, belastende Rückwirkung einer Satzung unzulässig.[402] Von diesem Grundsatz kann ausnahmsweise in den Fällen abgewichen werden, in denen ein schutzwürdiges Vertrauen der Normadressaten an dem Fortbestand der bisherigen Rechtslage nicht anzuerkennen ist.[403]

In den nachfolgenden Fällen wird von der Rechtsprechung eine Rückwirkung anerkannt:

- mit der neuen Regelung war zu rechnen,[404]
- die bisherige Regelung war unklar, verworren oder offenbar verfassungswidrig,[405]
- die durch die Rückwirkung geschaffene neue Rechtslage nur unerheblich belastend wirkt[406] oder
- zwingende Gründe des Gemeinwohls, die dem Gebot der Rechtssicherheit übergeordnet sind, eine echte Rückwirkung rechtfertigen.[407]

Anders verhält es sich bei Sachverhalten, die noch nicht abgeschlossen sind, weil z.B. nach der bisherigen Regelung der Anspruch zwar entstanden ist, aber kein Abgabenbescheid erlassen wurde. In diesen Fällen ist bei den Abgabenpflichtigen noch kein schützenswertes Vertrauen entstanden. Eine unechte Rückwirkung ist daher grundsätzlich erlaubt. Eine andere Beurteilung ist aber dann geboten, wenn eine Abwägung zwischen dem Interesse des Einzelnen und dem Interesse der Allgemeinheit an einer Rückwirkung zu einem anderen Ergebnis führt.[408]

---

402 BVerfGE 13, 261 [270]; 30, 367 [385 f.]; 30, 392 [401].

403 BVerfGE 13, 261 [271 f.]; 30, 367 [387 ff.].

404 BVerfGE 8, 274.

405 BVerfGE 11, 64.

406 BVerfGE 30, 367.

407 BVerfGE 2, 380; 72, 200 [258].

408 BVerfGE 36, 73.

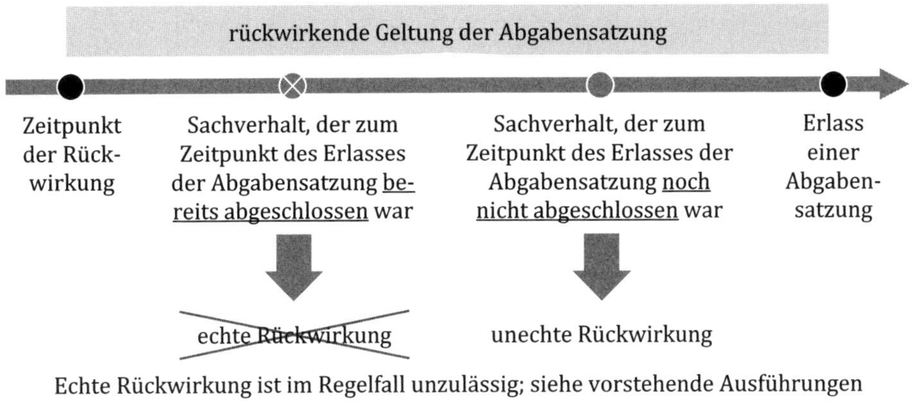

Abb. 84 – Echte und unechte Rückwirkung von Abgabensatzungen

5.8 Satzungskontrolle

Die Rechtsordnung sieht unterschiedliche Möglichkeiten vor, eine Satzung einer Kontrolle zu unterziehen:

5.8.1 Beanstandung von Beschlüssen durch den Bürgermeister

Dem Bürgermeister kommt nach § 42 Abs. 1 S. 1 GemO RLP eine Prüfpflicht hinsichtlich der durch die Vertretung gefassten Beschlüsse zu. Ist nach seiner Ansicht ein (Satzungs-) Beschluss gesetz- oder rechtswidrig[409], so hat er die Ausführung dieses Beschlusses auszusetzen und die Gründe für diese Entscheidung dem Gemeinderat spätestens in der nächsten Sitzung mitzuteilen. Die nächste Sitzung muss spätestens innerhalb eines Monats nach der Aussetzung stattfinden.

Soweit der Gemeinderat bei seinem bisherigen Beschluss verbleibt, hat der Bürgermeister nach § 42 Abs. 1 S. 1 GemO RLP die Entscheidung der Aufsichtsbehörde einzuholen. Gegen eine unerwünschte Entscheidung der Aufsichtsbehörde kann dann der Gemeinderat unmittelbar die verwaltungsgerichtliche Klage anstrengen (§ 42 Abs. 2 S. 2 GemO RLP).

409 § 42 Abs. 1 GemO RLP sieht weitere Fallgruppen vor, die eine Aussetzung eines Beschlusses rechtfertigen können. Diese Fallgestaltungen kommen bei einer Satzungsentscheidung aber eher nicht zum Tragen.

5.8.2 Kommunalaufsichtliche Überprüfung

Soweit die Kommunalaufsicht (zuständige Behörde siehe § 118 GemO RLP) eine Satzung der Gemeinde für rechtswidrig hält, kann sie diese im Rahmen des Opportunitätsprinzips beanstanden und verlangen, dass diese aufgehoben oder aber abgeändert wird.[410] Zu den Instrumenten der Aufsicht zählen u.a. das Unterrichtungsrecht (§ 120 GemO RLP), das Beanstandungsrecht (§ 121 GemO RLP) und das Anordnungsrecht (§ 122 GemO RLP).

5.8.3 Gerichtliche Kontrolle I (konkrete Normenkontrolle)

Im Zuge der Anfechtungsklage überprüft das Gericht auch inzident, ob die maßgebliche Satzungsbestimmung rechtmäßig ist.[411] Die Klage hat Erfolg, wenn die den Abgabenbescheid stützende Satzung(-sbestimmung) rechtswidrig und damit unwirksam ist. Diese Entscheidung wirkt aber nur für die am konkreten Prozess Beteiligten; im Regelfall dem Kläger und der beklagten Gemeinde.

Da die Inzidentprüfung und -entscheidung des Gerichts nur für das konkrete Gerichtsverfahren maßgeblich ist, können u.U. andere Gerichte zu einer anderen Entscheidung kommen.

5.8.4 Gerichtliche Kontrolle II (abstrakte Normenkontrolle)

§ 47 Verwaltungsgerichtsordnung (VwGO) eröffnet die Möglichkeit der sog. abstrakten Normenkontrolle. Sie ist abstrakt, da sie vom konkreten Einzelfall losgelöst durchgeführt wird. Nach § 47 Abs. 1 S. 1 Nr. 1 (VwGO) entscheidet das OVG auf Antrag über die Gültigkeit von im Rang unter dem Landesgesetz stehende Rechtsvorschriften, wenn dies das Landesrecht bestimmt. Abgabensatzungen zählen zu derartigen, unter dem Landesrecht stehenden Rechtsvorschriften. Das Land Rheinland-Pfalz hat in § 4 Abs. 1 S. 1 AGVwGO RLP bestimmt, dass das Oberverwaltungsgericht (grundsätzlich) über die Gültigkeit einer im Range unter dem Landesgesetz stehenden Rechtvorschrift entscheiden kann. Damit können Abgabensatzungen Gegenstand eines (abstrakten) Normenkontrollverfahrens werden.[412] Kommt das OVG zu der Überzeugung, dass die Satzung bzw. die strittige Satzungsvorschrift ungültig ist, so erklärt es sie für unwirksam (§ 47 Abs. 5 S. 2 VwGO). In diesem Fall ist die Entscheidung allgemein verbindlich (§ 47 Abs. 5 S. 3 Hs. 1 VwGO). An diese Entscheidung ist daher neben der Antragsgegnerin, die betroffene Kommune, auch jede andere Behörde und jedes Gericht gebunden. Der Antragsgegner hat die Entscheidungsformel des Gerichts ebenso zu veröffentlichen, wie die Rechtsvorschrift bekanntzumachen wäre (§ 47 Abs. 5 S. 3 Hs. 2 VwGO).

410 Siehe auch Schaaf in Gabler et al., § 24 Nr. 13.3.

411 Grundlegend BVerwG NVwZ 2019, S. 1135.

412 Eingehend zum Normenkontrollverfahren siehe Koehl, DVP 2023, S. 169 ff. und S. 219 ff.

5.9 Satzungsmuster – Informationsangebot

In der Vorschriftensammlung

Lukas/Rheindorf
Kommunales Finanzwesen
Rheinland-Pfalz

sind die folgenden Satzungsmuster des Gemeinde- und Städtebundes abgedruckt:

- Erschließungsbeitragssatzung (Ordnungsnummer 100.001)
- Ausbaubeiträge – wiederkehrende Beiträge (Ordnungsnummer 100.003)
- Hundesteuersatzung (Ordnungsnummer 100.004)
- Vergnügungssteuersatzung (Ordnungsnummer 100.005)
- Zweitwohnungssteuersatzung (Ordnungsnummer 100.006)

Abbildungsverzeichnis

Tabellenverzeichnis

Abkürzungsverzeichnis

a.a.O.	am angegebenen Ort
Abb.	Abbildung
a.F.	alte Fassung
Abs.	Absatz
AEAO	Anwendungserlass zur AO
AG	Aktiengesellschaft
AGVwGO RLP	Landesgesetz zur Ausführung der Verwaltungsgerichtsordnung (Landesgesetz Rheinland-Pfalz)
Alt.	Alternative
AO	Abgabenordnung
Art.	Artikel
BauGB	Baugesetzbuch
BeckRS	Rechtsprechungsdatenbank auf beck-online.de
Beschl.	Beschluss
BewG	Bewertungsgesetz
BFH	Bundesfinanzhof
BGB	Bürgerliches Gesetzbuch
BGBl. I	Bundesgesetzblatt Teil I
BGH	Bundesgerichtshof
BMF	Bundesministerium der Finanzen
BSG	Bundessozialgericht
BStBl.	Bundessteuerblatt
BT-Drs.	Bundestagsdrucksache
BVerfG	Bundesverfassungsgericht
BVerfGE	Amtliche Sammlung der Entscheidungen des Bundesverfassungsgerichts
BVerwG	Bundesverwaltungsgericht
BVerwGE	Amtliche Sammlung der Entscheidungen des Bundesverwaltungsgerichts
d.h.	das heißt
DLRL	Dienstleistungsrichtlinie
DÖV	Die Öffentliche Verwaltung
DSchG RLP	Denkmalschutzgesetz Rheinland-Pfalz
DSGVO	Datenschutz-Grundverordnung (Verordnung (EU) 2016/679 des Europäischen Parlaments und des Rates vom 27. April 2016 zum Schutz natürlicher Personen bei der Verarbeitung personenbezogener Daten, zum freien Datenverkehr und zur Aufhebung der Richtlinie 95/46/EG)
DVBl.	Deutsches Verwaltungsblatt
DVP	Deutsche Verwaltungspraxis
EGAO	Einführungsgesetz zur Abgabenordnung
Erl.	Erläuterungen

e.V.	eingetragener Verein
EStG	Einkommensteuergesetz
et al.	et alii (und andere)
EUR	Euro
f.	folgende(r)
ff.	fortfolgende
FG	Finanzgericht
FGO	Finanzgerichtsordnung
FVG	Gesetz über die Finanzverwaltung
GbR	Gesellschaft bürgerlichen Rechts
GemHVO RLP	Gemeindehaushaltsverordnung Rheinland-Pfalz
GemO RLP	Gemeindeordnung Rheinland-Pfalz
GemODVO RLP	Durchführungsverordnung zur Gemeindeordnung Rheinland-Pfalz
GemSOBG	Gemeinsamer Senat der obersten Gerichtshöfe des Bundes
GewO	Gewerbeordnung
GewStDV	Gewerbesteuer-Durchführungsverordnung
GewStG	Gewerbesteuergesetz
GFRG	Gesetz zur Neuordnung der Gemeindefinanzen
GG	Grundgesetz
ggf.	gegebenenfalls
GmbH	Gesellschaft mit beschränkter Haftung
GrStG	Grundsteuergesetz
Hs.	Halbsatz
insb.	insbesondere
i.S.d.	im Sinne des
i.V.m.	in Verbindung mit
juris	Rechtsprechungsdatenbank auf juris.de
KAG	Kommunalabgabengesetz
KAG RLP	Kommunalabgabengesetz Rheinland-Pfalz
Kap.	Kapitel
KAVO RLP	Kommunalabgabenverordnung Rheinland-Pfalz
KFZ	Kraftfahrzeug
KG	Kommanditgesellschaft
KGaA	Kommanditgesellschaft auf Aktien
KomZG RLP	Landesgesetz über die kommunale Zusammenarbeit Rheinland-Pfalz
KStG	Körperschaftsteuergesetz
LBKG RLP	Brand- und Katastrophenschutzgesetz Rheinland-Pfalz
LDG RLP	Landesdisziplinargesetz Rheinland-Pfalz
LDSG RLP	Landesdatenschutzgesetz Rheinland-Pfalz
LFAG RLP	Landesfinanzausgleichsgesetz Rheinland-Pfalz
lfd.	laufende

LFtG RLP	Landesgesetz über den Schutz der Sonn- und Feiertage Rheinland-Pfalz
LGebG RLP	Landesgebührengesetz Rheinland-Pfalz
lit.	litera (Buchstabe)
LKO RLP	Landkreisordnung Rheinland-Pfalz
LKrWG RLP	Landeskreislaufwirtschaftsgesetz Rheinland-Pfalz
LMG RLP	Landesmediengesetz Rheinland-Pfalz
LStrG RLP	Landesstraßengesetz Rheinland-Pfalz
LT-Drs	Landtagsdrucksache
LTranspG	Landestransparenzgesetz
LV RLP	Verfassung für Rheinland-Pfalz
LVO	Landesverordnung
LVwVfG RLP	Landesverwaltungsverfahrensgesetz Rheinland-Pfalz
LVwVG RLP	Landesverwaltungsvollstreckungsgesetz Rheinland-Pfalz
LVwVG DVO RLP	Durchführungsverordnung zum Landesverwaltungsvollstreckungsgesetz Rheinland-Pfalz
LVwVG KostO RLP	Kostenordnung zum Landesverwaltungsvollstreckungsgesetz Rheinland-Pfalz
LVwZG RLP	Landesverwaltungszustellungsgesetz Rheinland-Pfalz
LWG RLP	Landeswassergesetz Rheinland-Pfalz
LWoFG RLP	Landeswohnraumförderungsgesetz Rheinland-Pfalz
m.w.N.	mit weiteren Nachweisen
n.F.	neue Fassung
NJW	Neue Juristische Wochenschrift
Nr.	Nummer
NVwZ	Neue Zeitschrift für Verwaltungsrecht
NVwZ-RR	Rechtsprechungs-Report Verwaltungsrecht
OHG	Offene Handelsgesellschaft
OLG	Oberlandesgericht
openjur	Rechtsprechungsdatenbank auf openjur.de
OVG	Oberverwaltungsgericht
OVGE	Entscheidungen der Oberverwaltungsgerichte
PostG	Postgesetz
Rn.	Randnummer
Rz.	Randziffer
S.	Satz/Seite
SGB	Sozialgesetzbuch
sog.	sogenannte
StGB	Strafgesetzbuch
Tab.	Tabelle
TabStG	Tabaksteuergesetz
u.a.	und andere
Urt.	Urteil

U.U.	Unter Umständen
v.	vom
v.T.	vom Tausend
VerpflG	Gesetz über die förmliche Verpflichtung nichtbeamteter Personen
VGH	Verwaltungsgerichtshof
vgl.	vergleiche
VR	Verwaltungsrundschau
VV	Verwaltungsvorschriften
VwGO	Verwaltungsgerichtsordnung
VwVfG	Verwaltungsverfahrensgesetz (des Bundes)
VwZG	Verwaltungszustellungsgesetz (des Bundes)
WHG	Wasserhaushaltsgesetz
WoFG	Wohnungsbauförderungsgesetz
z.B.	zum Beispiel
ZPO	Zivilprozessordnung

Stichwortverzeichnis

T

U

V

W

Z

Literaturverzeichnis

Arndt, Marcus, Straßenbaubeiträge, 2017

Barthel, Torsten/Weidemann, Holger, Der gesetzliche Ausschluss der aufschiebenden Wirkung von Widerspruch und Anfechtungsklage, DVP 2022, S. 489 ff.

Beuscher, Peter, Wiederkehrende Beiträge, 2. Auflage 2017

Blankenhorn, Harald, Gewerbesteuer, 4. Auflage 2022

Brüning, Christoph, Kommunale Gebühren, 2018

Christ, Josef/Oebbecke, Janbernd, Handbuch Kommunalabgabenrecht, 2. Auflage 2022, *zitiert als*: Christ et al.

Driehaus, Hans-Joachim, Abgabensatzungen, 2. Auflage 2017, *zitiert als:* Driehaus, Abgabensatzungen

Driehaus, Hans-Joachim, Kommunalabgabenrecht, Kommentar, Stand 68. Nachlieferung März 2023, *zitiert als:* Driehaus, Kommunalabgabenrecht

Engel, Julian/Klaeser, Jürgen/Schaaf, Edmund, Zur Ausgleichspflicht der Länder bei Abschaffung der Straßenausbaubeiträge, DVP 2021, S. 165 ff., *zitiert als:* Engel/Klaeser/Schaaf

Gabler, Manfred/Höhlein, Burkhard/Klöckner, Werner/Lukas, Helmut/Oster, Rudolf/Rheindorf, Beate/Schaaf, Edmund/Stubenrauch, Hubert/Tutschapsky, Uwe/Dazert, Andreas/Nies, Hans-Dirk/Dietlein, Johannes/Manns, Winfried/Stamm, Manfred/Bambach, Stefanie/Drysch, Thomas/Kreutz, Thomas/Heck, Stefan/Nauheim-Skrobek, Ulrike/Pause, Christof, Kommunalverfassungsrecht Rheinland-Pfalz, Kommentar, Stand 48. Nachlieferung Januar 2023, *zitiert als:* Gabler et al.

Grootens, Matthias, Grundsteuergesetz, Bewertungsgesetz, Kommentar, 2. Auflage 2022

Haurand, Günter, Kommunale Einrichtungen – Begriff, Entstehung, Organisation, DVP 2016, S. 381–387

Haurand, Günter, Kommunale Einrichtungen – Inhalt und Grenzen der Nutzungsrechte, DVP 2022, S. 357–363

Henke, Angela, Kommunale Steuern, 2017

Henneke, Hans-Günter/Pünder, Hermann/Waldhoff, Christian, Recht der Kommunalfinanzen, 2006

Hey, Uta/Lehnert, Christian, Lehrbuch Abgabenordnung, 23. Auflage 2022

Käsbohrer, Franz/Resch, Martin/Schmitt, Sigrid, Abgabenrecht, 2019, *zitiert als*: Käsbohrer et al.

Kaschner, Christian, Verwaltungskostenrecht, 2018

Klein, Franz, Abgabenordnung, Kommentar, 16. Auflage 2022

Koehl, Felix, Das Normenkontrollverfahren im Verwaltungsprozess, DVP 2023, S. 169 ff. und 219 ff.

Krumm, Marcel/Paeßens, Petra, Grundsteuergesetz mit Bewertungsgesetz und Landesgrundsteuergesetzen, Kommentar, 1. Auflage 2022

Kohlhaas, Richard/Tutschapsky, Uwe/Kohout, Dagobert/Ochsmann, Klaus/Rheindorf, Beate/Porz, Winfred/Braun, Herbert/Holly, Volker/Drysch, Thomas/Elmenhorst, Richard, Kommunalgabenrecht Rheinland-Pfalz, Kommentar, Stand 33. Nachlieferung Oktober 2021, *zitiert als:* Kohlhaas et al.

Minor, Manuel/Nauheim-Skrobek, Ulrike/Schäfer, Thomas/Schmitz Hermann-Josef, Kommunalverfassungsrecht Rheinland-Pfalz, 2020, *zitiert als:* Minor et al.

Mutschler, Klaus, Kommunales Finanz- und Abgabenrecht NRW, 14. Auflage 2018

Oster, Rudolf/Rheindorf, Beate, Gemeindehaushaltsrecht Rheinland-Pfalz, Kommentar, Stand 16. Nachlieferung September 2021, *zitiert als:* Oster/Rheindorf, Gemeindehaushaltsrecht Rheinland-Pfalz

Ratjen, Carola/Sager, Silke/Schimpf, Nadine, Abgabenordnung und Finanzgerichtsordnung, Kommentar, 5. Auflage 2021, *zitiert als:* Ratjen et al.

Rheindorf, Beate, Gewerbesteuer und Gewerbesteuervorauszahlung – Fallbearbeitung im Abgabenrecht, DVP 2010, S. 470–471

Rheindorf, Beate, Änderung der Abgabenordnung fördert Verwaltungsmodernisierung, DVP 2016, S. 509–514

Rheindorf, Beate, Der florierende Gartenbaubetrieb, DVP 2017, S. 203–205

Rheindorf, Beate, Der fleißige Malermeister, DVP 2011, S. 23–25

Rheindorf, Beate/Weidemann, Holger, Der förmliche Rechtsbehelf im kommunalen Abgabenrecht, DVP 2022, S. 269–273

Rheindorf, Beate/Weidemann, Holger, Die öffentliche Bekanntgabe und öffentliche Zustellung eines Verwaltungsakts, DVP 2012, S. 310–316

Scheel, Thomas/Brehm, Bernhard/Holzner, Stefan, Abgabenordnung und FGO, 17. Auflage 2018, *zitiert als:* Scheel et al.

Schwarz, Bernhard/Pahlke, Armin, AO/FGO, Kommentar, Stand 212. Nachlieferung März 2023, *zitiert als*: Schwarz et al.

Sikorski, Ralf, Basiswissen Verfahrensrecht, 1. Auflage 2020

Suckow, Horst/Weidemann, Holger/Barthel, Torsten F., Allgemeines Verwaltungsrecht und Verwaltungsrechtsschutz, 17. Auflage 2021

Thielmann, Gerd, Der wiederkehrende Straßenausbaubeitrag in Rheinland-Pfalz, 2013

Tipke, Klaus/Kruse, Heinrich Wilhelm, Abgabenordnung, Finanzgerichtsordnung, Kommentar, Stand 174. Nachlieferung März 2023, *zitiert als:* Tipke et al.

Weidemann, Holger/Rheindorf Beate, Termine, Fristen, Berechnungen – Eine unendliche Geschichte? DVP 2011, S. 486–493

Wendt, Michael/Suchanek, Markus/Möllmann, Peter/Heinemann, Peter, GewStG, Kommentar, 2. Auflage 2022, *zitiert als:* Wendt et al.

Zugmaier, Oliver/Nöcker, Gregor, Abgabenordnung, Kommentar, *2023, zitiert als:* Zugmaier/Nöcker et al.